U0857189

沈阳教育年鉴

SHENYANG EDUCATION YEARBOOK

2015

沈阳市教育局 编

沈 阳 出 版 社

图书在版编目（CIP）数据

沈阳教育年鉴. 2015 / 沈阳市教育局编. —沈阳：沈阳出版社，2015.11

ISBN 978-7-5441-7112-0

Ⅰ. ①沈… Ⅱ. ①沈… Ⅲ. ①教育事业—沈阳市—2015—年鉴 Ⅳ. ①G527.311-54

中国版本图书馆CIP数据核字（2015）第282418号

出 版 者：沈阳出版社

（地址：沈阳市沈河区南翰林路10号 邮编：110011）

网　　址：http://www.sycbs.com

印 刷 者：沈阳师大彩色印刷有限公司

发 行 者：沈阳出版社

幅面尺寸：185mm×260mm

印　　张：24.75

字　　数：600千字

出版时间：2016年3月第1版

印刷时间：2016年3月第1次印刷

责任编辑：张　旭　马　驰

封面设计：白　锐

版式设计：润泽文化

责任校对：久　日

责任监印：杨　旭

书　　号：978-7-5441-7112-0

定　　价：120.00元

联系电话：024-24112447

E - mail：sy24112447@163.com

凡购本书，如有印装质量问题，影响阅读，请与出版社联系。

编 辑 说 明

一、《沈阳教育年鉴》是一部专业性资料工具书。由沈阳市教育局主管，沈阳市教育研究院信息中心编撰。

二、本年鉴以文章和条目为基本体裁，以条目为主，使用规范的语体文、记述体，文字力求言简意赅。文前配有彩色图片。

三、《沈阳教育年鉴·2015》中的年号为出版年，记述2014年1月1日至12月31日期间沈阳教育事业各个方面发生的基本情况和资料，为领导决策提供借鉴，为教育规划发展提供依据，为各方面人士了解、研究沈阳教育事业的发展提供信息。

四、2015卷年鉴的正文由沈阳教育总述、报告·文件、教育综合管理、局直属单位、社会团体、学前教育、义务教育、高中教育、民办教育、特殊教育、民族教育、职业教育、终身教育、高等教育、区县（市）教育、荣誉录、教育统计共17个类目组成，类目下设分目，分目下设条目。

五、本年鉴收录的文章和条目均由教育行政部门和各级各类教育单位专人提供，并经部门或单位主要负责人审核。2014年沈阳市教育局部分文件目录由市教育局办公室提供，荣誉录由市教育局办公室和人事处提供，教育统计由沈阳市教育研究院教育发展研究中心提供。

六、本年鉴的编撰工作得到了驻沈高校、市教育局直属单位（学校）和区县（市）教育局的大力支持，在此谨表谢忱，并恳请得到批评指正。

《沈阳教育年鉴·2015》编辑部

《沈阳教育年鉴·2015》编辑部

主　　编　苏文捷

副 主 编　符泰民

执行主编　李彤洲　黄　艳　姜晓光

责任编辑　王　强　崔　凯　白　羽　艾文君

美术编辑　白　锐

特约编辑　（以姓氏笔画为序）

王士丹　王学忠　文碧桂　任雪菲　刘宏伟

刘建权　许玉峰　杨　丽　杨继天　周　航

胡殿友　高东野　曾晓羽

教育发展

3. 辽中县二高中举行“党的群众路线”教育实践活动动员会

1. 大东区教育局举办中小学生艺术节
2. 大东区教育局幼儿园迎接广东省佛山市学前教育考察团
4. 法库县举办首届小提琴音乐会
5. 法库县召开建设“足球之乡、小提琴之乡、山水画之乡”工作推进会

1. 和平区青少年宫赴康平县开展“送艺下乡”活动

2. 浑南区终身学习活动周启动仪式在浑南二中附小

3. 辽中县教育局组织祭扫烈士墓活动

4. 浑南二中接待俄罗斯雅库茨克中学生访问团

5. 浑南区教育局举办中小学生素质教育成果展演

6. 沈河区教育局开展经典诵读活动

7. 辽中县特教学校开展“送教上门”活动

8. 康平县向阳小学师生到英雄广场开展祭扫活动

9. 市中小学生“学校放假社区开学”社区实践活动仪式在大东区莱茵河畔社区举行

7

革命烈士纪念碑
8

莱茵河畔社区卫生服务站
美购便利店
学校放假社区开学 快乐暑期助梦起航
沈阳市中小学生“学校放假社区开学”
社区实践活动启动仪式
主办单位：沈阳市教育局
承办单位：大东区教育局
大东区津桥街道办事处
大东区青少年教育办公室
大东区莱茵河畔社区
大东区终身教育学院
大东区珠林路第一小学
二〇一四年七月
环保志愿者
9

子的清晨霞光，
5

诵经典 读好书 传文明
6

1. 沈河区迎接省中小学校体育艺术示范区检查

2. 沈阳大学举行校企合作签约仪式

3. 沈阳广播电视大学开展艺术惠民活动

4. 沈阳中外音乐文化交流展在沈阳音乐学院举行

5. 沈阳广播电视大学开展老年大学教育

6. 沈河区文萃小学进行综合素质学科整合动态评价

7. 沈阳音乐学院八音组合在全国青少年民族器乐复赛中演奏《打令调》

8. 沈阳医学院聘任“长江学者”王克威为校首位“特聘教授”

9. 市残疾人联合基金会与沈河区启智学校联合举办集善助教图书捐赠活动

10. 沈阳农业大学参加阜新万亩现代农业示范带科技支撑建设启动会

学习雷锋争做践行社会主义核心价值观的小模范
1
2
产教融合 同心致远
2014·年会
3
工程学校企业招聘
4
5

1. 市教育局举办“学习雷锋 争做践行社会主义核心价值观的小模范”社会公益日启动仪式

2. 市教育局在市第十一中学举办青少年践行社会主义核心价值观交流会

3. 市外事服务学校承办市美容美发与形象设计职业教育集团年会

4. 市汽车工程学校举办的企业招聘会现场

5. 市教育局组织中小学生代表参加志愿军烈士遗骸回国迎接仪式

6. 铁西区兴工四校承办市青少年控烟知识竞赛

7. 市第三十中学召开教育集团成立大会

8. 市青教办主办市第十一届少年宫系统艺术节文艺大赛

9. 市同泽女中开展语文特色学科教学

1
2
3
益智区

1. 法库县东湖中学城全景

2. 沈河区教育局幼儿园的寝室

3. 沈河区教育局幼儿园的活动区教学空间

4. 市中小学校开展消防安全演练活动

5. 苏家屯区实验幼儿园碧桂园分园建成

4

5

教师培养

大东区骨干班主任系列培训成果《幸福教室·情浓大东》感悟集编辑发行。

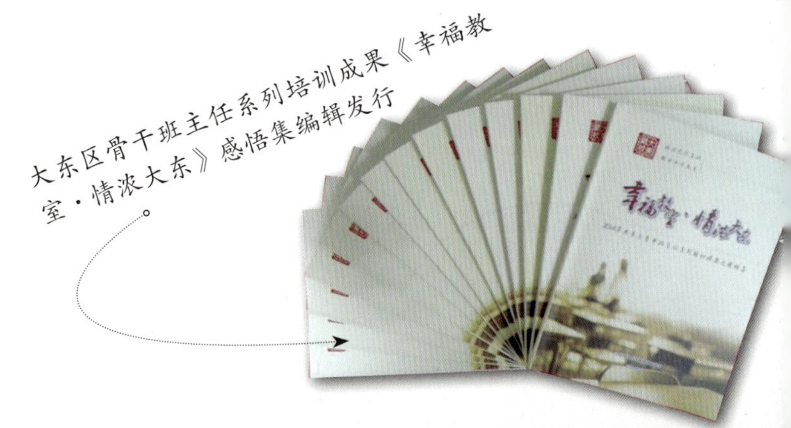

1. 大东区教育局承办“中国好课堂”辽宁展示活动

2. 大东区辽沈二小承办沈抚新城学校教学主任培训

3. 和平区教育局举办首届校外教育机构教师基本功大赛

4. 市国际教育交流中心组织教师赴美参加加州大学圣迭戈分校培训

5. 康平县高中举办教师说课大赛

6. 浑南区教育局举办学前教师、家长、幼儿自制玩教具评比活动

7. 市第三十六中学教师鲁彬因见义勇为入围 2014 年“感动沈阳人物”

8. 市外国语学校承办市中小学班主任心理健康教育培训

9. 新民市教育局召开庆祝教师节暨表彰大会

学生成长
1
2
3
立足高位 解放思想 全面推动区域教育优质均
歌颂祖国
践行社会主义核心价值观
祝祖国母亲繁荣富强！
4

1. 浑南区花语幼儿园开展艺术活动

2. 和平区四经一小邀请美国物理学家上课

3. 浑南三校举办校园传统游戏体育节

4. 市第七中学举办“歌唱祖国 践行社会主义核心价值观”合唱比赛

5. 东北育才学校学生参加DI国际邀请赛获“达·芬奇奖”

6. 沈阳农业大学研究生高齐、宫殿凯获评“沈阳身边好人”

7. 大东区培智学校学生参加庆祝教师节演出

8. 辽中县六间房九年一贯制学校举办教师节艺术展演

5

6

7

8

1. 康平县教育局考查学生书写能力

2. 沈北新区虎石台二小进行新队员入队宣誓

3. 沈河区北一经小学在全国“十商”活动中进行诗音画展示

4. 市中职学校专业技能大比武在市汽车工程学校举行

5. 学生参加市青少年纸飞机航模竞赛

6. 沈河区文萃小学学生参演新年音乐会

7. 沈阳大学开办大学生创意集市

3

4

7

1. 沈阳儿童活动中心举办少儿新年晚会

2. 市第七中学邀请盲校学生到校活动

3. 市第七中学举办纪念一二·九学生大型朗诵活动

4. 沈阳体育学院启动大学生志愿者支教活动

5. 市教育局在浑南二小举办读书月总结会

6. 市服装艺术学校参加全国技能大赛获奖

7. 沈阳体育学院夺得世界跳绳锦标赛花样赛男子三人交互绳冠军

1. 市第三十五中学梦工场戏剧社排演独幕剧《群猴
2. 市第五中学举办创意风筝大赛
3. 市艺术幼儿师范学校举办内地西藏中职班教学成果展演
4. 市同泽女中民乐社参加市中小学艺术展演
5. 市第四中学的民乐合奏《羽调》在市中小学生艺术展演中获奖
6. 铁西区启工二小的舞蹈《菩萨妈妈》在市中小学生艺术展演中获奖
7. 铁西区学生在庆祝国际残疾人日艺术展演中表演舞蹈《隐形的翅膀》

8. 新民市城区一小举办风筝节活动　9. 新民市特教学校开展绢花制作活动

10. 新民市教育局举办中小学书画大赛　11. 学生参加市青少年电脑机器人大赛

202 医院幼儿园召开亲子运动会

1. 沈河区教育局举办中学生科技节

2. 大东区教育局开展科技特色活动

3. 沈阳儿童活动中心爱心班进行康复训练

4. 市第一三六中学开展高效课堂研讨活动

5. 沈河区泉园二校学生进行小组合作学习

目 录

高中教育

民办教育

特殊教育

民族教育

职业教育

终身教育

高等教育

区县（市）教育

荣誉录

教育统计

沈阳教育总述

SHENYANG JIAOYU ZONGSHU

2014年沈阳教育综述

2014年，沈阳市有各级各类学校1928所，其中，高等教育机构79所、幼儿园1157所、义务教育阶段学校523所、普通高中87所、中等职业学校82所，在校生1479380人，在职教师127158人。全市3岁以上儿童入园率94.1%，小学学龄人口毛入学率112.3%，初中学龄人口毛入学率105.4%，高中阶段毛入学率116.3%。2014年，全市教育工作围绕加快推进教育现代化核心任务，以培养学生终身学习能力和职业素养为主线，突出深化改革，深入实施素质教育，完成各项工作任务，教育事业继续保持健康快速发展的良好势头。

深化教育综合改革。2014年，市教育局分别启动教育管理方式、办学体制、人事制度、课程和教学方式、招考制度、评价监测方式改革等七大改革项目。下放三个市级审批权限，取消一个审批事项。召开加快推进现代学校制度建设工作会议，下发《关于加快推进现代学校制度建设的实施意见》《沈阳市中小学校章程制定暂行办法》和《沈阳市普通中小学家长委员会建设和管理办法（试行）》，沈阳市现代学校制度建设走在全国前列。启动特色学科建设暨走班教学改革，36所普通高中实施走班制。完善中小学生发展水平监测和评价

2014年沈阳市各级各类学校（机构）基本概况

	学校（园）数	毕业生数	招生数	在校生数	教职工数
总　计	1928	389570	422459	1479380	127158
高等教育机构	79	170070	196269	617039	43085
中等职业学校	82	27163	25681	81977	8079
初中	212	52582	58240	169711	18989
高中	87	35483	34524	105526	11026
工读学校	1	8	45	46	37
普通小学	295	57922	62464	351110	25119
特殊教育学校	15	203	164	1302	632
幼儿园	1157	46139	45072	152669	20191

机制，建立学业和教学质量监测制度，沈阳市被确定为全国中小学教育质量综合评价改革实验区。

启动教育现代化工作。9月29日，沈阳市政府召开深化改革加快推进教育现代化工作会议，出台《沈阳市人民政府办公厅关于深化改革加快推进教育现代化的实施意见》，全面启动教育现代化工作。会议由市政府副秘书长陈双伟主持，市教育局部署工作任务，市政府副市长姜军出席会议并讲话。沈阳教育将围绕沈阳老工业基地加快振兴发展的客观要求和服务民生的紧迫需要，以全面贯彻党的教育方针为核心，以立德树人为导向，通过创新教育体制、创新学校管理机制、创新人事管理制机、创新招生考试政策、创新教科研管理模式、创新协调发展机制等，推进教育治理体系和治理能力现代化。2015年将完成教育强区县（市）创建工作，2017年完成教育信息化基础建设。

完成政府办实事项目。2014年，共有四个教育项目列入市政府为城乡百姓办实事内容。改造100所幼儿园办学条件；扩增15000个学前教育学位；建设300所数字校园；开发制作1000节网络微课。年初，市政府召开办实事教育项目推进会，下达责任书，市教育局制定推进方案，开展专项督查，确保各项目顺利完成。全年共改造幼儿园134所，通过新建幼儿园和审批民办园等途径扩增15000个规范化、普惠性学位；300所数字校园一期建设任务全部完成，1000节网络微课已在沈阳教育网上发布。

大力发展学前教育。经10月29日沈阳市十五届人大常委会第13次会议通过，2014年11月27日辽宁省十二届人大常委会第十四次会议批准，12月12日沈阳市人民代表大会常务委员会公告第10号公布，自2015年1月1日起施行《沈阳市学前教育条例》。开展幼儿园定级评估工作，全市600余所等级内管理幼儿园评估定级工作基本完成。调整学前教育奖补标准，由原来每生每月100元，提高到200元。遴选20名园长工作站主持人，委派147名专家资源库成员担任视教员，指导幼儿园工作站建设。

推进义务教育高水平均衡发展。启动第三批百所义务教育学校提升工作，制定学校三年提升计划，组织开展校长专题培训，提升学校总数达到283所，占义务教育学校总数的50%。完成110所义务教育标准化学校建设，并通过辽宁省政府考核。为全市221所学校配备竖笛和铝板琴，93所学校装备地理教室。沈河区、大东区、浑南区、于洪区、苏家屯区通过国家县域义务教育基本均衡县验收，截至2014年年底，全市共七个地区通过国家验收，数量占全省首位。

特色发展普通高中教育。修订《沈阳市普通高中办学标准》，新晋升两所学校为标准化普通高中，截至2014年年底，沈阳市标准化高中已达34所。深入推进精细化管理，开展精细化管理网上校长论坛。建设特色化和多样化课程体系，深化课程改革，市十一中学等14所普通高中实行走班教学改革，学生可以自主选择课程，学生课表可以"私人定制"，构建普通高中多样化可选择的课程体系，满足不同学生个性化的成长需求。举办第二届沈阳市高中生戏剧节、第一届高中生读书节和第一届高中生科技节，开展首届优秀社团评选工作。深入推进小班化教学试点，30 所学校班额控制在 42 人以下，其中有 14 所学校班额控制在 36 人以下。

创新发展职业教育。围绕国家装备制造业沈阳实验区建设，制定沈阳市职业教育五年发展规划，筹备组建沈阳联合职业技术学院，进一步加快现代职教体系建设。启动职业学校标准化建设，加强优势专业建设，24 项专业建设获得省教学成果奖。成立辽宁省电梯职教集团、沈阳医药化工职教集团。刘敬贤、杨建华工作室被确定为省级大师工作室，全省共计五个，沈阳占两席。在全国职业院校技能大赛中获 7 金、12 银、18 铜牌。

规范发展民办教育。开展民办学校年度教育教学检查评估工作，并将结果通过《招生考试通讯》、沈阳教育网等媒体公布。完成民办普通高中毕业生学业成就增值评估，全市 20 所民办普通高中 6700 人参与测评。扶持民办星级学校发展，指导沈师大附属学校、洪庆中学做好省示范高中复检工作。委托辽宁恒信达会计师事务所对全市民办学校 2013 年度资产和财务情况进行审计，共审计 68 所学校。开展创建规范民办教育机构办学行为"示范街"活动。

支持发展高等教育。制定《市政府支持市属高校学科专业建设三年行动计划》（草稿）和《市政府支持市属高校高层次人才队伍建设三年行动计划》（草稿）。首次开展市属高校市级科学规划立项工作，市属高校内涵建设稳步推进。解决安排研究生国家助学金和学业奖学金资金缺口难题。结合沈阳医学院的管理创新年工作，将优秀的管理创新项目在市属高校推广。加强沈阳大学博士点建设和教学设备改进工作，跟进沈阳医学院硕士点建设及获批后的招生工作。

延伸发展终身教育。召开沈阳市推进学习型城市建设工作会议暨 2014 年全民终身学习活动周启动仪式，部署全市学习型城市建设工作，启动全民终身学习活动周活动。出台《沈阳市人民政府办公厅关于推进社区教育发展的实施意见》，完善社区教育办学网络体系建设，大东区社区教育实现办学法人、人员编制、经费、办学场地的全部独立，新增和平区省委社区等 10 个社区教育实验点，截至 2014 年，沈阳市社区教育实验点已达 60 个。建立和完善农村成人三级教育网络，全市共举办农村实用技术培训 309 场，培训学员 30621 人次，举办农村劳动力转移培训 148 场，培训学员 11848 人次。

深入推进素质教育。制发《关于在未成年人中培育和践行社会主义核心价值观的实施方案》和《关于深入推进培育和践行社会主义核心价值观的实施意见》，开展践行社会主义核心价值观等校园系列活动。举办沈阳市未成年人校外活动场所骨干教师培训班和家庭教育公益大讲堂活动，建设百所家长学校示范校。深入推进阳光体育运动，实施阳光体育冬季长跑活动。市五中男子手球队和市一七六中橄榄球队代表沈阳参加辽宁省第十二届运动会并夺得冠军。12 月 30 日，“乐以载道—2015 年沈阳市中小学生新年文艺汇演”在盛京大剧院举行，市委副书记邢凯等市领导观看演出。

加强教师队伍建设。启动候选教育专家以训代评工作，2014 年共有 24 名校长入选。启动名师以训代评工作，选评表彰 191 沈阳市名教师。开展教育系统典型教师推荐宣传活动，推荐 50 多名先进典型教师，遴选部分优秀教师代表召开典型事迹报告会。完善教师招聘制度，通过特岗计划，为农村地区和体音美等紧缺学科招聘 331 名教师，先后从北京师范大学等高校招聘教师优秀毕业生 526 人，进一步优化教师队伍学科结构、年龄结构。

抓好百姓关注的热点问题。建立疏堵结合、标本兼治的教育行风治理体制，严格规范办学行为。开展在职教师有偿补课综合治理活动，累计出动 1149 人次，取缔黑班 74 个，共查实三所学校，查处在职违规教师 27 名。全年受理群众电话举报、来信来访 375 件、网络举报 264 件，举报投诉同期下降 23%，投诉办理群众满意率达 90%。完善学校安全监管体系，开展校园火灾隐患、食堂燃气供应、危险水域隐患等专项整治活动。建立健全校车安全管理责任制，完善学生“实名制”乘车档案，开展校车安全突出检查和道路交通安全综合治理，实施校车补贴制度，校车更新达到 80%。积极做好学生资助工作，2014 年落实义务教育“两免一补”资金 12625 万元，资助 1166 名当年考入大学家庭经济困难学生，落实中职助学金和免学费补助金 4125 万元。

加强机关党建工作。加强市教育局理论中心组学习，围绕习近平总书记系列讲话以及教育发展等重要理论，每月组织一次集中学习，并根据理论中心组成员分工，分别帮扶一所学校，定期深入学校，帮助学校解决发展中遇到的问题。聘请省社科院院长梁启东为机关全体干部作《关于十八届三中全会精神》讲座。组织机关党员干部参加“全市学习贯彻党的十八届三中全会征文和献计献策活动”，其中两篇征文获奖；组织开展机关大讲堂处长论坛活动，全年共有 21 位机关处长进行讲座。加强组织建设，全年新接管 18 所直属学校 2000 余名党员。开展“庸懒散”突出问题专项整治工作，按照分类指导、检查结果、自纠自查情况等方式进行问题查摆与整改；组织全体机关党员干部及直属单位党组织领导约 120 人参观省反腐倡廉展览馆；组织观看《冯虹腐败案件警示录》，并与沈阳市人民检察院签订《关于在教育系统预防职务犯罪工作中加强联系配合的意见》。

（裴德利）

2014年沈阳教育大事记

1月

2日 市教育局邀请省社科院副院长梁启东作专题讲座,解读党的十八届三中全会精神,机关各处室（部）和直属单位（学校）负责人参加会议。

7日 东北育才学校等16所学校被认定为沈阳市首批特色普通高中实验学校。

9日 省教育厅副厅长王燕玲到市教育局检查“规范中小学办学行为，减轻学生过重课业负担”工作，并实地检查法库县工作情况。

沈河区被教育部确定为第三批全国社区教育示范区，此前，和平区、皇姑区先后被确定为第一批和第二批国家级示范区。

14日 市教育局召开视频会议，部署寒假纠风和安全工作。各区县（市）教育局在本地设置分会场，中小学校长、幼儿园园长在分会场收看会议。

和平区教育局在市一三四中学举办首届中小学生“课间吉尼斯”纪录认定大赛，近2000名学校纪录保持者参赛。

15日 沈阳市举行高校与辽宁辉山乳业集团有限公司战略合作对接会。省委常委、市委书记曾维出席会议并讲话，副市长姜军主持会议，市领导李峰、庞洪波和部分在沈高校负责人参加会议。辉山乳业分别与沈阳农业大学、沈阳大学、沈阳职业技术学院签署战略合作协议，三年内，各院校将为辉山乳业订单式培养技术和管理等人才7500余名。

18日 国家教育督导组到沈阳市检查责任督学挂牌督导工作，对沈阳市中小学实现责任督学挂牌督导全覆盖予以充分肯定。

21日 副市长闵学冲走访慰问东北育才学校新疆生，送去节日礼物和祝福，勉励学生们珍惜机会，实现梦想。

23日 副市长姜军到市教育局调研。

27日 市教育局召开紧急会议，对严禁在职教师寒假期间有偿乱补课工作进行部署。各区县（市）教育局局长、直属学校主管校长参加会议。

28日 和平区和平一小等14所小学、市一三四中学等六所中学，以及沈阳市实验学校等三所九年一贯制学校，被授予辽宁省义务教育课程改革示范学校。全省共有 176 所学校获此称号。

市政府召开新闻发布会，公布 2014 年为城乡群众办实事内容。教育项目包括：新增 5000 个普惠性幼儿园学位，改造 100 所幼儿园；建设 300 所中小学数字校园，开放千节名师网络微课程。

2月

18 日—19 日 大东区教育局党委严格管理全系统一般干部因私出国（境）的审批工作，统一收缴保管党政主要领导因私出国（境）证件，登记造册，建立长效、动态管理的备案机制。

26 日 市教育局召开招生考试工作会议，总结和部署招生工作任务。市教育局局长苏文捷出席会议并讲话。市招考办，各区县（市）教育局、招考办有关领导和人员参加会议。

27 日 沈阳市举行大学生志愿者农村支教活动启动仪式，市教育局副局长沙钢、团市委副书记张德参加活动。2014 年，沈阳市选派 90 名体育专业的大学生志愿者，赴辽中、新民、康平和法库四个郊区县支教，此次为市教育局联合沈阳体育学院连续第二年开展大学生农村支教活动。

28 日 沈阳市召开 2014 年高校工作会议。市委副书记邢凯出席会议并讲话，副市长姜军通报全市经济社会发展情况。市委教科工委书记、市教育局局长苏文捷从抓党建、促改革、强内涵、保稳定、作贡献五方面做工作部署。

是月 沈阳市正式启动沈阳质量监测暨中小学教育质量综合评价改革实验区项目，沈阳成为教育部首批 30 个国家中小学教育质量综合评价改革实验区之一。

3月

3 日 市精神文明建设指导委员会公布“2013 年度沈阳市学雷锋先进集体和先进个人”名单，市三十八中学志愿服务队、法库县实验小学志愿服务队，以及市一二〇中学张竞一等六名教育工作者位列其中。

5 日 中央文明办视察 2013 年中央专项彩票公益金支持项目—辽中县牛心坨九年一贯制学校乡村学校少年宫。辽宁省文明办副主任陈晓月、市委宣传部副部长王久成等陪同。

同日 中央文明办到辽中县牛心坨九年一贯制学校乡村学校少年宫进行调研。

7 日 副市长姜军到市教育研究院调研工作，听取全市教育工作汇报，了解教育信息化建设有关情况。

沈阳市召开 2014 年度教育工作会议，贯彻省教育工作会议和市科教系统工作会议精神，安排部署全年工作。市教育局局长苏文捷出席会议并讲话。

12 日 中国教育电视台对和平区的“给学

生减负，零起点教学，学业评价方式改革”方面的创新做法进行报道。

24日—27日 市十一中和市一二〇中通过辽宁省特色普通高中实验学校评估验收。

31日 沈阳市中小学以“强化安全意识，提升安全素养”为主题，开展反恐演习、安全体验、火灾疏散演练、安全讲座等教育活动，60万中小学生参加。市级活动主会场设在沈河区岸英小学。

4月

2日 市政府召开办实事教育项目工作推进会议。市区两级政府签订责任状，确保按期、保质、保量完成各项建设任务。副市长姜军出席会议并讲话，市教育局局长苏文捷主持会议。

市教育局召开普通高中精细化管理经验推介暨特色学科建设启动会。市一二〇中学作数学教学“分层走班”观摩课，全市公办普通高中400名教育工作者参加。

10日 市教育局召开中小学数字校园建设视频培训会议，印发《沈阳市中小学数字校园建设标准》。

11日 沈阳市中小学国学教育巡讲活动正式启动，15名优秀传统文化教育教师深入各区、县（市）现场授课。

13日 沈阳市启动“百校百树，育树育人”活动，计划用三年时间，完成300所中小学校绿化工作。2014年完成100所学校绿化工作。

17日 市教育局启动中小学“十百千万”强身健体活动，在全市中小学普及性开展十个体育项目，并在活动中评选百所优秀学校、千所优秀班级和万名先进个人。

23日 市教育局机关先导讲坛—处长论坛开讲，围绕学前教育、义务教育发展举办首期讲座，全体机关干部参加。

市教育局举办首届普通高中学生读书节，面向10万在校生，开展跳蚤书市、网上征文、好书推介和节徽征集等活动。

国家文联党组书记、副主席赵实一行到辽宁省文联摄影辅导基地——铁西区保工二校视察，赵实对学校办学特色取得的成果给予肯定。

27日 沈阳市中小学生乒乓球比赛在市全民健身中心落下帷幕。比赛由市教育局、市体育局、市乒乓球协会联合主办，历时10天，共8000余名中小学生参赛，800余名学生进入市级比赛。沈河区和浑南区分获市区组和郊区组冠军。

29日 市教育局开展义务教育学校校长依法治校基础能力全员培训。培训历时三个月，467名校长参加，人均参训20学时。培训内容包括治校理念、日常管理和突发事件应对等。

5月

15日 召开大东区“全国青少年普法教育示范区”创建活动推进会暨“双联”活动对接会。9所省“零犯罪学校”代表和律师代表就工作经验进行交流。大东区荣获全国青少年普法教育先进单位。

浑南区教育局举行第八届 5·15 政务公开日。学生家长围绕学前教育、基础教育、校园安全、教育公平等方面提出 21 个热点问题，相关负责人进行解答。

19 日 市政府召开校车安全管理工作联席会议，总结部署校车安全管理工作。市政府副秘书长陈双伟出席会议并讲话，市教育局副局长张晓军主持会议。各区县（市）政府主管领导和市校车安全管理工作联席会议制度成员单位负责人参加会议。

首届沈阳市高中生科技节在市第五中学举行。来自沈阳市九区三县 50 余所中学的近千名青少年、科技辅导员在为期一周的活动中交流经验、传播友谊。

21 日 市教育局召开 2014 年义务教育阶段入学工作电视电话会议，安排部署义务教育入学工作。

23 日 市教育局举行 2014 年中小学生艺术展演作品类比赛。铁西区 180 余名中小学生和教师参加活动。比赛分软笔书法和创意绘画两部分，共 150 名选手参加比赛，现场创作 150 余幅作品，涵盖书法、漫画、素描、水粉、剪纸画、手工画、国画等形式。鲁迅美术学院、沈阳大学等组成的专家团现场评选出 60 幅优秀作品，将参加市级展演。

市教育局举办第四届家庭教育大讲堂公益活动，帮助和引导家长树立正确的家庭教育理念，提高家长科学教育子女的能力，全市陆续开展家庭教育公益讲座 100 场，参与家长人数达两万余人。

26 日 沈阳市初中毕业生理化实验操作考查顺利结束。2014 年，沈阳市首次将理化实验操作考查作为毕业升学综合素质评价依据，全市设考点 213 个，45700 名学生报名参加考查，合格率为 99.6%。

沈阳市召开中小学诚信主题教育动员会，旨在提高学生诚信意识，发扬“守信光荣，失信可耻”良好风尚，总结推广中小学校开展诚信教育活动的典型经验和做法，并对下阶段工作进行部署。

28 日 市教育局召开学生资助工作业务培训会议，各区县（市）资助中心及公办高中 90 人参加会议，辽宁省学生资助管理中心做培训讲座。

辽宁省电梯职教集团在沈阳市汽车工程学校成立，汽车工程学校工厂化办学模式正式启动。沈阳市汽车工程学校与沈阳市电梯安装维保协会合作，共同建设省内首家大型电梯生产性实训基地。

30 日 省委常委、市委书记曾维视察皇姑区珠江五校怒江校区。

6 月

6 日 市长陈海波到皇姑区招生办公室和市一二〇中学视察高考情况。

16 日《学前教育条例》（草案）通过市

政府常务会议审议，标志着沈阳市学前教育立法工作取得阶段性成果。

17 日 沈阳市政府在浑南区召开全市中小学校营养午餐工作现场会，市教育局部署全市中小学营养午餐工作，浑南区政府全面介绍中央厨房经验。市政府副市长姜军出席会议并讲话。

18 日 沈阳市民办学历教育学校教育教学质量检查评估工作结束。此次检查历时 40 个工作日，61 所民办学校受检，其中 59 所学校合格，两所学校基本合格，对于基本合格学校将进行限期 3 个月的整改，整改合格后方能办理许可证年检和招生。

23 日—26 日 大东区通过创建辽宁省基础教育强区暨县域义务教育均衡区督导验收。

25 日 沈阳市百所实验校课堂乐器演奏千分达标竞赛结束。市内五区每区 20 所小学，共计 15682 名小学生参加本次课堂乐器竞赛考核活动。通过开展活动，全市近两万名小学生能熟练运用课堂乐器的演奏方法，并能演奏 4—6 首音乐教材曲目。

7 月

9 日 《沈阳市中小学校章程制定暂行办法》正式发布。该《办法》是沈阳市首部系统指导、规范中小学章程制定的文件，对促进依法治校，加快推进“依法办学、自主管理、民主监督、社会参与”的现代学校制度建设具有积极意义。

市教育局召开电视电话会议全面部署暑期安全和纠风工作。会议由市教育局副局长韩燕子主持，局长苏文捷安排部署工作，沈阳市政府副市长姜军出席会议并讲话。

市委、市政府决定沈阳市委教科工委不再与市教育局合署办公，调整为与市委宣传部合署办公。

10 日 沈阳市召开 2014 年教育系统创城工作会议，市创城办对创城工作进行指导，各区县（市）教育局及相关直属单位（学校）创城工作负责人 90 人参加会议。

23 日 市教育局印发《关于落实教育部严禁教师违规收受学生及家长礼品礼金等行为的规定》的通知，明确六个“严禁”：一是严禁以任何方式索要或接受学生及家长赠送的礼品礼金、有价证券和支付凭证等财物；二是严禁参加由学生及家长安排的可能影响考试、考核评价的宴请；三是严禁参加由学生及家长安排支付费用的旅游、健身休闲等娱乐活动；四是严禁让学生及家长支付或报销应由教师个人或亲属承担的费用；五是严禁通过向学生推销图书、报刊、生活用品、社会保险等商业服务获取回扣；六是严禁利用职务之便谋取不正当利益的其他行为。

8 月

5 日 沈北新区实施教育集团化办学。组建新兴教育集团、新城子街第一小学教育集团、新城子街第二小学教育集团，依托名校优势，充分发挥优质教育引领和辐射作用。

7日 市教育局通报规范办学检查工作情况。市区两级教育行政部门共组成16个检查组，进行交叉检查，累计出动368人次对学校、办学机构、民宅等群众举报地点进行不间断排查，取缔黑班八个，查实一所学校，12名在职教师违规补课问题。

12日 沈阳市获辽宁省幼儿园优秀自制玩教具展评活动团体一等奖，东北育才学校幼儿园创作的《方盒游戏》等件作品获一等奖，并将继续参加国家比赛。

13日 沈阳市举办中小学校卫生保健人员培训。本次培训是沈阳市新一轮“上岗证”审验、并统一换发的一次上岗资格培训。邀请国内以及省市卫生保健方面知名专家和教授20余位，传授国内外前沿理论研究、先进科研实验成果及丰富教学实践，全市980余名从事学校卫生保健工作人员参加培训。

16日 辽中县委、县政府召开组建辽中县城镇第二初级中学教育集团工作会议，会议决定由县城镇二中和乌伯牛九年一贯制学校组建成县城镇二中教育集团。

23日 由市教育研究院和辽宁北方教育报刊出版有限公司主办的《基础教育论坛》（教研版）杂志正式创刊。

24日 沈阳市政府印发《关于推进社区教育发展的实施意见》（沈政办发〔2014〕57号）。

9月

4日 省长李希到皇姑区岐山一校和市一二〇中学走访慰问教师。

10日 沈阳市政府公布2014年沈阳市优秀教师（170名），沈阳市优秀教育工作者（21名），沈阳市名师（191名）名单。

14日 沈阳市农村义务教育阶段学校教师特设岗位计划招聘工作结束，为农村学校招聘教师331名，全市连续五年进行特岗教师招聘，为农村学校补充教师1500多名。

16日 沈阳市政府出台《关于深化改革加快推进教育现代化的实施意见》（沈政办发〔2014〕62号）。确定沈阳市教育现代化建设的指导思想、工作原则、推进措施等，计划2020年前所有区县（市）完成全面教育现代化建设评估验收。

28日 国家义务教育发展基本均衡县（市、区）督导评估反馈会在沈阳市召开，会议通报辽宁省17个区县（市）督导检查情况，沈阳市沈河区、大东区、浑南区、于洪区和苏家屯区五城区通过义务教育发展基本均衡县（市、区）验收。至此，沈阳市已有七城区通过国家验收，成为辽宁省通过验收数量最多的城市。

29日 沈阳市政府召开深化改革加快推进教育现代化工作会议。会议由市政府副秘书长陈双伟主持，市教育局部署工作任务，各区县（市）政府主管领导，教育局局长等参加会议。市政府副市长姜军出席会议并讲话。

和平区教育局召开中小学生营养膳食工作推进会，下发《和平区中小学生营养膳食食谱》，指导学校优化中小学生日常营养配餐。

30日 浑南区召开首次中小学生素质教育成果展演暨优秀教师表彰大会。会议汇报全区素质教育成果，授予39名同志“区优秀教育工作者”称号，173名同志“区优秀教师”称号。

10月

8日—9日 沈阳市义务教育高水平均衡发展评估验收组对新民创建教育强市第一阶段工作进行评估验收。新民市顺利通过验收，成为沈阳市级义务教育高水平均衡发展示范县（市）。

9日 省委常委、市委书记曾维视察皇姑区岐山一校焕新校区。

9日 市教育局印发《关于深入推进培育和践行社会主义核心价值观的实施意见》（沈教发〔2014〕73号）。

14日—15日 由《中国教师报》主办，大东区教育局承办的第一届中国好课堂数学学科竞赛在第五中学举行。

17日 2014年沈阳市中小学生艺术展演（表演类）器乐比赛在市九中落下帷幕。本次展演设小学组、初中组、高中组三个组别，分为民乐和西洋乐两大类，共有来自全市11个区县（市）和直属学校的47支代表队参加。

23日 铁西区启工三校拉丁舞队在2014“华舞之星”中国东北国际舞蹈大赛上表演的舞蹈《哒哒哒》获团体第一名。

由辽中县人民检察院、辽中县教育局主办，辽中县职业教育中心承办的“辽中县青少年法制教育基地启动仪式”在辽中县职业教育中心北校区举行。

24日 沈阳市中小学校集中开展反恐防暴应急逃生演练，各校有计划、迅速地引导学生安全疏散，进一步提高全校师生应对突发事件的自救技能和处置能力。

11月

3日 大东区杏坛小学教育集团承办沈阳市农村骨干教师“双优引领·实践式”培训活动。来自辽中县的32名骨干教师，在杏坛小学教育集团进行为期两周的实践式培训。

7日 东北新闻网教育频道驻沈北新区工作站成立暨报导员培训大会在区教师进修学校召开。

10日 英国牛津大学教授蒂芙尼·斯特恩等一行到市四中开展教育交流活动。

13日 在长白街道翡翠城社区、太原街街道民族社区正式启动“四点半快乐驿站”。每天安排一名管理人员和辅导教师，在下午4点半到6点开展校外辅导活动，解决部分家庭孩子放学后无人照管的难题。

由沈河区教育局承办的第三届全国十商课程研讨会即十全素质教育校际联盟校长论坛会

议成功召开。

17 日 “创建辽宁省中小学体育艺术示范区”专项评估督导检查组一行八人，对沈河区中小学体育艺术教育发展情况进行专项评估检查。沈河区通过“创建辽宁省中小学体育艺术示范区”专项评估。

19 日 市教育局公布下半年通过沈阳市标准化普通高中评估验收名单，市三十五中和市二十二中通过沈阳市标准化普通高中评估验收。上半年，沈阳市同泽高级中学、市二十八中、市二十四中、市八十三中和市五十六中先后通过市级标准化高中评估验收。

21 日 市教育局、市财政局印发《关于做好学前教育奖励补助工作的通知》，规定从2014 年 7 月起，学前教育奖励补助标准由原来的每生100元调整为在园儿童月生均200元。

24 日 沈阳市在第三届全国幼儿园优秀自制玩教具展评活动中荣获集体第三名。其中，沈阳军区司令部幼儿园王一如制作的《好玩的雪糕棍》荣获一等奖。

28 日 沈北新区通过沈阳市创建教育强区暨义务教育高水平均衡发展工作第二阶段评估验收。

12 月

5 日 省装备中心督导组对沈河区 14 所中小学图书馆的建设情况进行督导评估。沈河区顺利通过辽宁省数字化图书馆示范区验收。

8 日 沈阳市举行“深化改革助推振兴”系列讲座之深化教育领域综合改革专题培训。培训由沈阳市委组织部、市委改革办主办，市教育局承办，市政府副秘书长陈双伟主持。国家教育部发展研究中心主任、国家教育咨询委员会秘书长张力，受邀作题为《贯彻党的十八届三中、四中全会精神，推进教育治理体系和治理能力现代化》的讲座。市社会事业改革专项小组成员单位、市教育系统、各区县政府等近 260 人参加培训。

8 日—11 日 辽宁省基础教育强县暨县域义务教育均衡发展审核评估组对新民市教育强市创建工作进行审核评估。

12 日 经辽宁省十二届人大常委会第十四次会议批准，沈阳市人民代表大会常务委员会公告第十号公布《沈阳市学前教育条例》。该条例分总则、规划与建设、设立与审批、保育和教育、教职工资格与权益、保障与监督、法律责任、附则八章 38 条，自 2015 年 1 月 1 日起施行。

17 日 沈阳市 2014 年幼儿教师教学基本功大赛结束。沈河区王欣莹、大东区姜莎莎等分获个人全能奖和个人单项奖，于洪区教育局等获优秀组织奖。

辽中县以“唱响童年 放飞梦想”为主题的辽中县 2014 年乡村学校少年宫汇报演出暨总结表彰大会在辽中县近海文体中心举行。

29 日 沈阳市政府教育督导室主认定新民市为“2014 年创建教育强区、县（市）工作达标单位”。

2014年沈阳市教育局
部分文件目录

序号	发文字号	文件标题	发文日期
1	沈教发〔2014〕1号	关于印发沈阳市教育局2014年工作要点的通知	1月26日
2	沈教发〔2014〕2号	关于认定首批市特色普通高中实验学校的通知	1月7日
3	沈教发〔2014〕3号	关于做好普通高中特色学科建设的通知	1月17日
4	沈教发〔2014〕4号	市教育局 市卫生局转发省教育厅省卫生和计划生育委员会关于印发辽宁省幼儿园评估定级标准的通知	1月16日
5	沈教发〔2014〕5号	关于印发2013—2014学年度义务教育教师岗位大练兵活动方案的通知	2月10日
6	沈教发〔2014〕6号	关于印发政府采购管理办法的通知	2月10日
7	沈教发〔2014〕10号	关于印发新修订市普通高中办学标准的通知	2月14日
8	沈教发〔2014〕11号	关于印发沈阳市中小学生近视防控行动计划(2013—2015年)的通知	2月21日
9	沈教发〔2014〕12号	关于印发沈阳市教育系统重污染天气应急预案(试行)的通知	3月12日
10	沈教发〔2014〕14号	市教育局 市物价局关于印发沈阳市2013—2014学年下学期中小学校收费项目及收费标准的通知	3月14日

续表

11	沈教发〔2014〕15 号	市教育局 市文明办关于进一步推进中小学校道德讲堂建设的通知	3 月 15 日
12	沈教发〔2014〕17 号	关于选派英语骨干教师赴境外培训的通知	3 月 24 日
13	沈教发〔2014〕18 号	关于在全市中小学开展十百千万强身健体活动的通知	3 月 25 日
14	沈教发〔2014〕19 号	关于做好 2014 年幼儿园招生工作的指导意见	3 月 31 日
15	沈教发〔2014〕20 号	关于印发 2014–2015 年候选教育专家以训代评工作方案的通知	3 月 31 日
16	沈教发〔2014〕21 号	关于印发 2015 年沈阳市首席教师评选工作方案的通知	3 月 31 日
17	沈教发〔2014〕22 号	关于印发 2014 年沈阳市名师评选工作方案的通知	4 月 2 日
18	沈教发〔2014〕23 号	关于公布 2014 年沈阳市标准化普通高中评估验收结果的通知	4 月 3 日
19	沈教发〔2014〕24 号	关于印发沈阳市中小学数字校园建设工作方案的通知	4 月 8 日
20	沈教发〔2014〕25 号	市教育局 市人力资源与社会保障局关于开展沈阳市保育员职业技能培训与鉴定的通知	4 月 10 日
21	沈教发〔2014〕27 号	关于进一步规范农村义务教育学校布局调整工作的通知	4 月 11 日
22	沈教发〔2014〕28 号	关于加强教育事业统计工作的通知	4 月 11 日
23	沈教发〔2014〕29 号	关于做好 2014 年全市教师资格认定工作安排的通知	4 月 15 日
24	沈教发〔2014〕30 号	关于做好全市中小学绿化工作的通知	4 月 15 日
25	沈教发〔2014〕31 号	市教育局等八部门关于贯彻实施《通用规范汉字表》的通知	4 月 21 日

续 表

26	沈教发〔2014〕32 号	关于做好 2014 年沈阳经济区内优质普通高中跨市招生工作的通知	4 月 21 日
27	沈教发〔2014〕33 号	关于印发 2014 年中小学招生工作方案的通知	4 月 21 日
28	沈教发〔2014〕34 号	关于印发沈阳市 2014 年普通高中学生学业水平考试考查科目实施方案的通知	4 月 22 日
29	沈教发〔2014〕35 号	市教育局 市地震局关于在全市中小学校开展防灾减灾宣传教育活动的通知	5 月 8 日
30	沈教发〔2014〕36 号	市教育局 市精神文明建设办公室 共青团沈阳市委员会关于做好全市中小学生中国梦我的梦演讲比赛活动的通知	5 月 6 日
31	沈教发〔2014〕37 号	关于做好 2014 年高中阶段学校招生计划编制和执行工作的通知	5 月 8 日
32	沈教发〔2014〕38 号	市教育局 市文明办关于开展认星争优做美德少年主题活动的通知	5 月 12 日
33	沈教发〔2014〕39 号	关于印发 2014 年沈阳市民摄影大赛等五个社区活动方案的通知	5 月 13 日
34	沈教发〔2014〕40 号	关于 2013 年全市学前教育工作情况的通报	5 月 20 日
35	沈教发〔2014〕42 号	关于 2013 年度民办学校教育教学质量检查评估结果的通报	5 月 26 日
36	沈教发〔2014〕43 号	市教育局 市文明办关于在全市中小学校开展三爱主题教育活动的通知	5 月 28 日
37	沈教发〔2014〕44 号	关于印发市教育局财务人员培训工作三年行动计划的通知	5 月 30 日
38	沈教发〔2014〕45 号	市教育局 市人社局 市财政局关于开展全市中等职业学校和技工学校学生资助工作检查的通知	5 月 19 日
39	沈教发〔2014〕46 号	关于印发 2014 年学生体质与健康调研方案的通知	6 月 3 日
40	沈教发〔2014〕47 号	关于进一步加强中等职业学校学生学籍管理工作的通知	6 月 6 日

续 表

41	沈教发〔2014〕48号	关于进一步加强教育新闻宣传和信息工作的通知	6月6日
42	沈教发〔2014〕49号	关于学习推广市第十一中学写家史课程经验的通知	6月18日
43	沈教发〔2014〕50号	关于2013—2014学年度暑假工作安排的通知	7月1日
44	沈教发〔2014〕52号	关于印发《沈阳市中小学校章程制定暂行办法》的通知	6月24日
45	沈教发〔2014〕53号	关于做好2014–2015学年度省级示范性普通高中学科教师培训基地相关工作的通知	7月4日
46	沈教发〔2014〕54号	关于印发沈阳市建设百所家长学校示范校工作方案的通知	7月4日
47	沈教发〔2014〕55号	市教育局 市政府纠风办关于进一步做好中小学在职教师有偿补课综合治理的通知	7月7日
48	沈教发〔2014〕57号	市教育局 市文明办关于印发沈阳市乡村学校少年宫艺术展演方案的通知	7月14日
49	沈教发〔2014〕59号	关于加强教育专项资金监管的通知	7月23日
50	沈教发〔2014〕60号	关于落实教育部《严禁教师违规收受学生及家长礼品礼金》的通知	7月23日
51	沈教发〔2014〕61号	关于近期查处学校及在职教师违规补课处理情况的通报	8月7日
52	沈教发〔2014〕62号	市教育局等六部门关于做好第17届全国推广普通话宣传周活动的通知	8月22日
53	沈教发〔2014〕63号	关于印发沈阳市普通中小学家长委员会建设与管理办法（试行）的通知	8月22日
54	沈教发〔2014〕64号	关于做好新学期开学有关工作的通知	8月26日
55	沈教发〔2014〕65号	市教育局等三部门关于举办首届沈阳市少年法治互动节活动的通知	8月28日

续 表

56	沈教发〔2014〕66号	关于认定第二批市特色普通高中实验学校的通知	9月1日
57	沈教发〔2014〕67号	市教育局 市发展和改革委员会关于印发沈阳市2014—2015学年上学期中小学校收费项目及收费标准的通知	10月8日
58	沈教发〔2014〕68号	关于公办普通高中2013—2014学年度综合评估获奖结果的通报	9月19日
69	沈教发〔2014〕69号	关于印发沈阳市乡村学校少年宫考核评估标准的通知	9月18日
60	沈教发〔2014〕70号	关于印发加快推进教育现代化工作方案的通知	9月24日
61	沈教发〔2014〕71号	关于加快推进现代学校制度建设的实施意见	9月26日
62	沈教发〔2014〕72号	市教育局 市人民检察院关于开展预防未成年人犯罪警示教育暨中小学安全教育月活动的通知	9月25日
63	沈教发〔2014〕73号	关于深入推进培育和践行社会主义核心价值观的实施意见	10月9日
64	沈教发〔2014〕74号	关于遴选2014年市骨干校长和市骨干教师的通知	11月12日
65	沈教发〔2014〕75号	关于认定第三批市特色普通高中实验学校的通知	11月19日
66	沈教发〔2014〕76号	关于公布2014年下半年市标准化普通高中评估验收结果的通知	11月19日
67	沈教发〔2014〕77号	市教育局 市财政局关于做好学前教育奖励补助工作的通知	11月27日
68	沈教发〔2014〕78号	关于印发2014年度一师一优课一课一名师活动方案的通知	12月4日

报告·文件

BAOGAO WENJIAN

新形势　新任务　新要求

——沈阳市教育局局长苏文捷在2014年委局机关大会上的讲话

（2014年2月18日）

同志们：

大家好！今天的大会，是在党的十八届三中全会全面吹响改革号角、群众路线教育实践活动取得阶段性成果、国家和省市教育现代化深入推进的背景下召开的，主要任务是总结委局群众路线实践教育活动，动员机关和直属单位学校干部职工，鼓足干劲，再接再厉，全力做好今年各项工作，推动全市教育实现新发展。

刚才，齐舒同志就群众路线教育实践活动进行了总结。这段时间，市委督导组全程参与了我们的活动，并对活动精心指导，认真把关，确保了活动的顺利有效开展，还就下一步巩固成果提出了希望和要求，希望大家认真落实。下面，我讲三方面内容：

第一，过去一年，委局上下团结一心，圆满完成既定任务，我代表班子衷心感谢大家

过去一年，经过大家的努力，我们不但如期完成了既定工作任务，而且社会各界都给予积极评价，也展现出了我们这支队伍良好的精神风貌。

在工作任务完成上。面对繁重工作，尽管困难很多，机关各处室、各直属单位和学校，主动想招法、抢进度、抓落实，积极攻坚克难，各项工作都得到了落实。

——学前教育，一年出台了3个政府文件，力度前所未有。特别是奖补政策，建立了我市为入园幼儿补贴的新机制。新增学位2.5万个，入园率提高1.4个百分点。

——义务教育，百所学校综合提升顺利完成，均衡水平稳步提升。中考制度调整方案正式公布，运行平稳，与中央改革方向相一致，抢得了改革先机。

——普通高中，制定了五年规划，确定了优质特色发展的主攻方向。完成了7所学校标准化建设，达标率达到了52%。省级特色高中达到5所，占全省的18%。

——职业教育，抓住了制约发展的关键问题，出台了加快发展的21条政策，现代学校管理制度建设迈出新步伐，为激发学校办学活力奠定坚实基础。

——高等教育，沈阳大学开始招收博士，医学院开始招收硕士，市属高校发展实现历史

突破。

——50 个标准社区学院建成，终身教育成为我市学习型社会建设品牌。

——创新规范管理和评价方式，成功对民办高中实行入出口评价。完成百余项近 10 万人次教师培训，招聘教师 640 多人，成功开展全市性岗位大练兵。推进 6 个地区完成教育强区第一阶段创建任务，督导责任区挂牌督导实现全覆盖。全年开展大规模安全演练和安全综合排查近 20 次，没有发生一起重大责任事故。出台了校车补助政策，校车标准化建设实现新突破。率先建立市区校三级查处的联动工作机制，实施了阳光分班和均衡编班，规范办学行为逐渐形成学校的自觉行为。建立市区校三级网上学生体质监测平台，小乐器走进全市中小学课堂。信访、绩效考评、教育统计、教育对外交流与合作、依法行政、教育财务监督管理、党建、语言文字和离退休，以及招生考试、教科研等各项工作，都有创新，都有亮点。

在社会评价上。实干赢得支持。教育工作得到了社会方方面面的积极评价。

——国家和省市新闻媒体报道我市典型做法、先进经验达 1200 余篇次，正面报道占 95% 以上。中央媒体组成采访团，对我市职业教育制度建设进行了全面宣传报道。

——通过第三方社会调查，群众对教育综合评价指数，也就是群众满意度达到 82.5%，同比提高 1.9 个百分点。社会评价我们的食堂、操场等政府办实事项目，是真正做到了老百姓的心坎上。

——今年“两会”，人大代表和政协委员对教育的评价基本都是正向的，没有出现教育热点问题。

——国家督导检查组对我市义务教育均衡发展评价较高，和平和铁西被评为国家义务教育基本均衡示范区。

——高考的高分段人数、一本上线率和录取率等关键指标继续上升。文理科一本上线率分别提高 0.1 和 1.31 个百分点；录取率达到 92.5%，同比提高 3.7 个百分点。

——行风工作被省里评价为措施到位，效果明显。多项工作获得省市有关部门表彰，全年累计获得奖励达 20 余次。今年市政府绩效考评，获得了优秀单位奖。同时，市委、市政府对我们的工作也是满意的，曾维书记、海波市长、姜军副市长等市领导多次肯定教育工作，认为我们的工作细致、认真，取得了可喜的发展成就。

在队伍的精神风貌上。在委局班子召开的群众路线教育实践活动民主生活会上，亚洲副市长对班子的坦诚和团结给予了充分肯定，认为我们的班子是团结、务实的，也是能干事业的。

我们的干部队伍也表现出了良好的业务素质和职业素养。面对工作的挑战和困难，广大干部都能心往一处想，劲往一处使。当师联上访发生后，面对上千学生和家长，我们的干部迎难而上，没有一个推诿的，没有一个说“不”的，都冲到了接访第一线。面对众多家长，大家一站就是一天，反复耐心解答，都挺了下来，化解了上访。关键时刻，看到了我们这支队伍的素质，也看到了我们这支队伍的战斗力。这让我非常感动。在“十二运”志愿者队伍中，我们的志愿者和观众队伍也是一道风景线。文明的举止和行为，再次向社会展示了我们的精神风貌。

我们的队伍中有很多品质优秀的同志，他们在平凡的岗位上表现出的不平凡,让人感动。比如，连续两年评选出的周福玉、张树刚、张东等10余位学雷锋人物。再比如，陈钦鹏，办公室的工作人员，连续六年，每年两会，市政府都点名借调他，这是对我们干部能力和素质最好的肯定。赵丽红，基教二处借调人员，工作兢兢业业，早来晚走，加班加点，把自己负责的一摊子事做得井井有条。佟雨辰，教研院高中教研中心主任，无论在哪个岗位，都孜孜不倦地深入研究业务，表现出对工作的高度责任感和事业心，为我们树立了一面旗帜。还有董江同志，考评办借调人员，十年如一日，无微不至地伺候三位老人，营造了一个十几口人的大家庭，被市妇联评为了“沈阳市敬老好儿女”。久病床前无孝子，能做到这样真的不容易、令人感动。这样的好同志、好干部，我们的队伍中还有很多。正是因为有这样的好同志，我们的队伍才展示出了良好的作风、优秀的精神风貌，才能做好工作、干成事业。

回过头看，我们的各项工作可圈可点的地方非常多，系统稳定和谐，发展科学有序，成果扎实显著。这为做好今年工作打下了坚实基础。这些成绩，是在市委、市政府的正确领导下取得的，是同志们辛辛苦苦、扎实有效的工作换来的，大家一年来都很辛苦。在这里，我代表班子，衷心地感谢大家。

我讲的第二方面，就是在新的一年，各项工作要求高、任务重，也还要寄希望于大家

应该说，今年是一个特殊的年份。既是群众路线实践教育活动效果的检验年，也是落实十八届三中全会精神的全面改革元年，更是我市推进教育现代化建设的加速之年。这样的背景，对我们教育工作来说，挑战很大，机遇也很难得。

为把挑战转化为工作的动力，把机遇转化为教育发展的实力，全市教育对今后工作提出了一个基本思路，那就是：**高举加快推进教育现代化这面大旗，坚持提升质量、促进公平两大原则，紧紧围绕改革、发展和民生三大战略重点，一手抓改革，一手抓发展，以改革推进发展，以发展促进改革，全面提升教育的管理水平和办学质量，综合实力走进全国同类城市的前列。**

今年的工作，通过印发的要点，大家基本都熟悉了，我在这里就不说了。下面，主要讲一下围绕三大战略重点，需要全面开展的15项重点工作任务。

这15项工作，要实施好，需要认真研究，拿出科学有效的工作方案。会议结束后，委局按照市委要求，将成立深化教育综合改革领导小组，领导小组第一次会议就研究任务分工。任务负责的部门，要瞄准2017年实现教育现代化的这个目标点，尽快拿出方案。成熟一个

就审定一个，审定一个就推出一个，推进一个就要抓好落实。一张蓝图做到底，做就做透，不要半途而废。班子也以此为依据，对相关部门的工作进行考核，确保各项任务有效落实。

1. 关于改革任务。教育综合改革既要积极，又要注重稳妥。改革是探索的过程，是在继承中的发展、在坚持中的深化、在探索中的改进，以激发活力，促进发展。今年的改革任务，一个是，国家、省围绕落实十八届三中全会精神已经出台的改革方案，我们要落实好；另一个是，市委全会确定的改革任务中，我们教育的改革，也要落实好。围绕这两方面，从今年起要陆续启动 6 项改革。

——**转变工作职能**。省教育厅和市政府的文件都已下发，我们到底要承接省市哪些下放的权限，要向区县下放哪些权限，向事业单位和学校移出哪些权限，要尽快梳理清楚，形成文件落实下去。委局班子的态度是，一定按照有关要求，该管的管好，按要求放下去的职责一定放下去。

——**推进行政管理方式改革**。随着职能转变，我们的工作方式也要随之改变。要借助转变职能的机会，把市、区县和学校的管理职责梳理清楚，市里不能什么都大包大揽，这不仅与中央改革要求不符，也影响基层积极性的发挥和工作的有效开展。我认为，市里更多的应该是加强宏观政策引领、监管与服务。这种管理方式，不是什么都撒手不管，而是有统筹、有下放，把该管的管好，把该放的放活，通过科学的管理方式和有效的经费调控，推动工作的科学有效开展。比如，今年学校基本建设安排就是按照科学的系数与指标，把经费砍块下放到区县，然后按照市里的统一要求，由各区县自行确定建设项目。我们的任务就是做好监管与服务。表面看，这是经费安排的变化，实际上是工作管理方式的改革。今年，在教学设备配备、教师培训、各块业务经费的使用上，都要认真研究科学的管理方式，不是简单地花钱、给钱。经费，要花出机制、花出效益，要拿出方案。另外，在业务管理上也要研究，比如义务教育责任主体是区县，市里要完成哪些工作，区县和学校完成哪些工作，像控辍、查处违规补课等，都要进一步明确责任，形成工作规程，把责任落实到具体工作上。

——**推进学校办学方式的逐步转型**。就是紧紧围绕增强学校办学自主权，做好制度建设。这对职业学校来说，非常重要，也非常急迫。职业教育是面向市场的教育，如果把它像普通学校那样管，是要出问题的。市里出台了职业教育的 21 条政策，重要一点就是推进学校办学方式的转变。在推动基础教育学校自主办学上，山东青岛步子迈得很大，我们可以学习借鉴。争取今年，市属学校，无论是职业学校，还是基础教育学校，都能在自主办学上，向前走一步。这也是全市推进十项重点改革的内容，我们要认真研究，提出我们的意见和办法。

——**进一步完善招生政策**。目前看，教育部按照中央改革的总体部署，将陆续出台新要求、新规定。小学升入初中的免试就近入学，教育部印发了实施意见，近期还要印发中考制度改革和高考制度改革的实施意见，我们要高度关注。改革招生考试制度，目的是引领学校更加重视学生的全面发展，更加重视学生的能力培养,更加努力地提供适合学生发展的教育。这些年，我市一直在不断探索，稳步推进，目前的形势无疑会加快推进我市的工作步伐。小学招生、初中招生、高中招生，我们都要根据教育部新精神认真研究，把国家的政策吃透，把我市招生工作研究好、研究透，提早做好准备。同时，根据去年出台的中考制度调整方案，我们要把今年启动的调整项目，研究好，拿出具体的落实方案，确保落到实处，达到预期效果。

——**改进用人管理制度**。关键是解决好队伍整体素质提升的专业化程度。主要是，继续完善和用好到高校招聘毕业生的政策，争取把最适合的人聘进来。筹划好教师资格注册制度，跟踪国家试点省市取得的经验，提前研究我市的工作方案，做好相关准备。积极推进校长的任职资格制度、竞聘制度和任期制度，走上校长岗位，要有资格证书，要公开竞聘。健全义务教育阶段教师“县管校用”机制，总结我市教师交流的经验和教训，借鉴外地成功经验，把“县管校用”机制完善起来，用起来。今年，全市在清理整治外借人员，初步统计，教师大约有3000多人。要结合这次清理，认真研究，建立一个有效的管理制度，切实解决好今后我们教师的外借问题。

——**改进学校评价方式**。中小学生课业负担过重，学校不按要求开设课程，这些问题都与对学校评价不完善有关系。要抓住课程规范开设、学生发展水平、家长是否满意等关键要素，完善对学校的日常督查、学生发展水平监测、第三方评价等措施，研究出对每所学校的评价方式和标准，通过评价导向，引导学校按要求办学，按规律办学。重点是建立两个制度：一个是，学业质量监测制度。作为一项探索，与北师大合作了两年，效果不错，反应也不错。今年就作为一项制度确定下来，年年都搞，把这项制度的诊断、评价和提醒作用进一步发挥出来。另一个是，教学改革成果表奖制度，教育部今年建立了这项制度，我们比照执行，每两年搞一次，对那些有实质性突破的教改成果进行奖励和推广。

2. 关于发展任务。事业发展，政策牵动非常重要。全市教育工作，我们一定要在政策引领上下功夫，通过牵一发而动全身、实实在在、能够真正解决问题的政策，来加快推进事业发展。这些年来，我们各项工作都取得了很好的发展，与科学制定引领政策有直接关系。今年要研制出5项引领发展的政策和措施来。

——**教育信息化推进方案**。教育现代化要靠信息化来支撑、来拉动。今年要解决三个基础性问题：一是改造沈阳教育城域网，扩大带宽和出口容量，实现千兆进学校、百兆进课堂。二是建设市、区、校统筹的管理平台，统一对学校办学、教师教学、学生学习进行大数据管理。三是更新信息技术装备，建立移动学习终端系统，为师生信息化教学和学习创造条件，推动学习方式和教学管理方式的变革。这是一篇大文章，姜市长几次提到这项工作，要求我们认真研究落实好。今年重点是统筹设计，争取明年进入到实施阶段。做好这些工作都要创新思路，要用改革的思路来研究。姜市长讲，要充分考虑社会化运营，这与“公用服务项目可以采取服务外包”的思路是一致的。我们要结合实际，尽快拿出具体方案来。

——**学前教育的统筹发展问题**。去年的奖补政策和配套小区幼儿园建设，都是开创性的。今年还要出条例，还要改造100所幼儿园，增加1.5万个学位。我觉得，我市的学前教育，还是要围绕学位、收费、管理这三个核心问题，要拿出学位增加的系统方案，把规范学位增加落实到区县、乡镇和街道、村屯、社区，确保三年内达到规划要求的规范学位数，确保入园率达到规定标准；要拿出幼儿园收费高的解决方案，完善并用好奖补政策，用三年时间解决幼儿园高收费问题。就这些问题，特别是学位问题，要系统研究，不仅要分解到县区，更为重要的是我们要拿出有效的引导政策和措施来。我觉得，应把它作为现代化建设验收的先决条件，实行一票否决，不然任务指标很难落实。就这些问题，在要出台的条例中，作为区县政府的责任表述清楚。

——**义务教育高水平均衡发展政策**。通过三年连续实施提升工程，我市义务教育阶段学校办学条件大为改善，各区县也通过集团化、委托管理等方式，大大缩小了同类学校之间的办学差距，一定程度缓解了择校热。高水平、高质量的均衡，是义务教育发展的方向。在这方面，要加强市级层面的政策引领与支持。当前，全市义务教育发展的重点就是，总结各区县好的经验做法，拿出市里的系统政策，推动全市义务教育实现高水平均衡发展。我看，各地的做法，基本都大同小异，沈阳的做法一直都是积极有效的，但我感觉我们现在缺乏的是，全面统筹力度与有效的落实。今年，推进义务教育均衡发展，促进教育公平，要从群众路线实践教育活动的高度，以标准化建设为载体全面统筹，推动高水平、高质量均衡发展。

——**普通高中综合提升的保障工作**。普通高中五年规划、标准化和特色化工作方案的制定，以及开展的评估验收等工作，有力地推动了全市普通高中发展。高考成绩继续全省领先，满足群众对优质教育需求的同时，也为普通高中改革发展奠定了基础。随着教育部高考改革相关政策的出台，普通高中教育也进入到了发展攻坚阶段。要围绕落实五年规划，在按时完成高中标准化和特色化任务的同时，研究出在生均公用经费等问题上突破政策。这是制约普通高中发展的最关键因素。大连从2013年秋季起，普通高中生均公用经费由每年1300元调整到每年2800元。

——**职业高中新一轮标准化推进方案**。去年出台了若干意见，得到了政府和教育部的高度关注。职业教育，关键就是落实好这个意见。重点是推进新一轮标准化建设。我们应该把全市职业高中新一轮标准化推进方案研制好，特别是要统筹好公办学校、民办学校和技校，统筹好管理、经费投入、专业建设、招生入学和奖惩激励等工作，通过标准化建设，实现对全市职业教育的有效统筹。

3. 关于民生任务。就定位在为广大学生和家长的服务上。教育是最大的民生事业，需要我们做的，就是要搞好服务。教育的热点，都是民生中的关键点，一点闪失都不能出。一时做不到，也要努力做，让群众感受到我们的努力。今年要努力解决好4个方面的热点问题。

——**社会乱补课问题**。社会乱补课，各种原因交织在一起，很难从根本上治理。现在看，由于这几年抓得比较紧，学校和教师乱补课都转入了家庭和培训机构，补课费也提高了很多，群众意见很大，媒体也经常报道。市里群众路线教育实践活动征求意见中，也是主要问题之一，并作为了今后整改的重点任务。今年，我们要以改革的思路，从群众路线教育实践活动的高度，切实加大解决乱补课问题的力度。说以改革的思路，就是要结合沈阳实际，面对家长有需求、教师有利益、政策又有限制的复杂情况，积极争取支持，就疏导渠道研究出真正有效的突破性政策来，就查处研究出真正解决目前力量弱、处理难的有效机制来。也就是，什么情况可以补、谁来补、怎么补，允许的放到台面上来，不允许的坚决有效打击。不用改革的思路，来研究疏导和严查相结合的办法，就很难在乱补课的治理上取得突破。

——**政府办实事项目**。今年，政府办实事项目，我们有四项，分别是新增5000个普惠性幼儿园学位、改造100所幼儿园、建设300所中小学数字校园，录制1000节网络微课程。其中，300所数字校园占到全市义务教育学校的一半，是信息化带动现代化的一项重要举措，一定要从学校的需求出发，加快数字校园建设。同时，一定做好以数字校园建设，带动学校管理和教学方式变革的设计与指导。我想，每一所想建数字校园的学校，都应该配套地搞一项教学方式改革的实验。

——**校车安全问题**。我市的校车起步较早，起步的时候财政没有扶持。现在按照国家规范要求，解决的问题比较多。现在政府的补助资金用上了，校车也基本规范合格了，又上了北斗监控平台体系。但是个别区县校车运营模式还有待探索，要想从根本上解决校车安全营运问题，解决学生乘车负担问题，还要在校车运营模式、长效机制，以及市场运营上下功夫，拿出统筹解决办法，一年解决不了，就两年、三年，要下力气彻底解决校车安全运营问题。

——**学生健康问题**。目前社会高度关注。这个问题不能回避，也不能把原因全推到社会上。这是全市教育转型必须思考和解决的问题。我们提出以“提升质量”为主线，这个质量是学生全面发展的质量，不能以牺牲学生的身体健康为代价。为此，我们要统筹研究，拿出系统方案，认真加以落实。这项工作不可能立竿见影，但我们要按部就班，一步一步地抓下去。

上述，我主要讲了围绕改革、发展、民生需要开展的15项重点工作。下周，召开委局改革领导小组第一次会议，主要研究任务分工，尽快拿出方案，依次抓好落实。

前面讲了，今年全市教育工作要求高、任务重，要完成好各项任务，我们还要继续保持良好的精神状态和拼搏的干劲,还要团结一心，迎难而上，攻坚克难。

这也是我讲的第三方面内容，就是继续保持良好的精神状态和工作作风，全力做好今年工作。

我原来想在今天的会议上，结合教育实践活动，以及为开好这次会议召开的座谈会，同志们所提的意见和建议中，就全局意识、责任意识、服务意识存在比较集中的一些问题列举一些现象，时间关系我就不说了。下面，结合实践教育活动整改,加强机关和直属单位建设,围绕强化这几个意识，提几点具体想法。目的意义，我都不说了。

——进一步强化全局意识，形成工作合力。主要是三个措施：一是提高局长办公会的效率。议题的安排，更多的应该是全局的重要事项、工作决策的研究与审议。会议决定的事项，重点围绕落实，努力做到任务明确、责任清晰、要求具体。这个首先从我做起。二是充分发挥主管领导的调度作用。凡是明确由哪位主管领导牵头的工作，要打破分工界限，各处室、单位都要全力配合。三是完善重点工作督查督办机制。办公室、考评办统筹好，要将重点工作进度、存在问题与建议等，定期报委局班子成员。

——进一步强化责任意识。有些问题的出现，仔细分析，根本原因还是责任意识问题。看一个班子和干部素质高低，一个重要方面就是事业责任心。一个有强烈责任意识的班子是团结的、向上的；干部肯定是工作扎扎实实、任劳任怨、有板有眼，肯奉献、能吃苦的。强化责任担当意识，我想，在措施上做好以下几方面：一是，从抓纪律做起。出勤纪律、请假纪律、工作纪律，按照工作规则的要求要抓实，不能停留在纸面上。这些问题看似小事，实质是作风建设的大问题。习近平总书记指出，“大问题要抓，小问题也要抓；小洞不补，大洞吃苦”，说的就是这个道理。二是，建立有效的责任倒查机制。我在工作中经常遇到这样的问题，有的处室和单位的请示、文件的转发、工作的布置，潜在目的非常明显，主要就是推卸责任。任何一项工作、一个事项，作为处室和单位来说，处长和单位的主要领导，就是第一责任人。三是，建立有效的统筹工作机制。职责是死的，工作是活的。工作有统有分是正常的。有些工作内容复杂，涉及多个部门与单位，确定由谁牵头，一定负起责任，统筹好，调度好。我们都应有这个大局意识、责任意识。

——进一步强化服务意识。就群众路线教育实践活动征求意见来看，主要集中在服务问题上。今年，围绕给基层单位和学校服好务，我提四个想法：一是，提高业务能力。有时候，我也分析，为什么有些工作，在不同人、不同处室身上，最后的效果差异那么大。有的完成得非常好，根本不用操心；有的无论怎么调度、要求，就是不疼不痒。根本原因就是能力水平问题。今年机关和单位要大力营造学习业务的氛围。这个既要组织好，又要靠自觉。我想是两项：机关要带好头。每个季度要结合工作需要,实实在在认真组织一次高素质的学习讲座。处室也要把每周三的学习制度坚持好。我们有的处室学习搞得有声有色,围绕提升业务能力，请职能部门、请专家来讲课，很受益，效果很好。另外，还要坚持年轻干部到基础锻炼制度。组织部要把这两年新录入的同志，有计划地安排到基层单位和学校去锻炼，争取分两批安排完。需要注意的是，下去之前每个人要有任务，过程有监管考核，结果有评价与汇报，一定要落到实处。二是，要强化首问负责制。要杜绝说一个“不知道”就了事，说一句“不归我管”就走人的现象发生。机关的同志要多为基层同志着想，多换位思考。无论是否属于你的业务，问到了就有责任指引、介绍，要像对待自己的亲戚朋友那样，接待来办事的基层同志。这样，服务的质量一定会上去。我们在安排工作时，也要多为基层着想，不能什么事一个电话就把人家找来，报一张表也得让人家送来，要避免工作的随意性给基层带来不必要的麻烦。另外，从这次会议开始，作为一项制度，凡是各处室、单位召开直属单位“一把手”参加的会议，一定要先在局办公室登记，办公室做好统筹。三是，要抓好典型。年底要开展一次机关服务明星处室和同志评比表彰，评判权就由服务对象说了算。同时，对服务不到位的处室和同志，只要有基层单位反映，无论问题的大小，都要诫勉谈话，甚至通报。

——最后一点，就是要进一步搞好廉洁自律。主要是我们的干部都要守住“底线”，不碰“红线”。中央对反腐败的态度和决心，大家都感受到了。每一名干部都要按照廉洁自律的有关要求，把握好自己，不该做的坚决不做。对此，大家要高度重视，切实把思想认识统一到中央和省市的要求上来,认认真真工作，干干净净做人，对事业负责，对自己负责，对家人负责。我经常说，平平安安是福，干干净净也是福。

这里，我还要和同志们说：现在反腐倡廉，中央的态度坚决，舆论监督也非常厉害。这种情况下，我们的干部工作干劲、工作劲头千万不要受到影响，要看到我们事业发展的任务非常繁重，大家还要发扬敢抓、敢管、敢碰硬、敢得罪人这种精神。前段时间，沈阳发生几起以反腐为名对干部的恶意举报，公安机关以最快的速度把恶意举报的案件都侦破了，都依法做了处理，出手非常坚决。这里我代表委局对大家表个态：你们敢抓敢管得罪人，委局给你们做主；你们在工作当中决策失误出现问题，委局帮你们承担；但是你腐败了，我们没有办法，那是你个人问题。我们还是要鼓足干劲、鼓足勇气，把我们的工作踏实地开展起来，不要怕。这是一个问题的两个方面，这和惩治腐败是两回事。

同志们，全市教育步入了科学发展的新阶段。让我们共同努力，继续以良好精神状态和工作作风，扎扎实实做好各项工作，不断推进全市教育的快速发展。

谢谢大家！

沈阳市教育局局长苏文捷在全市教育工作会议上的讲话

（2014 年 3 月 7 日）

同志们：

今天的会议，主要是贯彻省教育工作会议和市科教系统工作会议精神，安排部署 2014 年工作。我主要讲两个内容。

一、要充分把握当前教育工作的基本形势

今年，教育发展有三个大势。把握好，我们的工作也就主动了，就能借助外在的大势推动我们工作和事业的发展；把握不好，就会把我们的工作带入忙乱之中，也容易把不该出现的问题变成我们意想不到的热点，直接冲淡这些年辛辛苦苦开创的局面和取得的成果。

一是，全面改革的强劲态势。这是一次强势的改革，必须行动起来。中央成立了领导小组，习总书记亲自挂帅，地方比照执行，我们也必须成立领导小组，一把手挂帅。还建立了定期例会制度，比如市里由曾维书记牵头的领导小组，每月听取汇报。

这是一次不达目的不罢休的改革，两个导向加一个评判，也就是以问题为导向，以民生为导向，改革的效果直接由百姓来评判，装装样子、对付过去的想法是不可能的。这次改革，必须拿出实实在在的成果。内容很多，直接目标就是实现治理体系和治理能力的现代化。这是中央向全国人民做出的承诺，也是我们基层教育管理部门必须实现的要求，时间节点是 2020 年，还有不到七年的时间。

这也是一次上派任务不断增加的改革。十八届三中全会召开之后，国家陆续出台了一系列改革措施，仅教育方面就出台了 20 多个政策措施，比如义务教育免试就近入学的指导意见，深化教育督导改革、转变教育管理方式的意见，推进学校艺术教育发展的若干意见等。按照教育部今年的工作要点，还将有 60 多个改革举措。比如，招生制度改革总体方案和相关配套实施意见，全面深化课程改革、落实立德树人根本任务的意见，推进义务教育校长、教师交流的若干意见，中小学教师违反职业道德行为处理办法等。这些举措，都是自上而下直接提出的要求，做法和目标节点都是刚性的，我们必须要承接好。

二是，解决热点问题的紧迫态势。一方面，第一批教育实践活动，进入到要效果的新阶段。从学习活动的角度看，第一批教育实践活动，划了一个句号。但从实践活动的角度看，第一批教育实践活动，才刚刚开始。整改方案要落实，不允许反弹，不允许开“空头支票”。教育领域有几个热点问题，比如学生课业负担过重问题、择校问题、教师收受礼物礼金问题，市委群众路线督导组，对我们有明确要求。今年，必须在这些热点问题上，从治本的角度，找到办法，有所突破。另一方面，第二批群众路线教育实践活动必须与老百姓的利益诉求面对面。第二批群众路线教育实践活动，主体是大家。有几个明显的特点：一个是离百姓近；另一个是面对的诉求更直接。群众路线教育实践活动开展到今天，百姓感受更直接，期望更多更高，什么诉求都可能提出来，什么尖刻问题都可能出现。在解决百姓诉求上，要有“立竿见影”的行动，切实解决好服务百姓的问题。

三是，**重视民生的积极态势**。这种积极态势，主要体现在对民生工作的现实摆位上。从中央来看，重视民生工作，不仅仅是为了回答“发展是为了什么”的大问题，更现实更重要的是，把保障民生直接视为推进改革的前提条件，改革节奏把握的关键条件。就是以改善民生来为改革的推进赢得时间和空间。什么工作都可以缓一点，但改善民生的脚步不会缓下来。

从我市来看，民生工作摆在了更加突出的位置。市委要直接抓民生工作，像抓经济一样来抓民生。现在正在全力以赴调研筹备，七月份准备以市委名义召开民生大会，会上还要出台一个意见。市教育局也组成了调研团队，正紧锣密鼓地研究市委部署的题目，也就是加快教育服务体系建设，提供更加优质的教育。这个大会的召开，将给我们的工作带来诸多利好条件，将会大大降低我们破解体制机制的难度。

上述三个大势，对我们的工作既有机遇也有挑战，机遇和挑战的分量都不轻，只要我们牢牢地把握住这些大势，顺势而为，挑战也会转变为工作的机遇和动力。

二、扎实做好今年各项重点工作

面对新的形势和要求，市教育局对全市今后几年的教育工作，提出了一个基本思路：高举加快推进教育现代化大旗，坚持提升质量、促进公平两大原则，紧紧围绕改革、发展和民生三大战略重点，一手抓改革，一手抓发展，以改革推进发展，以发展促进改革，全面提升教育的管理水平和办学质量，综合实力走进全国同类城市的前列。今年，全市教育工作的重点，就是抓改革、抓发展、抓民生。

（一）关于改革。市里的基本态度是积极稳妥，一方面，承接好省里和市委、市政府部署下来的改革任务；另一方面，做好研究和筹划，将在转变工作职能，推进行政管理方式、学校办学方式、招生考试政策、用人管理制度和学校评价方式等六个方面进行研究，成熟一个推出一个。需要各县区做好的工作有两项：一是，把市里陆续推进的改革项目稳妥地落下去。比如，职能下放等，都涉及区县，要积极配合，做好准备。二是，要做好本地区改革的整体谋划，各区县要围绕办好每一所学校来思考，学校围绕上好每一节课去探索。这几年，各地区都有很多创新做法，要继续深化，并针对新问题，探索新招法。我们积极鼓励各区县探索真问题，启动更有力度的改革探索。

（二）**关于发展**。重点任务有五项，涉及学前教育、义务教育、高中教育、职业教育和教育信息化等领域。需要各县区做好的工作有14项：

学前教育方面，重点是做好规范学位扩增，利用三年完成5万个，还有两年时间，必须统筹设计，全力推进，这是各区县的硬指标。一是，继续做好学位扩增，指标已经下去，最多的是东陵区，需要完成2329个；最少的是沈河区，需要完成853个。各区县要按照任务，盘活资源，尽可能多建一批、多改一些，全力增加公办存量。今后各区县新建项目，市里将全额补助。同时，小区配套幼儿园，按照市里的文件要求，要全力争取，都要建起来，接收过来。二是，继续改造幼儿园，市政府定的指标是100所，各区县要抓紧申报，逐一确定好改造项目，把好关，力争改造一所，规范一所，提升一所，按时保质保量完成改造任务。三是，组织实施好奖补。今年，我们正在调整政策，让更多的孩子受益。大家要用好这一政策，积极鼓励和发动更多的幼儿园参与进来，通过补助来规范管理，提高办园水平，创造出更多的优质学位。

上述工作，都是刚性的。市里在管理上也做出了适当调整：把这几项工作纳入到了市政府对区县政府的绩效考核之中；补助资金砍块下发给区县，由区县按照要求、标准，自行组织实施；市里定期检查，结果和工作进展情况，定期向区县政府通报。

学前教育发展，是本届政府也就是到2017年必须要基本解决的问题，责任主体是区县。希望大家在做好上述工作的同时，要对本地学前教育发展做好统筹思考和安排，要紧紧盯住以下几个方面：一要盯住入园率，要创建教育强县区乃至现代化，这个指标不能低于85%，现在我们还有一半的县区没有达到这个指标；二要盯住公办民办的比例，现在公办太少，民办偏大，短期内只能通过发展一批公办性质的幼儿园来平衡；三要盯住普、惠、管这三个关键问题，大家多想一些解决问题的办法，市里多想一些服务政策，把学前教育发展这个难题解决好。

义务教育方面，还是均衡发展，要着眼高水平、高质量。一是，完成好学校的标准化建设任务，省里给我们定了115所学校任务。每个区县大约有10所建设任务，主要是专用教室的设备设施配备。各县区要按照省里的标准，认真对照，把设备设施配齐配好，完成建设任务。同时，还要做好第三批学校综合提升。二是，要围绕三个指标做好工作。一个是辍学率，要按照国家要求，控制在0.3%以内。另一个是残障儿童入学率，大家报上来的数都不低，按照国家一生一案的要求，还是有水分的。第三个是均衡系数，这是国家验收县区均衡发展水平和省里验收教育强县区的一票否决指标，明年要验收的地区，今年就得研究好造成均衡系数不达标的因素，并提早解决。三是，还要加大均衡发展的创新力度，积极主动，不断探索，推出适合本地区针发展、针对性强的有力举措。市里今年在总结各地经验的基础上，还会就义务教育高水平均衡发展提出系统的支持政策，加大统筹推进的力度。

高中教育，重点是质量，要把重心放在每所高中的优质发展上。一是，通过标准化建设，把每所学校都要做优。现在，全市还有24所学校没有完成标准化，每个区2到3所，都是问题最难、差距最大的学校。各区县要统筹研究和规划，设计好推进的步骤，能改造的，抓紧改造，市里在资金上全力支持。对于一些小、弱学校，没有改造空间的，要通过规划布局调整，或者采取撤并整合的办法，或者采取集团化发展的办法，尽快解决。明确布局后，抓紧推进学校达标。到2015年还不达标的学校，市里将不再给予资金支持,招生计划也将调整。同时，要用好优质高中资源。现在，全市的优质普通高中不少。通过特色发展又有5所学校通过省特色学校评估验收。各区县要把这些优质特色的高中资源用起来，以改革的思路，大胆尝试，比如集团化、特色引领，都是不错的方式，把相对薄弱学校发展起来。二是，要积极为学校争取发展所需的资金、人力和政策，创造良好的发展环境，提供及时的服务。特别是要把住用人关，把校长和教师队伍调配好，把真正干事的人，用到好的位置上来。对于高中教育的发展，市里除了对上述两项工作给予经费支持外，还在积极探索新的政策支持。

职业教育方面，与涉农县区有关，主要是根据市里开展的新一轮标准化建设，把本地区的资源整合起来，以涉农专业为重点，调整办学方向和重点，实现新的发展。

教师队伍建设方面，重点是提升整体水平。一是，要对教师队伍进行整体规划提升。各地区基本都已经打开教师入口，利用市里到高校招聘教师的政策、特岗计划，以及自行建立的政府雇员招聘等，教师得到了有效补充。今年全市清理整顿外借人员，初步统计，约有3000名教师，将陆续回到岗位。现在看，关键是要把本地区的教师资源全面统筹起来，加强整体规划，针对不同情况，研究制定出具体措施，提升教师的综合实力。比如，对新教师、业务素质一般的教师，要设计好培训。今年，市里拿出1500多万元下放到区县。区县要针对不同情况，不同队伍，设计项目，开展实效性强的培训，真正让教师受益，真正提高。比如，针对区域内教师分布不均，结构不合理的问题，要探索建立交流制度。皇姑区和大东区已经开始实施。各区县要根据各地情况，有步骤、有计划的推进。目前，郊区、县城等部分学校，集聚了大量富余教师，问题很严重。通过交流，要在一两年内，想办法把这一问题解决掉。

二是，务必抓好师德建设。各区县要利用群众路线教育活动，把群众最不满意的师德问题摸清楚，一个学校一个学校地做好反馈和提醒，越具体越有针对性越好。同时，还要一手抓正面典型一手严抓反面典型。要积极挖掘树立优秀的典型教师，并建立宣传、奖励和成长机制，让那些好的老师能够走出来、推出去。对那些体罚或变相体罚学生的，对学困生放任不管的，用语言挖苦学生的等等违规行为，都要按照教育部的最新规定，发现一起，查处一起。处理不及时，一名教师影响的可能是全区教师的工作热情。市里将根据国家的改革措施，陆续探索启动教师注册制度、校长任职资格制度、教师县管校用制度等改革。同时，还将在年底对教师交流等情况进行摸底，具体情况通报给各地区。

数字化校园建设方面，主要是完成 300 所学校建设任务，已经列为市政府今年的办实事项目。首先，要全力建设好。300 所学校，占到全市义务教育学校的一半。要认真把每所学校建设好，确定好学校和建设内容。由于每所学校的情况不一样，重点是结合学校实际，按照标准，从需求出发，逐校确定建设内容，做到有针对性、有结合点，切勿一刀切，一个样。还要和学校标准化建设结合起来，同步推进。其次，要把教学改革推动起来。要利用数字校园建设，真正推动学校在教学、管理上的改革。每一所建设数字校园的学校，都应该配套地搞一项教学方式改革的试验。同时，通过新的信息技术，各区县要对学校办学、教师教学、学生学习进行统筹管理，对教师授课时间、工作过程、教学质量实施量化考核，推进我们教育管理、信息采集、督导评估和服务方式的变革。这项工作，市里采取的推进办法是：制定建设标准，按不同级别确定补助资金，并按比例砍块先行下拨启动资金，由区县按照标准，组织学校建设。市里验收合格后，划拨所有补助资金。

教育督导方面：一是，要做好教育强区县和国家基本均衡达标县区的创建工作。教育强区县，省里有 5 个地区，市里有 5 个区县。相关区县要统筹各项工作，整合方方面面力量，真正行动起来。国家基本均衡达标县区，去年和平、铁西完成了。今年，区县只要想争取，市里就支持。关键是要缩小均衡发展差异系数，围绕八项指标，研究对策，逐项开展针对性的工作。二是，要做好督学工作。利用督学责任区这一机制，重点是加强对学校规范办学行为的督导检查。同时，要做好学校办学水平的发展性评价，主动引导学校在认真落实国家课程要求的同时，逐步把学校的内涵和特色做出来。这几年，以教育强区县创建为抓手，教育督导发挥了相当大的作用。市里将进一步加大督导力度和全市督导工作的整体统筹的力度，特别是各地区政府落实教育的责任，比如教育投入等，我们实行重点督导。同时，在评估验收方式上，我们进一步调整，将以平时的监测和过程的评估为重点，尽量减少对区县和学校的影响。

（三）**关于民生**。教育是最大的民生。百姓关注的教育热点和难点问题，都是民生的关键点，都需要我们认真对待，一点都不能马虎，一点都不能闪失。今年，各区县要围绕规范办学行为、校车安全和学生体质健康，努力做好 6 项工作：

规范办学行为方面：一是，要严之又严地

治理学校和教师乱补课。现在看，学校和教师组织的乱补课，成为当前方方面面最关注的热点问题。王珉书记和曾维书记分别做出重要批示。乱补课，情况复杂，难于治理。但大家必须旗帜鲜明地去抓、去治理，要对学校的校长反复讲、时时讲，明确要求，要严查、严肃处理。无论是学校，还是教师，查实一起，处理一起，通报一起，绝不姑息。乱补课，就是蚁穴，小不治，就可能毁掉教育发展的所有成果。二是，要全力抓好择校。教育部已经出台新规，对择校也有明确要求。大家要严格遵照执行，把形势、严重性和要求汇报给领导，传达到校长，把认识和行动统一起来，务必要控制住，决不允许出现任何问题。特别是普通高中学校，更要控制好。三是，要严查作业负担过重问题。群众对这个问题的反映还很强烈，有些学校，特别是低年级学生，确确实实还有很多作业。学生负担过重，从某种意义上说，就是教师在推卸教学不到位的责任。大家还要继续抓，继续做好强调。同时，要把课堂教学规范建立起来，定期对学校的课堂教学、教师上课进行检查，发现问题，及时处理。市里围绕乱补课，针对家长有需求、教师有利益、政策又有限制的复杂情况，将统筹研究，制定堵疏结合的新政策，建立长效工作机制。

校车安全工作方面：一是，要建立规范的校车运营模式。要借助政府的补助，把标准校车都更新完。同时，通过更新校车，要综合分析本地区存在的各种问题，认真研究，逐一妥善及时处理，建立适合本地区的运营模式、管理模式和长效管理机制，把责任明确好，把任务确定好，把校车工作管理好，做到安全运营、价格合理，一定要让学生坐上安全并且价格合理的校车。二是，各项安全工作还要坚持抓。关键时间节点、薄弱环节、重点防范领域，都要采取针对性措施，扎扎实实地把管理和安全预防教育做到位。特别是对于新出现的恐怖暴力事件，我们也要采取针对性的安全教育工作，采取有效的应对措施。现在，按照国家规范要求，政府对校车进行了补助，统一安装了监控系统，解决了很多问题。今年，市里还将积极探索，在校车的长效管理、营运模式等方面，拿出统筹办法，全力推进。

学生体质健康工作方面：主要是把所有中小学、面对所有学生的体质健康标准达标工作开展起来，认认真真地做实了，并逐步提高学生的达标率。目前，国家要求 85% 的学生要达到合格以上，我们还有差距，要为学校创造条件，把体育课开起来；要监督学校，把运动时间保证好，把学生的体质提上来。这是一项对孩子成长负责的大事情。这项工作，市里从去年开始就在抓，列为区县政府绩效考核的内容之一，并建立了市区校三级中小学体质健康管理平台。今年，将统筹研究，制定系统方案，全面加以推进。

今年的各项工作已经陆续启动，形势严峻，机遇难得，我们要共同努力，继续以更好的精神状态和扎实的工作作风，全力做好各项工作，为百姓提供更优质的教育，不断推动教育事业的科学发展。

沈阳市人民政府办公厅关于推进社区教育发展的实施意见

沈政办发〔2014〕57 号

各区、县（市）人民政府，市政府各部门、各直属单位：

为贯彻落实党的十八届三中全会和《国家中长期教育改革和发展规划纲要（2010—2020年）》、教育部、省教育厅有关文件和《中共沈阳市委沈阳市人民政府关于加强社区建设的若干意见》（沈委发〔2013〕15 号）精神，广泛开展城乡社区教育，不断完善我市终身教育体系建设，加快全民学习、终身学习的学习型城市建设步伐，结合我市实际，现就推进我市社区教育发展提出实施意见如下：

一、指导思想和工作目标

（一）指导思想。以邓小平理论、“三个代表”重要思想和科学发展观为指导，深入贯彻落实党的十八大及十八届三中全会精神，以《市委办公厅市政府办公厅关于建设全民学习终身学习的学习型城市的指导意见（试行）》（沈委办发〔2010〕1 号）为主线，以构建终身教育体系、创建学习型城市为目标，以加快推进社区教育公共治理体系和治理能力现代化为核心，以服务社区、促进人的全面发展为宗旨，坚持以人为本，城乡统筹，因地制宜，分类推进，促进全体市民整体素质和生活质量不断提高，推进沈阳学习型城市建设和经济社会又好又快发展。

（二）工作目标。到 2020 年，在全市 13 个区、县（市）形成资源丰富、结构合理、能够满足社区居民学习需求、开放的覆盖城乡的社区教育办学与服务体系，实现学习型社区基本普及，教育资源面向社区居民的开放率和社区居民学习参与率不断提高，教育服务于社区居民的能力显著增强，为基本建成“人人皆学、处处可学、时时能学”的学习型城市奠定坚实基础。

二、主要任务

（一）明确责任主体。各区、县（市）政府是社区教育工作的责任主体，对本行政区域社区教育工作负责。按照有关要求，做好社区教育发展规划、统筹各类教育资源、安排必要的社区教育经费，负责本区、县（市）社区学院建设等工作。

（二）完善社区教育办学网络体系建设。

加强沈阳社区大学、区县（市）社区学院（社区教育中心）、街道社区学校（乡镇成人教育中心校）、社区（村）教学点四级社区教育办学网络建设，形成覆盖全市城乡的社区教育办学网络体系，满足居民多样化的教育需求。

（三）加强社区教育内涵建设。坚持以人为本，以社会主义核心价值观为引领，面向社区所有成员开展思想道德、社会文化生活、职业技能、民主法制、文明礼仪、生态文明等各类教育和培训活动。加强社区教育课程建设，逐步形成针对性强、市民喜欢、体现地方特色的社区教育课程体系，推动社区教育向系列化、规范化、特色化方向发展。加强社区教育队伍建设，逐步建立和完善以专职人员为骨干、兼职人员为主体和志愿者为补充的适应社区教育需要的管理队伍和师资队伍，促进社区教育队伍的专业化、职业化发展。

（四）加快社区教育资源开放步伐。统筹区域内教育、文化、科技、体育等设施资源，逐步、规范、有序地向社区居民开放，教育、文化、科技、体育等有关部门应研究制定终身教育资源向社区居民开放的具体实施办法。鼓励和支持普通高校、职业院校、中小学校、企业等单位的教育资源向社区开放，为社区居民学习提供便捷服务。探索建立公益性与市场性兼容的开放、共享、可持续发展的资源联盟或资源开发机构，不断扩大社区学习资源供给，满足社区居民对教育、文化、体育、娱乐等方面的基本需求，促进学习型社区建设。

（五）打造数字化学习社区。加快沈阳数字化学习港建设，建设一批数字化精品学习资源，推进数字化网络向社区覆盖。加快社区教育信息化进程，建设一批数字化社区学习中心，满足市民日益增长的多样化、个性化的学习需求。加快沈阳广播电视大学向开放大学转型步伐，依托开放大学，把沈阳数字化学习港建成沈阳城乡的远程教育中心、市民的学习资源中心、终身教育的咨询服务中心、学习型城市建设的信息中心。充分利用现代信息技术，建设具有本地特色的社区教育网站，引导社区居民利用信息化手段开展学习活动，积极营造“自主学习、自由学习、快乐学习”的终身学习氛围。

（六）积极推进各类学习型组织建设。积极开展学习型单位、学习型街镇、学习型社区、学习型村、学习型家庭、学习型社团等学习型组织的创建活动，各学习型组织的牵头部门要制定学习型组织创建标准和评比办法，通过创建各类学习型组织，探索推进社区教育和学习型城市建设的成功做法，充分发挥各类学习型组织在学习型城市建设中的基础作用。

三、工作措施

（一）加强组织领导，完善社区教育治理体系建设。逐步完善社区教育治理体系建设，把开展社区教育作为完善终身教育体系、建设学习型城市的重要内容和措施加以推进和落实，把社区教育办学体系建设规划纳入市及区、县（市）发展建设规划，把社区教育工作管理纳入市及区、县（市）学习型城市建设指导委员会的组织领导体系总体框架之中，由市及区、县（市）学习型城市指导委员会统筹协调社区教育工作，教育部门牵头，有关部门各司其责。广泛组织发动政府相关部门、单位、街道、社区、社会团体、社区居民参与社区教育，培育多元化社区教育主体，形成目标一致、资源共享、相互合作、共同参与的新型社区教育治理体系。

（二）强化机制建设，不断加大社区教育工作力度。建立健全社区教育目标责任和考核制度，落实领导责任。建立社区教育“一把手”负总责的责任制度，实行目标管理，把社区教育工作绩效作为“一把手”及主管领导考核的重要内容之一。建立督导评估制度，市政府教育督导室要把各区、县（市）社区教育发展情况纳入教育督导评估范围,定期对各区、县(市)社区教育工作情况进行督导检查，及时通报督导情况。各区、县（市）政府也要建立社区教育督导评估制度，将本地区社区教育发展情况纳入教育督导的重要内容。教育、文化等部门要自觉运用多种手段和市场机制,如公开招标、购买服务等竞争机制，优化管理，优质服务，提高效益。市及区、县（市）教育部门要逐步完善社区教育调研、表彰机制，定期对社区教育先进集体和先进个人进行表彰，大力宣传和表彰先进典型，积极营造有利于社区教育发展的良好氛围。

（三）确保经费投入，落实社区教育经费保障制度。建立政府主导、多渠道投入的社区教育经费保障机制。市及区、县（市）财政部门要将社区教育经费纳入财政预算，结合财政状况和社区教育发展需要，逐步增加社区教育经费投入；鼓励社会力量、社会资本通过兴办实体、资助项目、赞助活动、提供设施、设立社区教育基金等形式支持社区教育发展，提供终身学习服务。加强社区教育经费的审计和监督，确保社区教育经费拨付到位，专款专用。

（四）加强实体建设，改善社区教育办学条件。积极推进社区教育办学网络实体建设，依托沈阳广播电视大学，办好沈阳数字化学习港、沈阳开放大学和沈阳社区大学。加大区、县（市）社区学院建设力度，逐步达到场地、编制、人员“三独立”，使其成为功能齐全、办学规范的社区教育主阵地。市教育行政部门要适时出台社区学院建设标准。建立一批具有示范引领作用的街道（乡镇）社区教育办学实体和社区（村）教学点，社区学院（校）应配备专兼职教师，社区教学点应有专人负责。加强社区教育内涵建设，推进沈阳市社区教育实验点工作。依托农村职业教育中心、乡镇成人教育中心校和村学习点，建立和完善农村成人教育三级网络，与农村成人教育有机结合，推进农村社区教育广泛开展。

（五）加强基地建设，拓展社区教育办学空间。加大各级各类学校参与社区教育的力度，依托在沈普通高校、职业院校、中小学校等办学场所，广泛建立社区教育培训基地，不断拓展服务功能。充分发挥在沈高校优质教育资源优势，健全在沈高校与社区的合作机制，疏通参与渠道，形成高校与社区的良性互动；充分发挥中等职业学校的实训场地优势，探索面向市民开展职业技术教育的途径和方法；充分发挥中小学地域优势，为市民就近、就便学习提供条件；农村职业学校和其他学校也要把社区教育作为学校的重要工作，坚持“农科教结合”，面向农村地区开展多样化社区教育活动；充分发挥企事业单位的行业优势，为社区提供教育培训和其他形式服务。通过政府统一招标、购买服务、菜单培训等多种方式，对普通高校、职业院校、中小学校等单位为社区教育提供服务、面向社区居民开展培训等活动，提供经费支持。

（六）壮大师资力量，加强社区教育队伍建设。按照“满足需要”的原则配备社区教育管理人员和教师，各社区学校应有专职或兼职社区教育管理人员。鼓励学者、行业专业人员、教师、离退休人员以及其他具有专业知识和特殊技能的人员参与社区教育，逐步建立社区教育兼职教师和志愿者注册制度。建立和完善社区教育兼职教师和志愿者队伍资源库，落实人员名单、工作单位、提供服务的专业方向，使其成为社区教育队伍的重要力量。

（七）重视理论研究，提升社区教育科学工作水平。市、区、县（市）教育部门要充分发挥地方高等院校、终身教育研究会（协会）和各行业协会的作用，搭建各类学习和交流平台，积极开展社区教育理论与实践研究活动，及时总结、交流、推广全市开展社区教育方面的经验和成果，不断提升我市社区教育理论研究水平和科学工作水平。

沈阳市人民政府办公厅

2014 年 8 月 24 日

沈阳市人民政府办公厅关于深化改革加快推进教育现代化的实施意见

沈政办发〔2014〕62 号

各区、县（市）人民政府，市政府各部门、各直属单位：

为贯彻落实党的十八大、十八届三中全会和市委十二届九次全会精神，根据《国家中长期教育改革和发展规划纲要（2010—2020）》和《辽宁省中长期教育改革和发展规划纲要（2010—2020）》要求，加强民生工作，深化教育改革，加快推进教育现代化，提出实施意见如下：

一、加快推进教育现代化的总体要求

围绕沈阳老工业基地加快振兴发展的客观要求和服务民生的紧迫需要，以全面贯彻党的教育方针为核心，以立德树人为导向，以实现教育现代化为目标，以增强优质教育供给能力为重点，以提高学生终身发展能力和职业本领为主线，全面深化改革，着力破除体制机制障碍，建立现代教育管理制度；不断强化现代教育理念，促进现代信息技术与教育和教学深度融合。2015 年完成教育强区县（市）创建，2017 年完成教育信息化基础建设。

二、深化教育改革，推进教育治理体系和治理能力现代化

（一）创新教育体制。支持优质中小学和幼儿园向新城、新市镇覆盖，鼓励行业、企业、社会组织和个体等多元主体在教育领域提供公共服务。积极与先进地区、知名高校开展战略合作，全面提升我市教育规划发展水平和教师队伍整体素质。统筹教育资金管理，财政资金向内涵式发展和教育薄弱地区倾斜，积极鼓励、支持民办教育发展，依法保障民办学校的合法权益。

（二）创新学校管理机制。转变教育行政管理职能，加强宏观统筹规划，推进管办评分离。建立督导责任区制度，完善中小学生发展水平监测机制，实行第三方评价制度。落实学校办学自主权，充分发挥教职工代表大会和家长委员会的作用，完善现代学校管理制度。健全疏堵结合、标本兼治的行风治理体制，规范教师教学行为，提高课堂教学效率，遏制乱补课现象。建立安全管理长效机制，做好综合治理和隐患排查，确保学生安全、校园安全。加

大体育经费投入,强化学生体育课和课外锻炼。加强美育教学，深入开展社会主义核心价值观教育。

（三）创新人事管理制度。探索建立幼儿园教师配备标准。按照相关规定，不断完善教师引进和公开招聘工作机制，优化教师队伍结构。深入实施教育领军团队建设，推行教师资格证书定期登记及中小学校长任职资格制度，完善校长公开选拔和竞聘上岗制度。推进义务教育教师“区管校用”制度，有序推进校长和教师交流轮岗。健全教师绩效考核评价体系。

（四）创新招生考试政策。以高考改革为导向，完善并实施中考制度改革，以升学考试引导中小学教学改革和深化素质教育。探索自主招生和统一招生相结合的高中阶段招生制度，为学生创造可多次选择的升学机会。调整高中阶段招生计划，逐步实现“普通高中和职业高中在校生比例大体相当”。有序推进职业院校分类招考和注册入学。

（五）创新教科研管理模式。与高端教科研机构开展战略合作，积极引进现代教育理念和先进工作经验。完善课程管理机制，加强对课程开设、教学进度、作业量和考试的管理。创新教学方式方法，推进实施针对学生特点的差别化、个性化教学，充分调动学生课堂学习积极性，培养学生能提问、敢提问、不懂就问的学习精神和学习习惯，提高自主学习能力。

（六）创新协调发展机制。坚持学前教育普惠发展，到2020年公办幼儿园比例达到60%以上，构建起覆盖城乡、布局合理、有质量的学前教育体系。义务教育以标准化学校建设为抓手，加快建设平安校园、绿色校园、数字校园和人文校园，实现高水平均衡化发展。普通高中要加强标准化建设，促进优质特色发展；职业教育要推行工厂化办学，深化产教结合、校企合作，加强资源整合，加快现代职业教育体系建设。普通高等教育要注重内涵发展，加强重点学科建设，积极引进高端人才，支持在沈高校开展以企业为核心的产学研合作，提高科研成果本地转化率。终身教育要加快开放大学建设，推动标准化社区学校建设，加快构建学习型社会。

三、以教育信息化为牵动，加快推进教育发展水平现代化

（七）不断强化现代教育理念。树立与现代社会、文化、技术、国际发展趋势相接轨，以提高学生终身发展能力和职业本领为核心的教育思想；着力实现教学方法与世界先进理念相对接，重塑新型师生关系；利用现代信息技术手段，凝练教学教研和教育管理的大数据，实现优质教育资源全市共享。

（八）推进教育信息化建设。以数字校园建设为重点，推进教育信息化基础设施建设，推进数字校园公共服务平台建设与应用，推进国家“三通两平台”建设与应用；推进沈阳教育城域网的升级改造，实现万兆主干、千兆进学校、百兆进课堂，实现城乡学校共享优质教育资源；运用现代信息技术，科学管理学生体质及营养配餐，降低学生的“眼镜率”和“肥胖率”。

（九）加快实现教学方式变革。提高教师运用信息技术的理念、能力和水平，推进大数据采集和分析运用，推动教师备课方式、教学方式、辅导方式、评价方式和管理方式的变革。创新市、区、校三级网络教学应用，创新网络学习空间人人通平台的应用，实现跨区域同类学校间的学生同步教学，逐步建立利用信息化手段扩大优质教育资源覆盖面的有效机制。

（十）实现教育教学管理现代化。建设市、区、校三级教育教学信息管理平台，对学校办学、教师教学、学生学习进行统筹管理。积极推进信息技术在教师授课时间、工作过程、教学质量等量化考核中的全面应用，推进在激发学生学习兴趣和创新思维中的全面应用，推进在教育管理、信息采集、督导评估和服务上的全面应用，推进在学校制度执行、成本控制、财务管理监测、分析与评价中的全面应用，实现教育教学管理全过程的信息化。

四、不断强化教育改革和教育现代化的保障机制

（十一）加强领导。地方各级政府要建立完善的组织领导体系，切实加强对教育工作的领导，定期研究教育改革发展和教育现代化建设。市政府建立深化教育改革推进教育现代化工作联席会议制度，按照系统设计、整体推进、重点突破、试点先行的工作路径，研究解决实际问题，并建立以奖代补投入机制，支持各地区教育现代化建设。各区、县（市）政府是本地教育改革和教育现代化建设的责任主体，要切实强化主体责任，充分发挥主动性和创造性，不断深化教育领域综合改革，加快实现教育现代化。

（十二）统筹设计。按照“分步确定目标、分步组织实施”的原则，加快教育现代化建设。第一，资格申报，完成教育强区县（市）创建任务且达到既定指标的地区可申报教育现代化建设，符合条件的启动教育信息化建设。第二，资格评估，市政府教育督导部门对各地区教育信息化建设情况进行评估，通过验收的地区进入教育现代化建设阶段。第三，全面验收，以教育理念现代化、教育结构现代化、教师队伍现代化和教育发展水平现代化等为重点，市政府教育督导部门对地区教育发展进行验收。期间，教育主管部门牵头有序推进学前教育普惠工程、义务教育优质均衡发展工程、普通高中综合实力提升工程、现代职业教育体系建设工程、市属高校服务能力提升工程、终身教育体系建设工程、高水平教师队伍建设工程、信息技术与教育融合工程、社会教育资源共享工程和教育评价引领工程等 10 大工程，推进教育现代化建设。

（十三）合力推进。建立形成部门联动的工作机制，教育部门要研究制订发展规划和政策措施，牵头推进教育改革和现代化建设。发展改革、财政、人力资源社会保障等部门要从资金和政策上予以支持。规划国土部门要结合城市发展统筹做好学校（幼儿园）建设布局规划。宣传部门要大力宣传现代教育理念，引导社会、家长关心支持教育改革，营造良好的改革环境。其他有关部门要积极做好教育改革和教育现代化相关工作。各级各类学校要不断完善教育改革推进机制，探索建立具有本校特色的改革模式、教育现代化建设模式、教学模式和人才培养模式。

（十四）加强督导。市政府教育督导部门要切实做好督导评估工作，围绕教育改革和教育现代化，按照资格申报、教育信息化和教育现代化三个发展节点，本着“成熟一个、推进一个”的原则，实行分步确定目标、分步组织推进、分步评估验收和分步奖励补助。各区、县（市）教育督导部门要结合实际做好督导推进工作。

沈阳市人民政府办公厅

2014 年 9 月 16 日

2014年沈阳市教育事业发展统计公报

一、学前教育

（一）发展规模。全市独立设置的幼儿园1157所，比上年增加185所。按调整后统计口径，当年入园幼儿45072人，比上年增加1180人，新增2.7%；在园幼儿15.3万人，比上年增加9875人，提高6.9%；学前教育三年毛入园率达到94.1%，比上年增加5.3个百分点。

（二）教师队伍建设。全市幼儿园教职工总数为20191人，其中专任教师11054人，占54.7%；生师比14:1，同比减少1.1人，生职比8:1，同比减少0.92人；保健医、保育员3935人，占教职工总数的19.5%。此外，另有代课教师、兼任教师等4074人。从学历层次看，专科及以上学历的专任教师9022人，占专任教师总数的81.6%，同比增加2.4个百分点。

（三）办学条件。全市幼儿园占地面积199.6万平方米，比去年增加4.5万平方米；校

表1 2014年幼儿园分布及学前教育入园情况

	园所数（所）	在园幼儿数（人）	三年毛入园率（%）
沈阳市	1157	152669	94.1%
和平区	69	10106	85.4%
沈河区	105	13709	98.2%
大东区	76	13625	95.1%
皇姑区	86	11339	74.8%
铁西区	120	20277	103.8%
苏家屯区	73	9201	105.3%
浑南区	74	9810	99.9%
沈北新区	90	7955	116.8%
于洪区	118	15568	124.8%
辽中县	117	11432	87.1%
康平县	30	7027	76.0%
法库县	67	8382	79.7%
新民市	132	14238	84.9%

表 2 2014 年义务教育学校数量分区县增减情况

	小学			初中			其中九年一贯制		
	2013 年	2014 年	增减	2013 年	2014 年	增减	2013 年	2014 年	增减
沈阳市	320	295	–25	233	212	–21	120	111	–9
和平区	26	25	–1	11	11	0	0	0	0
沈河区	30	30	0	16	16	0	3	3	0
大东区	30	29	–1	15	13	–2	2	3	1
皇姑区	37	27	–10	17	13	–4	3	3	0
铁西区	51	43	–8	26	28	2	6	8	2
苏家屯区	15	14	–1	20	20	0	12	12	0
浑南区	17	17	0	14	14	0	10	8	–2
沈北新区	12	10	–2	12	11	–1	8	7	–1
于洪区	34	36	2	14	16	2	7	9	2
辽中县	7	7	0	20	20	0	16	16	0
康平县	9	9	0	16	16	0	15	15	0
法库县	44	40	–4	21	3	–18	11	0	–11
新民市	8	8	0	31	31	0	27	27	0

舍建筑面积 118.7 万平方米，比去年增加 7.5 万平方米；教学及辅助用房 78.1 万平方米，比去年增加 4.2 万平方米；幼儿园户外活动场地 71.4 万平方米，比去年减少 1.5 万平方米；图书藏量 94.4 万册，园均图书 815.5 册。

二、义务教育

（一）发展规模。全市小学学校 295 所，比上年减少 25 所；校均规模 888 人，比上年增加 111 人；初中学校 212 所，比上年减少 21 所，校均规模为 709 人，比上年增加 1 人（其中，九年一贯制学校 111 所，比上年减少 6 所，校均规模 1180 人，比上年减少 44 人）。

全市小学招生 62464 人，比上年减少 2661 人，降低 4.1%；初中招生 58240 人，比上年增加 1961 人，增幅 3.5%。其中，小学在校生 351110 人，比上年增加 6448 人，增幅 1.9%；初中在校生 169711 万人，比上年增加 4638 人，增幅 2.8%。

（二）普及程度。全市小学毛入学率为 112.3%，同比增加 2.3 个百分点；在校生年度保留率 100.6%，同比增长 2.7 个百分点；小学毕业生升学率为 100.5%，同比增长 1.4 个百分点。

初中阶段毛入学率为 105.4%，同比下降 0.9 个百分点；在校生年度保留率 99.38%，同比增长 2.8 个百分点；初中毕业升入普通高中的比例达到 65.7%，同比增长 3.5 个百分点。

全市义务教育巩固率为 98.4%，比上年增长 0.3 个百分点。

（三）师资队伍建设。全市小学教职工 25119 人，其中专任教师 22085 人，比上年增加 376 人，小学生师比 15.9:1，基本与上年持平，生职比 14:1，比上年增加 0.1 人；初中教职工 18989 人，其中专任教师 14574 人，比上年增

表 3 2014 年义务教育普及程度

	小学		初中		义务教育巩固率（%）
	在校生年度保留率	升学率	在校生年度保留率	初中毕业生升入普通高中比例	
沈阳市	100.55	100.5	99.38	65.7	98.4
和平区	100.04	122.6	100.27	91.6	120.3
沈河区	99.71	90.3	99.82	62.6	125.7
大东区	100.57	92.7	99.5	86.2	108.2
皇姑区	100.22	108.7	99.18	95.3	122.0
铁西区	102.88	118.9	99.33	61.9	160.7
苏家屯区	99.85	96.3	99.63	55.9	96.9
浑南区	98.52	101.5	100.3	58	58.4
沈北新区	103.4	120.7	98.02	112.6	151.7
于洪区	105.45	62.5	100.35	39.9	50.8
辽中县	98.33	95.9	99.57	49.1	84.4
康平县	98.86	100.5	99	43.3	84.0
法库县	99.35	95.7	97.94	41.2	67.6
新民市	99.19	93.8	99.18	37.1	83.0

加 1 人，初中生师比为 11.3:1、生职比 8.6:1，基本与上年持平。

小学教师学历达标率 99.9%，小学教师中大专及以上学历所占比例为 93.5%，同比增长 1.8 个百分点；初中教师学历达标率达到 99.6%，初中教师中本科及以上学历所占比例为 86.5%，同比增长 2.7 个百分点。

（四）办学条件。小学学校占地面积为 462.3 万平方米，比上年增加 54.3 万平方米；校舍建筑总面积为 181.4 万平方米，比上年增加 28.6 万平方米；生均校舍建筑面积为 5.2 平方米，比上年增长 0.8 平方米；体育运动场（馆）面积达标率为 84.1%，体育器械配备达标率为 94.6%，数学自然实验仪器配备达标率为 96%。共有 280 所小学建立了校园网，校园网覆盖率达到 94.9%；生机比为 6.9：1。

初中学校占地面积为 820.6 万平方米，比上年增加 9.1 万平方米；校舍建筑总面积为 272.5 万平方米，比上年增加 5.9 万平方米；生均校舍建筑面积为 16.1 平方米，与上年基本持平；体育运动场（馆）面积达标率为 94.8%，体育器械配备达标率为 96.2%，理科实验仪器配备达标率为 96.7%。共有 208 所初中建立了校园网，校园网覆盖率达到 98.1%；生机比为 3:1。

三、高中阶段教育

（一）发展规模。全市高中阶段教育共有各类学校 169 所。其中，普通高中 87 所，比上年减少 2 所，校均规模 1213 人，比上年增加 6 人；中等职业学校 82 所，比上年减少 2 所，校均规模 1000 人，比上年增加 36 人。

全市高中阶段共计招生 60205 人，比上年减少 2513 人，下降 4%，其中普通高中招生 34524 人，比上年减少 736 人，下降 2.1%；中等职业教育招生25681人,比上年减少1777人,下降6.5%。

全市高中阶段教育在校生总规模达到187503人，比上年减少990人，下降0.5%，其中普通高中在校生105526人，比上年减少1858人，下降1.7%；中等职业教育在校生为81977人，比上年增加868人，增幅1.1%。

全市高中阶段教育毛入学率达116.3%(含省内非沈阳市生源)，同比增长7.1个百分点；每万人口高中阶段在校生为257人，比上年减少3人；每万人口中普通高中在校生为144人，比上年减少4人。

（二）教育结构。普通高中与中等职业教育的招生比例为57:43，在校生比例为56:44。

（三）师资队伍建设。普通高中教职工为11026人，比上年减少了81人，专任教师达9286人，比上年增加了41人；生职比为10.1:1，同比增加0.4人；生师比为14.9：1，同比增加0.3人；普通高中具有本科及以上学历的专任教师比例为99.3%，增幅为0.5个百分点。中等职业教育拥有教职工8079人，比上年减少270人；专任教师5520人，比上年减少42人；生职比8.9:1比去年减少0.8%；生师比13.1：1，同比减少1.6人；中等职业教育具有本科及以上学历的专任教师比例为91.6%，比上年提高1.8个百分点，其中普通中专为94.2%，职业高中为88.2%。

（四）办学条件。全市普通高中学校占地面积为457.7万平方米，比上年减少10.2平方米；校舍建筑总面积为223.7万平方米，比上年减少1.7万平方米；生均校舍建筑面积为21.2平方米，比上年增长0.2平方米；体育运

表4 2014年义务教育学校生师比及专任教师学历情况

	小学			初中		
	生师比	生职比	专科及以上学历比例	生师比	生职比	本科及以上学历比例
沈阳市	15.9:1	14.0:1	93.5%	11.6:1	8.9:1	86.5%
和平区	16.9:1	13.2:1	98.3%	10.8:1	8.9:1	96.8%
沈河区	15.6:1	12.7:1	98.6%	10.0:1	7.8:1	94.0%
大东区	20.3:1	14.4:1	99.4%	11.5:1	7.6:1	95.7%
皇姑区	18.9:1	16.6:1	98.4%	13.3:1	11.4:1	96.8%
铁西区	20.9:1	17.7:1	99.2%	15.4:1	12.2:1	88.9%
苏家屯区	15.8:1	15.2:1	90.6%	10.7:1	9.4:1	90.5%
浑南区	16.1:1	14.1:1	95.8%	11.0:1	7.8:1	91.9%
沈北新区	14.4:1	13.3:1	99.9%	12.5:1	10.3:1	100.0%
于洪区	18.9:1	17.5:1	96.0%	10.6:1	7.8:1	89.8%
辽中县	13.8:1	12.9:1	85.3%	12.2:1	7.7:1	63.1%
康平县	10.1:1	9.8:1	83.9%	9.5:1	7.3:1	68.8%
法库县	9.6:1	8.8:1	83.5%	10.8:1	9.6:1	70.3%
新民市	15.0:1	14.5:1	88.0%	11.3:1	7.8:1	75.5%

表 5 2014 年普通高中生源情况

	招生数	在校生数	每万人中普通高中学生数	初中毕业生升入普通高中比例
沈阳市	34524	105526	144	65.7
和平区	4109	12085	187	91.6
沈河区	3172	9495	133	62.6
大东区	3117	9548	138	86.2
皇姑区	5735	17564	215	95.3
铁西区	4223	13192	145	61.9
苏家屯区	1765	5375	125	55.9
浑南区	1641	5444	168	58
沈北新区	3310	10080	315	112.6
于洪区	817	2468	57	39.9
辽中县	2132	6382	120	49.1
康平县	1327	4319	123	43.3
法库县	1369	4060	91	41.2
新民市	1807	5514	80	37.1

动场（馆）面积达标率为 96.6%，体育器械配备达标率为 97.7%，理科实验仪器配备达标率为 96.6%。共有 87 所普通高中建立了校园网，校园网覆盖率达到 100%；普通高中学生和计算机之比为 3.5：1，同比减少 0.2 人。

全市中等职业学校产权占地面积为 258 万平方米。产权校舍建筑面积为 126 万平方米，此外独立使用非学校产权校舍建筑面积（一般指借、租用面积）为 32.5 万平方米，所用建筑面积共计为 158.5 万平方米，比上年同一口径减少 11.2 万平方米，下降 6.6。教学实习仪器设备产值为 4.1 亿元，比上年增加 0.3 亿元，增长 7.9%。

全市特殊教育学校 15 所，与上年相同；当年入学 164 人，比上年增加 11 人，在校生数 1302 人，比上年增加 63 人，毕业生数 203 人，比上年增加 1 人。全市特殊学校教职工为 632 人，比上年增加 116 人；专任教师 422 人，比上年增加 35 人。

五、高等教育

（一）发展规模。全市有研究生培养机构 25 个，包括 6 个科研机构和 19 所普通高校。普通高等学校 47 所（含 5 所独立学院），其中本科院校 28 所、专科院校 19 所。此外，另有独立设置的成人高校 7 所。

全市各类高等教育学校（机构）在校生规模达到 61.7 万人，比去年增加 2.2 万人。招收研究生 14900 人，比上年减少 659 人，其中招收博士研究生 1392 人，硕士研究生 13508 人，在学研究生达 42714 人，比上年减少 687 人，其中在学博士研究生 6715 人，在学硕士研究生 35999 人。

全市共招收本专科学生 113959 人，其中本科招生 77153 人，高职专科招生 36806 人。普通本专科在校生为 399694 人，比上年增加 19568 人，增加 5.1%。其中本科在校生为

292028 人，高职专科在校生为 107666 人。

成人本专科招生 31262，其中本科招生 16212 人，专科招生 15050。成人本专科在校生 83388 人，其中本科在校生 40526 人，专科在校生 42812 人。

（二）师资队伍建设。全市普通高校教职工为 41521 人，专任教师为 26806 人，比上年增加 869 人，增长 3.4%；专任教师中具有高级专业技术职务人数为 12385 人，所占比例达 46.2%，专任教师中具有研究生学位教师为 18929 人，所占比例达 70.6%，同比增长 1 个百分点；生师比为 14.9：1，每名教师所负担的学生数比上年增加 0.2 人。

（三）办学条件。全市普通高校产权占地面积为 2846.1 万平方米，比上年增长 122.2 万平方米，生均占地面积 71.2 平方米，比去年 0.5 平方米。学校产权校舍建筑面积为 1193.4 万平方米，比上年增长 124.3 万平方米，其中教学科研及辅助用房 585.2 万平方米，生均教学科研及辅助用房为 14.6 平方米，同比增长 0.5 平方米。全市普通高校产权教学科研仪器设备资产值为 52.4 亿元，比上年增长 6.9 亿元，生均科研仪器设备值为 13105 元，同比增加 1130 元；图书藏量 3472 万册，生均图书为 86.8 册，同比减少 1.3 册。

沈阳市社区教育课程需求实证调查报告

范 萍 姚文涛 李 昊

社区教育课程作为社区教育的中介和载体，建设体现时代特点、本地特色和民众需求的社区教育课程建设，是社区教育的核心，对提升社区教育内涵建设水平，提高社区教育质量，对促进社区教育的可持续发展具有十分重要的意义。

本研究以终身学习理论、职业与成人教育理论、课程教学理论等为理论基础，从终身教育理念的整体要求出发，本着“以人为本”的建设理念，从社区调查入手，以需定供，获得居民的实际教育需求信息，然后再根据居民所需确定课程目标，选择课程内容，确定教育组织形式。从系统论的战略高度，采取条与块、点与面相结合，从理性认识战略构思、组织网络建设、师资队伍建设、资金投入渠道、课程体系建设、教学组织形式、评价指标体系等七个项目工作提出对策和建议。力争经过 3—5 年的努力，通过开发、借用、购买等多种途径，建立社区教育课程资源库，初步形成内容丰富、形式多样，反映我市地域特点、社区特色，满足社区居民多层次、多样化需求的立体化社区教育课程体系。

一、调查基本概况

（一）基本概念

社区教育是在一定区域内利用各种教育资源开展的旨在提高社区全体成员整体素质和生活质量，服务区域经济建设和社会发展的教育活动。

社区教育课程是以社区和社区居民的互动持续发展为目标，在社区范围内，实施和开展的包括知识、经验、实践、环境、生活素材等内容在内的教育、学习的活动和过程的总和，是实现社区教育目标、满足社区成员多方面学习需求的重要载体，是社区教育教学工作和社区教育实践活动的基础。

“需求”一词，《现代汉语词典》这样定义：由需要而产生的要求，是个体在生长过程中对缺乏的又渴望能够得到的事物的一种心理反应活动。

社区教育课程需求就是分析社区教育需求主体——社区居民，对社区教育课程的教育需求。

（二）过程和方法

本次调查选取了沈阳市和平区、皇姑区、大东区、于洪区、苏家屯区、新民市6个区（市）中的15个社区作为调查样本，共发放问卷1000份，回收问卷966份，回收有效率达到96.6%。重点对老年人、青少年、失业人员、流动人口、在职人员等发放问卷，了解各类人员、不同层次的需求。

为全面了解沈阳市社区居民的课程需求情况，专门设计了“社区居民学习需求”及“社区教育课程内容菜单调查”两套问卷。按照不同变量的特征，对不同变量选项的频率进行统计和分析，应用Excel和spss17.0软件进行数据处理。同时，对具有相互影响的变量进行交叉分析，为沈阳市社区教育课程开发及建设提供科学依据。通过对调查数据进行分析，得出结论，了解学习形式、学习风格、学习内容，挖掘丰厚的沈阳人文资源，整合各级各类教育资源，探索一条富有沈阳特色的适合不同人群学习需求、不同层次、各具特色的社区教育内容的社区教育课程体系指导纲要。建立“社区居民教育需求导向型”的社区教育开发模式，进一步丰富社区教育理论。

（三）主要创新点

1. 人员类型课程需求归类。探索适合不同人群学习需求、不同层次、各具特色的社区教育内容。从各地和网络搜索的关于对社区居民的课程需求调查研究的大量资料表明，大部分研究都设计“社区居民学习需求”调查问卷，主要涉及社区居民基本信息及社区教育课程培训需求两个方面，社区居民的基本信息主要设计维度为居民的年龄结构、性别结构、文化程度结构、城乡身份结构、职业情况、家庭收入情况等个人信息，采取单项选择形式；社区教育课程培训需求包括对社区教育课程学习动因、形式、时间、场地、成本、建议等维度，设计形式为多项选择。又增加了“社区教育课程内容菜单调查”问卷。将社区教育课程分类，便于居民对其感兴趣的课程进行多项选择。通过对上海、杭州、大连等社区教育发达地区进行实地考察，广泛收集并研究各地（市级层面：上海、成都、太原；区级层面：上海市浦东区、大连市金州新区、沈阳市和平区）社区教育课程体系指导纲要，由课题组事先按照老年人、青少年、失业人员、流动人口、在职人员的社区重点人群拟定好社区教育课程菜单，供被调查者在课程菜单中进行选择，并且还设定菜单以外的课程需求，供被调查者根据自己的喜欢自由推荐。然后对不同人员、不同层次的学习内容、学习动机、学习时间、学习地点、学习方式、承受的学习费用、课题内容菜单进行分类归因，整理出适合不同人群的课程纲要菜单。

2. 社区教育的特色定位。一个社区着重某一类或某几类教育特色。挖掘社区现有教育资源，形成具有如：道德教育、法律教育、健康教育、家庭教育、文化艺术、休闲娱乐等各具亮点的社区教育内容。力图探索出根据社区成员构成“多序列”（干部、专业技术人员、工人、农民、学生等序列）、“多层次”（如按文化层次分——扫盲、初等、中等、高等教育；按年龄层次分——婴幼儿、青少年、成年人、老年人等）的特点，依据不同课程目标，按照不同人群的不同需求组织教学，逐步形成多样化的教学模式、评价方式。

二、调查结果的量化分析

（一）课程学习和培训动因

调查显示，社区居民认为通过课程学习和培训可以“丰富业余生活”占 53.8%，“提高科学文化知识水平”占 32.6%，“就业和再就业”占 14%，“交友”占 9.3%，“没有明确目的，随大流”占 6.8%，见图 1。

图 1 课程学习培训动因

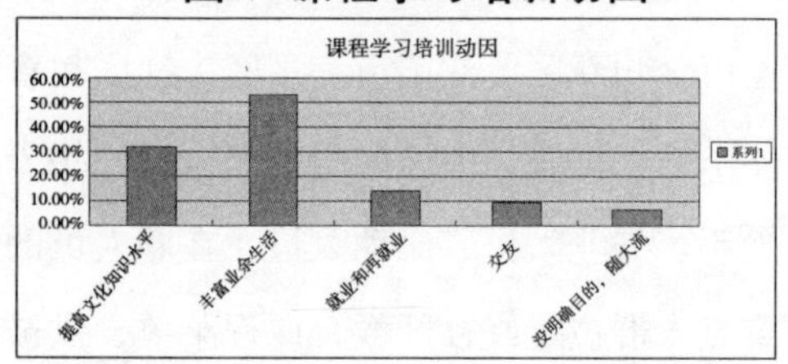

此外，我们还针对居民参加社区教育活动的影响因素进行调查。结果显示，“工作忙，生活负担重，没精力”和“社区没开设所需的课程和培训项目”是影响居民参加社区教育活动的主要原因，人数比例分别占 55.1% 和 31.1%，见表 1。这表明，大部分社区居民参加学习或培训都有一定目的性，社区教育课程开设要紧紧围绕这个目的进行，同时兼顾社区居民生活、工作的实际情况，开展内容实用、形式多样化、时间灵活的社区教育活动。

（二）社区教育成本

在社区教育的公益性和营利性认识上，如图 2 所示，有 71.8% 的居民认为应该“不收费”，15.9% 的居民认为应该“低收费”，而认为“无所谓”和“市场收费”分别占 9.2%、6.9%。可见，绝大多数社区居民认为社区教育应该是一项公益性事业，主要由政府支付社区教育成本。

图 2 社区教育收费方式

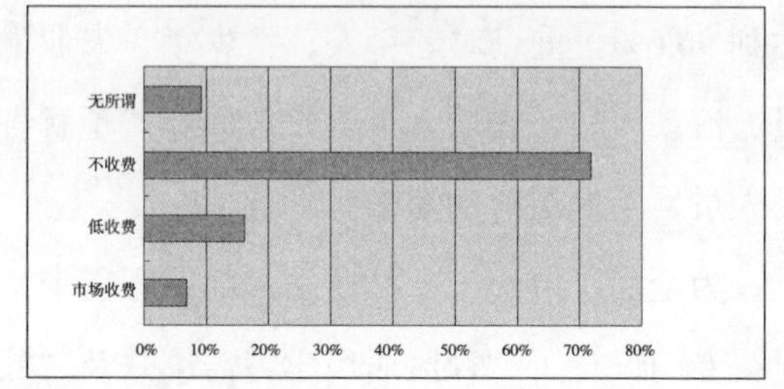

同时，我们还调查了居民对社区教育收费项目的认识。从图 3 看出，37.7% 的居民认为“外出活动”方面可以收取费用，32.6% 的居民认为“材料”可以收费，24.6% 认为“教材”可以收费，认为“设备、场地费”“讲课费”等方面可以收取费用的各占 14.9% 和 12.8%。表明，居民对社区教育收费项目是有选择性的，在外出活动费、培训材料费、培训设施设备费等方面收取一定费用，居民会认为是合理化诉求。

图 3 社区教育收费项目

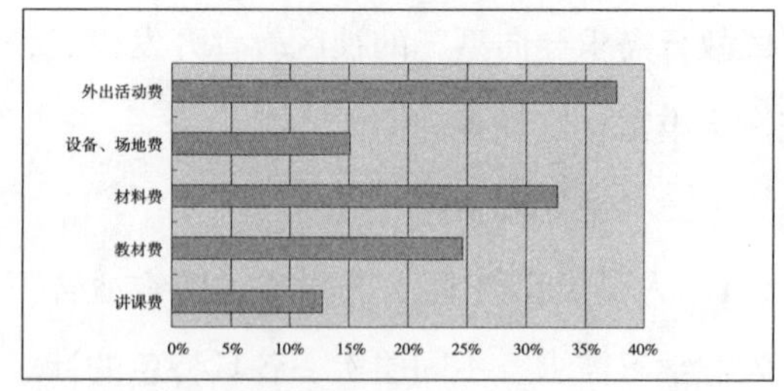

（三）课程学习内容

为全面掌握居民对社区教育课程的需求情况，准确把握居民感兴趣的课程，提高社区教育学习内容对居民多样化的社区教育需求的适

表 1 影响居民参加社区教育活动的主要原因

		响应		个案百分比
		N	百分比	
影响居民参加社区教育活动的主要原因[a]	工作忙，生活负担重，没精力	510	43.8%	55.1%
	社区没开设所需的课程和培训项目	288	24.7%	31.1%
	收费高，收效不大	89	7.6%	9.6%
	教师教学水平不高	135	11.6%	14.6%
	没找到志趣相投的朋友	142	12.2%	15.4%
总计		1164	100%	125.8%
a. 值为 1 时制表的二分组。				

表 2 喜欢的课程学习内容年龄交叉制表

			年龄						总计
			18 岁及以下	19 岁到 29 岁	30 岁到 39 岁	40 岁到 49 岁	50 岁到 59 岁	60 岁以上	
喜欢的课程学习内容a	时事政策 0101	计 数	11	41	54	30	36	78	250
		课程学习内容	4.4%	16.4%	21.6%	12.0%	14.4%	31.2%	
	青少年教育 0104	计 数	21	29	58	26	18	33	185
		课程学习内容	11.4%	15.7%	31.4%	14.1%	9.7%	17.8%	
	硬笔书法 0202	计 数	17	32	52	23	25	45	194
		课程学习内容	8.8%	16.5%	26.8%	11.9%	12.9%	23.2%	
	声乐 0203	计 数	16	45	51	16	22	84	234
		课程学习内容	6.8%	19.2%	21.8%	6.8%	9.4%	35.9%	
	合唱 0203	计 数	7	28	41	28	42	122	268
		课程学习内容	2.6%	10.4%	15.3%	10.4%	15.7%	45.5%	
	计算机应用 0301	计 数	17	52	53	21	30	60	233
		课程学习内容	7.3%	22.3%	22.7%	9.0%	12.9%	25.8%	
	数码摄影 0302	计 数	15	56	55	29	23	54	232
		课程学习内容	6.5%	24.1%	23.7%	12.5%	9.9%	23.3%	
	四季养生 0401	计 数	1	27	42	37	55	104	266
		课程学习内容	0.4%	10.2%	15.8%	13.9%	20.7%	39.1%	
	烹饪 0401	计 数	2	44	67	37	39	71	260
		课程学习内容	0.8%	16.9%	25.8%	14.2%	15.0%	27.3%	
	中医按摩 0402	计 数	1	35	34	25	30	62	187
		课程学习内容	0.5%	18.7%	18.2%	13.4%	16.0%	33.2%	
	食品营养 0401	计 数	6	29	43	41	29	87	235
		课程学习内容	2.6%	12.3%	18.3%	17.4%	12.3%	37.0%	
	乒乓球 0502	计 数	11	35	44	25	23	48	186
		课程学习内容	5.9%	18.8%	23.7%	13.4%	12.4%	25.8%	
总 计		计 数	49	156	198	101	97	230	831
a. 值为 1 时制表的二分组。									

表 3 喜欢的课程学习内容职业交叉制表

			职业							总 计
			学 生	在职人员	退休人员	无业或待业	来沈务工人员	残障人员	其他	
喜欢的课程学习内容 a	时事政策 0101	计 数	19	77	97	19	19	2	17	250
		课程学习内容	7.6%	30.8%	38.8%	7.6%	7.6%	.8%	6.8%	
	青少年教育 0104	计 数	25	66	48	19	11	4	12	185
		课程学习内容	13.5%	35.7%	25.9%	10.3%	5.9%	2.2%	6.5%	
	硬笔书法 0202	计 数	25	72	64	15	3	4	11	194
		课程学习内容	12.9%	37.1%	33.0%	7.7%	1.5%	2.1%	5.7%	
	声乐 0203	计 数	25	67	97	8	16	6	15	234
		课程学习内容	10.7%	28.6%	41.5%	3.4%	6.8%	2.6%	6.4%	
	合唱 0203	计 数	8	60	151	19	11	4	14	267
		课程学习内容	3.0%	22.5%	56.6%	7.1%	4.1%	1.5%	5.2%	
	计算机应用 0301	计 数	25	69	81	24	16	5	13	233
		课程学习内容	10.7%	29.6%	34.8%	10.3%	6.9%	2.1%	5.6%	
	数码摄影 0302	计 数	24	81	68	21	22	3	13	232
		课程学习内容	10.3%	34.9%	29.3%	9.1%	9.5%	1.3%	5.6%	
	四季养生 0401	计 数	5	65	143	20	11	4	18	266
		课程学习内容	1.9%	24.4%	53.8%	7.5%	4.1%	1.5%	6.8%	
	烹饪 0401	计 数	5	106	99	23	9	6	12	260
		课程学习内容	1.9%	40.8%	38.1%	8.8%	3.5%	2.3%	4.6%	
	中医按摩 0402	计 数	2	59	79	11	19	5	12	187
		课程学习内容	1.1%	31.6%	42.2%	5.9%	10.2%	2.7%	6.4%	
	食品营养 0401	计 数	6	74	110	21	8	4	12	235
		课程学习内容	2.6%	31.5%	46.8%	8.9%	3.4%	1.7%	5.1%	
	乒乓球 0502	计 数	17	68	60	15	17	0	9	186
		课程学习内容	9.1%	36.6%	32.3%	8.1%	9.1%	.0%	4.8%	
总 计		计 数	68	280	297	76	46	18	45	830

a. 值为 1 时制表的二分组。

切性，将社区教育课程划分为法政教育类、人文艺术类、体育健身类、生活技艺类、医疗保健类、职业技能类、综合类七个课程大类，同时将七个课程大类 25 小类细化为 137 个不同的课程方向，便于居民对感兴趣的课程进行选择。调查结果显示，居民对课程学习内容的需求呈现多样性、年龄差异性和职业差异性。

1. 学习内容的多样性

为开发符合沈阳市社区居民需求的课程内容，我们对选择比例最高的前 12 项进行从高到低的排序，分别为“合唱”“四季养生”“烹饪”“时事政策”“食品营养”“声乐”“数码摄影”“计算机应用”“硬笔书法”“中医按摩”“乒乓球”和“青少年教育”。从感兴趣学习内容的选择可以看出，社区居民对课程学习内容的需求呈现多样化态势，基本涵盖七个课程大类。

2．年龄差异性

从表2中可以看出，各年龄段对课程内容的选择存在显著性差异。“合唱”“四季养生”“声乐”“中医按摩”“时事政策”“乒乓球”六个课程对老年人来说需求很大，分别占45.5%，39.1%，35.9%，33.2%，31.2%，25.8%。“烹饪”“四季养生”“中医按摩”课程对青年人来说需求量不大，各人数比例均未超过1%，而一些中年人和青年人对计算机应用、数码摄影、乒乓球等课程表现出很大的学习兴趣。

3．职业差异性

从表3中可以看出，不同的职业状态对社区教育课程内容的选择具有显著性差异。“在职人员”和“退休人员”对社区教育各类课程的学习需求很大，是社区教育课程和培训的主体。

（四）课程学习方式

如图4所示，40.5%的居民选择“在教室上课”，36.3%的居民愿意“开展集体活动”，16.7%的居民接受“外出参观学习”。此外，“网上学习”“在家自学”“电视广播学习”和“其他”各占11.5%，6.4%，6%，4%。

图4 社区教育课程学习方式

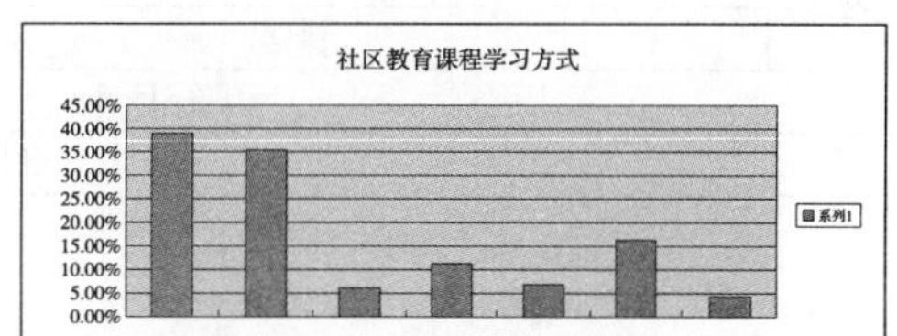

表4 年龄课程学习方式交叉制表

			在教室上课	开展集体活动	电视广播学习	网上学习	在家自学	外出参观	其他	
喜欢的课程学习内容 a	18岁及以下	计数	28	18	1	10	3	10	5	75
		年龄内的%	37.3%	24.0%	1.3%	13.3%	4.0%	13.3%	6.7%	
	19岁到29岁	计数	68	66	12	42	13	25	5	231
		年龄内的%	29.4%	28.6%	5.2%	18.2%	5.6%	10.8%	2.2%	
	30岁到49岁	计数	81	91	12	36	16	46	6	288
		年龄内的%	28.1%	31.6%	4.2%	12.5%	5.6%	16.0%	2.1%	
	40岁到49岁	计数	41	32	12	10	14	12	6	127
		年龄内的%	32.3%	25.2%	9.4%	7.9%	11.0%	9.4%	4.7%	
	50岁到59岁	计数	41	43	5	3	2	22	4	120
		年龄内的%	34.2%	35.8%	4.2%	2.5%	1.7%	18.3%	3.3%	
	60岁以上	计数	127	96	15	9	13	44	12	316
		年龄内的%	40.2%	30.4%	4.7%	2.8%	4.1%	13.9%	3.8%	
	总计	计数	386	346	57	110	61	159	38	1157
百分比和总计以响应为基础。										
a. 值为1时制表的二分组。										

表 5 年龄学习时间交叉制表

			年龄					总计
			周一至周五白天	周一至周五晚上	周六周日白天	周六周日晚上	节假日	
喜欢的课程学习内容 a	18 岁及以下	计数	7	11	22	9	12	61
		年龄 内的 %	11.5%	18.0%	36.1%	14.8%	19.7%	
	19 岁到 29 岁	计数	21	69	49	32	15	186
		年龄 内的 %	11.3%	37.1%	26.3%	17.2%	8.1%	
	30 岁到 49 岁	计数	33	100	60	40	14	247
		年龄 内的 %	13.4%	40.5%	24.3%	16.2%	5.7%	
	40 岁到 49 岁	计数	14	54	24	18	11	121
		年龄 内的 %	11.6%	44.6%	19.8%	14.9%	9.1%	
	50 岁到 59 岁	计数	67	15	7	8	3	100
		年龄 内的 %	67.0%	15.0%	7.0%	8.0%	3.0%	
	60 岁以上	计数	191	34	22	4	5	256
		年龄 内的 %	74.6%	13.3%	8.6%	1.6%	2.0%	
	总 计	计数	333	283	184	111	60	971
百分比和总计以响应为基础。								
a. 值为 1 时制表的二分组。								

表 6 职业学习时间交叉制表

			$ 学习时间 a					总计
			周一至周五白天	周一至周五晚上	周六周日白天	周六周日晚上	节假日	
职 业	学 生	计数	4	23	27	12	19	85
		职业 内的 %	4.7%	27.1%	31.8%	14.1%	22.4%	
	在职人员	计数	22	151	97	55	15	340
		职业 内的 %	6.5%	44.4%	28.5%	16.2%	4.4%	
	退休人员	计数	247	39	25	6	5	322
		职业 内的 %	76.7%	12.1%	7.8%	1.9%	1.6%	
	无业或待业	计数	25	32	13	13	5	88
		职业 内的 %	28.4%	36.4%	14.8%	14.8%	5.7%	
	来沈务工人员	计数	7	19	12	12	12	62
		职业 内的 %	11.3%	30.6%	19.4%	19.4%	19.4%	
	残障人员	计数	8	6	1	5	1	21
		职业 内的 %	38.1%	28.6%	4.8%	23.8%	4.8%	
	其 他	计数	19	12	9	8	3	51
		职业 内的 %	37.3%	23.5%	17.6%	15.7%	5.9%	
	总 计	计数	332	282	184	111	60	969
百分比和总计以响应为基础。								
a. 值为 1 时制表的二分组。								

不同年龄阶段与课程学习方式存在相关关系。如表4所示，“60岁以上”年龄段居民选择“在教室上课”的学习方式占40.2%，超过中年人和青年人的选择比例，这可能是因为老年人的身体状况、原有文化水平和学习接收能力等因素的影响。同时，我们注意到，“开展集体”活动的学习形式也深受各个年龄段居民的喜爱。“网上学习”方式是现代信息技术与教育教学相结合的产物，是诸多年轻人学习的重要方式。调查显示，“18岁以下”年龄区间有13.3%的居民选择此项，19到29岁有18.2%选择该项，远远超过中年人和老年人的比例，说明网络学习方式正在受到更多年轻人的偏爱，在今后的社区教育课程教学中有着广阔的应用前景。

此外，在学习材料呈现形式上，我们发现居民喜欢以“书本”形式、“网络课件”形式明显高于其他选项，分别占52%，22.8%，见图5。此处数据结果与如上居民“学习方式”的调查结果相互对应。

图5 学习材料呈现形式

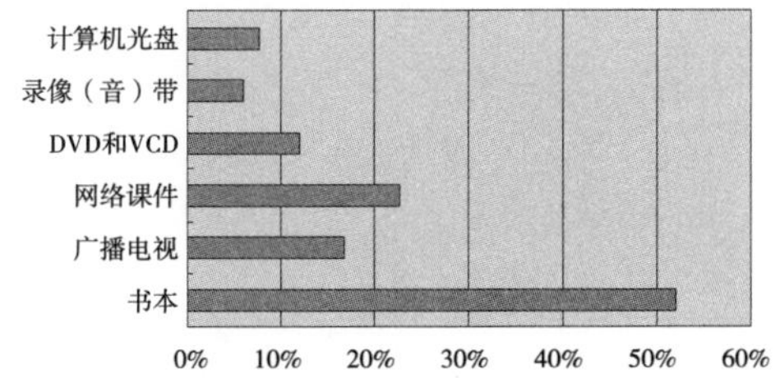

（五）课程学习时间

如图6所示，居民在社区教育课程学习时间的安排，选择“周一至周五白天”占35.4%，选择“周一至周五晚上”占30.1%，选择“周六周日白天”占19.6%，选择“周六周日晚上”占11.8%，选择“节假日”占6.4%。

图6 课程学习时间

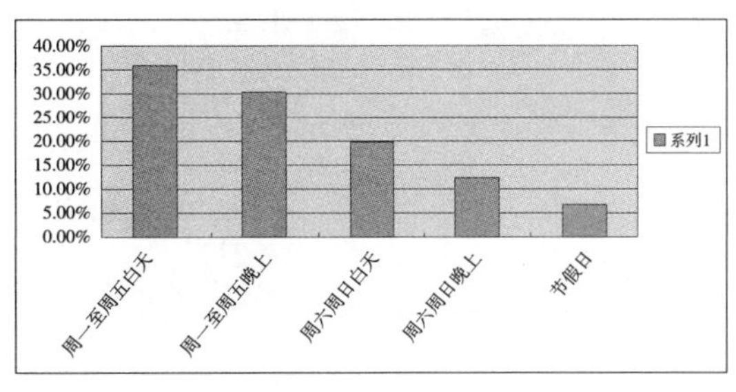

从调查中发现，居民对社区教育课程学习时间的选择与年龄结构有相互联系。“18岁以下”年龄段的居民更喜欢将课程学习时间安排在“周六周日白天”，可能考虑到社区教育课程学习与学校正常教育教学时间冲突；19岁至49岁年龄段的居民更希望将学习时间安排在“周一至周五晚上”，而50岁以上的社区居民愿意选择“周一至周五白天”，这部分居民大部分是退休的老年人。对于国家法定假日期间，各年龄段人群选择比例均偏低，说明大部分人不愿意在这一时段内接受学习，详见表5。

同时，我们还注意到，社区居民在学习时间的选择上，不同的职业状态存在其显著性差异。退休人员群体中有76.7%的人选择“周一至周五白天”，而在职人员选择此项仅占6.5%，学生仅占4.7%；“无业或待业”及“来沈务工人员”群体中，大部分希望安排在“周一至周五晚上”；残疾人员群体更希望安排到“周一至周五”白天，见表6。

此外，我们还对培训时长、频率、课程安

表 7 当前社区教育存在的主要问题

		响应		
		N	百分比	个案百分比
当前社区教育存在主要问题 a	办学条件不足	331	23.8%	35.6%
	缺乏高质量的课程、教材和学习资源	324	23.3%	34.8%
	教育经费不足	375	27.0%	40.3%
	师资力量不足	177	12.8%	19.0%
	上课课时不足	97	7.0%	10.4%
	教育管理和服务不到位	84	6.1%	9.0%
总 计		1388	100.0%	149.1%
a. 值为 1 时制表的二分组。				

表 8 课程资源开发的方法

		响应		
		N	百分比	个案百分比
课程资源开发的方法 a	主要由社区院校自己开发	189	17.5%	20.1%
	主要由社区院校与社区力量共同开发	253	23.4%	26.9%
	主要由政府主管部门统一开发	446	41.3%	47.4%
	主要由其他各类学校免费提供	133	12.3%	14.1%
	由居民自己开发	58	5.4%	6.2%
	总 计	1079	100.0%	114.7%
a. 值为 1 时制表的二分组。				

排次数进行了调查。调查显示，64.7% 的居民认为培训时间应该安排在“60 分钟以内”。愿意每月一至两次参加社区教育活动的人数比例达到 50%。针对课程安排次数方面，社区居民认为每门课程不要超过三次，其人数比例达到 59.6%。

（六）课程学习场所

如图 7 所示，49.5% 的居民希望课程地点安排在“社区居民活动中心”，其所占比例明显高于其他选项。此外，选择“附近文化活动中心”占 20.1%，“社区大学”占 15.1%，“临近中小学”占 14.3%，“社区居委会”占 12.1%。一方面表明，居民更喜欢在社区附近参加社区教育课程学习；另一方面表明，社区教育课程应具有社区特色，尽可能安排在社区居民各种活动中心。

图 7 课程学习场所

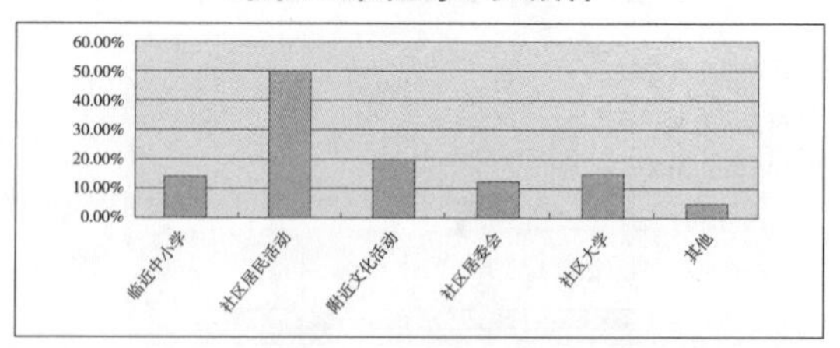

（七）对当前社区教育开展情况的认识

首先，在社区教育存在问题的看法方面，接受调查者中，有 40.3% 的人认为社区教育存在的主要问题是“教育经费不足”，35.6% 的人认为是“办学条件不足”，34.8% 的人认为“缺乏高质量的课程、教材和学习资源”，19% 的人认为是“师资力量不足”，10.4% 的人认为是“上课课时不足”，9% 的人认为是“教育管理和服务不到位”，见表 7。

其次，对社区教育课程资源开发的认识方面，认为课程资源主要由政府主管部门统一开发的人数占 47.4%，认为主要由社区院校与社区力量共同开发的比例占 26.9%，认为主要由社区院校开发的人数比例占 20.1%，认为应由其他各类学校免费提供的人占 14.1%，认为由居民自己开发占 6.2%，见表 8。

三、对策与建议

（一）增强理性认识，理清社区教育课程体系建设的总体战略

社区教育课程建设一项复杂的系统工程，涉及到社区与教育工作的条与块、点与面，需要条线和块面各方的支持与帮助。各级政府及教育行政部门、有关单位和学校一定要提高认识，统一思想，高度重视，采取有效措施，将社区教育课程建设纳入社区教育整体工作之中，加强对社区教育课程建设和管理，通过课程建设，推进社区教育工作不断走向深入。明确社区教育课程建设的指导思想、建设目标和建设原则。

（二）加强组织管理，构建社区教育工作网络的运行机制

推进社区教育网络体系建设。以课程建设为牵动，为各社区开展社区教育提供丰富的课程资源，助推社区教育发展，逐步完善以沈阳市社区大学为龙头，区（县）社区学院（校）为骨干、街道（乡镇）、居委（村）教学（学习）点为基础的三级社区教育网络体系建设。

（三）加强师资队伍建设与管理，确保社区教育课程建设的顺利进行

抓好社区教育的两支队伍建设，其一专职教师：为 13 个社区学院的专职教师及街道办事处的文教专职干部、教师；其二为兼职教师：各社区学校的任课教师，由志愿者和兼职教师组成，主要承担社区学校课程教学任务。对教师队伍的主要培训方式为：全员培训、骨干教师培训、专题培训等。

（四）加大资金投入力度，改善社区教育的办学条件

社区教育是一项公益性事业，因此，财政性资金的足额拔配是保障社区教育有效开展的物质基础。建立政府财政投入为主，多渠道筹措经费的长效机制，保障社区教育机构办学经费的稳定来源和增长。

（五）开展社区居民需求调查，建立社区教育课程体系

逐步完善社区教育课程体系建设。针对不同的社区及社区居民广泛开展课程调查研究，形成社区教育课程的学习内容、学习形式、学习时间及学习场所等多元化、特色化，充分满足社区各层次居民对社区教育课程的学习需求。在了解需求的基础上通过编制课程大纲、编写教材、实施课程管理等工作，有效整合课程目标、课程计划、课程结构、教材编写、课程实施、课程评价等课程各个构成要素，逐步形成体系。

（六）依据不同课程目标，构建不同的社区教育课程教学组织形式

根据社区成员构成“多序列”（干部、专业技术人员、工人、农民、学生等序列）、“多层次”（如按文化层次分——扫盲、初等、中等、高等教育；按年龄层次分——婴幼儿、青少年、成年人、老年人等等）的特点，依据不同课程目标，按照不同人群的不同需求组织教

沈阳市社区教育课程体系分类

课程系列	公民修养系列	家庭生活系列	实用技能系列	文娱休闲系列
课程分类	公民意识类 法制教育类 道德修养类 市情教育类	生活技艺类 医疗保健类 家庭教育类	职业技能类 农业技术类 信息技术类 语言培训类 公共管理类	人文素养类 书法绘画类 音乐戏曲类 器乐演奏类 舞蹈健身类 体育运动类

社区教育各种教学组织形式

教学形式类别	学习形式	含　义	量化指标
	课堂类	指有明确教学目的，教学内容按照教学计划有组织地展开，有相对固定的师资、学员，有固定的授课时间和授课周期，有相对固定的教学场所，在完成教学周期后学员达到预计教学目的和要求的课程	每年开设两期(春、秋)每学期授课次数。≥ 10 次；每次授课≥ 1 课时，每课时为45 分钟
	活动类	以团队形式开展，目的在于通过各类团体活动，培养社区居的主动意识和参与社区事务的能力的学习型组织活动	每次活动≥ 1 课时
	讲座类	指根据一个预计的主题，系统而有计划的以系列讲座形式出现，满足社区居民日益广泛的学习需求，促进居民的个体成长	每次讲座≥ 1 课时
	网上测试学习	浏览网上远程教室课程内容，通过相关测试	通过网上课程测试
	网上浏览	浏览网上学习内容	达到愉悦心情，学以致用
	网上讨论活动	参与网站举办的专题讨论活动，发帖并经内容审核，公开发布	通过内容审核，公开发布

社区教育课程多元评价形式

评价类型	评价方式	具体内容
学员体验	学习成果展示	通过展示作品体验成功，感受快乐
	学员自我评价	了解、掌握了什么知识和技能，获得了什么体验和感受等等
	学员间互评	学员间交流互动，分享经验
	教师的评价和指导	教师的鼓励、评语、现场指导、日常表现记录等
教师体验	教师自评报告	课程目标、课程内容、课程实施、课程特色、课程实效、政策支持等几个维度进行评价
社会评价	社会第三方评价	通过组织、参加各类活动，获得的名次、奖项，达到的社会影响力
专业评价	听课评课	集体听评课、个人随机听评课。主要目的是交流经验，取长补短，改善教学
	教材评估	对学员学习情况、教师教学、教材开发综合评估
	优秀课评选	发展环境良好、设置理念领先、教学资源齐全、教学实践规范、特色创新示范、教学手段先进、地域示范效应
	主题活动（课程）评估	主题、内容、形式、组织、效果、特色、亮点，使评价结果更有科学性和代表性

学，逐步形成多样化的教学模式。

（七）坚持“以人为本”核心理念，建立多元的评价指标体系

课程评价是对社区教育课程设计全方位的评判论证。评价主要从两方面，一方面，从评价对象看，课程设计全过程的每一个环节的运作（需求调研准确与否、教学目标确定恰当与否等）；另一方面从评价主体看，专家意见、学习者的亲身感受（接受教学内容难易、学习效果显示的快慢等）。课程评价要针对不同学习者、不同需求、不同目标进行多元化评价。通过课程评价，提升教学质量和教学效果。

（该调研成果获 2014 年沈阳市教育局优秀调研成果一等奖）

教育综合管理

JIAOYU ZONGHE GUANLI

政策法规

【概 况】 2014年，围绕推进依法行政和依法治校重点任务，完成学前教育立法，启动校车安全管理立法项目和中小学校章程制定工作，举办依法治校培训和法治宣传教育活动，完成教育领域综合改革顶层设计，全面启动教育改革。

【教育立法】 2014年，《沈阳市学前教育条例》由沈阳市十五届人大常委会第十三次会议通过，经辽宁省十二届人大常委会第十四次会议批准，自2015年1月1日起施行。《条例》分总则、规划与建设、设立与审批、保育和教育、教职工资格与权益、保障与监督、法律责任、附则共八章三十八条，对促进沈阳市学前教育发展具有里程碑意义。启动校车安全管理立法项目，起草《沈阳市校车安全管理办法（草案）》。《沈阳市中小学校章程制定暂行办法》和《沈阳市普通中小学家长委员会建设与管理办法（试行）》两部规范性文件经市人民政府批准并发布施行。

【依法行政和依法治校】 完善和规范市教育局行政许可、行政处罚、行政给付、行政确认、行政奖励、行政检查等六类权力的自由裁量权基准。加强行政执法队伍和行政执法监督队伍建设，2014年，市教育局及受委托执法单位有32人取得行政执法证件，持证总人数达88人；市教育局有2人取得行政执法监督证件。以召开沈阳市加快推进现代学校制度建设工作会议为标志，正式启动现代学校制度建设，全市中小学开展“一校一章程”建设，截至年底，各区县（市）完成章程制订（修订）工作，进入章程核准阶段。

【开展法治教育课件征集活动】 以“弘扬宪法精神，做知法守法公民”为主题开展中小学国家宪法日宣传活动。与教育部同步开展青少年学生法治教育优秀多媒体课件征集活动，征集作品184部。在市级评审中，43部作品获奖，沈河区教育局、皇姑区教育局、沈北新区教育局、新民市教育局以及东北育才学校获优秀组织奖。在教育部评审中，沈阳市九部作品获奖，其中沈河区文艺二小的《莫点星星火》获一等奖，市教育局获优秀组织奖。

【开展政策研究】 围绕教育改革发展的重点、难点和热点问题，深入开展调查研究，完成调研报告52篇，涉及教育发展与规划、教育质量与监控、教育队伍建设、经费保障与管理、职业教育、社会教育、学校安全管理等七个方面。完成《为了孩子》和《关于构建优质公共教育体系，让人民得到更好教育的研究》等调研报告，完成沈阳市教育事业“十三五”规划的框架研究。

【教育综合改革】 市教育局成立全面深化改革领导小组，下设教育改革办公室。完成教育改革的总体设计，确立14项改革项目，涉及教育管理方式、学校办学方式、招生考试制度、用人管理制度以及课程与教学模式等五方面。印发《深化教育领域综合改革任务分解表》，组织实施教育改革中期评估，邀请教育部教育发展中心主任张力为全市教育系统作改革专题培训。完成市综改办“国家新型工业化综合配套改革试验区”中期预评估工作。

（梁春秋）

干部工作

【概　况】 2014 年 4 月，市教育局设立干部处，负责局机关及直属单位、直属学校处级领导干部的职务任免、考核监督、培训学习、出国报审等工作。

【开展干部培训】 组织市教育局机关及直属单位全体处级领导干部参加学习习近平总书记系统讲话培训。5 月 5 日—6 月 20 日，共完成六期 105 名干部轮训工作。配合市直机关工委完成 18 名新任处级党员领导干部党风廉政教育培训。制定机关年轻干部基层挂职锻炼工作方案，8 月召开动员大会，按计划选派第一批五名年轻干部到直属学校挂职锻炼六月。第二批机关年轻干部基层挂职锻炼工作将于 2015 年 3 月组织实施。

【加强干部管理】 按照《党政领导干部选拔任用工作条例》规定，共计研究干部 27 人。其中，提拔 17 人，交流 4 人，调任 1 人，转正 5 人。为七名退休干部办理相关手续及离任审计等。完成局机关及所属直属单位、学校 242 名处级领导干部的个人重大事项报告填报录入和抽查核实工作。严格执行出入境管理制度，协助完成处级及以下七批次 16 人出国审批。配合市委组织部完成三名市管干部的选拔任免、职务调整等工作。

【开展选人用人突出问题专项治理活动】 按照市委组织部统一部署，做好领导干部超职数配备、企业兼职、社团兼职、“裸官”等清理工作，形成《沈阳市教育局治理超职数配备干部问题整改计划自查报告》，完成一名配偶移居国外人员和一名企业兼职人员岗位调整工作。

【统战工作】 完成社会阶层代表人士推荐，在民办学校和民办教育培训机构共推荐无党无派、具有较高学历和技术职务，且在行业内有突出业绩的代表共计 15 人。完成沈阳市党外知识分子联谊会第二届会员人选推荐工作。

【纪检监察工作】 完成全市中高考和 2014 年沈阳市公开招聘教师监察工作。11 月，召开全市教育系统干部警示教育大会，市教育局与市检察院签署《关于在教育系统预防职务犯罪工作中加强联系配合的意见》。

【定点扶贫村驻村干部选派工作】 按照市委组织部和市扶贫办关于重点扶贫村开展驻村扶贫工作的要求，制定工作实施方案，确定干部人选，并完成与对口村工作对接。

（魏东海）

基本建设与发展规划

【概　况】 2014年，全市教育发展规划工作以促进各级各类教育协调和均衡发展为目标，科学规划中小学布局、依法依规管理学校资产，为实现教育强市、办人民满意教育创造有利条件。

【市政府办实事教育项目】 2014年，沈阳市政府将改造100所幼儿园列入政府办实事项目。全年投入资金1.2亿元新建、改扩建公办幼儿园40所，增加幼儿学位8590个；投入资金6900万元，改造公办（民办）幼儿园96所，受益幼儿1.6万人。

【市政府重大建设项目】 2014年，沈阳市政府重大建设教育项目共26个，并列入市政府对区县（市）政府考核内容。截至2014年底，26个项目全部开工建设，其中已经完工项目五个，完成投资3.7亿元。

【校舍维修维护项目】 2014年，全市共有356个项目被列入教育维修维护范围。按照五年以上建筑面积和在校生数占50%的权重，以砍块形式将项目资金下达给各区县（市），全年实际拨付补助资金19249万元。完成《沈阳市教育资源管理系统》数据更新，完善中小学校校舍资产数据动态管理机制。

【资产处置和管理工作】 2014年，市教育局协调市财政局、市规划和国土局、市房产局和市国资委等部门，共完成五所学校、六处资产处置工作。完成市现代科技学校与市艺术幼儿师范学校置换，置换后将在市现代科技学校原址建设老年人大学；做好三所学校校区遗留征收工作，大东区政府征收市汽车工程学校（电力校区）、皇姑区政府征收市信息工程学校二部和市服装艺术学校及形象设计专业实训基地；将兰亭宾馆部分资产划转给市旅游学校，用于学校实训基地建设。

【科学规划中小学布局】 会同市规划和国土局、规划院编制《沈阳市中小学布局规划（2015—2020）》，并通过市政府规划委员会审核，对全市中小学校在办学规模、空间、具体位置、建设要求和指标控制方面提出详细控制图则。

【制订高中阶段招生计划】 按照国家和省有关政策要求，以“保重点、协调发展”为原则，制定普通高中、中等专业学校（职业高中）以及部分学校（3+2）招生计划，做好省政府下放省属学校的招生计划汇总和上报工作。按

2014年沈阳市基础教育办学条件

学校占地面积(平方米)	校舍建筑面积（平方米）					图书(册)	固定资产值(万元)	
	计	教学及辅助用房	行政办公用房	生活用房	其他用房		计	其中仪器设备总值
19573736	8018645	3772765	899104	2259150	1087626	22202891	827083.7	142854.6

照《辽宁省人民政府关于取消和下放一批行政职权项目的决定》文件要求，共接收23所省属、省管中等职业学校招生计划工作。2014年，全市初中毕业生总数为55674人，比2013年减少1029人；中考报名人数为45878人，比2013年减少2157人。

【教育统计工作】 制发《沈阳市教育局关于加强教育统计工作的通知》，发布《2014年沈阳市教育事业发展统计公报》，编制《2013－2014沈阳市教育统计年鉴和统计手册》。2014年，全市小学295所，比2013年减少25所；初中212所，比2013年减少21所；全市高中阶段教育有各类学校169所，其中，普通高中87所，比2013年减少2所；中等职业学校82所，比2013年减少2所。

【下放部分行政审批权限】 2014年，按照市政府关于简政放权，推动政府职能转变的工作要求，本着“减少工作程序、提高服务效率”的原则，将义务教育阶段学校的撤并、设立的审批工作下放到区县（市）人民政府，并制定工作实施方案，组织开展业务培训，确保行政职能做到“放得下、接得住、管得好”。

【开展百校百树绿化活动】 印发《关于做好全市中小学绿化工作的通知》和《沈阳市中小学“百校百树、育书育人”绿化活动方案》，以五城区频临一、二级道路中小学校为主，开展“百校百树绿化”活动。全年累计投入551万元，覆盖104所中小学校，共种植乔木80个品种，7500余株；灌木五个品种，2000余平方米；地被四个品种，1200余平方米。

【双进双解工作】 按照市政府“双进双解”工作要求，召开工作会议，制定工作方案。2014年，市教育局承担市政府“双进双解”（走进企业、走进项目、解决问题、解决困难）活动共计23个项目，全年深入企业126人次，反映问题32件，帮助企业解决困难27件，各项目均按时完开工或复工。

（郭晓峰）

财务审计工作

【教育经费管理】 2014年，重点落实省普通高中生均公用经费基准定额，借助绩效考评对各地落实情况进行检查，推动区县（市）落实省普通高中公用经费基准定额。完成2014年全市教育经费统计工作，全市教育经费为156.77亿元，比2013年（177.2亿元）下降11.54%。其中，国家财政性教育经费为138.63亿元，比2013年的159.45亿元下降13.06%。

【市本级财务管理】 完成2014年市本级部门预算编制工作，通过市人代会审议，并在全市人代会上作报告，回答代表质询。完成2014年教育费附加资金安排草案编制和预算执行工作，汇同市财政部门制定《2014年教育费附加项目资金安排草案》，经市教育费附加领导小组批准后付诸实施。加大预算执行力度，减少资金结余，与财政部门沟通，加快拨付预算资金，资金到位率达98.5%；督促各资金使用单位，加快专项资金预算执行，年末存量资金比2013年减少50%。完成2015年部门预算编报工作。向社会公开2014年部门预算及三公经费情况，接受相关部门及社会全面监督。

【财务审计工作】 针对市审计局《2013年度预算执行及其他财政财务收支审计报告》和《沈阳市2013年幼儿园建设项目完成情况专项审计调查结果的报告》提出问题，逐条研究分析和整改，除涉及其他部门的建设项目外，均整改完毕。制发《沈阳市教育局关于加强教育专项资金监管的通知》，与财政部门会签《沈阳市教育专项资金暂行管理办法》，建立教育专项资金长效监督管理机制。对全市各区县（市）2012年教育专项资金审计问题整改情况和2013年教育专项资金（非基建部分）使用情况、2014年已下拨到区县（市）的教育专项资金进行内部审计，加强事后跟踪和事中过程审计，追踪问题，控制风险。

【收费管理工作】 制发《关于印发沈阳市2013—2014学年下学期中小学校收费项目及收费标准的通知》和《关于印发沈阳市2014—2015学年上学期中小学校收费项目及收费标准的通知》，顺利完成2013—2014学年度下学期和2014—2015学年上学期收费工作。按照市物价局、市财政局关于教育收费工作的要求，完成年度市直25家收费执收单位物价收费许可证检验、审核工作和财政非税收入委托征收证换证年审工作。按照省财政厅等八部门联合下发的《关于取消缓征部分行政事业性收费和政府性基金项目的通知》文件精神，停止征收成人高中等学校招生网上录取费、中专计算机应用基础水平测试费、普通中专录取费等涉及教育的项目。

【政府采购及资产管理】 根据《沈阳市市本级政府采购工作管理办法》，下发《沈阳市教育局政府采购管理办法》，从采购组织形式及限额标准、集中采购工作流程、采购工作要求三个方面，对市教育局机关、直属事业单位组织实施的政府采购行为进行规范。2014年，累计审批局内各部门及直属单位政府采购项目近300批次，资金总额约2.5亿元。加强市本级直属单位的固定资产电子化管理，按照国家财政部要求，更换资产管理系统，升级到网络版。完成局直属单位行政事业资产系统数据和国有资产产权登记数据上报初审工作和市直事业单位产权登记电子件申报工作。

（王朝伟）

教师队伍建设

【概　况】 2014年，全市教育人事工作紧紧围绕加快建设教育强市，推进教育现代化核心工作，以打造一支“师德高尚、业务精湛、数量适中、结构合理、充满活力”的干部教师队伍为主线，深化教育人事制度改革，不断提

2014 年沈阳市基础教育教职工情况

单位：人

	合 计	学前教育	小 学	九年一贯制	初级中学	完全中学	高级中学
教职工数	74629	20191	18517	13299	11023	2818	8781
专任教师	56354	11054	15483	11165	8742	2392	7518

升干部教师队伍的素质和水平。

【教师招聘】 2014 年，共招聘教师 874 人。其中北京师范大学专场招聘会签约 17 人；东北师范大学专场招聘会签约 288 人；辽宁师范大学和沈阳师范大学专场招聘会签约 238 人；四县（市）农村特岗计划招聘教师 331 人。招聘教师中研究生学历人数达到 69%。

【教师队伍建设】 5 月，启动沈阳市名教师以训代评工作，通过资格审查，选拔 218 名（不含市属高校）待评名师参加培训，培训按理论提升、学习考察、教学实践、交流展示四个阶段进行，经过答辩，共遴选出沈阳市名教师 191 人。年内，组织开展 47 项教师培训，培训经费 3124 万元，其中，向区县转移支付 1501 万元，培训人数达到 46301 人。

【开展教师节庆祝活动】 组织开展教师节系列宣传庆祝活动。以市政府办公厅的名义评选表彰沈阳市优秀教师 170 名，沈阳市优秀教育工作者 21 名，沈阳市名教师 191 名。遴选 10 余名先进典型教师，并组织开展先进典型教师事迹报告会，在《沈阳日报》开辟专栏对先进典型教师事迹进行宣传。

【教师资格认定】 根据《教师法》《教师资格条例》《〈教师资格条例〉实施办法》，2014 年春季共认定合格 3620 人，其中师范类人数 2975 人（高中 1915 人、中职 28 人、初中 106 人、小学 487 人、幼儿园 439 人），非师范类人数 645 人（高中 145 人、中职 13 人、初中 28 人、小学 9 人、幼儿园 450 人）；秋季共认定合格 629 人，其中师范类 109 人（高中、中职 58 人，初中、小学、幼儿园 51 人）；非师范类合格人数 520 人（高中 296 人、中职 52、初中 130 人、小学 42 人）。

（赵 贺）

离退休干部工作

【概 况】 2014 年，市教育局机关有离退休同志 125 名，其中离休干部 13 人，享受副局级以上待遇 36 人，享受干诊待遇 44 人，平均年龄 75 岁。

【开展送温暖活动】 2014 年，积极筹措资金，为 44 名享受干诊待遇的老同志报销干诊住院费。全年慰问探望困难党员、老干部、老劳模、生病住院老同志 70 余人次，送别老干部 5 人。

【组织丰富多彩的活动】 4 月，组织全体老干部到市外事服务学校开展“大课堂”活动，烹饪大师刘敬贤讲解辽菜制作方法，老同志们亲手实践操作；5月，组织参观辽宁古生物博物馆，学习了解辽宁省古地理、古生物知识；6月，在新改建的市服装艺术学校举办趣味运动会；7月，为庆祝中国共产党建党93周年，开展创新党日活动，邀请省委党校教授为老干部作报告；10月，举办庆祝重阳节活动，组织老干部登高望远、看市容市貌等。年内，完成《面对人口老龄化的几点思考》调研报告，并为全体机关干部作老干部工作专题讲座。

（赵晓峰）

安全工作

【概　况】 2014年，全市中小学安全工作，围绕市教育局年度重点任务，组织开展各项安全教育活动，完成市政府《安全生产工作目标管理责任书》各项任务。

【校车安全管理】 贯彻《校车安全管理条例》，发挥政府主导和统筹作用，加强对接送学生（幼儿）车辆的安全监管工作。召开两次校车安全管理工作联席会议。对全市校车行驶线路、运营模式、乘降站点、乘车人员等情况进调查，形成《关于校车安全问题调研报告》。研究制定校车运营服务方案，明确校车运营公司和学校安全管理责任，签订安全管理责任书，建立学生乘车“实名制”工作档案，实现“一车一档”。制发《关于组织校车更新补贴核定审查的通知》，核发校车更新补贴资金1988.6万元，补贴更新车辆572台。制发《关于组织校车安全管理工作检查的通知》，联合公安、交通等部门开展两次校车安全工作专项检查。组织开展校车安检和开学前安全培训。协调有关部门全面推进校车北斗监控平台体系建设。4月14日—22日，集中开展校车安全工作专项大检查，重点检查学生“实名制”乘车、车辆更新、许可发放等工作情况。

【开展安全宣传教育活动】 4月，开展“学习消防安全知识，增强自我保护能力”主题教育活动。5月16日，利用第七节课时间，以“防灾减灾”为主题，组织全市中小学统一开展应急疏散演练。6月，以“强化安全工作红线意识，推进平安和谐校园建设”为主题，组织中小学校参加省市安全生产“咨询日”活动。9月，联合市公安局、防范办、《辽宁法制报》开展沈阳市首届少年法制互动节活动，活动持续25天，全市近两万名小学生，2000名学生家长参加。10月，开展“应急宣传教育周”活动，并联合市检察院，集中开展安全知识讲座、主题教育班（团、队）会、应急疏散演练、法制教育、反邪教教育和反恐训练等系列宣传教育活动。

【整治校园周边环境】 2014年，先后召开六次校园及周边治安综合治理工作会议，制发《关于开展校园周边治安乱点、难点问题集中排查整治行动的通知》，集中开展校园周边治安乱点、难点问题集中排查整治行动。3月和

9月，组织各地区教育局会同公安、工商、文体、卫生、食药监、行政执法等部门，对辖区内学校周边饭店、超市、流动商贩、200米内网吧、“三厅一社”等进行排查整治。推进“平安和谐校园”创建工作，年内评选市级“平安和谐校园”96所。

【开展校园安全隐患排查治理】 2014年，先后制发《关于全市中小学幼儿园集中开展火灾隐患专项整治行动的通知》《关于集中开展中小学幼儿园消防通道专项整治工作的通知》，按照市消安委的要求，在全市中小学集中开展消防隐患专项排查整治行动。印发《关于开展特种设备专项检查隐患整改工作的通知》，就学校食堂燃气供应系统、食堂杂货电梯和乘客电梯、非法安装改造特种设备、学校特种设备安全管理制度建立等内容开展专项排查。3月3日，组成五个检查组，对全市中小学开学安全工作进行大检查；5月26日—30日，分成两个检查组，对学校保安队伍、视频监控系统、值班和领导带班等学校安全保卫工作进行检查；9月1日—19日，对各区县开学安全工作情况进行专门检查调研；11月25日—12月8日，按照市政府统一安排，联合公安、交通部门组成三个检查组，对冬季学生乘车安全工作进行明察暗访。全年，市教育局集中组织各类安全工作大检查六次，检查抽查学校219所，发现安全隐患和问题516处，并在全市进行通报。

（苗道国）

德育工作

【概　况】 2014年，全市中小学德育工作以立德树人为核心，以弘扬中华传统文化为切入点，以德育队伍培训为抓手，以课堂教学为主渠道，将社会主义核心价值体系融入中小学教育教学全过程，增强德育工作实效性。

【培育和践行社会主义核心价值观】 印发《关于深入推进培育和践行社会主义核心价值观的实施意见》，推进社会主义核心价值观进教材、进课堂、进师生头脑。3月—6月，开展“诚信”系列征集活动。5月26日，启动沈阳市中小学诚信主题教育活动。6月19日，在市十一中学举办沈阳市青少年践行社会主义核心价值观经验交流会。组织开展“学习雷锋争做践行社会主义核心价值观的小模范”公益日活动。围绕社会主义核心价值观和“三爱”（爱学习、爱劳动、爱祖国）、“三节”（节粮、节水、节电）开展“中国梦，我的梦”演讲活动。

【开展做一个有道德的人活动】 围绕《全国未成年人思想道德建设工作测评体系》，组织开展“学习雷锋做一个有道德的人”主题活动。包括洒扫应对，教孩子待人接物；认星争优，引导孩子自我提升；日行一善，用实践养成长道德心。

【组织社会实践活动】 3月28日，组织全市中小学生代表参加志愿军烈士遗骸回国迎接仪式，在全市中小学开展网上祭英烈、做一个有道德的人网上签名语、童心向党歌咏以及向国旗敬礼网上签名寄语等活动。9月30日，组织264名学生代表参加辽宁省暨沈阳市向烈士纪念碑敬献花篮仪式。10月29日，组织200名学生代表参加在韩志愿军烈士遗骸安葬仪式。组织全市中小学生参观沈阳市城市规划展示馆。

【举办青少年控烟知识竞赛】 12月12日，由沈阳市委宣传部、市教育局、市卫计委联合主办，市健康教育中心承办的“大手拉小手，共建文明城”沈阳市青少年控烟知识竞赛在铁西区兴工四校举行。来自市内五区的百名学生参加比赛，沈河区代表队获冠军。

【开展传统文化教育活动】 4月11日，在浑南二中附属小举行沈阳市中小学优秀传统文化教育巡讲启动仪式,巡讲活动历时两个多月，覆盖全市13个区县（市），面向近2000名教师和3000余名学生进行26节课程展示和13场报告。

【德育队伍建设】 4月10日—11日，在市外国语学校举办沈阳市骨干德育主任培训。培训采取名家讲座、实地考察和网络学习相结合的形式进行，全市200名骨干德育主任参加。4月18日—22日，组织全市中小学骨干班主任参加在沈阳市举行的全国班主任专业技能提升培训。6月，组织开展全市中小学骨干班主任心理健康教育培训。

（孔庆琳）

体卫艺和国防教育

【概　况】 2014年，沈阳市学校体育工作以保证一小时校园体育活动时间和实施《国家学生体质健康标准》（以下简称《标准》）为重点，不断提高学生身体素质；学校卫生工作以保证健康教育课开课率为基础，以低年级学生近视率和肥胖（超重）率为重点，促进学生身心健康水平全面提升；艺术教育工作以课堂教学为中心，以学生艺术活动为载体，全面提升学校艺术教育工作水平；国防教育以课堂渗透为主体，以主题活动为抓手，不断提升学生国防意识。

【体育教学质量】 按照省教育厅关于开展2014年学校体育质量提升工程创新争先系列活动要求，组织开展全市体育教学评优、体育教师基本功大赛以及体育艺术2+1示范区、示范校评估等，三名教师、七个体育教研组、七节体育课、九所体育艺术2+1项目学校全部获省级奖，沈河区以总分第一的成绩通过省体育、艺术2+1示范区验收。在全国《十城市》第26届体育教学观摩研讨会上，和平区铁路五校教师刘丹获现场课一等奖；市六十三中学教师高波、佟沟九年一贯制学校教师张金凤获录像课一等奖、大东区大东四校徐冰等四名教师分获录像课二等奖、三等奖；13位教师的论文获奖。

【开展校园足球运动】 2014年，在校园足球联赛的基础上，沈阳市承办两期全国青少年校园足球夏令营活动，举办精英赛和精英教练进校园活动。举办指导员中级培训班和D级教练员培训班。成立沈阳市学校体育协会足球分会，并举办两届协会杯足球赛。

【推广校园青春健身操】 2014年，在高中基础上，在部分初中开始推广校园青春健身操。组织开展市级大赛健身操，全市34所学校的510人参加，市十一中和市同泽女子中学代表沈阳市参加校园青春健身操全国总决赛，其中，市十一中健身操基础套路和提高套路两个项目获全国特等奖。

【开展阳光体育冬季长跑活动】 10月，市教育局会同市体育局和共青团沈阳市委员会，在浑南新区第二中学举行沈阳市暨浑南区第八届学生阳光体育冬季长跑活动启动仪式，各区县（市）教育局主管局长、体卫艺科长以及浑南区各中小学主管校长参加。

【启动“十百千万”学生强身健体活动】 4月，在和平区南昌新世界中学举办沈阳市“十百千万”学生强身健体活动启动仪式，组织全市中小学普及性开展10个体育项目，并在全市评选出100所“强身健体活动”优秀学校、1000个优秀班级和10000名先进个人。

【开展体育竞赛活动】 2014年，市教育局与市体育局共同举办市级田径、篮球、排球、三棋、乒乓球、足球和健美操竞赛活动，并在田径运动会中开展综合素质测试，对参赛校学生身体素质抽测指标计入比赛成绩，全市232个赛队的3292人参加活动。市一七六中学男女橄榄球队和市第五中学男子手球队代表沈阳市参加辽宁省第十二届运动会夺得九块金牌；东北中山中学、市十一中学、东北育才学校、市三十一中学代表辽宁省参加全国第十二届学生运动会，分获健美操团体第六名、混五第二、混双第六、啦啦操第十名；乒乓球女团第四名、混双第三名、女双第四名、男单第六、第七名；男蓝第四名。

【开展《国家学生体质健康标准》抽测】 10月，按照国家规定项目和《国家学生体质健康标准》，对全市13个区县（市）的39所学校进行抽测，各区县（市）按照市级抽测办法对属地内所有学校开展抽测。抽测结果作为对该地区“年度学校体育工作综合考评”重要指标，并作为学校及校长评优、评先一票否决指标。

【举办体育教师篮排球专项培训】 2014年，在完成“十二五”期间体育教师全员培训基础上，继续与沈阳体育学院合作，举办篮球和排球两个项目培训班，共培训体育教师100人。

【开展学校食品安全检查活动】 3月和9月，组织各区县（市）开展学校食品安全拉网式筛查，并与市食药监局联合对学校卫生、食品安全工作进行飞行检查，检查结果在全市通报。会同市食品安全办公室在和平区和平一校举行沈阳市食品安全宣传月推进会，和平区和平一校被确定为市级食品安全宣传教育示范校。

【开展卫生保健干部教师培训】 6月，市教育局与北京大学儿童青少年卫生研究所共同举办沈阳市学校卫生保健管理干部高级研修班，各区县（市）教育局主管局长、体卫艺科长、保健所所长、示范校校长50余人参加培训，邀请教育部体育卫生与艺术教育司廖文科、学校卫生处张芯作专题报告。这是沈阳市首次开展的学校卫生保健管理干部高级研修班，也是全国范围内首次开展的针对学校卫生保健管理干部的培训。7月，市教育局与沈阳医学院合作举办沈阳市学校卫生保健人员全员培训，全市970余名从事学校卫生保健工作人员换发新上岗资格证书。

【开展学生体质监测与调研】 根据教育部等六部门《关于开展2014年全国学生体质与健康调研工作的通知》精神，制定《2014年学生体质与健康调研方案》，完成人员培训、市级督导、数据录入及审核上报等工作，并迎接国家督导检查。调研涉及13个区县（市）的58所普通中小学，17000名6—18岁学生。其中，新民市、和平区分别代表沈阳市农村和城市样本向省和国家上报体质监测数据。

【体育艺术学科教学】 市教育教研院对皇姑区、浑南区、苏家屯区、康平县、辽中县、市朝鲜族一中学、东北育才双语学校、市外国语学校、市二中学等开展艺术学科教育教学联合指导服务，深入21所中小学校开展调研活动，面向一线艺术教师进行50场面对面的交流指导，对五个区县和21所学校进行总体反馈。11月14日，在浑南三校召开《体育艺术2+1项目与课堂教学融合的行动研究》开题会，20所实验校负责人参加。与沈阳大学合作对全市中小学音乐、美术骨干教师进行为期一周的声乐、器乐、舞蹈、合唱指挥及书法、国画等学科培训。

【开展教师岗位大练兵技能大赛】 2014年，组织中小学艺术学科教师、教研员分别在沈河区文艺二小、文萃小学和市一三四中学开展岗位大练兵市级单项展示活动，举办教研员岗位大练兵内容区域性业务指导讲座，并遴选出83名优秀教师进行市级展示。3月—10月，举办全市中小学师生书法临帖大赛，共征集师生书法作品600余幅，10月16日，遴选出的186名师生在浑南一中进行市级现场临帖大赛。5月28日—30日，开展中小学音乐教师合唱指挥比赛，每区分别派出八名教师指挥本校合唱团队参加比赛，集中展示教师指挥培训成果。6月21至22日，组织七所学校的管乐队参加辽宁省首届中小学生管乐比赛，浑南一小、市军乐学校、市九中、东北育才双语学校管乐队获一等奖，沈河区文艺二校、皇姑区航空实验小学、市三十一中学管乐队获二等奖。

【开展小乐器进课堂专项考评】 对市内五区百所实验校（每区20所）的15682名小学生的铝板琴集体演奏、竖笛集体演奏、竖笛个人演奏进行综合考核。考评以现场纠错和面对面座谈的方式，纠正学生不正确的演奏方法，并对音乐教师课堂乐器教授方法和演奏技巧进行现场指导。

【开展儿童歌舞剧试点工作】 11月27日，在沈河区文化路小学组织召开全国中小学儿童歌舞剧试点工作推进会，对下一步沈阳市全面开展儿童歌舞剧音乐教育试点工作提出明确要求，沈河区教育局和沈河区文化路小学分别作经验介绍。

【国防教育】 按照教育部、总参谋部、总政治部《学生军事训练工作规定》精神，2014 年，沈阳市有 68000 余名新生参加军训。9 月，组织全市中小学生举办“勿忘国耻、强我国防”主题升旗仪式；配合市国防教育办公室开展全市青少年国防教育展演；组织中小学生参加中央办公厅在沈阳市举办的“9.18”撞钟鸣警仪式。

（乔恒君）

国际交流与合作

【概　况】 2014 年，沈阳市教育国际交流合作工作以全面落实涉外工作为重点，积极推进英语教师国外培训项目，受训教师在教学中的示范作用突出，外派教师在海外华文学校认真开展教学，对汉语及中国传统文化的推广起到了促进作用。

【外派汉语教师推广中国传统文化】 7 月 7 日，由国务院侨务办公室主办、辽宁省侨办承办的 2014 年多伦多“中华文化大乐园”项目在多伦多开营。沈阳市选派 11 名教师赴加拿大多伦多参加活动，执行为期 8 天的传授中华文化的教学任务。

【加强国际交流与合作】 7 月初，美国博圣教育代表团访问沈阳市教育局，并参观考察市第四中学、市外国语学校和市外事服务学校，商讨与沈阳市高中建立教师交流和学生交流事宜。7 月末，美国内布拉斯加州立科尼大学（UNK）一行 3 人访问沈阳，与市教育局共同商讨英语教师境外培训项目，并介绍沈阳市留学生在该校学习情况。7 月 30 日，日本佐贺县龙谷高中代表团一行 3 人访问市艺术幼儿师范学校。9 月 16 日，法国米其林二级主厨访问市外事服务学校，并为师生进行厨艺展示。9 月 18 日，新加坡国际企业局代表团访问沈河区文化路小学和沈阳市儿童活动中心。10 月 15 日，美国德旺斯国际教育学会董事长兼首席执行官伍尔西率团一行 5 人访问沈阳市教育局，商讨在沈阳市举办英语教师培训项目事宜。10 月 30 日，立陶宛教育工作者访华团一行 10 人访问东北育才学校。11 月 4 日，日本佐贺县龙谷高中代表团一行 10 人再次访问市艺术幼儿师范学校，观摩学前教育课程，并与师生进行座谈交流。

【开展英语教师境外培训】 7 月 20 日至 8 月 31 日，沈阳市选派 25 名英语骨干教师赴美国培训。8 月 10 日至 9 月 6 日，沈阳市 16 名英语骨干教师赴加拿大不列颠哥伦比亚省素里市教育局，接受为期 28 天的专业技能培训。11 月 5 日至 12 月 17 日，沈阳市选派 15 名英语骨干教师赴英国培训。10 月 18 日至 11 月 30 日，沈阳市选派 13 名英语骨干教师赴新西兰培训。

（夏　光）

语言文字工作

【概　况】 2014年，语言文字工作以深入贯彻实施《中华人民共和国国家通用语言文字法》和《国家中长期语言文字事业改革和发展规划纲要（2012－2020年）》为主线，结合沈阳文明城市创建要求，积极做好汉字应用水平测试及语言文字推广等工作。

【组织参加省汉字听写赛活动】 4月13日，第二届中国汉字听写大赛辽宁省选拔赛在沈阳师范大学举行，全省14个城市以及省实验学校共15支队伍参赛，东北育才学校代表沈阳市参赛，获集体第三名。

【接收捐赠图书】 3月5日，省语委办印发《关于配合做好中国下一代教育基金会向辽宁省部分中小学捐赠图书活动的通知》，市教育局督促各区县（市）加强对捐赠图书的接收、管理，全市共接受捐赠图书近六万册，涉及学校110所。

【开展“推普周”活动】 与市委宣传部、市人社局、文广局、警备区政治部以及团市委联合部署第17届“推普周”工作，围绕“说好普通话，圆梦你我他”主题，引导广大市民树立规范使用国家通用语言文字的法律意识，构建以普通话和规范汉字为主体的社会语言生活。活动中，各中小学校开展国旗下讲话、普通话比赛、诗词朗诵比赛等活动，充分利用校园板报、电子屏幕、校园网等载体，扩大语言文字规范化的社会影响力。

【贯彻实施《通用规范汉字表》】 与市经济和信息化委员会、民族事务委员会、公安局、民政局、文化广电新闻出版局、工商行政管理局、质量技术监督局等部门，联合印发《沈阳市教育局等八部门贯彻实施〈通用规范汉字表〉的通知》，推进《通用规范汉字表》的贯彻实施。

【普通话水平测试】 完善普通话水平测试机制，增加普通话测试巡视环节，严格管理测试报名、上传数据、人员培训、安排考场等各项工作流程，严肃查处违纪行为，保障普通话测试工作顺利完成。2014年，共完成7398人普通话水平测试工作。

（杨　瑶）

教育督导

【挂牌督导工作】 制发《沈阳市中小学校督学责任区挂牌督导实施方案》，全市545所学校实施挂牌督导制度，共有208名专兼职督学挂牌督导投入此项工作，基本覆盖全市13个区县（市）中小学校。1月，国家教育督导委员会办公室对沈阳市实施责任区挂牌督导工作情况进行检查。3月—6月，组织28名区县（市）责任督学到国家教育行政学院进行培训，探索以委托培训为重点的多元化培训模式。

【教育强区县（市）督导工作】 全面启动

第三批教育强区县（市）创建工作。完成对于洪区、沈北新区、辽中县、新民市教育强区评估验收；完成法库县义务教育高水平均衡发展督导评估验收。6月，大东区、浑南区、苏家屯区、于洪区、皇姑区五区完成省教育强区的评估验收。12月，沈北新区、辽中县、新民市、法库县、康平县完成省创建基础教育强区审核评估工作。9月，沈河区、大东区、浑南区、苏家屯区、于洪区通过国家义务教育基本均衡县认定。

（高　翔）

局直属单位

JU ZHISHU DANWEI

沈阳市教育研究院

【概　况】 2014年，沈阳市教育研究院占地面积1.3万平方米，建筑面积1.4万平方米，在编教职工204人，有正高级职称7人、副高级职称102人，市教育专家3人、市优秀校长1人，省特级教师、市首席教师、名师、骨干教师70人，内设机构15个。年内，提出的多项决策咨询建议被行政部门采纳，完成300所数字校园建设和千节微课两项政府办实事项目，教师培训显现出“研训一体”的工作模式，《基础教育论坛》（教研版）正式创刊并把沈阳教育教学经验推向全国，市民公益引读、微笑高考、下一代互联网体验公益活动奠定教研院在市民心中的专业位置，联合指导、中考命题、高考备考指导工作奠定教研院在领域内的专业地位。

【完成国家教学成果材料报送工作】 3月12日—26日，组织专家对各区县（市）上报的基础教育教学成果进行初评，向省教育厅报送沈阳市教学成果15项，经过省级评审，向国家报送沈阳市教学成果五项。

【开展民族教育系列培训】 3月19日，邀请教育专家于永昌在沈阳市朝鲜族第六中学作题为《未来教育发展趋势》的讲座，300名教师参加；9月22日—26日，组织朝文、汉语教师参加在抚顺市举办的辽宁省朝鲜族学校朝、汉学科骨干教师培训活动；10月13日，组织数学教师参加在丹东举办的辽宁省朝鲜族学校数学教学研讨会；10月15日—16日，组织体音美教师参加在营口市朝鲜族高中举办的辽宁省朝鲜族学校体音美教师培训会；11月13日—15日，组织政史地教师参加在鞍山市朝鲜族中学举办的辽宁省朝鲜族学校政史地教师培训会；12月9日—13日，组织汉语教师参加在社会主义学院举办的辽宁省朝鲜族学校汉语教师新课程培训会，浑南区朝鲜族学校为大会提供两节观摩课。

【召开中职学生技能大比武总决赛调度会】 3月25日，召开沈阳市中职学校学生技能大比武总决赛调度会。市教育局、市教育研究院就大赛方案进行解读，六所承办学校的负责人就本校承办工作进行汇报。

【开展传统文化教育巡讲活动】 4月—6月，与市文明办、市教育局联合组织成立沈阳市中小学优秀传统文化教育巡讲讲师团，深入全市13个区县（市），以现场授课和讲座的形式，为2000余名教师3000余名学生进行26节课程展示，13场讲座，课程及讲座视频上传到沈阳网络教育电视台。

【开展民族教育系列活动】 4月29日，在浑南区朝鲜族学校举办沈阳市朝鲜族中小学科普知识竞赛；5月24日，在市朝鲜族六中举行沈阳市朝鲜族中小学第九届“遁村白日场”作文竞赛；7月17日，在市朝鲜族六中举行三语朗诵比赛；12月5日，在市朝鲜族六中举办以“阳光下成长”为主题的沈阳市朝鲜族中小学生声乐演唱、器乐演奏艺术展演活动。

【组织编写社区教育教材】 4月—12月，市教育研究院组织全市社区教育课程指导纲要编写工作，形成四大系列、18类课程体系、100门课程，共计20万字的《沈阳市社区教育课程指导纲要》。

【推出微笑高考活动】 5月10日，与《辽沈晚报》联合举办考前家长心理疏导工作，共同推出的“冲刺中高考”系列活动之“中高考心理讲堂”第一讲。市教育研究院教师侯明飞围绕轻松、清醒和充沛的大脑与家长共同探讨如何助力孩子中高考，受到好评。4月—5月，为29所学校1.2万名学生提供心理辅导服务。

【开展综合实践活动】 5月，承办全省青少年校外活动场所骨干教师培训。以沈河区素质教育实践中心为主会场，推送“茶艺、机器人、摄影、泥塑”四节课进行展示。

【市教育研究院网站建成】 5月，市教育研究院网站建成，6月进入试运行阶段，7月正式发布，12月通过市编委办事业单位网站认定，成为沈阳教育研究院唯一官方网站。

【加强民族教育国际合作】 5月，从韩国光州市教育厅引进幼儿图书、科普图书、小学生用书等一万余册，全部分发给朝鲜族小学及幼儿园；9月19日，以韩国光州广域市教育厅考察团一行10人来访，参观现代教育中心，并与市教育研究院签署教育领域交流协议书；9月24日—29日，组织部分校长和教师参加由韩国光州市教育厅组织的以“幸福的学校开心的教室”为主题的学术活动。

【开展安全教育教研活动】 5月—12月，先后在康平县、法库县、苏家屯区、浑南区、辽中县、于洪区、铁西区、大东区和沈河区县开展九场安全教育专题教研活动，提升区域安全教育工作水平。

【完成中考命题系列工作】 6月6日—31日，组织完成2014年中考命题工作。命制正副试题30套、翻译试题10套、制作答题卡22张、录制外语听力光盘180张，做到零差错、零瑕疵、零非议；9月—12月，完成2015年中考考试说明的研制和解读工作；12月，完成2015年中考信息技术考查工作；英语学科积极配合市招考办开展全市初中英语听力口语自动化考试试题库的建设工作。

【承办全市中职学校教学大赛】 6月7日，承办沈阳市中等职业学校教师信息化教学大赛。来自市直属中职学校、县区职教中心、行办中职学校推选的33名选手，进行多媒体教学软件、信息化教学设计、信息化实训教学三个项目的现场展演。

【组织全市农村成人教育专职干部培训】 6月18日—20日，在沈阳农业大学组织全市农村成人教育专职干部培训。沈阳农业大学专家教授团队作关于农产品质量安全、职业农民培育、转基因生物安全方面的讲座，大连市和铁岭市的农村成人教育专家作关于农村成人教育管理体系和乡镇成人教育中心校办学功能的专题讲座。100余人参加培训。

【组织市中职骨干教师培训】 6月，组织沈阳市中等职业学校优秀骨干教师（市级后备首席教师、名师）培训。通过“以训代评”的方式，组织四名后备首席教师和18名后备名师分别在沈阳市和大连市的五所中职学校，进行为期两周的访学实战，学员通过听评课、听专家讲座、考察学校、参与管理方式，完成作业并进行答辩，实现从后备教师到名师的蜕变。

【规划全市年度课题】 6月—7月，制定《沈阳市教育科学规划2014年度课题指南》，启动沈阳市教育科学“十二五”规划2014年度课题申报工作。统筹全市义教、职教、高校申报材料666份，经自主申报，专家组评审，全市共有298项课题列为市教育科学“十二五”规划2014年度立项课题。

【完成素质教育课程模式巡研】 6月—7月，先后在和平区、沈河区、康平县、大东区、铁西区完成素质教育实践中心课程实施模式巡研，开展课程观摩、评课互动、课程建设经验交流活动，累计百余人次参与。

【成立沈阳教育学会新教育研究会】 8月23日，成立沈阳教育学会新教育研究会。23所学校开始先期实验，皇姑区整体参加实验，新教育倡导者朱永新及外省市新教育实验区教师为200余位教师作新教育通识培训。

【举办微课大赛】 9月，与华商晨报社联合举办首届沈阳微课大赛。在“沈阳网络教育电视台”和“名师100”两个网站上进行同步展示，根据对每节微课的累计点击率进行排名，评选出百堂优质微课和十佳微课并颁发证书。

【开展全市职业学校联合视导】 9月—10月，市教育局、市教育研究院对全市职业学校新学期初教育和教学管理工作进行联合视导。重点查看安全、专业建设、教师队伍、培训和联合办学工作，以及2014年招生、就业、升学情况，针对存在问题提出意见和建议。

【参加全国传统文化进课堂研讨会获奖】 10月17日，推荐10节课参加第四届全国传统文化进课堂教学研讨会现场课大赛，获特等奖4节、一等奖3节、二等奖3节，市教育研究院获优秀组织奖，在北京、广州、济南等九个参赛省市中获奖率最高。

【开展新教育系列活动】 10月17日，开展以“走近新教育”为主题的培训活动。国家教育评价与质量监测中心专家杨悦为新教育实验学校领导作题为《走近新教育——感悟学校文化》的讲座，市首席教师邢泰为200余位教师作题为《走向新教育——教师的读书生活》的报告；10月28日，在浑南区第四小学举办沈阳市新教育实验阶段展示暨实施方案交流会，来自23所实验校及浑南区学校代表的50余人参加会议，市教育研究院教师宁炜就新教育产生的过程和意义，进行专业点评。

【召开市传统文化教育研讨会】 10月22日，与市教育局联合召开沈阳市中小学中华优秀传统文化教育交流研讨会。两所学校学生进行经典诵读展示，三所学校作传统文化教育经验报告，两位教师进行传统文化课现场展示，为提升全市中华优秀传统文化教育教学水平起到示范和推动作用。

【组织全市社区教育管理干部培训活动】 10月28日—11月1日，组织全市社区教育管理干部在上海开放大学进行为期一周的集中研修。与会者听取上海教委、华东师范大学的报告，考察上海宝山区社区学院和上钢新村街道社区学校。来自市社区大学、市青教办，各区县（市）教育局、社区学院的 44 人参加培训。

【组织中职学校优质课评选活动】 10 月—11 月，市教育局、市教育研究院组织开展优质课（含微课）评选活动。共有 20 所中职学校上报备选课程 79 节，微课作品 57 个，此次活动评选出一等微课作品 11 个，选出 6 节优质课在全市范围内进行展示与交流。与大连市、丹东市联合开展的微课大赛，在大连市举办展示交流大会，三个城市的六个一等奖作品进行现场展示。

【举办沈大论坛】 11 月 15 日—16 日，在浑南新区第一小学举办以“走进学生，成就自己”为主题的第二届“沈大论坛”。论坛分为课堂观摩、课堂研讨、专题讲座和校长论坛四个部分。来自沈阳、大连以及吉林敦化市的教育同仁 60 余人参加活动。

【启动沈阳市民公益引读活动】 11 月 22 日，与市教育学会共同主办的沈阳市民公益引读活动第一期在市教育研究院举行。本次活动邀请一位校长、一位教师、一位家长及三名学生作为引读者，介绍了自己的读书体会，近 50 位家长参与了本次活动。

【完成千节微课研发】 11 月，完成千节微课的研发和录制工作。该项目为政府办实事项目。召开专家论证会，研制微课开发的技术指标，征集七个区级制作基地，形成《千节微课建设方案》及《千节微课制作指南》，共录制微课 1155 节，并在沈阳网络教育电视台发布。

【完成 300 所数字校园建设】 2014 年，配合市教育局完成 300 所数字校园建设项目，该项目为政府办实事项目。编写《沈阳市中小学数字校园建设工作方案》，制定《沈阳市中小学数字校园建设标准》，召开数字校园产品推介会，搭建网上评估平台并对管理员进行技术培训，制定评估细则并到区县进行解读。截至年底，全市建成一星级标准以上数字校园 300 所。

【开展联合指导服务】 2014 年，开展学科教学联合指导服务。面向五个区县和四所市属学校，覆盖基层学校 50 所，听评课 574 节，召开反馈会 332 场，举办专题讲座 17 场，名师送教三节，服务项目受到基层好评。

【完成创建全国文明城市教育材料工作】 2014 年，市教育研究院完成沈阳市创建全国文明城市工作，撰写创城材料 200 余份，整理电子稿 500 余份，检查、指导和修改学校材料 700 余份，指导培训教师 20 余次，编辑《沈阳市践行社会主义核心价值观校本教材》三册，多次组织学校接受媒体采访。

（李黎明）

沈阳市招生考试委员会办公室

【概　况】 2014年，沈阳市招生考试委员会办公室组织和承接中考、高考、自考、成考、硕士研究生考试等国家教育类考试以及配合省市人事、公安、教育、卫生等部门的社会考试28项、35次，共计接纳考生522732人次，考试种类和考生人数再创历史新高。全市教育招考系统按照国家及省市教育、招考工作会议要求和部署，抓住考试组织实施、试卷安全保密两个关键环节，做好政策宣传、考风考纪、阳光招生三项重点工作，实现市政府、市招考委提出的“公平招考、安全招考、阳光招考、和谐招考、满意招考”五大目标。沈阳市高考连续两年、中考连续三年实现了考生和工作人员“零违纪”；全年实现了安全保密零事故，考务管理零差错，服务考生零距离。

【组织硕士研究生招生考试】 完成2014年硕士研究生考试和2015年硕士研究生报名及考试工作，这是历史上首次一年内组织两次研究生考试工作。2014年硕士研究生招生考试于1月4日—6日进行，全市接纳考生25998人，在市内五个考区设45个考点、887个考场。2015年硕士研究生招生考试于12月27日—29日进行，全市共接纳考生24987人。此次考试首次增设浑南区、沈北新区、于洪区三个考区，全市共设八个考区、43个考点、867个考场。

【组织普通高中学生学业水平考试】 3月21日—23日，进行普通高中学生学业水平考试，共接纳报名考生46218人。全市共设置13个考区、122个考点、1486个考场。加强学业水平考试功能的宣传，加强普通高中学生学业水平考试及体育学科学生学业水平考试报名、考试环节和考风考纪管理，提高考试信度。

【组织高等教育自学考试】 4月19日—20日和10月18日—19日，进行两次自考理论课程考试。共计接纳报名考生77720人次，其中接纳新考生21209人。累计报考科目1015个，报考总科次217510科次。两次考试共设置123个考点。全年共组织两次学历认定和课程免考初审工作，为5699名考生办理学历认定和课程免考手续，免考课程16318科次。组织两次毕业生初审工作，为9001名考生办理毕业手续。组织两次考籍转出本市工作，为650名考生办理考籍转移手续。完善沈阳市自考助学单位网络综合服务系统，保证助学单位高效率实现网上录入报名、毕业、学历认定工作；建成市直考区辽宁装备制造职业学院标准化考点，为近1200名考生提供就近参加考试的服务，减轻区县承办自考工作的压力。

【组织普通高校招生考试】 6月7日—9日，全市进行高考。接纳普通高考报名考生39933人，设13个考区、60个考点、1216个考场。同时还接纳中职升高职考试报考考生3908人，设12个考区、14个考点、182个考场。高考外语口试工作继续实行送考到校，确保沈阳市

27877 名考生顺利参加口试；召开高考填报志愿指导大会，对辽宁省首次实行的网上填报高考志愿环节进行培训，确保高考网上填报志愿和征集志愿填报工作顺利实施；做好高考分数一分一段调整后的思想稳定工作；做好符合照顾录取条件考生资格审核工作；协调相关单位，对沈阳市具有二级运动员以上证书，且申请参加全省体育竞赛优胜者统一测试和审核的考生进行初审，严格按有关规定对符合条件的考生名单进行公示。完成部分高考体优生资格重新审核和善后处理工作，切实维护考生利益和社会稳定，全市社情舆情平稳，录取工作顺利进行。

【组织中等学校招生考试】 6 月 28 日—30 日，全市进行中考。全市 45838 名考生报名参加中考，设 13 个考区、63 个考点、1541 个考场，实际参加考试的考生 45358 人。全市统一录取新生 36267 人，占应试人数的 83.66%。做好《沈阳市中等学校招生考试调整方案》的准备实施工作，完善高中阶段学校招生录取制度和办法；加大对职业学校招生宣传、导向和服务力度，实行职业高中统一录取和自主招生备案相结合的办法，多渠道、多批次组织考生填报职业高中志愿；完善体育、艺术特优生专项素质测试的程序和办法,简化艺术类美术（绘画）专业素描、色彩科目试题为图片模式；完成初三年级学生毕业升学体育与健康课程全市统考和 2014 年首次实施的初一年级学生体育与健康课程考试；中考外语听力口语考试准备工作基本就绪；积极推进中招网上报名、网上咨询、网上填报志愿、网上评卷、网上录取、网上查询、网上自主招生备案，全面实现中招网络信息化。

【组织成人高等学校招生考试】 10 月 25 日—26 日，全市进行成人高考。接纳报名考生 19357 人，报考科次 58381 次。其中专科起点升本科考生 8240 人，高中起点升本科考生 994 人，高中起点升专科考生 9895 人，各类免试生 228 人。全市共设置 34 个考点，704 个考场。做好宣传、咨询、报名、考试环节的管理和服务工作，帮助招生学校组织和扩大生源；严格审查各类考生照顾加分条件，严把专升本、“免试生”等考生报名资格审查关；报名阶段增加二代身份证验证环节，降低网上报名和现场确认的失误率。

【其他考试】 组织两次共 84010 名考生报考的全国计算机等级考试、两次共 12870 名考生报考的全国英语等级考试、两次共 35210 名考生报考的成人本科生学士学位外语课程考试、两次共 743 名考生报考的高等教育自学考试资格证书（非学历证书）考试。组织 8531 名考生报考的在职人员攻读硕士学位全国联考、2097 名考生报考的同等学力人员申请硕士学位外国语水平和学科综合水平全国统一考试。同时，配合省市组织、人事、教育、公安、卫生部门，完成 31484 名考生参加的中央机关及直属机构录用公务员考试、36000 名考生参加的辽宁省各级机关和参照公务员法管理单位考试录用公务员笔试、5171 名考生参加的辽宁省政法干警招录体制改革考试、五次共 4505

名考生参加的公安机关人民警察执法资格考试、3563名考生参加的国家执业医师资格考试、5088名考生参加的国家护士执业资格考试、7500名考生参加的全国一级建造师考试、1142名考生参加的辽宁省农村义务教育阶段学校教师特设岗位计划统一考试、658名考生参加的沈阳市农村义务教育阶段学校教师特设岗位计划招聘面试、13133名考生参加的辽宁省中小学教师资格认定理论考试多项任务。

【国家标准化考点建设】 2014年，筹措资金286万元，引进外语口语考试自动评分系统，完成标准化口语听力考场装备，确保2015年中考外语听力口语考试顺利实施。协调市财政投入资金560余万元，为高考考点考场统一装备实现全频段屏蔽的新型无线信号屏蔽器，完成所有中考、高考70个考点2200个考场的安装调试工作。

（周长浩）

沈阳市青少年教育保护办公室

【概　况】 2014年，沈阳市青少年教育保护办公室把立德树人作为根本任务，突出深化教育领域综合改革主线，加强社会主义核心价值体系教育，通过校外活动场所建设，创新校外活动形式，整合家庭教育、社区教育资源，加强未成年人法律宣传，完善心理健康中心机制，努力培养增强青少年的社会责任感、创新精神、实践能力。市青教办人员编制30人，在职人员26人。年内被评为国家和省、市未成年人思想道德建设工作先进单位。

【开展中小学生公益日活动】 2月22日、8月22日，组织全市10万余名中小学生，分别以“学雷锋，争做文明小使者”和“争做践行社会主义核心价值观的小模范”为主题，开展寒暑假社会公益日活动。全市中小学生以雷锋为榜样，奉献爱心，美化环境，并参与“社会主义核心价值观”志愿服务活动、扶贫助弱活动、道德实践活动和读书讨论活动。

【中央文明办视察乡村少年宫工作】 3月5日，中央文明办视察组对辽中县牛心坨九年一贯制学校乡村学校少年宫的建设管理和运行情况进行视察。视察组对沈阳市乡村学校少年宫相关工作给予肯定，并鼓励沈阳市进一步发挥好示范作用，不断改善农村未成年人的校外活动环境。

【举办校外活动场所教师培训】 4月15日—17日，在沈阳大学教育学院举办沈阳市未成年人校外活动场所骨干教师培训班。中国儿童中心部长王秀江、沈阳大学教育学院院长刘凌波和市委党校教授陈欣为学员授课，学员们就专业知识、教学方法和工作中遇到的问题进行分组讨论，并通过拓展训练增强教师的集体荣誉感。全市26个校外活动场所的102名骨干教师参加。

【开展青春期女童家庭教育活动】 5月8日，青春期女童家庭教育活动沈阳首场大课堂启动仪式在岸英小学举行，拉开沈阳市“心系女童”青春期女童家庭教育活动序幕。通过发放宣传册、组织青春期知识讲座、开设心理课堂、开展家长大课堂形式帮助青春期女童健康成长，引导家长用科学的观念和方法教育子女。活动开展各类讲座50余场，赠送爱心礼包6000余个，发放光盘、知识手册等宣传材料6000余份，全市近10万户女童家庭从中受益。截至6月15日，全市有22所学校开展“心系女童”青春期女童家庭教育活动。

【开展校外场所“送艺下乡”活动】 5月13日和20日，沈河区少年宫、和平区少年宫分别与法库、康平两县区域内的乡村学校少年宫结成对子，开展“送艺下乡”活动，率先拉开沈阳市专业校外活动场所“送艺下乡”活动序幕。沈河区少年宫派出七位骨干教师，为乡村学校少年宫送去美术、书法、舞蹈、表演课程，赠送音像教学资料；和平区少年宫向乡村学校少年宫赠送教学设备，进行美术、舞蹈、声乐、器乐专业活动课展示。

【举办家庭教育竞赛活动】 5月14日，“三加一”家庭教育大讲堂竞赛活动在沈阳市大东区辽沈二小拉开帷幕。活动由市文明办、市教育局、市妇联共同主办，采用“三加一互动新模式”，即由三名家长主讲自己教育子女的亲身经历和典型案例，一名专家就其中涉及的家庭教育热点、难点问题进行分析和点评。本次活动在全市13个区、县（市）举办27场，其中，社区两场，中小学校25场，参与活动家长近万人次。

【举办市少年宫艺术节文艺大赛】 5月25日，由市青教办主办、沈河区少年宫承办的沈阳市第十一届少年宫系统艺术节文艺大赛在沈空军人俱乐部举行。大赛以“成长进行时，欢乐梦想秀”为主题，经13个区县（市）少年宫选拔，有51个优秀节目参加比赛，参赛人数约千人，23个节目获得一等奖。

【开展学校放假社区开学活动】 7月22日，沈阳市中小学生“学校放假，社区开学”社区实践活动在大东区莱茵河畔社区举行启动仪式。活动以社区为依托，以学校为主导，以家庭为基础，充分利用社区的教育特色与优势，发挥社区（村）少年之家、活动站的作用，开展青少年喜闻乐见的社区实践活动，培养青少年的社会责任意识和社会实践能力。暑假期间，全市711个社区举办主题教育参观展345场、教育报告722场、社区课堂培训861场，开放活动室4002次，11746名社区志愿者、68000余名中小学生参加，社区志愿者服务时间达到20637小时。

【少年宫学员教师参加文艺会演】 8月11日—13日，第十二届东北、华北、西北地区省会城市青少年宫文艺会演暨校外教育论坛活动在呼和浩特市举办。有13个代表队、112个节目参加文艺大赛，沈阳市少年宫系统学员和教师一行20人参加。市青教办从全市少年宫选拔13个节目参赛，6个节目获得一等奖，市青教办荣获优秀组织工作奖。

【接待韩国交流团】 8月21日—25日，韩国大田广域市的青少年教育考察团来沈访问交流。韩国青少年参观中国工业博物馆，走进东北育才双语学校，入住沈阳学生家庭，包饺子、写毛笔字、品中国名茶，参观具有民族文化特色的景点，参加青少年文化娱乐活动。交流活动加强了中国沈阳和韩国大田两市青少年之间的交流，加深了友好城市间青少年的友谊。

（刘松岩）

沈阳市民办教育管理办公室

【概　况】 2014年，沈阳市民办教育管理办公室建筑面积1000平方米，在职职工7人，负责全市民办非学历教育的宏观管理工作，不断规范民办教育机构办学行为，促进民办教育健康发展。全市共有民办教育机构1134所，在校生405427人，教职工10934人。

【清理整治违规联合办学】 1月1日—4月30日，开展清理整治联合办学专项检查活动。按照市教育局《关于规范民办学校和民办教育培训机构办学行为清理整治违规联合办学专项检查的通知》要求，针对擅自与中小学校合作举办预备班、直升班或者与学院联合举办、受权委托举办大专班、中专班现象开展专项检查，分为办学机构自查、教育部门组织检查、整改和复查四个阶段。经查，鸿泰教育培训学校、省高等教育学会继续教育中心等机构存在联合办学违规行为，责令限期改正。

【开展民办教育机构调查活动】 3月，与《华商晨报》共同开展“守住教育信仰3.15大调查活动”。由学生家长、记者和教育行政部门共同为民办教育机构教学环境、教师队伍和规范管理方面进行评比打分，选出优秀的民办培训机构，最终15所培训学校被评为值得信赖的优秀民办培训机构。

【制定教育机构信用等级评价标准】 5月，制定印发《沈阳市民办非学历教育机构信用等级评价标准（试行）》。针对民办非学历教育在发展中出现的信用建设问题，制定该评价标准。加强办学机构劳动用工诚信、办学机构诚信承诺的评定，同时对办学机构建立诚信档案，开展行业诚信问题专项治理工作，推动全市民办非学历教育健康发展。

【实行教职工佩戴胸卡制度】 6月，制发《关于全市民办教育机构实行教职工佩戴胸卡制度的通知》，要求教师实名制佩戴胸卡上课。旨在抑制民办教育机构违规聘用中小学在职教师兼课，树立良好的民办教职工良好形象，自觉接受社会监督。10月—12月，由市、区县（市）教育部门组成13个检查小组，对全市办学机构教职工佩戴胸卡工作情况进行检查，效果良好。

【规范文化课补习机构办学行为】 7月—10月，联合市纠风办、市纪委、区教育局，针对聘请公办或民办在职教师兼职兼课、散发虚假招生简章、擅自举办直升班预备班等不规范办学行为，集中开展专项治理行动。查实七名在职教师在蓝圣教育、统一教育、博大教育、圣源教育办学机构参与有偿补课，对办学机构分别给予责令限期改正、警告的处罚，对和平区钻石教育培训学校给予吊销办学许可证的处罚。

（徐　刚）

沈阳市教育技术装备中心

【概　况】 2014年，沈阳市教育技术装备中心完成专用教室的建设、配备、管理、使用工作，组织新图书管理人员培训，完成中考理化生实验操作考查、自制教具评选等工作。

【开展中考理化实验操作考查】 5月5日—9日，开展初中毕业生毕业与升学理、化实验操作考查工作，5月16日进行补考。全市共设考点213个，45700名学生报名参加理化考查，在实验操作考查中缺考人数为766人，约占考生总数的1.68 %，物理不合格考生数为93人，化学不合格考生为93人，约占考生总数的0.2 %。

【组织自制玩教具评比】 与市教育局共同组织沈阳市第三届幼儿自制玩教具展评活动。推荐20件优秀作品参加省级展评，获得全省总分第一，六件作品代表辽宁参加全国展评，获得全国一等奖1件，二等奖3件，三等奖2件。

【推进图书馆管理工作专业化】 2014年，推进沈阳市图书馆管理工作专业化。开通沈阳市数字电子图书及电子期刊平台，为全市各级学校服务；组织新图书馆管理员业务培训。和平区、沈河区通过省中小学图书馆工作示范区复查验收，获得省中小学数字化图书馆示范区称号，获此称号的全省仅有三个区县。26所学校获得省中小学图书馆示范校称号，沈阳市图书馆示范校总数达220所，在全省名列榜首。

【装备书法教室】 2014年，完成全市205所中小学书法教室建设收尾工作，投入资金总额为1155万元。通过统一招标采购，配备教师书法桌205张、学生桌4498张、学生凳8996个，移动水柜186个；每所学校配备书法用品一套。对每所学校的书法教室装修补助2万元。全市585所中小学全部装备书法教室，为开展书法教学及中华文化传承教育提供条件。

【完成小乐器进课堂装备】 2014年，为221所小学装备竖笛和铝板琴，投入资金总额578万元。通过招标采购、配备竖笛28735支、铝板琴20980台。完成全市380所小学小乐器配备工作，为各小学开展音乐教学活动提供物质保障。

【完成地理教室装备】 2014年，投入资金2325万元，完成93所学校地理教室装备工作，至此，历经五年的义务教育阶段250所学校的地理教室装备工作全部完成。地理教室便于在教学中开展直观教学，满足学生自主学习、合作学习和探究学习的需要，此项工作走进全国先进行列。

（高振学）

沈阳市中小学后勤管理服务中心

【概　况】 2014年，沈阳市中小学后勤管理服务中心加强全市勤工俭学和校办产业宏观管理。完成市属单位（学校）的土地、房产管理和资产处置的协调、服务工作，全市学校食堂、超市等经营性活动和中小学统一着装的监管工作，配合相关部门做好全市教育基本建设及直属学校（单位）基本建设的现场施工检查、过程监督和验收工作。

【推进营养餐工程】 依据全市中小学营养午餐工作现场会会议精神，推进营养餐工程。11月，对新民市、辽中县、法库县、康平县学校食堂和学生用餐情况进行调研，制定《沈阳市中小学食堂管理办法》《沈阳市学校食堂大宗食品采购工作方案》《学校食堂从业人员卫生知识培训制度》《学校食堂年度检查考核细则》《关于加强全市中小学食堂管理工作的意见》等草案，为创建标准化示范食堂，实现食堂软硬件条件全面达标奠定基础。

【监管全市中小学生统一着装】 制发《关于进一步规范沈阳市学生装管理工作的通知》《学生装生产企业资质要求》《学生装质监细则》文件，进一步规范学生装管理。对学生装的发放情况进行信息跟踪，与厂家进行沟通，完善学生装监管工作。

【协调教师新村房产证办理工作】 作为“园丁园”教师新村项目建设单位，沈河区教育局未取得土地使用证，致使2004年底入住的198户业主的房产证未能办理。中心经过与沈河区教育局、市房产局多次协商，已办理51户，余下147户的房产资料报送市房屋产权办公室，等待分批办理。

【监管处置国有资产】 配合市教育局对局直属单位资源整合后的闲置资产进行统计和评估，对直属学校出租房产情况和闲置资产情况进行调查，并形成调研报告报市教育局。

（曾立群）

沈阳市国际教育交流中心

【概　况】 2014年，沈阳市国际教育交流中心负责为沈阳市教育对外交流提供相关服务，完成沈阳市教育系统英语骨干教师境内外培训办理与实施工作，拓展国际交流合作渠道，协助沈阳市中小学建立校际关系，向沈阳市学生推荐海外优秀院校，为来沈学习的外国留学生提供服务。

【做好中学生国际教育交流服务工作】 3月起，选拔并推荐沈阳市优秀中学生参加英国中学奖学金项目。5月起，在部分初高中推广中学生赴美交流项目。全年，有28名中学生通过参加英国中学奖学金项目获得英国露丝公学、杜伦学校、莱豪中学、阿什本学院、阿比学院奖学金，并分别前往五所学校学习；有七名学生参加美国内布拉斯加科尼州立大学奖学金项目和中学生赴美交流项目。英国中学奖学金项目为沈阳市中学生提供以较低成本升入世界顶级大学的机会，年内毕业生中，有七人分别考入英国剑桥大学、帝国理工学院和伦敦大学。

【拓展国际交流合作渠道】 10月，通过北京ICEF教育洽谈会，拓展国外交流项目，新增英、美、澳、加等国交流渠道37个。年内，接待美国内布拉斯加科尼州立大学、美国博圣教育集团、美国伯根社区学院、英国露丝公学、英国杜伦学校、英国莱豪中学、英国阿什本学院、英国阿比学院、加拿大多伦多大学、加拿大蒙特利尔英语教育局的代表来访。促成市四十三中与韩国庆州市善德女子中学建立姊妹合作关系，为市外国语学校、市二中、市四中、市三十一中、市十五中、市外事服务学校、沈阳绿岛学校和广全中学开展国际交流活动提供服务。

【完成教师口语培训前期工作】 12月，完成沈阳市初中英语教师口语教学能力培训的前期准备工作。培训旨在适应沈阳市中学外语新课改要求，提升教师的口语教学能力。与国际交流合作处制定《沈阳市初中英语教师口语听说能力培训计划》，完成沈阳市初中英语教师口语教学能力培训方案，联络并确定国外培训机构，考察培训基地，落实首期培训课程的教学安排，保证培训工作的顺利开展。

【完成英语骨干教师境内外培训项目】 2014年，完成英语骨干教师赴美国、英国、新西兰培训项目五个，境内培训项目一个，共培训教师113名。境外培训项目均为期六周，境内培训项目为期两周。项目实施过程中，严格执行国家关于因公出国（境）工作的各项管理规定，组织赴境外培训的81名教师参加外语水平测试，选拔符合条件的参训教师，培训前进行一周的境内培训。根据各方反馈，参训教师在专业技能、职业道德和综合素质方面不同程度地有所提高。

【完善外国学生来沈就读服务工作】 为来沈留学外国学生就读中小学提供政策咨询，办理相关入学手续服务。全年完成相关手续办理工作495例，留学生国籍新增捷克、所罗门群岛、瑞典和墨西哥四个国家。2014年，确定具备接受外国学生资格的中小学校85所（市直属学校5所，和平区13所，沈河区12所，大东区12所，皇姑区15所，铁西区9所，于洪区2所，苏家屯区8所，浑南区5所，沈北新区4所），在校留学生人数1100人，分别来自40个国家和地区。

（蔡瑞琪）

沈阳市教育局会计核算中心

【概　况】 2014年，沈阳市教育局会计核算中心以“转作风，提效能，促改革”为工作主线，以制度建设为切入点，以思想建设为落脚点，以文化建设为着力点，以业务能力提升为关键点，通过完善制度，明确职责，开展业务培训，凝聚全体员工力量。高质量完成34家集中核算单位会计核算工作，得到服务对象和检查部门的认可。

【加强财务人员业务培训】 召开统管会计例会、报账会计例会、票据管理人员、资产管理人员例会，利用例会平台统一思想，交流业务知识，探讨业务难题，总结和推广工作经验，实现会计核算、资产管理、票据管理业务水平再提升。

【完成会计核算工作】 2014年，核算账套64个，核算资金量达87亿，处理会计业务2.5万余笔，接待报账人员3000余次。公务卡刷卡结算金额1300万元。签发现金、转账支票11164张，发出短信8280条，代发工资1851笔、金额5.2亿元。严格执行部门预算、重点监控三公支出，加强公务卡结算管理，规范零余额用款行为，严控支出标准。

【加强专项资金管理】 加强专项资金管理，完善核算体系，建立专项资金管理机制。按月上报直属单位专项资金收支情况，按季度上报全局会计核算信息简报，配合财务审计处开展专项资金调度，全力推动专项资金执行。2014年，370余个共计17亿元专项资金核算清晰，预算使用要求执行严格，使用情况良好，2014年末结余较上年减少近50%，系统内各项工作得到有效推进。

【推进资产管理规范化】 开展“走基层、送服务、助提升”活动，2014年开展活动六次，通过实地查看、研究讨论，帮助搭建管理框架，理顺工作程序，培训管理人员，助推全局固定资产管理水平整体提升。开展网络管理调查，摸底数、分层次、出方案，为推进资产网络管理助力提速。开展固定资产专项检查，继续推进资产管理规范化，巩固资产管理成果。严格审批程序，按规定受理资产处置业务。认真对资产处置材料进行初审和实物勘验，避免固定资产流失。全年接件45份，通过审批38份。资产处置总量20484台件，5300万元。完成北化固定资产管理系统（单机版）升级工作，为完成财政资产数据审核上报创造条件，也为资产动态管理和财务分析提供重要数据支撑。

【做好票据管理工作】 围绕“票据使用规范，收费管理合规，资金入账及时”做好票据管理工作。以票据为载体，监控领购、使用、保管和注销等关键环节，实现以票管费；以票据检查为抓手，准确掌握收费资料，及时发现、解决问题；以非税、票据报表为手段，督查收入的收缴与入库，票据的缴旧与领新，履行监管职能；以实地调研与请进座谈为渠道，全面提升服务水平。

【加强会计档案管理】 围绕“档案管理安全，档案使用方便，利用效果明显”加强会计档案管理。始终把档案摆放整齐、目录索引清晰、手续规范完整、查阅快捷便利、安全防护到位、室内环境整洁落实到档案管理日常工作中，为基层单位、审计等部门提供服务。

【启动会计人员队伍建设工作】 全面启动教育局会计人员队伍建设工作。制发《沈阳市教育局财务人员培训工作三年行动计划》，按照工作部署，组织开展第一阶段会计岗位标兵“以训代评”工作。培训内容为会计人员发展与成长、会计文化与历史、现行财务制度解读、财务软件应用。

（王 帆）

沈阳市教师培训交流中心

【概 况】 2014年，沈阳市教师培训交流中心完成教师资格认定事务性工作，教师招聘（高校直招部分）工作，民办学校及教育机构人事代理、高校毕业办、教育系统人员信息管理系统工作，中小学校长教师培训项目监管及效果评估和学分管理工作。在创建人民满意窗口工作中，注重强化服务意识、服务素质、服务技能，全面提升服务水平和服务质量。

【教师招聘（高校直招）工作】 11月6日—23日，市人社局、市教育局组织全市人社系统、教育系统先后在长春和沈阳举办两场教师招聘会。5000余名学生前来应聘，评审组对应聘学生进行资格审查、笔试、试讲环节的综合评定，成功签约526人。其中，在长春东北师范大学专场签约教育直属六所师范类院校288人，计划完成率80%；北京师范大学签约6人，本科3人，硕士3人；东北师范大学签约242人，本科58人，硕士183人，博士1人；华东师范大学签约4人，本科1人，硕士3人；华中师范大学签约15人，本科14人，硕士1人；西南大学签约12人，本科10人，硕士2人；陕西师范大学签约8人，本科5人，硕士3人；延边大学签约1人，本科1人。在沈阳招聘会中，辽宁师范大学和沈阳师范大学2015年应届毕业生签约238人，计划完成率为96%。其中沈阳师范大学签约115人，本科78人，硕士37人；辽宁师范大学签约123人，本科72人，硕士51人。

【高校毕业生档案管理工作】 2014年，结合创建人民满意窗口单位活动，对4000余份高校毕业生档案进行盘点，完善电子档案库，办理取档77人次，开具存档证明10人次，落户12人次，改派2人次，接收自送档案3人次，查看档案3人次、发送、接收机要5人次，接受业务咨询500余人次。通过公示业务办理流程、印制热点业务指南，为毕业生提供绿色通道。

【教师资格认定工作】 2014年，教师资格认定工作分春、秋两季进行，春季共认定合格3601人，其中师范类人数2975人（高中1915人、中职28人、初中106人、小学487人、幼儿园439人），非师范类人数645人（高中145人、中职13人、初中28人、小学9人、幼儿园450人）。秋季共认定合格629人，其中师范类109人（高中和中职58人，初中、小学和幼儿园51人）；非师范类合格人数520人（高中296人、中职52、初中130人、小学42人）。

【教育系统人员信息管理工作】 2014年，根据市人社局要求，对《沈阳市教育系统人员管理系统》进行功能更新，增加单位编制信息、岗位设置情况、双肩挑聘用情况内容，对每条基本信息增加聘用状态、是否港澳台及外籍人士、聘用合同状态、用人方式、专业技术人才类别条目。对库结构、系统索引、查询、统计、打印、上报功能进行调整。按照高中、初中、小学、中等职业学校、幼儿园、特殊教育学校、市直属单位进行分类，并按区、县（市）及直属学校教师的进教育系统方式、性别、学历、职级、工作岗位、年龄结构、任教学科以及近三年教师的退休情况绘制各类统计表千余份，计算各种数据近20万组，制作统计册15本。制定并印发《沈阳市教育系统人员信息管理系统》使用评价意见反馈表，将各直属单位、学校的反馈意见精心整理以指导后台工作。

【民办学校（机构）人事档案代理】 按照人事档案管理制度规定，对档案代理人员进行详细登记，每名代理人员填写《人事档案代理手册》《存档人员基本情况登记表》。2014年，为2167人进行档案代理，以集体名义存档90个单位，共计2013人；以个人名义存档154人。开具“调档协商函”187份，更换人事代理手册360本，办理转出人员104人（其中，76人办理转正定级表和工资介绍信，占转出总人数的73%）。

【教师培训监管评估工作】 2014年，承担沈阳市中小学校长教师培训项目有96个，培训校长教师约5万人。通过抽查、座谈的形式，对82个培训项目进行跟踪监管，占培训项目总量85%，其中对上海交通大学的百所提升学校校长高端培训等五个异地培训项目进行实地跟踪监管。全年召开八次培训监管评审会，对55个培训项目进行专家评审。

（马 隽）

沈阳市职业教育培训服务中心

【概 况】 2014年，沈阳市职业教育培训服务中心全面完成基本建设工作，承担市职业教育园区公共设施的使用与维护工作，开展园区图书馆馆藏建设、流通服务工作，开展教师业务培训工作。

【体育场馆中心开馆】 3月10日，职业教育园区共享设施体育馆和训练馆正式开馆运行。体育馆、训练馆总建筑面积9965平方米，拥有篮排球场四个、乒乓球馆四个、网球馆一个，体育馆内共有2300个观众席，更衣室、医务室等配套设施齐全，为园区内各校开展室内体育教学提供场地、器械、管理等服务。全年馆内开展体育教学856课时，11000余人次。

【图书信息中心开馆】 4月23日，职教园图书信息中心正式开馆运行。开放二至四层，提供近四万种图书、200种杂志、40种报刊的开放式阅览服务。全年累计接待125个班级

3580人次进馆阅读。

【提供场馆服务】 全年承办大型活动近20场，为各校开学典礼、文艺汇演、迎新联欢、集会及实训展示等提供场地服务。与各校工会联合，举办职教园教工篮球、毽球、羽毛球比赛，丰富教职工的业余生活。

【开展教师业务培训】 面向职教园内学校的语文、德育、体育学科教师及团委负责人，开展以职业素养提升为主题的业务培训。培训内容包括羽毛球教学理论和方法以及读书经验交流。110人参加培训。

（张路遥）

沈阳市学生资助管理中心

【概　况】 2014年，沈阳市学生资助管理中心贯彻落实国家、省有关政策精神，完善各项学生资助工作流程，全年各级各类教育阶段资助55.6万人次，资金2.54亿元。

【普通高中国家助学金工作】 2014年春季，国家助学金受助学生6189人，发放助学金464万元。四个郊区县资助比例达到19.57%；全市资助比例达到8%，比2013年秋季7.7%高了0.3个百分点。2014年秋季资助5858名学生，资金439万元。

【中职国家助学金和免学费工作】 2014年春季发放271.58万元助学金，资助3621名中职学生；秋季资助2942人，金额220.65万元。2014年春季学期免学费学生数为32869人，减免资金3818.59万元；秋季免学费人数为34069人，减免资金4069.68万元。

【大学生生源地信用助学贷款工作】 7月，启动大学生生源地信用贷款工作，落实省定新标准。办理贷款共计1564人，放贷金额960万元。较2013年贷款额增长了21.75%，连续四年实现同期贷款数额的稳步增加。

【学前教育资助】 对学前三年在园的城乡低保家庭、低保边缘家庭儿童，农村五保供养家庭儿童，孤儿，烈士子女和残疾儿童，以及符合上述条件的外来务工人员子女减免保育教育费，标准为城市在园儿童每生每月200元、农村在园儿童每生每月100元。其中，和平、沈河、铁西、大东四个城区将资助标准提高至每月500—800元。2014年春季学期共资助幼儿574人，资助金额共73.04万元；秋季学期资助517人，金额60.5万元。

【义务教育阶段“两免一补”工作】 推进义务教育阶段“两免一补”工作信息化。在大东区试点，探索“两免一补”工作网络填报，自动汇总、查询，电子备份和科学分析、按需分解工作，取得良好效果。做好义务教育阶段“两免一补”和农民工子女入学统计工作，继续对公办学校学生免收学杂费，对农村学生、城市家庭经济困难学生和外来务工农民子女免收课本费，对住宿生中家庭经济困难学生给予生活补助。10月初，召开区县义教“两免一补”网上填报系统培训会，在全市义务教育阶段公办学校推广信息化报表和网上填报工作，实现三级统计汇总电子化。2014—2015学年度“两免一补”资金1.26亿元，受益学生46.1万人。

【资助家庭经济困难大学生工作】 全年共资助当年考入大学家庭经济困难学生1175人，资金325万元，其中各团体资助资金为244万元，资助学生835人，财政保底资助340人，实际资金81万元。

【进行中职资助专项检查】 联合市财政局、人社局相关部门对九所中职学校、五所技工学校的免学费、助学金管理和使用情况进行为期两周的专项检查；首次委托会计师事务所对全市所有民办中职学校进行全面检查。

【市属高校学生资助工作】 做好2014—2015学年市属高校国家奖助学金指标分配及请款工作。2014年春季学期发放高校国家助学金911.6万元，受助学生6075人；秋季学期高校助学体系共计资金1293万元，其中，国家奖学金53人，金额42.4万元；省政府奖学金62人，金额49.6万元；励志奖学金人数1160人，金额580万元；国家助学金人数4140人，金额621万元。

（李　强）

沈阳市学生体育艺术发展中心

【概　况】 2014年，沈阳市学生体育艺术发展中心承办全市中小学生的篮球、排球、足球、棋类、乒乓球、健美操、田径运动会七项体育赛事；以“阳光下成长”为主题，开展2014年沈阳市中小学生艺术展演系列活动；组织代表队参加的省级、国家级赛事中取得佳绩。

【承办市中学生篮球赛】 1月16日—20日，在市一二〇中学承办沈阳市中学生篮球锦标赛。来自沈阳市九个区县的35支队伍500余名学生参赛。选派代表队参加辽宁省中学生篮球赛，市二中男子篮球队获得冠军，市三十一中男子篮球队获得亚军，市回民中学女子篮球队获得冠军。

【承办市中学生排球赛】 2月26日—3月2日，在沈阳市体育运动学校承办沈阳市中学生排球比赛。来自沈阳市九个区县的35支队伍600余名学生参赛，选派代表队参加辽宁省中学生排球赛，市翔宇中学男子排球队获得季军。

【承办市中学生田径运动会】 6月20日—22日，在东北育才学校（浑南校区）承办沈阳市中学生田径运动会。有100所学校的1500余名学生参加。新增设学生身体素质测试项目，在全市抽测4000名中学生，将学生测试成绩纳入运动会总成绩。组织代表队参加辽宁省第十二届运动会，市外国语学校田径队获得学生组季军。

【承办市中小学生艺术作品展】 7月4日—6日，在沈阳日报美术馆承办沈阳市中小学生艺术作品展。来自沈阳市13个区县（市）以及市教育局直属学校的学生送交4000幅作品参赛，经过专家评比，挑选出500幅绘画、书法、摄影作品参加展览，展现全市中小学校艺术教育成果。

【承办市中小学生足球赛】 8月26日—30日在沈阳市体育运动学校承办沈阳市中小学生足球赛。有38所学校800名学生参加。选派代表队参加辽宁省中小学足球赛，沈阳市回民中学男子足球队获得亚军。

【承办市中学生健美操比赛】 9月19日，在沈阳市大东区全民健身管理中心承办沈阳市中学生健身操、健美操比赛。有九个区县（市）20所学校300余名学生参加。沈阳市校园健美操项目已在全市中小学得到普及与发展，形成中小学有效衔接的梯度布局，在辽宁省和全国性比赛中均取得优异成绩。

【承办市中小学生舞蹈展演活动】 9月23日，与市九中共同承办沈阳市中小学生舞蹈展演。来自全市11个区县（市）和直属学校55支队伍的近1400余名学生参演，活动的主题为“阳光下成长”。活动共分为三个阶段：学校开展活动阶段；区县（市）集中展演阶段；市级展演阶段。

【承办市中小学生声乐展演活动】 9月26日，承办沈阳市中小学生声乐展演。此项活动是沈阳市中小学生艺术展演系列活动之一，全市54所学校2700余名学生参加展演。活动分为三个阶段：3月—6月为全市所有学校开展活动阶段，十余万中小学生参与；7月—8月为各区县（市）教育局集中展演阶段，评选优秀节目参加市级展演；9月为全市优秀节目展演阶段。

【承办市中小学生朗诵展演】 10月31日，承办沈阳市中小学生朗诵展演。全市44所学校近500余名学生参加展演。各代表队将舞蹈、武术、美术、音乐等元素融合到诗文的诵读中，以配乐朗诵、伴舞、快板等形式，朗诵《满江红》《沁园春》等中国文学经典佳作，也涌现出学校自编自创的作品。

【承办中小学生迎新年文艺演出】 12月30日，在沈阳盛京大剧场承办2015年“乐以载道”沈阳市中小学生迎新年文艺汇报演出。分为乐之韵、舞之魂、声之雅、梦之境四个篇章，本次文艺汇演的举办，是对“2014年沈阳市中小学生艺术展演”系列活动、沈阳市中小学校艺术教育成果的总结和汇报。

（邱洪广）

社会团体

SHEHUI TUANTI

社会团体

中国共产主义青年团沈阳市委员会

【概 况】 2014年，中国共产主义青年团沈阳市委员会学校部选派高校优秀团干部前往市内各区县团委进行挂职锻炼，开展成人节、大学生社会实践、开学第一课、校园主持人大赛、校园好声音歌手大赛活动，丰富青少年的精神文化生活，促进思想政治理论水平和实践能力的提升。

【开展成人节系列活动】 3月，启动为期一个月的“我是青年，我就是沈阳”沈阳市第15届成人节系列活动。活动包括十大感恩行动评选、感恩礼物DIY征集、感恩赠书行动、我的成长故事与你分享、18岁成人礼等，并整合社会资源，与京东商城东北区域合作，为全市49700余名18岁青年学生赠送一本书和一张京东的月读书卡，总价值144万元。4月18日，在沈阳广播电视台举行第十五届18岁成人礼，全市220名即将跨入成年行列的学生代表和家长代表参加仪式。

【承办校园好声音歌手大赛】 3月，承办由团中央、中国电信主办的“天翼飞YOUNG”校园好声音歌手选拔赛。全市共29所高校和12所中职院校（中学）参与，1200余名学生报名，在全省各市报名人数统计中居前列，最终12名选手晋级辽宁省决赛。

【开展大学生社会实践】 7月17日，为纪念沈阳市大学生社会实践30周年，在沈阳大学启动2014年沈阳市“社会实践三十年，投身改革再出发”55所学校联合暑期社会实践活动出征仪式，邀请14所全国重点院校学生代表与沈阳41所高校职校220余人组成联合支队，先后深入20家国有大中型企业及民营企业开展实践活动。团市委与43所高校、20所国有大中型企业、12所中职院校签约，共同构建沈阳市大学生社会实践基地。

【举办大学生骨干培训班】 8月23日，举办沈阳市“青年马克思主义者培养工程”第五期大学生骨干培训班。培训覆盖驻沈29所高校60余名学生干部，包括团委学生副书记、学生会主席、社团联合会主席，内容包括马克思主义理论知识与实践，引导青年学生成为青年马克思主义的实践者、传播者和引领者。

【开展开学第一课活动】 9月，在全市高校中开展“开学第一课”活动。与《沈阳日报》联合发放《乐享沈阳》图书5000册，引导大一新生了解沈阳。通过组织座谈会、学习报告会、理论研讨会等多种形式进行新学期的第一次专题学习，以习近平总书记系列讲话为重点，弘扬以爱国主义为核心的民族精神和以改革创新为动力的时代精神，提升青年学生思想教育的针对性、有效性和时代感。

【举办市青年高技能人才沙龙】 11月6日，团市委、市人社局联合举办“人才自由港”沈阳市青年高技能人才沙龙。活动吸引30余家国有大中型企业和优秀民营企业前来参加，提供400个就业岗位，推动“产教结合、校企合作”的人才培养模式和“1+1+1”人才体系建设。

【大学生记者团成立】 11月15日，沈阳市大学生记者团在中共沈阳市委党校正式成立。来自全市29所高校80名学生成为第一届沈阳市大学生记者团成员。大学生记者团针对当代大学生的特点，将最新时事政治与大学生喜闻乐见的形式相结合，形成青闻天下、青校园、青团讯、和青话题四大模块，设计青沈阳、青视野、青视听等专栏，整合各方资源，拓宽工作平台，将各高校亮点工作与省、市主流媒体进行有效对接。

【校园主持人大赛】 11月，举办2014年沈阳市大学生校园主持人大赛。全市29所高校百余名选手报名参加海选，团市委邀请省、市电视与广播界的优秀主持人对参赛选手进行全程指导。12月10日，在沈阳工程学院进行的总决赛中，邀请辽沈地区主持人沈霞作为总决赛评委，最终评选出十佳主持人。

【选派团干部挂职锻炼】 2014年，选派13名高校优秀团干部前往市内各区县团委进行为期一年的挂职锻炼。按照团中央、教育部党组及团省委、省教育厅文件要求，团市委、市委教科工委继续选派驻沈高校团干部到区县团委挂职工作，新选派13名高校优秀团干部挂职锻炼一年，10月，专门选派东北大学文法学院团委副书记、博士研究生李展腾前往新疆基层进行挂职锻炼，这是市共青团干部首次前往新疆挂职锻炼。

【树立先进典型】 2014年，培养树立见义勇为典型代表三人，孝老爱亲典型代表一人，自强不息典型代表一人；评选“十佳中学生”10人、中学优秀共青团员120人、中学优秀团干部120人、“十佳大学生”10人、大学生优秀共青团员400人、大学生优秀共青团干部200人。

（王　允）

沈阳市关心下一代工作委员会

【概　况】 2014年，沈阳市关心下一代工作委员会宣传社会主义核心价值观，深化青少年思想道德建设，参与社会治理，加强基层基础工作，关心下一代各项工作取得实效。

【组织“老同志忆当年”征文活动】 3月，组织“老同志忆当年”征文活动。征集老同志回忆文章近200篇，精选篇目收录到《为理想而奋斗——老同志忆当年文章选编》书中，12月，该书编辑出版。

【召开“六好”创优表彰会】 7月24日，

召开“六好”创优暨先进集体、先进个人表彰会。表彰628个“六好”基层关工委、120个关心下一代工作先进集体、612名关心下一代工作先进个人，32名“五老”志愿者获荣誉奖。

【开展宣传教育】 全市各级关工委组织“五老”报告团和宣讲团，深入各基层单位，选用青少年熟悉的典型事例开展宣讲活动，引领广大青少年树立正确的世界观、人生观、价值观。各级“五老”报告团作报告11300场（次），听众131.2万人（次）。

【开展青少年普法教育活动】 全年，开展“关爱明天、普法先行”青少年普法教育活动。发挥“五老”报告团的主导作用，开展宣传教育活动，构筑学校、社会、家庭“三位一体”的青少年法制教育网络。8月4日，在中国关工委、国家司法部、中央综治办联合召开的“关爱明天、普法先行”青少年普法教育活动总结会上，市关工委被评为全国青少年普法教育先进单位，全市关工委系统有五人获先进个人奖，三人被评为优秀辅导员。大东区被确定为全国青少年普法教育示范区。市关工委召开的青少年普法教育活动总结会上，表彰15个青少年普法教育活动先进单位和104名先进个人。

【发挥“五老”说和团作用】 全年，全市城乡991个“五老”说和团，7132名“五老”志愿者，参与改善家庭关系、解决邻里矛盾、帮教转化不良行为青少年、维护社会和谐稳定工作，共化解民事矛盾纠纷3511件。

【开展关爱活动】 2014年，全市各级关工委11044名“五老”志愿者捐款207万元，资助4272名贫困学生；帮孤助残、流浪儿童361人（次）；组建帮教小组2326个，帮教转化失足、劣迹青少年1463人；城区有1356名“五老”志愿者帮助4278名待业青年就业，农村4680名“五老”志愿者帮助1491名贫困青年脱贫致富；有4391名“五老”志愿者参与关爱留守儿童2975人，捐款74.4万元、捐物5848件；组建“五老”义务监督员队伍1844人，监督网吧1272个，规劝青少年5577人，向政府相关部门提出建议30余条。

（肖　桐）

沈阳市教育学会

【概　况】 沈阳市教育学会是市一级群众性教育学术团体，隶属沈阳市教育局。领导机构为理事会。2014年，理事会设会长1人，副会长8人，常务理事82人，理事256人。市秘书长1人，秘书处有工作人员3人。学会下设学术委员会和13个区县教育学会。年内，学会根据群众性、学术性、服务性的特点，组织开展学术活动，普及家庭教育知识，推动区县学会规范化建设。

【开展家庭教育指导教师培训】 2月—10月，先后组织三次全市家庭教育指导骨干教师培训。培训教师来自全国养成教育总课题组、北京师范大学教育内涵改革研究中心，授课内容包括家校合作,家庭教育专家核心能力培养，习惯养成的原理及操作，亲子沟通的艺术，学习思维、逻辑思维培养，生命阶梯发展的方法论，家庭学习指导。全市幼儿园、小学家庭教育指导骨干教师参加培训。

【组织学习观摩】 4月—10月，先后组织学会和学校教师参加在内蒙古呼伦贝尔市海拉尔区举办的全国第32期中华家庭教育高级讲师培训班，在长春东北师范大学举办的大学家庭与学校合作教育高峰论坛，以及在江苏淮安举办的第17届海峡两岸家庭教育学术研讨会。通过培训和学习观摩，家庭教育骨干教师的家庭教育知识水平得到提升。

【举办学术报告】 8月24日，与市教育研究院联合开展《基础教育论坛》（教研版）杂志创刊暨新教育通识培训。邀请民进中央副主席兼秘书长,中国教育学会副会长朱永新作《过一种幸福完整的教育生活》的培训报告。

【接受社会组织评估】 11月，沈阳市民间组织管理局对学会进行2014年度社会组织评估。评估专家到学会进行实地考察，评估内容包括基础条件、内部治理、工作绩效和社会评价。学会拟定《沈阳市教育学会事业发展规划（讨论稿）》，完善《沈阳市教育学会秘书处工作制度》。

【编写家庭教育资料】 由市教育学会会长张卓然主编的《家庭教育基础知识教材（试用本）》由辽宁教育出版社印刷出版。全年编撰《家教指南》编辑40期，中学版、小学版各20期，80余万字。

【开展家庭教育指导活动】 2014年，家庭教育指导教师在各小学、幼儿园上家庭教育课，普及家庭教育基础知识，受到广大学生家长好评。截止到12月底，全市共有233所小学、57所幼儿园开课，听课家长人数达4万余人。

【开展中小学科学发展学术需求调查】 2014年，在全市中小学开展科学发展学术需求抽样调查，共发放和回收调查表近2000份。调查结果作为学会开展学术工作的重要参考，为教育学会会员单位及广大的市级会员提供学术服务。

（李景龙）

沈阳市民办教育协会

【概　况】 沈阳市民办教育协会成立于2004年10月，是由全市具有法人资格的民办学校、民办教育机构、民办教育工作者和其他致力于推动民办教育发展的团体及个人自愿结成的民间性、行业性、非营利性社会组织，接受业务主管单位沈阳市教育局业务指导和社团登记管理机关沈阳市民政局的管理监督。2014年，协会坚持以服务为宗旨，全面贯彻《中华人民共和国民办教育促进法》，反映民办学校的意见和要求，维护民办学校及受教育者的合法权益，推动全市民办教育事业持续、规范、优质发展；切实加强协会规范化和制度化建设，在全市行业协会评估中获得 5A 级别。

【开展教育教学质量监测活动】 3 月 21 日，按照沈阳市民办教育协会基础教育专业委员会第七次年会的工作安排，开展民办学校九年级教育教学质量监测活动。会同本届轮值主席学校沈阳市尚品学校，召开民办学校开展质量监测活动工作会议，对考试时间、取送卷、评卷等工作提出具体要求。月底，组织全市民办初中学校统一进行九年级学生质量监测，教师统一评卷。

【组织评选表彰工作】 7 月 15 日，组织 2012—2013 年度沈阳市民办教育优秀学校、优秀校长、先进工作者、先进教师评选表彰工作。评选优秀学校 173 所，优秀校长（园长）127 人，先进教师 192 人，先进工作者 123 人。在沈阳市总工会教科文卫工会在开展的“教书育人，管理育人，服务育人”先进个人评选活动中，协会推荐的两位校长和一位教师均获得荣誉。

【举办投融资业务公益培训会】 10 月 9 日，市民办教育协会和《华商晨报》举办的辽宁（沈阳）民办教育机构投融资业务及知识产权法律风险防控公益培训会。从金融知识和法律层面，对教育投资问题进行常识性普及。全市民办中小学、职业中专和培训机构 60 余人参加活动。

【举办幼儿园意外事故处理讲座】 11 月 14 日，在市飞跃教育培训学校举办幼儿园意外事故及纠纷的危机处理讲座。邀请沈阳市小哈津教育集团董事长潘卫东、辽宁申扬律师事务所律师姚婧，为全市民办幼儿园作题为《幼儿园意外事故及纠纷的危机处理》讲座。200 人参会。

【召开基础教育专业委员会年会】 11 月 27 日，在市绿岛学校召开民办协会第八次基础教育专业委员会年会。上一届轮值主席学校市尚品学校总结工作，并与新轮值主席学校市绿岛学校举行交接仪式；召开民办初高中校长会，通报民办学校 2014 年中高考情况，制定 2015 年活动内容；邀请沈阳市教育研究院李天舟以《找准位置，分析现状，寻求突破——2014 年民办学校中考数据引发的思考》为题作讲座。近 200 人参加活动。

【获评 5A 级行业协会】 年底，在沈阳市行业协会商会评估中获评 5A 级行业协会。协会向沈阳市民间组织管理局递交《社会组织评估申报表》，按照《沈阳市行业协会商会评估材料目录》，整理完善相关文件资料。11 月 6 日，由民政局组织的评估小组，对协会进行现场检查评估，通过听取工作汇报、查看资料，对协会取得的成绩给予肯定。协会于年底获评 5A 级行业协会。

（杨　松）

学前教育

XUEQIAN JIAOYU

学前教育

2014年，沈阳市有幼儿园1157所，其中公办幼儿园309所、民办幼儿园848所，在园儿童约152669人，教职工20191人，学前3年儿童毛入园率为94.1%。全市学前教育工作以落实市人大《关于加快推进沈阳市学前教育发展的议案》为抓手，以加快学前教育立法为突破点，推进沈阳市学前教育健康发展。

增加学前教育资源。2014年，继续落实学前教育三年学位扩增计划，全市通过多渠道扩大学前教育学位，通过新建、扩建公办幼儿园、接收小区配套幼儿园、审批民办幼儿园等途径，扩增学前教育学位1万余个，入园率比2013年提高5.3个百分点，进一步缓解“入园难”的问题。全年新建、改扩建和综合改造幼儿园100所。

建立学前教育财政保障机制。2014年，累计投入学前教育专项资金约4亿余元，包括办实事项目建设经费、学前教育奖补资金、特殊群体入园资助、教师队伍培训经费以及设备配备经费等，涵盖国家要求的“四大类”项目，财政性学前教育经费占财政性教育经费比例逐步提高。

提高学前教育奖励补助标准。2014年，市政府继续对提供普惠性服务的公办和民办幼儿园实施奖励补助，并于下半年，将奖补标准由原来的每生每月100元，调整为每生每月200元，全年计入奖补的儿童数约7万人，比2013年增加一倍，该项政策为逐步建立政府、家庭合理分担办园成本机制奠定基础。

加强师资队伍建设。2014年，继续采取“点面结合”的方式加强队伍建设。遴选17名园长工作站主持人，以“点对点”的方式，提升跟岗园长和教师素质，85所幼儿园受益；委派147名专家资源库成员担任保育教育工作视教员，每人承担帮扶本区一所薄弱幼儿园任务，进行“一对一”跟踪式业务指导；开展保育员、骨干园长、教师培训和园长任职资格培训，举办幼儿教师教学基本功大赛等。组织开展第三届沈阳市幼儿园自制玩教具展评活动，在辽宁省第三届幼儿园自制玩教具比赛中，沈阳市获团体第一名，6件作品在国家比赛中获奖，其中一等奖1件、二等奖3件、三等奖2件。

提升幼儿园办园质量。按照《辽宁省幼儿园评估定级标准》，开展全市幼儿园评估定级工作，在各区、县（市）完成三星级及以下幼儿园评估定级基础上，组织专家完成四星级以上幼儿园评估工作。以落实教育部《3—6岁儿童学习与发展指南》为契机，通过行政推动、科研引领、专家指导、典型示范等途径，加大防止和纠正“小学化”倾向的工作力度。

推进学前教育立法。2014年，启动《沈阳市学前教育条例》立法工作，组建立法调研起草小组，召开园长、教师、社会、家长等不同层面代表参加的座谈会、研讨会，广泛听取意见。10月29日《沈阳市学前教育条例》由市第十五届人大常委会第十三次会议通过，并于11月27日由省第十二届人大常委会第十四次会议批准，自2015年1月1日起正式实施。该条例填补沈阳市学前教育立法空白。

（董素靖　段志慧）

幼儿园

中国人民解放军第202医院幼儿园

【概 况】 中国人民解放军第202医院幼儿园隶属于中国人民解放军第202医院。2014年，占地面积2800平方米，建筑面积2600平方米，户外场地面积2087平方米。图书馆藏书2万册。固定资产总值386.7万元。全年教育经费投入640.8万元，其中，国家拨款59.8万元、自筹经费541.9万元。毕业103人；招生110人；在校幼儿300人，开设大、中、小、托共12个教学班。有教职工70人，包括专任教师37人，其中，具有副高级职称1人、中级职称8人；市级学科带头人3人、市级骨干教师3人；大学本科以上学历21人。大专学历16人。

【召开亲子运动会】 4月26日，召开“运动健康、快乐成长”亲子运动会。活动分为开幕式、技能展示篇、亲子游戏篇、家园共舞篇。师生及家长约800人参与活动。

【开展庆“六一”活动】 6月1日，开展庆“六一”活动。活动分为托班、小班和中大班三个专场，包括亲子艺术创作、创意美术展、木偶剧欣赏环节，带给幼儿节日的欢乐和智慧的启迪。

【进行教师基本功考核】 7月28日，进行教师基本功考核。考核分说课、边弹边唱、泥工、玩教具制作、讲故事、即兴舞蹈、儿童舞创编七项内容，26名教师参与，评委结合教师平时工作的状态、业绩及基本功成绩进行薪酬分配。

【接待参观交流】 10月11日，沈阳市王素梅园长工作站及其对接幼儿园、皇姑区园长训练营到园进行交流活动。该园从精细管理、教育教学、园所文化、家园共育方面介绍办园特色，教师进行体育活动示范，组织教师围绕体育活动示范课开展教研活动。

【开展教师思想教育活动】 10月16日，组织教师开展“解读弟子规——厚德 至孝 重学”思想教育活动。为教师解读《弟子规》，组织观看《众里寻你——2014中国最孝少年》故事并进行观后感分享。参与者40余人。

（姚俊峰）

沈河区教育局幼儿园

【概 况】 2014年，沈河区教育局幼儿园成立，该园是教育局直属公办幼儿园，位于沈河区万泉街惠民馨苑园区内，占地面积2700平方米，建筑面积1780平方米，内设6个教学班，提供180个学位。园内建有多功能文体音乐厅及图书阅览室、生活体验馆等专用教室，班班配备电脑触控一体机电教设备。教师均毕业于学前教育专业院校，每班配有专业幼儿教师3人，提供“保教一体”服务，招收3—6岁幼儿。

【园区基础设施建设】 沈河区教育局幼儿园是市政府办实事项目，作为惠民馨苑小区配套设施，6月中旬正式移交给沈河区教育局无偿使用。6月—12月进行装修。市区先后投入300万元，用于内部装修改造及购买先进的设施设备，例如钢琴、多媒体电脑触控一体机、户外大型活动玩具等。

【区领导到园调研】 10月，沈河区人大副主任王敬党、沈河区副区长董雪峰等视察幼儿园建设工程进展情况，询问工期，勘查各个楼层，并听取幼儿园现状和发展方向、工程进展情况工作汇报及相关意见。

【迎接市政府绩效考评检查】 11月，市政府督查室、市教育局绩效考评办到幼儿园，检查项目进展情况。幼儿园从幼儿园硬件建设、安全卫生、师资培训等方面介绍工作开展情况；检查组实地考察幼儿园的现状，并详细询问幼儿园在工作中所遇到的困难和问题，对幼儿园的各项工作给予肯定，并表示将加大力度帮助解决幼儿园发展实际困难。

【教师招聘及培训工作】 9月—12月，通过网络与学校招聘会的方式招聘教师，均为学前教育大专以上学历。对每位教师进行基本功、环境创设、家长工作、幼儿一日生活保教流程等专业培训。同时，组织全体教师学习《幼儿园教育指导纲要》《幼儿园工作规程》《幼儿园教师专业标准（试行）》《3—6岁儿童学习与发展指南》，为正式开园做好准备。

【做好幼儿园招生工作】 12月，幼儿园各项工作准备完善，开始招生，截至12月末，陆续接收65名幼儿报名。

（文碧桂　郭海波）

铁西区实验幼儿园

【概　况】 2014年，铁西区实验幼儿园包含实验幼儿园和繁荣里实验幼儿园2个校区，共18个教学班，100名教职工。专任教师专科以上学历达到100%，本科及以上学历达29%。2014年，有市骨干教师1人，区教育专家1人，区优秀教师1人，区骨干教师2人，被省教育厅评为辽宁省五星级幼儿园。

【开展0—3岁社区亲子活动】 5月16日，邀请勋望社区0—3岁亲子参与首届游戏节活动。幼儿园教师指导社区幼儿和家长与该园孩子们一起游戏。活动实行混龄方式，以互动为核心，以建立和谐、融洽的亲子情感为目标，让家长融入课堂，把亲子教育延伸到家庭教育中，实现“以游戏为契机，关注幼儿多元发展”的活动目标。

【开展家长学校系列活动】 11月25日—26日，开展《跳婚姻的双人舞》公益讲座。通过案例分析、家长互动，让家长了解夫妻关系对孩子的影响，提升家长家教能力。

【迎接五星级评估定级检查】 2月9日，省市幼儿园定级评估组对铁西区实验幼儿园进行五星级幼儿园评估检查。检查组先后检查教育装备、教育管理、卫生保健等工作，对幼儿园环境创设、教育活动和卫生保健工作给予高度评价，并针对区域设置、教师教研培训等工作提出意见和建议。

【开展触摸秋天的色彩主题系列活动】 10月1日—31日，开展“触摸秋天的色彩”系列活动。小班以“树叶飘飘”为主题，组织学生收集各种树叶进行拓展装饰；中班以“我们的树朋友”为主题，组织收集树枝进行创作；大班的主题是“丰收的季节”，收集干果、粮食、栗子、苞米、南瓜子等制作工艺品。

（杨继天）

浑南区花语幼儿园

【概 况】 2014年，浑南新区花语幼儿园占地面积8100平方米。固定资产总值2733万元。全年教育经费投入202万元。园内设有舞蹈教室、美术教室、感统训练室、体能教室等专用教室及电教设备。幼儿园开设教学班7个，其中，大班1个，中班1个，小班3个，托班2个。招收2.5—6岁幼儿。有教职工50人，其中，教师24人，教师中100%具有大专以上学历；行政人员6人，均为大专以上学历。全年在园幼儿141人，入园幼儿141人，离园幼儿12人。

【浑南花语幼儿园正式开园】 3月3日，浑南花语幼儿园正式开园，迎来第一批幼儿68人，开设大班1个，中班1个，小班1个，托班3个。

【开展亲子玩教具展评活动】 5月23日，开展亲子玩教具展评活动。活动以各班为单位，采用自制玩教具比赛方式，设立玩教具制作最佳创意奖、优秀作品奖等项目。全园幼儿80人报名参加比赛，20人获奖。

【举办迎端午活动】 5月30日，举办“庆六一、迎端午，开心过个中国节”活动。活动采用幼儿现场制作方式，设立制作五彩绳、碰鸡蛋、画脸谱、包粽子四个项目，教师36人参加活动。沈阳电视台对活动进行新闻报道。

【通过市定级评估检查】 7月3日，通过沈阳市幼儿园评估定级评估检查。检查组通过查阅档案材料、现场听课、实地考察，对幼儿园办学条件、办学水平、师资情况进行全方位考核，并就幼儿园管理、教育教学、设施设备三个方面提出合理建议。

【亲子趣味运动会】 9月30日，举行“我健康、我快乐”第一届亲子趣味运动会。活动以各年级组为单位，采用集体赛和个人赛形式，设立趣味接力、手足情深、跳圈接力、宝贝新娘、齐心协力、钻城门、完美接力组合、抢占海滩等比赛项目。教师、幼儿及家长368人参加活动。

【承办浑南区幼儿教师基本功大赛】 10月16日，浑南区幼儿教师基本功大赛在园举行。比赛设现场幼教理论考试、命题画、玩教具制作、讲故事、边弹边唱、舞蹈六个比赛项目，来自全区各幼儿园的100名优秀教师参加比赛。

（何　钰）

于洪区东平湖街第一小学幼儿园

【概　况】 2014年，于洪区东平湖街第一小学幼儿园占地面积5000平方米，建筑面积2602平方米，建有社会生活体验馆、美术小屋、舞蹈室、计算机教室、多功能活动大厅。开设教学班10个，其中，大班6个，中班3个，小班1个。在园幼儿303人，教职工29人，其中，专任教师16人；专任教师大专以上学历达到100%，中学高级教师1人。

【开展保教培训活动】 3月6日，开展“让保教队伍亮起来”为主题的专题培训活动。培训采取集中培训、小组座谈研讨、交流工作心得的方式进行，10名保育员参加，并合作制定保育工作方案。

【开展妇女节教育活动】 3月8日，开展“妈妈是我的港湾”主题教育活动。幼儿在教师的帮助和指导下利用彩色卡纸、彩纸、彩笔等制作“爱心贺卡”送给妈妈，开展“献给妈妈的吻”系列感恩活动。

【开展儿童节活动】 5月30日，举行“六月是我的童话”儿童节庆祝活动。小班幼儿表演《我是小小歌唱家》《儿歌串烧》等节目；中班幼儿进行个人才艺表演；大班幼儿创作大型美术作品《我的童话世界》。全体幼儿园教师、幼儿及部分家长600人参加活动。

【开展安全疏散演练】 6月20日，开展以防震、防火为主题的安全疏散演练活动。活动前，对幼儿提出演练要求、讲解逃生方法。演练中，教师组织幼儿安全、有序、快速疏散到操场安全地带。

【迎接市幼儿园评估定级组检查】 7月8日，沈阳市幼儿园评估定级检查组对该幼儿园进行检查。检查组听取工作汇报、实地查看、查阅档案资料、并与家长和教师进行座谈。检查组对园内文化、内涵建设、教师教研和幼儿活动等给予肯定并提出建议。

【开展教师公开课评优活动】 11月，组织开展教师公开课评优活动。采取自愿申报、大众点评的方式进行，10名教师参与评选，《可爱的小青蛙》《和老师去旅行》《小兔蹦蹦跳》《黑猫警长》《喜洋洋》五节活动课被评为园内优秀课。

【召开家长委员会会议】 12月4日，该园召开“温暖、希望、力量的源泉”家长委员会会议。组织家长参观幼儿园、观看孩子游戏活动，召开座谈会，并以书信方式与家长作深层次交流。20名家长代表就幼儿园管理、教学、保育等工作提出意见和建议。

【举办迎元旦联欢活动】 12月29日—31日，举办“让我们的爱滋润孩子的未来”元旦联欢活动。大班幼儿表演英文歌曲串烧、环保时装秀、大合唱等集体节目；中班幼儿表演新年祝愿等文艺节目；小班开展亲子活动“包饺子”。教师、幼儿及家长600人参加活动。

（潘　璐）

沈北新区第一幼儿园

【概　况】 2014年，沈北新区第一幼儿园占地面积22114平方米，建筑面积4483平方米，室外活动场地面积11156平方米。有教职工61人，学历合格率100%，教师持证上岗率100%，市级骨干教师3人，区级骨干教师1人。班级设为“三教轮保”保教模式，开设托、小、中、大四个班型共10个班级，有2.5—6周岁适龄幼儿200余名。设有多功能活动厅、爱迪生科学实验室、绘本屋、娃娃社会实践室、室内外淘气堡、体能训练营等活动场所。活动室有独立盥洗室、卫生间、淋浴间，并配有钢琴、电脑、液晶电视等。

【培训新教师】 3月，幼儿园对新招聘30名幼儿教师进行培训。培训内容包括专业知识及“说、画、唱、跳”等幼教专业技能。同时，通过观摩课，研讨会等形式，对教师进行实践培训，促进新教师业务水平与能力提高。

【开展党的群众路线实践活动】 4月—12月，开展党的群众路线教育实践活动。制定党的群众路线教育实践活动实施方案，召开动员大会，全园35人参加。活动包括制定活动计划、组织全体党员集中观影，梳理党员领导干部个人整改清单并召开民主生活会。

【组织区域活动创设评比】 7月28日—29日，组织教师进行区域活动创设评比。活动以班级为单位，以设置好区域为游戏场地，从界限分明、标识醒目、动手性强、与年龄段相符等方面进行评比。区域活动创设丰富幼儿园教育教学手段，激发幼儿游戏兴趣，并在互相观摩中开拓教师思路。参加活动教师30人。

【召开膳食管理委员会会议】 10月9日，召开新园址第一次“膳食管理委员会”会议。保健医向家长介绍幼儿园健康饮食配制原则，幼儿园伙食账专款专用，保证幼儿膳食营养及需求量，公开幼儿园食谱，食材采购地。会后带领家长参观食堂，并详细介绍食堂每个部门具体工作。参加会议领导、教师与家长代表18人。

【召开家长会】 11月6日，召开全园家长会。会议向家长公布幼儿园教职工分工、教师工作内容，向家长说明幼儿园工作需要改进地方，强调了家园共育必要性，传授育儿方法。同时，向家长征求对幼儿园工作意见与建议。有192名家长参加会议。

【承办区幼儿教师基本功大赛】 11月17日，

承办沈北新区第二届幼儿教师基本功大赛。比赛分为绘画、舞蹈、弹唱、讲故事四项内容。评委由教育局、教师学校、幼儿园三个部门领导担任，对每位教师各项基本功展示进行打分，评出一等奖 3 人，二等奖 5 人。本园派出三名教师参赛，均获得一等奖，来自 30 所幼儿园 87 名幼儿教师参加活动。

【举办自理能力比赛】 11 月 20 日，举办幼儿自理能力比赛。比赛以班级为单位，分年龄组进行，每个班级派出三名自理能力小能手参赛，比赛包括叠被子、穿裤子、穿鞋子、穿外套四项内容。每个年龄组评出冠军、亚军和季军，全园 230 余名师生参加活动。

【迎接强区档案资料检查】 12 月 9 日，迎接辽宁省基础教育“创强”审核评估组检查。评估组查阅强区档案资料，现场查看园内场地设施及幼儿学习、活动情况，并对幼儿园情况进行询问。园长向调研组汇报幼儿园基本情况、近期取得成绩以及幼儿园在发展中所面临问题和改进方法。评估组对幼儿园规范化管理和取得成绩给予肯定，并对园所环境、园所文化方面给予指导。

【举办迎新年联欢会】 12 月 31 日，举办迎新年联欢会。联欢会以班级为单位并邀请家长参加，由班主任组织。其中，大一班女生表演舞蹈、中班游戏《传帽子》、小班亲子歌曲《爸爸去哪儿》，幼儿园最小的托班宝宝表演蹦蹦跳跳。参加联欢会教师、家长和幼儿 480 人。

（翟　婧）

苏家屯区实验幼儿园

【概　况】 2014 年，苏家屯区实验幼儿园占地面积 6339 平方米，建筑面积 4720 平方米，操场面积 2820 平方米。固定资产总值 679.2 万元，其中本年增加 38.3 万元。全年教育经费投入 523.4 万元，其中，国家财政拨款 320.5 万元，自筹经费 202.9 万元。幼儿园改造款 157 万元，碧桂园分园工程款 9 万元。机构编制 41 人，教职员工 62 人，其中正式职工 34 人，临时工 28 人，专任教师 31 人。专科学历 24 人，本科学历 18 人，市级骨干教师 9 人，区级骨干教师 4 人。开设 10 个教学班，其中小班 3 个，中班 3 个，大班 4 个。专项活动室 5 个。全园有 272 名幼儿，毕业幼儿 58 名。

【迎接市区联合指导】 3 月 26 日，市教育研究院来园指导工作。指导组查看幼儿园功能室、各班活动区，观看教师吴飞组织的集中教育活动“图示展览会”，组织座谈会，对幼儿园整体环境和班级区角建设方面提出意见。

【成立实验幼儿园碧桂园分园】 3 月，实验幼儿园碧桂园分园正式成立。幼儿园与沈阳浑南新区碧桂园房地产开发有限公司签订小区配套幼儿园移交合同，确定碧桂园小区配套幼儿园产权由沈阳浑南新区碧桂园房地产开发有限公司所有，无偿交付实验幼儿园，作为碧桂园分园永久使用，命名为“实验幼儿园碧桂园分园”。占地面积5764.6平方米，建筑面积3091.5平方米。4月—11月，由市政府出资296万元、区政府招标对分园进行整体室内外园舍装修。12月15日，分园开始接收新入园幼儿，正式投入使用。

【承办区观摩研讨会】 4月25日，承办区幼教科学观摩研讨会。与会者对实验幼儿园两位教师组织的区域活动和科学活动进行观摩和研讨，对幼儿探究性学习方式给予肯定，来自区内30所幼儿园的52名教师参加会议。

【举办庆“六一”活动】 5月23日—30日，举办“快乐六一周，阳光下的孩子”庆“六一”系列活动。活动分为四部分：幼儿作品展，百名幼儿绘长卷活动，“运动、健康、我快乐”健康走活动，“阳光下的孩子”文艺演出。

【成立实验幼教集团园】 5月26日，召开实验幼教集团成立大会。区教育局相关领导及集团内部分教师参加会议。会议宣读、讨论并通过《实验幼教集团工作方案》《实验幼教集团章程》《实验幼教集团协议书》，并颁发实验幼教集团牌匾七块。

【开展安全教案展评活动】 5月29日，组织全体教师开展安全教案展评活动。以园长为组长的评比小组对教师设计的36篇安全教案进行评审，评出一等奖4篇、二等奖12篇、三等奖24篇并展出，作为园本课程使用。

【通过省四星级幼儿园评估】 6月4日，市教育局一行七人到园进行辽宁省四星级幼儿园评估定级检查工作。分成办园条件、园所管理、教科研三个小组，分别以现场查看、查阅资料、电话核实、问卷测试调查方式进行，幼儿园顺利通过评估检查。

【开展园长工作站培训】 6月11日，“毕春晖园长工作站”正式启动。由园长毕春晖和幼儿园资深教师组成的培训团队负责具体实施。入站学员为辽中县的肖寨门、满都户、刘二堡、养士堡、六间房五所幼儿园园长和10名骨干教师。培训时间为25天，其中暑假集中培训10天。培训内容包括专题讲座、观摩研讨、实践操作、论坛交流、跟岗指导五种形式18个专题，共200课时。

【迎接青海幼儿园参观】 6月16日—20日，青海市平安县中心幼儿园到园参观学习。参观园所环境、观摩践行幼教指南教研活动、与园长及教师座谈，学习幼儿园教学制度、幼儿个案观察记录方法和教师业务考核细则。

【迎接省五星级幼儿园评定工作】 12月10日，辽宁省教育厅检查组一行五人到园进行五星级幼儿园评定检查。检查组以实地查看、查阅资料、调查了解三种方式进行检查，对幼儿园硬件设施、玩教具投放提出高标准要求。

（沈　丹）

新民市法哈牛镇中心幼儿园

【概　况】 2014年，新民市法哈牛镇中心幼儿园占地面积4000平方米。固定资产总值

575 万元。全年教育经费投入 328 万元，其中国家拨款 68 万元，自筹 260 万元。园内建有 14 个活动室、1 个多功能室、8 个办公室、1 个保健室、3 个幼儿独立卫生间、4 个教师卫生间及 1 个厨房。活动室及多功能室内有电教设备。幼儿园开设教学班 14 个，其中，大班 6 个，中班 4 个，小班 3 个，托班 1 个。招收 2.5—6 岁幼儿。有教职工 39 人，其中专任教师 26 人，专任教师中 26% 具有大专学历，46% 大专在读，19% 中师学历。工勤人员 10 人。全年在园幼儿 450 人，入园幼儿 310 人，离园幼儿 150 人。

【开展拜师结对仪式活动】 3 月，开展“互帮互助，共同成长”为主题的新老教师拜师结对活动。有 10 对新老教师结成对子，并签订师徒协议书，老教师根据新任教师的不同特点，在班级管理、课题研究、设计活动方案、论文撰写四方面进行针对性指导，发挥园骨干教师的模范带头作用。有 24 位教师参加活动。

【举办中小班手指操特色课展示活动】 4 月，举办中小班手指操特色课展示活动。活动以班级为单位，以手指操表演的形式展示幼儿左右脑协调能力，小班展示《一家人》《小雨伞》《猫警长》等手指操；中班展示《五官歌》《小蚂蚁》《我有一只小毛驴》《爱妈妈》等。活动全程录像，刻录光盘免费赠送幼儿家长，活动得到家长的认可与称赞。有七个班级参加活动，参与活动的幼儿和教师 240 人。

【召开家园合作家长会】 5 月，召开家园合作家庭知识讲座。聘请沈阳市爱婴教育咨询有限公司导师，就家长如何配合幼儿园做好防止“小学化”倾向、培养良好生活习惯、与教师进行有效沟通、发挥家长榜样作用进行细致讲解，并现场模拟表演。幼儿园家长代表讲话。学校解读幼儿园的办园宗旨、办园目标。教师和家长共 224 人参加会议。

【开展教师培训活动】 7 月，开展“提升教师自身素质，与家长融洽沟通”教师培训活动。幼儿园就提高幼儿教师自身素质、与家长换位思考、与家长的沟通技巧三方面进行讲解。教师通过开展与家长现阶段的关系状况等方面的调研，研究适合本班情况的育儿方法和沟通方式。27 名教师参加培训活动。

【举办大班毕业典礼活动】 8 月，举办幼儿园大班毕业典礼活动。大班幼儿表演《男儿当志强》《快乐的跳吧》《左手右手》《音乐宝贝》舞蹈，并向家长展示幼儿绘画作品，园长为毕业幼儿颁发毕业证书，大班幼儿与教师互赠留言。教师、幼儿及家长共 374 人参加活动。

【举办迎国庆幼儿教师书画比赛】 9 月，举办迎国庆幼儿教师书画比赛。幼儿园出台比赛方案，规定比赛的参赛内容、书画形式、比赛时间、参赛教师条件及用品准备等，采用现场绘制形式，设立现场书写绘画、作品意图介绍两个环节，由评审组和参赛教师一起进行评比打分，并进行现场亮分，评出一等奖 1 名，二等奖 3 名，三等奖 5 名。获奖作品在幼儿园进行展览。27 名教师参加活动。

【参加东南学区半日观摩活动】 10 月，参加由新民市教育局举办的东南学区半日观摩活动。幼儿园作《多种多样的谷类》《神奇的叶子》《小兔乖乖》观摩展示。来自新民市教育局和教师进修学校的领导，东南学区公办园、个体园园长及教师 74 人参加。

【市园长工作站优秀半日活动获奖】 11 月，教师关丽坤、苏瑶代表法哈牛中心园参评沈阳市园长工作站优秀半日活动，荣获三等奖。参评活动有晨间活动开放美工区、建构区、语言区，教学活动为《尾巴的妙用》，户外游戏活动《小猴摘桃子》。

【举办迎新年庆祝活动】 12 月，举办迎新年庆祝活动。活动以班级为单位，小班幼儿与家长开展看谁摞得高、网小鱼、过独木桥、传球亲子游戏活动；中班幼儿表演手指韵律操、民族舞蹈、幼儿律动节目；大班幼儿表演诗朗诵、猜谜语、幼儿律动操、新年祝愿活动；幼儿园向幼儿赠送新年礼物。该园教师、幼儿及家长共 656 人参加活动。

（马　璇）

义务教育

YIWU JIAOYU

义务教育

2014年，沈阳市有义务教育学校523所，其中普通初中212所，普通小学295所，工读学校1所，特殊教育学校15所。在校学生520821人（普通初中169711人，普通小学351110人）。教职工44780人，其中专任教师37106人。年内，围绕沈阳市义务教育优质均衡发展核心目标，推进百所提升校工程，全面深化课程改革，实施就近入学政策，支持义务教育教育集团化向纵深发展。

做好百所学校提升工程。3月，召开全市2014年提升学校工作会议，全市提升工程项目学校数量达到283所。各区县（市）进一步完善本区域提升工作实施方案；学校对提升计划进行设计和修改，经区县（市）教育局审核，形成提升学校发展三年行动计划。9月18日—28日，在上海交通大学开展第三批百所提升学校校长高端培训。10月10日—18日，在北京大学举行第二批百所提升学校校长高端培训。

推进义务教育课程建设。编制完成《综合实践活动课程整合方案》和《实施标准》，建设14个素质教育综合实践基地，在全市义务教育学校全面开设综合实践类课程。组织课程专家、科研人员和一线教师，编制出台《沈阳市中小学学业质量评价标准》。1月，在省首届中小学优秀校本课程征集评选活动中，皇姑区童晖小学等七所小学、市一二七中学等两所初中获一等奖；和平区南京一校等七所小学、市一三六中学等六所初中获二等奖；和平区望湖路小学等九所小学、市回族初级中学等三所初中获三等奖。

做好义务教育招生工作。根据教育部和省教育厅工作要求及部署，沈阳市科学制定义务教育招生工作方案，全面部署免试就近入学工作，召开新闻媒体说明会，向社会宣传免试就近入学政策。采取“单校就近划片”方式，严格实行“一人一籍、籍随人走”，为每一所学校合理确定招生范围，严禁跨区招生。各区县（市）结合根据本地适龄学生人数，结合学校分布、学校规模、师生配置和交通状况等因素，科学合理制定本地区学区划分实施方案，并将学区划分方案和招生计划通过网站、报纸等媒体向社会进行公布。在沈务工人员子女享有公办学校学位的权利，和本地孩子一起进行“阳光分班”。对随迁子女集中的地方，采取扩大学校容量，增加学位的办法，满足务工人员子女入学需求。连续三年在全市中小学初始年级中实行“阳光分班”。2014年，沈阳市有小学新生60719人、初中新生45622人参加“阳光分班”。

启动标准化学校及数字校园建设。2014年，按照省教育厅《关于进一步加强义务教育学校标准化建设工作的通知》要求，沈阳市启动并完成110所标准化学校建设任务；启动中小学数字校园建设，并列入政府办实事项目中，围绕基础设施、应用服务、教师信息化能力、学校信息化发展等方面，全面提升中小学教育信息化水平，全年共投入9000万元，建成310所数字校园一星级以上标准学校。

（葛　超）

小　学

和平区四经街第一小学

【概　况】　2014年，沈阳市和平区四经街第一小学占地面积25803平方米，建筑面积39306平方米，体育场（馆）面积10412平方米。图书馆藏书6万册。固定资产总值934万元。毕业100人，招生120人，在校生650人。开设教学班26个。有教职工102人，包括专任教师64人，其中，具有副高级职称5人、中级职称94人；市级骨干教师8人；大学本科以上学历63人。普通教室26个，专用教室17个，实验室1个。

【成为游戏化教学项目实验点校】　4月3日，举办市教育研究院游戏化教学项目实验点校启动仪式。项目组负责人侯明飞宣布定点实验校命名决定，为全校教师做启动培训。当天，17个实验班数字游戏的特色校本课程开课。

【举办“成长嘉年华”系列活动】　5月9日—31日，以“成长嘉年华”为主题，开展系列学生活动。大课间活动，呈现高年级学生的“阳光一小时”体育锻炼形式；“我爱我校”小小解说员比赛，介绍校园文化，培养学生的表达能力；“淘理汇”活动，全校学生拿出自己的玩具、书籍或创意手工作品与同学交换，传递环保意识；“成长之夜”庆六一演出，用歌舞的形式庆祝节日。

【评为省中小学图书馆示范校】　7月8日，学校被辽宁省教育厅评为辽宁省中小学图书馆示范校。学校图书馆总建筑面积300余平方米，分为阅览室、藏书室、借阅室和书吧，藏书6万余册。图书馆设专职管理员，每天接待学生读者上百人次。通过开展“图书漂流”“新书推介”“读书达人会”系列活动，创造更多阅读机会，营造良好读书氛围，培养学生的阅读习惯。

【邀请美国物理学家上课】　7月17日，来沈阳探亲的美国国家物理实验室——费米实验室的物理学家李友为全校学生上一节科普课。通过课件模拟，实验演示使学生了解失重条件下物体运动的特点、液体的表面张力作用，加深对质量、重量以及牛顿定律概念的理解。

（姚俊峰）

沈河区文萃小学

【概　况】　2014年，沈河区文萃小学占地面积12213.8平方米，建筑面积15481.95平方米。图书馆藏书59494册。固定资产总值866万元。全年教育经费投入968万元。有31个教学班，1088名学生，教职工88人，包括专任教师77人，具有副高级职称2人，中级职称78人；市级学科带头人1人，省级骨干教师2人，市级骨干教师8人；研究生学历2人，大学本科学历的教师54人，专科学历32人。有教室31个，专用教室15个，实验室3个。

【推进教育科研工作】 3月20日，沈河区教师学校对学校申报“十百千工程”和各级课题的开展情况作指导。学校就申报的“百项办学特色”，从创建背景、对特色理念理解、具体操作过程及达成效果与作用进行汇报。科研部分别就学校“十百千工程”和市区级课题研究工作进行面对面指导。

【开展日常行为拍摄活动】 4月—6月，面向全校学生以“好习惯伴我成长”为主题，以“美丽学生”为标准，开展日常行为拍摄记录活动。6月，进行“我的美丽姿态”年组汇报交流。

【参加互动课堂教学展示课】 5月12日，在2014年新媒体新技术教学应用研讨会暨第七届全国中小学互动课堂教学实践观摩活动教学课评比中，学校教师执教的《Colours》《爱斯基摩人》荣获三等奖。

【参加市合唱与指挥大赛夺冠】 5月28日，2014沈阳市中小学音乐教师合唱指挥大赛在校举行。学校代表队以合唱作品《读书郎》和指挥作品《瑞士舞曲》，夺得小学组第一名。

【召开教研日活动推进会】 9月3日，召开“构筑美丽课堂 彰显课改新绿”教研日活动推进会。会议对上半年教研工作进行回顾，宣布上学期参加教研日展示活动的获奖教师和团队名单，并向获奖教师赠书。会议就本学期品牌教研日活动具体要求进行解读，强调继续以“教研日”活动为载体推进课堂教学改革。

【迎接国家义务教育发展基本均衡区督导组检查】 9月26日，国家督导组及市、区领导到校进行督导检查。督导组实地察看学校图书馆、心理咨询室、安防监控室及科学、音、美、书法、计算机等专业教室对学校以“挥翰墨、沁书香、博器乐、乐球毽”为特色发展走向，开发打击乐校本课程给予高度评价。

【召开课改推进研讨会】 10月29日，召开课改推进研讨会，围绕语文学科“读写结合每课必践行”和数学学科“基于新教材变化把控使用教材”两个研讨主题，推出五节示范课。课后以示范课为例展示教学研讨。

【参加区中小学生排球比赛夺冠】 11月30日，在沈河区中小学生排球比赛中，学校男、女排球队夺得小学组男女队双冠王。排球运动是学校的校园体育特色项目。学校形成“千人排球大课间”“一至六年特色排球课堂教学”“校园精品排球联赛”等一系列的校园特色体育活动。

【开展综合素质学科整合动态评价】 12月26日，开展“学府润童心、真趣艺展飞”一年级综合素质动态评价。内容包括语文、英语、音乐三个学科教学内容中的必背课文、英文儿歌和音乐必唱曲目等，以班级为单位展示、个人展示和集体展示相结合。

【召开新年音乐会】 12月30日，举行“童真绽放，童心飞扬”第三届迎新年音乐会。音乐会由音乐之美、音乐之魂、音乐之舞三个篇章组成，表演非洲鼓乐团的新作《传奇》、民族鼓齐奏《龙腾虎跃》、架子鼓配乐《我是冠军》、马林巴重奏《瑶族舞曲》等节目。辽宁电视台、《沈阳晚报》等多家媒体对活动进行全程报道。

（文碧桂　刘祺臻）

铁西区应昌街小学

【概　况】 2014年，铁西区应昌街小学占地面积5028平方米，建筑面积8550平方米，拥有阅览厅、美术厅、冲浪厅、电视台、音乐厅、舞蹈厅、多功能演播厅。图书馆藏书43928册，电子图书三万余册。学校有38个教学班，教职工94名，其中，市优秀教师3人，市骨干教师6人，区首席教师1人，区学科带头人2人，区名师1人，区教学标兵1人，区级骨干教师31人，国家级优秀课教师4人，省级优秀课教师7人，市级优秀课教师11人。

【承办全国小学英语课程与课堂教学研讨会】 11月8日，全国小学英语课程与课堂教学研讨会在该校召开，学校全体教师参加活动并观看教学大赛，该校教师何汇简执教的三年级《My friends》一课，获全国小学英语说课比赛一等奖。

【校合唱队获得荣誉】 校合唱队先后参加第二届国际儿童艺术节、辽宁省歌满校园合唱艺术展演比赛、建国60周年辽宁电视台的红歌录制和沈阳人民广播电台《歌声与微笑》栏目的录制，荣获沈阳市“童心向党”歌咏大赛获银奖，沈阳市中小学生艺术展演获合唱类一等奖。2014年学校音乐教研组被评为沈阳市十佳教研组，学校被市教育研究院命名为沈阳市小学音乐学科教研基地。

【开展阳光运动主题活动】 9月28日，在棋盘山中华饮食博物馆举办“阳光运动 圆梦童年”主题趣味运动会。运动会变“竞技”为“娱乐”，改“精英展现”为“全员参与”，为广大学生搭建一个参与运动、强身健体、享受快乐的舞台。

【校园音乐剧获全市第一名】 10月24日，学校原创音乐剧《莎莎与卖火柴的小女孩》在沈阳市中小学生艺术展演校园剧专场比赛中获得参赛组第一名，并于年底在沈阳盛京大剧院参加沈阳市新年音乐会演出。

（杨继天）

皇姑区航空实验小学

【概　况】 2014年，皇姑区航空实验小学占地面积23800平方米，建筑面积11073平方米，体育场（馆）面积3540平方米。图书馆藏书3万册。固定资产总值286万元。全年教育经费投入235万元。毕业289人，招生347人，在校生1920人。开设38个教学班。有教职工102人，专任教师80人，其中，具有副高级职称1人、中级职称97人；沈阳市名师2人、市级学科带头人2人、市级骨干教师8人；大学本科以上学历64人。普通教室38个，专用教室10个。4月14日，学校由皇姑区三台子第五小学更名为皇姑区航空实验小学。

【承办皇姑区小学生足球赛】 4月21日，由皇姑区教育局主办，学校承办的皇姑区小学生足球赛冠亚军争夺赛落下帷幕，在历时三天的比赛中，全区八所小学的足球队参赛，学校获冠军。

【获全国航空特色学校示范学校称号】 6月30日，在首届中国航空科普教育大会上，学校被中国航空学会授予首批全国航空特色学校示范学校，全国仅有六所学校获此殊荣，校本教材《翔远的梦》获省级优秀校本教材。

【获教育系统先锋党总支】 学校先后开展“践行师德规范”，争做“四心”教师”“争一流、创佳绩、做表率”等主题教育实践活动，全体党员在工作中公开身份，随时接受教师、家长和学生监督。7月8日，在“永远跟党走”皇姑区教育系统庆祝建党93周年大会上，学校党总支被授予皇姑区教育系统先锋党总支。李倩玲、张海坤等六名教师被授予皇姑区教育系统优秀共产党员。

【举行庆祝建校五十周年活动】 11月12日，学校举行庆祝建校五十周年“校园好声音”歌手比赛，评选15位“校园好声音”歌手和38位“校园好歌手”，《华商晨报》以《冬天不猫冬动起来的孩子才精彩》为题给予报道。

（李　铭）

大东区辽沈街第二小学

【概　况】 2014年，大东区辽沈街第二小学占地面积4663平方米，建筑面积4519平方米。图书馆藏书39237册。在校生1120人，27个教学班。投入资金180.8万元。学校设有音乐、舞蹈、书法、科技、实验、微机、语音、心理专用教室9个。学校在职教师52人，专任教师35人，本科以上学历50人。副高级职称1人，中级职称47人。全国优秀教师1人，沈阳市首席教师1人，沈阳市名师2人。

【接待市科研骨干班学员考察】 3月27日，市教育研究院培训中心教育科研骨干班学员30人到校学习考察。学校以《集学习力之智，构建双快课堂》为题作工作报告，内容包括学校课改的内涵、具体做法和课改反思。学校开放六节课，教师运用思维导图，学生在轻松快乐的状态下完成学习内容。骨干班学员与学校领导进行交流研讨。

【承办全国提升学习力活动】 4月16日，

承办全国“提升中小学生学习力”专题培训和研讨活动。来自北京、南京、张家口、新疆等全国各地的教育同仁120余人参加研讨活动。学校以《构建“双快”课堂，提升学习力》《提升教师学习力是促进学生发展的前提》为题作经验介绍。学生进行《科学阅读》背诵、两分钟速记、成语接龙、利用思维导图列作文提纲等展示。

【参加中央电视台节目录制】 7月10日，中央电视台《异想天开》栏目组来校进行专场节目录制。录制内容为动力传递，学生分小组完成创意设计、实际制作、改装调试、更新改造的全过程，圆满完成四天的录制过程。时长50分钟的节目在中央电视台少儿频道播出。

【承办教学主任管理能力培训活动】 9月4日—5日，承办沈抚新城教学主任管理能力培训跟岗实践活动。市教育研究院培训中心、沈抚新城学校和鞍山新华街小学的领导教师18人参加研讨活动，观摩语文展示课，课后进行研讨。学校作《双快课堂教学模式》《解析学习力课题》《高年级学生能力培养》的讲座，通过互动交流，现场答疑的方式，完成培训任务。

【召开趣味运动会】 9月30日，召开“多彩校园、阳光少年、强健体魄、逐梦扬威”趣味运动会。并参与比赛，设立双腿夹沙包接力跳、拍球、速算、七巧板、定点投准、亲情救护、拔河、集体跳长绳、搬运等单项或集体亲子比赛。比赛项目趣味性强、气氛热烈，学生参与率100%。

【开展大学生志愿者进校园活动】 10月23日，沈阳农业大学韵绿协会环保志愿者走进《绿色小超人》生态道德课堂。授课内容包括健康饮食、水质保护等环保创意课程，指导学生环保习惯。农业大学的学生开放、活泼的教学方式获得广大学生的喜爱。

【开展机器人进课堂活动】 11月6日，沈阳网公益团队携手辽宁交通广播FM98.6的四位主持人与学生同上梦想课堂。课堂上学生以“我心目中的机器人”为主题创作想象画，畅谈心目中机器人的外在和功能，活动创作作品73幅。

【获得全国青少年科技大赛银奖】 学校组织的“正确引导青少年远离智能电子产品的诱惑”活动在全国青少年科技创新大赛上获得优秀科学实践活动银奖。活动历时一年，学生参与率达到100%。学生上交活动作品330件，体会文章210篇，手抄报105份，PPT作品97个，家长感悟56篇。经国家专家组的评审，获得全国银奖。

（苑伟琦）

浑南区第三小学

【概　况】 2014年，浑南区第三小学占地面积16250平方米，建筑面积10917平方米，体育场（馆）面积670平方米。图书馆藏书36541册。固定资产总值793464元。全年教育经费投入490002元，均为国家拨款。在校生754人，毕业生81人，招生148人。开设教学班23个。有教职工64人，包括专任教师51人，其中，具有中学高级职称1人、小学高级职称17人，市级骨干教师9人；大学本科以上学历64人。普通教室24个，专用教室18个。

【召开校园传统游戏体育节】 4月4日—5月4日，召开第二届校园传统游戏体育节。活动设立亲子周、学生周、师生周、教师周四个板块。推出亲子唱《爸爸去哪儿》、师生花样大绳表演、学生武术操表演等文艺节目；两人三足跑、抖空竹、跳房子、滚铁环、打口袋等传统游戏项目。学校师生、家长及糖厂子社区工作人员900人参加活动。

【召开学习力研究展示会】 5月26日，召开全国中小学整改委学习力课题汇报展示会。学校汇报学习力课题研究的具体做法和取得的阶段性成果，学生进行传统游戏九连环、华容道、孔明锁、七巧板、魔方、手影项目的表演，向与会嘉宾赠送现场制作的百家姓、撒金画、百福图等作品。中小学整改委、市区教育局以及外省市学校校长代表210人参加会议。

【开设家长学校课堂】 7月7日，开设“家长学校”课堂。课堂上，家长代表发言交流，总结学期家校活动的所感所得；教师代表展示家长学校微课，通过实例告诉家长如何正确对待孩子的谎言，教授应对技巧。200人参加活动。

【承办“向国旗敬礼”活动启动仪式】 9月19日，承办沈阳市中小学“向国旗敬礼”启动仪式。学校师生面向国旗庄严宣誓，揭开沈阳市中小学“向国旗敬礼”网上签名寄语的序幕。区教育局作表态发言，通过在网上签名寄语、在生活中宣传、在实践中践行的方式引导未成年人增强爱国意识，通过多种渠道对中小学生进行爱国教育。市委宣传部、市教育局、区委宣传部、区教育局及各区文明办代表100人参加。

【举办省级课题开题会】 11月14日，举办省级课题《体育艺术2+1与校本课程相结合的行动研究》开题会。会议推出体育、音乐、美术三节校本课；学校754名学生表演葫芦丝、创意校园集体舞《小苹果》、空竹等项目；体、音、美教师进行技能展示。市内参与课题研究的50所学校教师180人参会。

（狄　冬）

于洪区于洪新城第二小学

【概　况】 2014年，于洪区于洪新城第二小学校占地面积47286平方米，建筑面积9451平方米。体育场馆645.75平方米，图书馆藏书30000册。学校有普通教室24个，专用教室10个，实验室1个，固定资产总值1195783元。有毕业生95人，新招生109人，在校生638人。开设教学班16个。教职工40人，专职教师33人，有高级职称25人，中级职称8人，市级骨干教师2人；大学本科以上学历31人。

【承办生本教育现场会】 3月18日，于洪区生本教育教学现场会在学校举行。会议分教学观摩、课前短训参观和论坛研讨三部分。学校四名教师分别进行《山村的早晨》《舞动的北京》《只拣儿童多处行》《长方体表面积》公开教学；一至六年级学生展示课前短训，五名教师代表参加生本教育实践论坛。学校作经验介绍。

【新建图书馆投入使用】 4月24日，历时三个月，投入12万元新修建的学校图书馆正式投入使用，该图书馆是集阅览、藏书于一体的现代化开放式图书馆，有图书三万册。学校将图书馆命名为"幸福书院"，举行开馆仪式，公布图书馆管理制度，并启动书香校园读书工程。

【举办校园体育节】 4月29日，以"阳光体育，快乐你我"为主题的学校首届体育节开幕。活动期间，638名学生参加队列体操表演，210名学生参加10个田径项目比赛,30名学生表演啦啦操。沈阳工业大学学生自愿者为体育节提供会务服务，并参与学生活动。

【开展儿童节活动】 5月30日，举办"同在一片蓝天下"庆祝"六一"大型活动。此次活动是学校建校以来第一次由学生自主庆祝的大型活动，是学校弘扬传统文化教育系列活动之一。628名学生以课本剧表演和诵读经典形式全部参与演出。于洪区总工会向农民工子弟捐助图书等学习用品。

【举行毕业典礼】 7月10日，举行首次毕业典礼，全校100名学生代表、95名毕业生以及38名教师参加。活动中，三名毕业生代表发言，两名班主任教师作临别寄语，100名学生代表为毕业生佩戴自制的"博士"帽。毕业生与全校教师合影留念。

【生本课改实验校正式挂牌】 9月12日，中国教育学会"生本课改实验校"挂牌仪式在学校举行，学校16个班级展示晨诵训练，两名生本实验教师分别作《山村的早晨》和《孔子》课改汇报课，中国教育学会专家与学校课改实验组进行课改研讨。

【举行孔子诞辰纪念活动】 9月28日，学校举办孔子诞辰纪念活动，向全体师生介绍孔子生平，并为孔子塑像揭幕，638名学生和40名教师列队行礼，学生齐诵《论语十则》，两名教师代表作题为《万世之师》发言。同时，学校向学生发出"经典伴我成长"读书倡议，并向学生推荐必读书目。

【开展诵读经典活动】 10月15日，学校与辽宁省外语协会、沈阳善道集团、沈阳狮子会、小米爱心团队联合举办诵读经典活动启动仪式。活动主题为"开启人生道德寻根之旅，诵读经典，贯通中西文化，外语走进校园"，638名学生齐诵中华经典美文，省外语协会教师作"快乐学英语"现场教学，善道集团向学校赠送1000册《道德经》。

（班富海）

辽中县辽中镇第三小学

【概　况】　2014 年，辽中县辽中镇第三小学占地面积 16305 平方米，教学楼建筑面积 4862 平方米，幼儿园建筑面积 1728 平方米。图书馆面积 450 平方米，体育场面积 11068 平方米。固定资产总值 8791.76 万元。全年教育经费投入 68.5 万元。有普通教室 24 个，专用教室 24 个。在校生 1361 人，毕业 197 人，招生 205 人。有教职工 52 人，中学高级教师职称 5 人，小学高级教师职称 47 人；市级学科带头人 2 人，市骨干教师 13 人，市、县名师 1 人。

【开展艺术教育】　5 月 30 日，举办“我的梦·乘着歌声的翅膀飞翔”校园第七届“红五月”艺术节。9 月 26 日，举办第九届“金十月”体育节暨趣味运动会。学校教师获省、市艺术节优秀指导教师。

【开展德育养成活动】　学校坚持“立德树人”，以德育创新为动力，以行为养成教育为核心，实现“德教一体化”，建立德育管理网络机制，健全德育评价机制。11 月 12 日，学校一名学生荣获辽中县中小学“十佳道德少年”。

【课堂教学改革】　2014 年，学校进一步探索和深化“互助伙伴式”高效课堂教学模式，提高学生自主、合作、探究学习的能力，打造“歌声、掌声、笑声”的三声课堂特色。6 月 26 日，在沈阳市小学课改工作推进会上交流课改经验；7 月 12 日，《中国教师报》报道学校“互助伙伴式”高效课改模式经验。

【创建平安校园】　学校以创建沈阳市“平安和谐校园”为抓手，树立“人人都是安全工作者”的思想，落实创建平安和谐校园实施方案，开展题为“大手牵小手，共创平安校”系列活动。12 月 26 日，校长在创建沈阳市平安和谐校园验收评估工作中，以《抓实抓细安全工作，创建平安和谐校园》为题作经验介绍。

（陶宝库）

法库县卧牛石乡中心小学

【概　况】　2014 年，卧牛石乡中心小学占地面积 49654 平方米，建筑面积 18783 平方米，在职教职工 87 人，其中，研究生学历 1 人，本科学历 32 人，大专学历 44 人；副高级职称 8 人，中级职称 64 人，初级职称 15 人；市级优秀教师 3 人，市级骨干教师 3 人，县优秀教师 20 人，县骨干教师 23 人，学科带头人 1 人。教学班 23 个，在校生 821 人。

【乡村学校少年宫建设】　3 月，投入 20 万元完善乡村学校少年宫建设，学校开设棋牌、七巧板、摄影、电子积木、山水画、铝板琴、书法、计算机、经典阅读、乒乓球、足球、跳绳等课程。少年宫每周三第五、六节课活动。

【进行校园绿化】 4月，投资9.5万元进行校园绿化，栽植花灌木：紫叶风箱果、红王子锦带、水腊、紫丁香、红刺梅、黄刺玫、榆叶梅（鸾枝）、红瑞木、红花麦里、木绣球；乔木：金丝柳、五角枫、金叶榆、紫叶稠李、火炬、黄金树、京桃；常绿树种：快柏；宿根花卉：金娃娃萱草；种子类：水腊、紫丁香、四季丁香、紫叶小檗、五角枫几十个品种。

【推进校园足球】 3月4日，学校足球社团正式成立并举行首届“神牛杯”校园足球赛启动仪式。5月19日，县委书记冯守权到校调研校园足球开展情况。5月26日—29日，在法库县首届校园足球联赛中，学校男女生足球队获得双冠军。10月13日—20日，学校举办第二届“神牛杯”校园足球联赛，24支球队参赛。10月15日，沈阳体育学院体育教育学院院长王新坤到校考察校园足球发展情况。10月28日，教育部、省市教育和体育部门领导及专家近200人，到校观摩校园足球。《沈阳日报》《中国教育报》记者先后到校采访校园足球开展情况。

【迎接市创建教育强县验收】 11月4日，沈阳市教育督导组一行四人到校进行创建教育强县验收。督导组详细检查专用教室、图书室等硬件建设及资源配备情况，听取学校情况汇报，并提出意见和建议。

（周 航）

康平县向阳小学

【概 况】 2014年，康平县向阳小学占地面积11000平方米，建筑面积9519平方米，体育场面积5000平方米。图书室藏书15000册。小学毕业297人。开设30个教学班。有教职工95人。专任教师88人。其中具有副高级职称2人，中级职称91人。市级学科带头人2人，市级骨干教师15人。本科以上学历18人。普通教室20个，专用教室18个，科学实验室2个。

【举办消防安全演练活动】 3月12日，进行春季消防突发事件安全疏散演练活动。全体师生按应急预案要求，在第一时间内，按规定路线，俯身、掩口鼻，安全撤出教学楼，到指定地点集合。

【举行清明节祭扫活动】 4月3日，组织全校师生到康平县英雄广场进行“祭奠烈士英灵，树立正确荣辱观”主题祭扫活动。师生向革命先烈默哀，少先队员向烈士敬献花篮，瞻仰烈士纪念碑和烈士祠。全校1600余名师生参加。

【组织校园书法比赛】 5月2日—12日，举办第二届校园书法比赛。比赛分硬笔书法和软笔书法两个组别，参赛学生坐姿端正，握笔姿势正确，字体匀称，结构合理，展现了学生良好的书法水平和综合素质。评委选拔出10名优胜者参加沈阳市校园艺术比赛活动，优秀作品校内进行展览。

【举办“3+1”家庭教育大讲堂】 5月27日，学校承办“3+1”家庭教育大讲堂活动。该活动由市教育局、市文明办、市妇联联合主办。三位学生家长分别就家庭教育过程中与孩子沟通、培养孩子的好习惯、教孩子学会感恩三个内容进行交流。

【参加市民俗比赛展演活动】 10月15日，由市文广局、市教育局、市财政局主办的沈阳市农村文化系列活动主体活动之一“流金岁月”——寻找记忆中的民俗比赛、展演活动在于洪区体育馆举行。学校12名学生组成的“皮筋儿表演队”，代表康平县参加展示展演活动。

【通过省学校标准化建设验收】 12月9日，辽宁省义务教育阶段学校标准化建设达标验收专家组到校进行考核评估。专家组听取学校标准化建设的情况汇报，通过查看资料、实地勘察、教师问卷等方式进行全面的考核评估。评估组认为，学校标准化建设工作达到合格标准，指出学校生均占地不足和学校规模过大的问题。

（刘明月）

初　中

沈阳市第七中学

【概　况】 2014年，沈阳市第七中学主校区、南校区、东校区占地面积65739平方米，建筑面积52020平方米，图书馆藏书18.5万册，报纸杂志86种，电子图书有373992册，电子期刊2000多种。固定资产总值3033万元。全年教育经费投入4565万元。在校生3593人。学校有94个教学班，其中东校区有单独三个年级，共16个教学班。有教职工402人，包括专任教师342人，其中副高级职称159人，中级职称157人，国家政府特殊津贴1人，辽宁省优秀教育专家1人，省特级教师2人，省、市学科带头人3人，沈阳市优秀、骨干校长6人，沈阳市首席教师2人，沈阳市优秀教师7人，市名师、市骨干教师48人，大学本科以上学历383人。普通教室94个，专用教室37个，实验室18个。

【召开中层干部工作经验座谈会】 2月25日，本着“追求卓越、完善自我”的思想，学校召开主题为“做最好的自己，带最好的团队”经验座谈会，由中层干部发言，对工作进行总结、展示、交流，并就工作中出现的问题和校领导进行沟通。

【参加郭明义爱心团队授旗仪式】 3月13日，学校师生代表参加沈阳陆军高炮一师一团预备役郭明义爱心团队授旗仪式。学校师生作为预备役爱心团队的合作伙伴受邀出席。会上学生向预备役爱心团队的爱心超市捐赠各式图书1300余本，并将自己书写绘制的作品赠送给郭明义。

【开展教学交流活动】 3月25日—26日，市一〇七中学、新兴中学100余名教师来校开展教学交流活动。学校安排三个年级的语文、数学、外语、物理、化学五个学科的公开课，供来访教师听课、交流。来访教师观看三个校区学生大课间，并参与学校组织的学科集体备课教研活动。

【开展全民读书月展演活动】 5月17日—18日，学校40名学生组成经典诵读团队，参加第六届沈阳全民读书月朗诵大赛暨“诵中华经典·做有德之人”名篇音乐朗诵会，荣获第六届沈阳全民读书月朗诵大赛二等奖、沈河区第四届中小学经典诵读大赛一等奖。

【参加家庭教育大讲堂竞赛活动】 6月13日，组织家长参加沈阳市“3+1”家庭教育大讲堂竞赛活动。学校三位家长就做一个有道德的人、做一名合格的家长、与孩子有效沟通、培养孩子良好习惯等方面发言。辽宁省心理健康教育专家学会秘书长卢欣平进行点评和讲解。学校荣获2014年沈阳市“3+1”家庭教育大讲堂竞赛活动组织奖。

【举办教育教学经验科研论坛】 8月29日，举行教育教学经验科研论坛，全校400余名教师参加。学校三位研究型教师分别以“跬步千里微作文训练法”“free talk导课——有效提升学生的听说读写能力”“发挥学生主动性，创建自主管理班级”为主题作经验介绍。沈河区教师进修学校科研人员作点评。

【学校教育集团党委成立】 12月2日，中国共产党沈阳市第七中学教育集团第一次代表大会成功召开，选出第一届集团党委和纪律检查委员会。根据大会选举办法，11名同志当选为教育集团第一届委员会委员；选举出教育集团第一届委员会书记与副书记；选举出纪律检查委员会书记，五名同志当选为教育集团纪律检查委员会委员。

（文碧桂　宋　旸）

沈阳市第三十三中学

【概　况】 2014年，沈阳市第三十三中学占地面积2万平方米，建筑面积1.2万平方米。室内体育馆800平方米，环保塑胶运动场8000平方米。学校有普通教室36个，专用教室11个，实验室4个，生物标本室珍藏3500余件标本，图书馆（室）藏书28569册，报刊14种、杂志23种。固定资产总值825万元，全年教育经费投入1896万元，国家拨款1896万元。年内，学校毕业462人，招生506人，在校生1425人，有36个教学班；教职工150人，其中专任教师116人，具有高级职称79人、中级职称54人、初级职称10人、市级名师1人、市级骨干教师8人、大学本科以上学历128人。

【改善学校硬件设施】 2014年，沈阳市教育局投资100余万元翻新、加固教学主楼，皇姑区教育局投资近80万元更新学校供暖系统，改造体育馆配套设施，维修七个专用教室。年内，学校配备学生桌椅1000套、计算机100台、云终端平台三套、电子白板44套、监控摄像头及LED屏38台。

【迎接省教育强区验收】 7月3日，辽宁省教育督导组到校进行创建教育强区验收检查。学校从发展情况、创建工作成果、存在问题及整改措施等方面进行汇报，检查组分两组对校容校貌、专用教室、办学特色、创强材料等方面进行检查，并对学校工作给予高度评价。

【被评为市卫生工作先进单位】 10月20日，学校代表皇姑区迎接市爱国卫生委员会评估检查，市评估组对教师办公室、学生教室、各专用教室、体育馆及食堂等学校重点场所进行详细检查，并听取学校工作汇报。学校被评为沈阳市卫生工作先进单位。

【学校男女篮创佳绩】 10月26日，在辽宁省“李宁杯”初、高中篮球赛中，学校男、女篮球队分获第三名和第四名，刷新历史成绩。

本次比赛近40支队伍参加比赛，历时九天。

【荣获市家长学校先进单位】 11月26日，沈阳市青少年教育保护办公室对学校家长学校工作进行检查。检查组对该校家长学校“一个特色，两个平台，三种渠道”的工作模式给予肯定，并授予学校“沈阳市家长学校先进单位”称号，该校在皇姑区家长学校示范校创建工作交流会上作经验发言。

（任　燕）

沈阳市第二十四中学

【概　况】 2014年，沈阳市第二十四中学占地面积23202平方米，建筑面积12416平方米。图书馆（室）藏书2.5万册，各类报纸8种、杂志22种。固定资产总值999万元。全年教育经费投入2999万元，其中，国家拨款2902万元、自筹经费97万元。毕业562人，其中，初中98人、高中464人；招生310人，其中，初中33人、高中277人；在校生1083人，其中，初中115人、高中968人。学校开设教学班31个，初中班4个、高中班27个。有教职工175人，专任教师136人，其中，具有高级职称80人、中级职称72人；市级学科带头人1人、市级骨干教师5人；大学本科以上学历131人。学校有普通教室28个，专用教室15个，实验室3个。

【启动分层教学】 9月9日，启动“分层走班”教学模式，数学、英语两门学科进行分层教学，高一新生根据自身情况自主选择层次，教师根据不同层次重新组织教学内容。

【承办课改巡礼活动】 11月11日，由市教育研究院主办的沈阳市高一政治课改巡礼活动学校举行，学校的政治课《按劳分配为主体，多种分配方式并存》在活动中进行教学展示。

【举办班主任工作论坛】 12月11日，学校举办第一期班主任工作论坛，两位教师分别作《润物无声》《抓好宝贵的第一次》的演讲，该论坛成为学校班主任学习业务、沟通交流的重要平台。

【开展翻转课堂培训】 12月15日，组织教师开展“慕课与翻转课堂建设”研讨培训。活动中，解读慕课、翻转课堂、微课、微视频等关键词，作微视频制作培训，展示翻转课堂的教学环节，分析学校软硬件现状以及开展翻转课堂的优势与困难等。

（胡　伟）

沈阳市第一三六中学

【概　况】 2014年，沈阳市第一三六中学占地面积29476平方米，建筑面积11902平方米。图书馆藏书39343万册。固定资产总值262万元。全年教育经费投入683万元，均为国家拨款。毕业 167 人，招生 349 人，在校生 860 人。开设教学班 28 个。有教职工 159 人，包括专任教师 93 人，其中具有副高级职称 80 人、中级职称 57 人；市级学科带头人 2 人、市级骨干教师 6 人；大学本科学历 139 人；研究生学历 8 人。普通教室 28 个，专用教室 9 个，实验室 6 个。

【举行校本课程启动仪式】 3 月 15 日，学校举行校本活动课程启动仪式。学校开设趣味魔方、生物与生活、健美操、青春 FLY 戏剧、“灌篮高手”、科学探究等活动课程，学生可根据自身需求挑选课程。全体活动课授课教师和七、八年级学生参加仪式。

【开展动力课堂研讨活动】 4 月 19 日，学校开展动力课堂研讨活动，活动历时三周。七、八年级所有统测学科教师参加，课堂要体现“动力课堂”的特点，采取小组合作的形式，在内容设计上改变传统方式，激发学生的学习兴趣。教师自主选择授课内容、时间、班级，各备课组长负责协调安排组内教师，确保全员参与听评课。活动结束后，召开总结大会。

【举办班主任论坛】 6 月 9 日，举办第三届班主任论坛。班主任就“家校沟通”的意义和做法进行交流，认为家校沟通能够让家长及时了解学校、班级近期的教育内容以及孩子成长的教育氛围，同时也能让教师更多的了解孩子在校外的学习生活情况。在沟通过程中，教师与家长增进彼此了解，相互支持，共同研究教育措施，把师生之爱和亲子之爱融为一体，同心协力，使学校教育和家庭教育和谐统一，促进教育目标的达成。

【与市第一四〇中学合并】 8 月 26 日，大东区教育局教育整合资源，将市第一四〇中学并入市第一三六中学。

【举办名家讲堂】 9月10日，举办第二届“名家讲堂进校园”活动。邀请沈阳大学教育学院院长刘凌波为全体教师作《新形势下教师素质和能力提升》的报告，围绕新形势下教师应具有良好的政治素质、高尚的职业道德素质、过硬的业务知识和能力三方面进行阐释。

【进行校本活动课程成果展示】 12 月 29 日，举办“校本活动课程”成果展示会暨校园艺术节。师生同台表演民乐演奏、课本剧、花绳秀、书法展示、健美操等节目。

（梁志强）

浑南区第二初级中学

【概　况】 2014 年，浑南区第二初级中学占地面积 78000 平方米，建筑面积 47000 平方米，体育场面积 19588 平方米。图书馆藏书 35000 册，各类报纸 11 种，杂志 70 种。固定资产总值 517.1 万元。全年教育经费投入 100 万元，由国家财政拨款。毕业生 184 人，招生 299 人，在校生 794 人。开设教学班 21 个。有教职工 101 人，包括专任教师 89 人，其中，具有高级职称 31 人、中级职称 29 人；市级骨干教师

4人、市级教学名师1人；大学本科以上学历95人。普通教室36个，专用教室20个，实验室7个。

【举办首届心理健康节】 5月6日—6月11日，举办首届心理健康节。11日，心理健康节闭幕并进行成果展示。展示由“释放烦恼、放飞气球”、《一二三四》歌、团体心理放松操、心理闯关游戏、“滚动青春的车轮”团体训练、《青春舞曲》等活动组成。七年级、八年级教师、学生650人参加。

【迎接省基础教育强县督导评估】 6月25日，辽宁省基础教育强县（市、区）建设督导评估验收组采用查阅档案资料，与教师座谈等方式，评估学校整体工作。评估组对学校规划、资金保障、教育教学、教师引进、内涵发展以及信息化建设六个方面工作给予充分肯定，并对应对未来教育发展需求，学校标准化建设两方面提出具体建议。

【接待俄罗斯中学生访问团】 7月2日，俄罗斯雅库茨克中学生访问团来校访问。该访问团一行20余人参观校园环境，与学生自由交流、共做心理放松操，并向师生展示雅库茨克特有民族舞蹈。临别时，学生交换礼物，拍照留念。

【承办市青少年纸飞机航模竞赛】 9月26日，由市科学技术协会、市教育局、市科技局、中共沈阳市浑南区委员会、浑南区政府主办的第十二届沈阳市青少年纸飞机航模竞赛暨首届浑南区青少年科技竞赛在学校举行。来自沈阳市的12个区65支代表队的1200余名中小学生参加。同时，浑南区青少年科技竞赛在室内赛场同步进行。区科技竞赛由浑南区科协、浑南区教育局、共青团浑南区委员会、浑南二中主办。来自浑南区33所学校的千余名中小学生参加。

（李德龙）

沈阳市第一七四中学

【概　况】 2014年，沈阳市第一七四中学占地面积18300平方米，建筑面积8080平方米，有各类图书3万余册，各类报纸14种、杂志12种。有18个教学班，在校生726人；教职工76人，其中高级职称45人，中级职称24人。学校建有理化生仪器室、实验室、专用教室、多媒体教室、综合实践活动教室、德育展室、心理咨询室、计算机室、语言教室、录播教室、体育活动室等。

【开展学区观摩课活动】 4月21日，开展第一学区观摩课活动。初二物理教师利用录播教室作学科观摩课，这是学校录播教室投入使用后首次使用，学区内物理教师和区教师学校学科教研员参加活动。

【举办春季趣味运动会】 4月30日，举办第一届春季趣味运动。运动会分竞技体育比赛和趣味运动比赛，设12个比赛项目，每个项目设个人前三名奖项、集体总分前三名奖项以及六个精神文明奖项。

【举办演讲比赛】 5月21日，举办“中国梦 我的梦”演讲比赛。12位选手围绕“中国梦 我的梦”主题，分别讲述中国人民坎坷追梦的艰辛历程、改革开放取得的成就，以及对中国梦的认识等。比赛评出一等奖、二等奖、三等奖和鼓励奖。

【开展爱国教育】 6月4日，邀请志愿军老战士报告团金刚熙和金东辉为师生作专题报告，以切身经历讲述抗美援朝时志愿军保家卫国事迹。志愿军老战士报告团为学校捐赠图书。9月30日，学校举行国庆 “烈士纪念日”主题升旗仪式，并举办专题报告会。

（关红玉）

新民市实验中学

【概　况】 2014年，新民市实验中学占地面积3.5万平方米，建筑面积2.62万平方米，体育场地3万平方米。图书馆藏书62320万册，各类报纸10种，杂志8种。固定资产总值1410万元。全年教育经费200万元，其中国家拨款150万元，自筹经费50万元。毕业生387人。教学班24个。教职工100人，专任教师90人，其中具有高级职称32人，中级职称55人。市级学科带头人2人，市级骨干教师2人，大学本科68人。普通教室24个，专用教室6个，实验室2个。

【编写书法校本教材】 3月，学校组织编写书法校本教材。教材分软笔和硬笔两部分，由书写规则和范例组成，范例选自学校书法教师作品。全校七年级、八年级有1232人参加书法活动。学校书法校本教材荣获辽宁省教育部门授予的校本教材编写二等奖。

【祭扫烈士墓】 4月3日，组织七年级572名学生到新民烈士陵园进行祭扫活动。师生代表向革命先烈敬献花圈，致悼词，瞻仰纪念碑和烈士灵堂。80名学生在纪念碑前进行入团仪式。

【参加学科知识竞赛】 5月，组织学生参加新民市七年级数学、语文、英语三科知识竞赛。经过角逐，14人获一等奖，9人获二等奖，6人获三等奖，全市前五名中学校占四名，全市前10名中占九名，各项指标均获全市第一。

【开展向国旗敬礼寄语活动】 10月8日，校团委、学生会组织全校学生在网上开展“向国旗敬礼”签名寄语活动。活动以签名寄语、抒发感言为主要方式，以对学生进行革命传统、理想信念、改革开放和民族团结为主要教育目标，学生通过网络参与敬礼、签名、寄语活动，坚定热爱祖国，增加爱国情感。

【参加新民市中学生三棋比赛】 10月16日—18日，在新民市中学生三棋比赛中，学校男子组获得个人第一名，团队第一名；女子组获得个人第二名和第三名；男女团体总分第一名。来自全市四所中学72人参加比赛。

【举办迎新春庆祝活动】 12月20日—27日，学校以开展文体活动形式喜迎新春。体育类有固定投篮、排球、乒乓球、跳棋，棋类、套圈等。全校共有89人参加活动。

（王文晶）

辽中县茨榆坨初级中学

【概 况】 2014年，辽中县茨榆坨初级中学占地面积79650平方米，建筑面积41070平方米，运动场面积51000平方米。学校有绿化地20000平方米，硬覆盖21000平方米。图书室藏书66000册。学校有30个教学班，在校生1177人，教职工170人，其中，中学高级教师55人，中级教师115人，专任教师130人，具有本科学历的教师占95%，研究生学历2人，省、市、县学科带头人和教学骨干教师30人。

【召开招生工作会议】 3月29日，学校邀请茨榆坨小学师生、家长300余人参加茨榆坨初中首次招生工作。家长代表讲述孩子到茨榆坨初中的变化，学生代表讲述在学校愉快的成长过程和取得的成绩，学校介绍精细化管理工作成果。

【举办艺术节】 5月20日，学校举办第八届“红五月”青年节文艺汇演。演出节目包括独唱、合唱、舞蹈、乐器独奏、小品等。年内，在沈阳市中小学生艺术展演中，学校选送的《魅力恰恰》荣获舞蹈类初中组二等奖。

【完成人事聘任、分流工作】 8月10日，学校成立由校长、副校长选举产生的部分中层干部及教师组成的教职工竞聘委员会，启动教师聘任工作。男年满57周岁、女年满52周岁身体健康、能胜任教育教学工作的不参加竞聘，直接上岗。校长与教职工签订聘用合同142人。8月14日，按辽中县相关要求，全校教师学习教师分流政策，采取个人自愿参加分流的方式进行人员分流，妥善安置落聘人员，首批聘用后，落聘者可再次提出申请，由学校竞聘委员会研究，视其情况试聘用，聘期为一年。9月1日，学校有19人选入县、镇机关，4人选入高中，分流工作完成。

（刘国成）

九年一贯制学校

铁西区新民屯 九年一贯制学校

【概　况】 2014年，学校占地面积41000平方米，建筑面积14000平方米，操场27900平方米。有教职工101人，其中高级教师19人，中级教师77人，初级教师3人，工人2人。专科以上学历教师占75%。学生839人，学校附设中心幼儿园，在园儿童102人。

【完成学校改造工程】 学校被列为沈阳市第二批百所提升学校。10月26日，学校改造工程结束，完成塑胶操场、跑道、人造草坪、景观草坪、甬道硬覆盖等工程，改造面积约12200平方米，解决操场风天扬沙、雨天泥泞问题。

【承办省级科研课题】 6月，省级课题《各学科有效教学的标准与评价体系研究》立项。学校成立课题研究领导小组，就研究方向、可行性分析到立项申请，广泛争取教师意见，全校有11人参加课题研究。课题组成员按照课题方向和研究内容探究总结研究成果，并完成中期总结和审核。

【开展平安校园活动】 9月，举行“珍爱生命 远离危险”主题活动。制定《学生安全管理网格化活动方案》，规定学生安全人人有责，视而有责，做到区域化，责任化。学校举办大型消防演练，各班召开“珍爱生命 远离危险”主题班会，教育学生珍爱生命，增强自我保护意识和逃生能力。

【承办细河西学区教研活动】 12月16日，承办铁西区细河西学区“创新教学模式，提高教学效率”名师进课堂观摩活动。活动邀请市一六二中学精品课教师来校作语文和数学观摩课，“快乐课堂”教学模式充分发挥教师主导和学生主体作用，调动全体学生参与意识，对细河西学区探索创新教学模式、提高课堂效率起到引领作用。

（杨继天）

苏家屯区陈相 九年一贯制学校

【概　况】 2014年，苏家屯区陈相九年一贯制学校占地面积57725平方米，建筑面积21792平方米。图书馆藏书87067册。固定资产总值597.7万元，全年教育经费投入2411.1万元，全部为国家拨款。开设教学班53个。在校生2195人；毕业生240人，升入省重点高中23人，市重点高中80人；9月份招收新生178人。教职工179人，其中副高级教师30人、中级教师140人、初级教师8人、主任科员1人；沈阳市名师3人、市级骨干教师13人；大学本科以上学历115人。普通教室53个，专用教室28个，实验室5个。

【举行圆梦基金助学子活动】 3月31日，成立“爱心助学送温暖，圆梦基金助学子”圆梦基金会。学校成立基金监督与管理小组，倡导师生之间、学生之间相互理解、互相帮助，资助家庭经济困难的学生。全体师生捐款14825元，为45名学生购买冬季棉服，春节时对每位贫困学生进行慰问，送去面油和200元钱的慰问金。

【参加读书征文获奖】 7月18日，开展“美丽中国·我的中国梦”读书征文活动，45名学生代表学校参加全国关工委举办的比赛获奖，30名教师获得指导教师奖，学校被评为全国优秀组织单位。

【承办乡村少年宫成果展示活动】 9月19日，承办苏家屯区首届乡村学校少年宫总结表彰暨成果展示活动。活动以“自信、快乐、成长”为主题，各乡村少年宫学校选送的节目内容丰富，形式新颖，展示乡村学校少年宫建设成果和学生良好精神风貌。区教育局宣读表彰决定，为先进单位及个人颁奖。

【承办乡村少年宫管理人员培训会】 10月24日，承办沈阳市乡村学校少年宫管理人员培训会。会议明确乡村学校少年宫建设发展方向，苏家屯区陈相九年一贯制学校、浑南区深井子小学、铁西区郎家小学、新民市胡台九年一贯制学校分别作经验交流，与会人员参观学校少年宫活动基地，全市135所300余名乡村少年宫项目负责人参加培训。

【开展“助学课堂”观摩活动】 12月2日，学校在对三至五年级班主任进行的“学单导学、助学课堂”教学改革实验基础上，开展助学课堂教学改革观摩示范课活动。三位教师分别做教学观摩课，学校作专题总结，针对个别教师和学生家长的疑惑，从助学课堂教学结构、助学课堂给我们带来的变化、师生的转变三个方面进行阐述与说明。三至五年级班主任和部分家长代表参加活动。

（李艳秀）

新民市高台子学校

【概　况】 2014年，新民市高台子学校占地面积31000平方米，建筑面积9967平方米，体育场面积10000平方米。图书室藏书2.5万册。固定资产总值1141万元。全年教育经费投入1160万元，其中，国家拨款1110万元、自筹经费50万元。毕业生192人，招生239人，在校生969人。开设教学班25个。有教职工107人，包括专任教师100人，其中，具有副高级职称22人，中级职称66人；市级学科带头人1人，市级骨干教师9人；大学本科以上学历51人。普通教室28个，专用教室15个，实验室4个。

【举行春季开学典礼仪式】 3月27日，举行2013—2014学年度上学期开学典礼仪式。对优秀干部、优秀学生、优秀团员、优秀队员、文明养成行为规范示范班、十星模范、优秀安全员、优秀卫生员进行表彰，学校领导为获奖学生和获奖班级颁发奖状、证书、奖品和奖金。学校师生1070人参加活动。

【开展清明节祭英烈活动】 4月5日，开展清明节网上祭英烈教育活动。活动以“热爱祖国、孝敬父母、关爱他人”为主题，通过校园广播向全校中小学生介绍中华民族传统文化、祖国历史和革命先烈的事迹，统一安排学生登录网站进行“网上祭英烈”活动，开展主题班队会和手抄报活动。学生392人参加活动。

【参加新民市中小学演讲比赛获奖】 4月24日，在新民市教育局主办，新民市电信局承办的新民市中小学“电信杯”“中国梦 我的梦”演讲比赛中，来自公主屯赛区七个学校14名学生参加。学校小学部学生获得小学组第一名；中学部学生获得中学组第二名，学校荣获优秀组织奖。

【参观三农博览园】 7月10日，以“走进特色农业 了解科学种植”为主题，组织学生参观沈阳市三农博览园，了解家乡的种植产业，领略家乡的现代特色农业。学校师生共280人参加活动。

【举办法制教育报告会】 9月26日，以“践行社会主义核心价值观”为主题，举办法制教育报告会。法制研究生作题为《学生在校如何遵守法律法规》的报告，新民市关心下一代工作委员会作题为《爱祖国、爱家乡、尊师长、尊父母》的报告。新民市司法局、新民市法制科、新民市高台子镇人大、新民市高台子镇司法所相关领导及学校师生216人参加报告会。

【接受沈飞集团捐资助学】 11月7日，沈飞集团来校进行捐资助学，为学校九年级五名品学兼优的学生每人资助500元，为他们带来学习用品和衣服，并鼓励受助学生长大为国家和民族作贡献。

（王来柱）

辽中县六间房九年一贯制学校

【概　况】 2014年，辽中县六间房九年一贯制学校占地面积50490平方米，建筑面积21000平方米，绿化面积13000平方米，综合教学楼12000平方米，宿舍楼3700平方米，食堂1500平方米，其他生活用房3800平方米。图书馆（室）藏书4.1万余册。固定资产总值2500万元。全年教育经费投入260万元。有36个教学班，在校生1054人。有教职工200人，专任教师106人，大专以上学历186名，其中本科学历130人，中学高级教师31人，市优秀校长1人，省市级优秀教师9人，市、县学科带头人骨干教师23人，县首席教师3人。

普通教室36个，专用教室37个，实验室5个。

【举办艺术节】 5月16日，举办红五月艺术节“闪亮之星”才艺大赛。参赛节目包括舞蹈、合唱、古筝、双簧、健美操等。学校舞蹈《盛世欢歌》在2014年沈阳市中小学生艺术展演中获一等奖，学校获优秀组织奖；健美操在2014年县中小学比赛中，中学组获二等奖，小学组获一等奖；舞蹈《盛世欢歌》《古筝弹唱》在2014年沈阳市乡村少年宫艺术展演中获优秀表演奖。

【参加中国儿童青少年计算机表演赛】 5月，参加由省经济和信息化委员会、省科学技术协会、省妇女联合会、省基础教育教研培训中心联合举办的第23届中国儿童青少年计算机表演赛辽宁赛区比赛。表演赛按照选手年龄划分为小学低年级组、小学高年级组、初中组和高中组，涉及网络基础赛、多媒体制作赛及选拔精英人才的高端赛。学校500余名学生参赛，王品和王壮分别获得初中组二等奖，教师吴凤东和赵际姝被评为市级活动的优秀指导教师。

【开展课改展示课活动】 6月10日，学校组织18名教师参与课改展示课活动，其中小学11节，中学7节，涉及语文、数学、英语、历史等学科，评选出最佳课改展示课八节。

【参加市中学生英语竞赛】 6月，组织学生参加由牛津大学出版社、市教育学会、沈阳日报报业集团共同主办，由澳大利亚国家英语学院和沈阳太平洋国际学校协办的2014年“牛津杯”沈阳市中学生英语竞赛。学校一名学生获得大赛一等奖，两名教师荣获优秀指导教师奖。

（代春艳）

康平县北四家子九年一贯制学校

【概　况】 2014年，康平县北四家子九年一贯制学校占地面积46000平方米，总建筑面积16000平方米，体育场面积10000平方米，图书馆藏书50000余册。固定资产总值603.3万元，年教育经费总投入400余万元。在校生1131人，开设29个教学班。有教职工136人，专任教师115人，其中研究生学历3人、本科60人、专科58人；具有副高级职称18人、中级职称95人；市级优秀教师7人、市级骨干教师8人、县级优秀教师29人、县级骨干教师24人。

【台商捐助贫困学生】 1月，沈阳市台联部分台商来学校对贫困学生进行捐助，并为学校捐建一个阅览室。市台联自2002年与学校结成帮扶对子，累计资助资金20余万元。

【构建高效课堂模式】 学校在学习借鉴其他学校课改经验基础上，打破传统“满堂灌”“一言堂”的教学方式，并探索构建适合学生发展认知规律的“互动·体验式”教学法和高效课堂教学模式。改革历时三年，初见成效。9月，县教育局和西关九年制学校的领导和教师到校共同研讨“高效课堂”课改模式。

【数字化地理教室建成】 11 月，全新的数字化地理教室落成并投入使用。新地理教室的建成结束了以地球仪和挂图为介质的地理教学时代，使得课堂教学更加直观高效。

（张　涛）

高中教育

GAOZHONG JIAOYU

高中教育

2014年，沈阳市有普通高中87所，其中公办普通高中57所，民办普通高中20所，省级重点(示范)高中30所，市级重点高中31所，一般高中18所。普通高中在校生107384人，教职工11107人，其中专任教师9245人。年内，推进标准化、数字化建设，推进普通高中精细化管理和特色化发展，截至年底，市级标准学校36所，省级特色实验校8所、市级特色实验校26所。

普通高中标准化和数字化建设。2014年，修订并制发《沈阳市普通高中办学标准（试行）》，根据达标一所、评估验收一所的原则，对市三十八中学和市三十六中学标准化建设进行评估验收，两所学校晋升为沈阳市标准化普通高中。确定45所普通高中，实施数字校园建设，要求学校建设校园网站，鼓励学校设立微信公众账号，利用“自媒体”开展宣传，鼓励有条件的学校系统录制微课程。

加强普通高中精细化管理。改革普通高中发展模式，深入推进精细化管理，促进普通高中发展模式实现从粗放管理向精细管理转变。开展精细化管理网上校长论坛，征集案例并在沈阳教育网上发布，在十一中学召开历史特色学科建设暨沈阳市普通高中精细化管理经验推介会。开展普通高中学生学习成就增值评估和普通高中综合评估工作。组织完成高中学生学业水平考查工作。完成沈阳经济区招生工作。

普通高中特色化和多样化建设。深化课程改革，全面建立起以国家课程为基础、以拓展课程为延伸、以丰富的社团活动课程和假期实践活动课程为补充的完善的学校课程体系。举办两届高中生戏剧节、一届高中生读书节、一届高中生科技节，开展首届优秀社团评选活动。鼓励以区县（市）为单位建立普通高中综合素质教育基地，沈河区、铁西区已初步完成基地建设。改革课堂教学模式，深入推进小班化教学试点，实施引桥课程，探索个别化教育。年内，30所学校班额控制在42人以下，其中，市三十八中学等14所学校班额控制在36人以下。制发《沈阳市教育局关于做好普通高中特色学科建设的通知》，在北京十一中学校举办沈阳市高中学科教师高级研修班，在市一二〇中学召开普通高中走班教学改革现场推介会，全市36所学校启动走班教育改革，走班选修学科覆盖所有高考学科。组织召开分层走班改革记者见面会。推进市一中、市十一中学、市一二〇中学创建辽宁省特色普通高中实验学校，三所学校均顺利通过省教育厅的指导性评估验收，全市省级特色普通高中实验学校已达八所，覆盖人文、数理、外语、科技、体育、艺术六大特色类别。

推进招生制度改革。探索高中学校录取制度调整，从录取批次、招生计划、最低控制分数线，以及志愿设置、录取办法等入手，逐一开展调研论证，广泛征求意见，并对所有意见和建议逐条进行利弊分析。开展普通高中均衡编班工作。召开普通高中校长大会，完成迎接省级示范性普通高中复检工作。

（安 凯）

高 中

东北育才学校

【概　况】 2014年，东北育才学校占地面积约80万平方米，建筑面积约42万平方米，有9个校区13个学部，教师1000人，在校生15000人。已形成从学前教育到高中教育相衔接，学校、家庭、社会教育相结合，公办、民办、联合办学形式相促进的集团办学格局。在全国中学中创立材料科学、生命科学、智能机器和机器人、软件科学四个尖端科学研究实验室，形成常态、超常、特长、国际、创新五大课程体系。学校相继开发200门选修课，并形成与课改配套的综合实践中心，拥有辽宁地下资源研究室、汽车模拟驾驶室等通用技术课程教室和占地面积10000平方米的国内基础教育首家生态科普基地。引入IB、AP、SAT、TOELF、SDP国际课程，开设世界文化遗产与年轻人、模拟联合国、德语、高尔夫球课等校本课程。

【涌现拔尖创新学生】 3月28日，东北育才实验学校一名毕业生被剑桥大学三一学院录取，被该学院授予每年36000英镑的全额奖学金；5月，初中部一名学生被团中央授予“全国优秀共青团员”荣誉称号；11月15日，科学高中部一名学生在2014年清华大学数学金秋营活动中获得第一名，入选中国数学奥林匹克国家集训队，并获得清华大学录取资格；初中部代表队赴美参加以创新思维著称的DI全球总决赛，获得机械类金奖。

【世界名校到校招生】 4月—5月，法国巴黎政治大学、美国芝加哥大学和范德堡大学先后到校招生；5月和11月，美国纽约大学阿布扎比校区招生官到学校举行招生宣讲会，与学生和家长见面。

【开展学生公益活动】 6月24日，举行“规范城市英文标识”志愿者活动启动仪式。12月6日，沈阳市第三届公益社团文化节在沈阳中街兴隆大家庭举行，学校科学高中部作为文化节中唯一的高中志愿者组织，39名科学高中部社团成员参与“壹基金——利州扶贫项目冬季温暖包行动”，《中国青年报》予以报道。

【学生在国际机器人大赛夺冠】 6月26日—28日，由九名来自机器人实验室和软件实验室学生组成的“红色飓风”队作为中国唯一的代表队，赴澳大利亚参加全球高中生国际机器人大赛，首次参赛便获得联队冠军。

【参加亚欧教育论坛】 7月16日—20日，由联合国教科文组织协会世界联合会等主办的亚欧教育论坛在长春召开。校长分享了学校通过深入推进国际化发展战略，培养具有本土情怀、国际视野的拔尖创新人才的思考与实践。

【学习总书记教师节讲话精神】 9月，通过多种形式学习、宣传、践行习近平总书记在教师节的重要讲话精神。各党支部开展师德标准大讨论，拉开全集团“践行社会主义核心价值观，做育才好老师”学习教育活动序幕。

【高中毕业生学业成绩突出】 10月30日，市教育局召开全市普通高中校长大会，学校被市教育局授予毕业生学业成就增值评估单项奖和规范办学行为单项奖。年内，学校有近百人被美国加州大学伯克利分校、美国康奈尔大学、英国剑桥大学和日本东京大学等国际名校录取；在高校自主招生考试中，学校获得清华、北大面试资格20人，居全省之首，两名学生分别取得“北约”“华约”笔试全省第一名。

【学生在学科竞赛中获奖】 截至12月1日，学校三名学生入选中国数学奥林匹克国家集训队，化学学科一名学生参加全国决赛并获一等奖；第五届世界数学团体锦标赛中，小学部一名学生获得个人赛金牌；六名初中部学生作为辽宁省代表队成员获得少年组团体世界冠军；一名学生获少年队个人赛世界冠军。

【校民乐团和双语合唱团参加演出】 12月9日，学校少年民族管弦乐团参加“乐韵芳华”新年音乐会演出。12月3日，由中共沈阳市委宣传部、沈阳市文广局主办的“中国·沈阳首届合唱音乐季”音乐会在盛京大剧院音乐厅举行，学校双语校区小学部合唱团受邀参加音乐盛典。

【承办翻转课堂研讨会】 12月23日，承办辽宁省部分重点中学协作体翻转课堂暨教与学方式改进研讨会。高中部八名教师围绕“教与学方式改进”的主题，从翻转课堂、微课、慕课、技术多个视角与参会代表进行交流分享。省市200人到会观摩。

【学生入选英才计划】 12月，五名学生在中国科协主办的“中学生英才计划”中，通过书面材料审核和导师面试成功入选。入选学生将在高中阶段跟随中科院院士、吉林大学化学院院长冯守华教授等知名学者参加为期一年的科研实践活动。

【学生自编自导自演首部微电影】 高中部12名学生自编自导自演学校历史上首部毕业季微电影《我们的诗》。微电影经过20多天的筹备，记录他们在学校三年的生活经历，得到校友和沈城市民的关注，《沈阳晚报》进行专题报道。

（李百玲）

沈阳市朝鲜族第一中学

【概　况】 2014年，沈阳市朝鲜族第一中学占地面积8.3万平方米，建筑面积4.1万平方米。图书馆藏书5万册，固定资产总值3345.5万元。全年教育经费投入1972万元，其中，国家拨款1861万元、自筹经费111万元。教职工127人，其中专业教师123人。辽宁省特级教师2人、沈阳市教育专家1人、沈阳市名师1人、沈阳市骨干教师22人、中学高级教师52人。有23个教学班，国内学生班18个，留学生5个班。在校生847人，其中韩国留学生37人。

【开展省特色高中创建工作】 以把学校建成民族艺术特色普通高中实验学校为目标，完成《辽宁省特色普通高中实验学校指导评估细则》的各项指标和任务。通过统筹规划、保证经费、完善课程体系，开展“省特色普通高中实验校”创建工作。

【推进教学改革】 倡导“二十分钟教学”改革理念，鼓励将授导型和探究型教学模式进行融合，采用集体讲授学习、小组合作学习、个别化学习多种教学组织形式，培养学生主动的学习意识，提高学生搜集处理信息、获取新知识、分析解决问题、交流与合作的能力。

【实施数学分层走班实验】 学校将数学学科作为学校特色实验学科，进行分层走班教学实验改革。依据“关注差异，开发潜能，多元发展”的教学理念，不同层级的学生到不同的班级上课，满足个体的发展需要。

【开展安全教育活动】 学校聘请专业技术员讲解灭火器的构造和使用方法，全校教师亲自操作演练，掌握操作方法。聘请沈阳市公益安全消防知识宣传中心主任孙明龙，作消防安全知识讲座，学生认识到防火安全的重要性，掌握消防器材的使用方法。

（李　红）

沈阳市第三十八中学

【概　况】 2014年，沈阳市第三十八中学占地面积25046平方米，建筑面积23109平方米，体育场（馆）面积3050平方米。图书馆藏书7.2万册。固定资产总值661.7万元。全年教育经费投入2450万元，其中，国家拨款2270万元、自筹经费180万元。毕业362人，招生420人，在校生1210人。开设教学班34个。有教职工183人，包括专任教师174人，其中，具有副高级职称82人、中级职称72人；省级学科带头人1人、市级骨干教师7人；大学本科以上学历175人。普通教室36个，专用教室18个，实验室6个。

【清明节祭扫雷锋墓】 3月4日，部分师生和沈阳军区驻抚顺雷锋班战士杨鹏，到抚顺市雷锋纪念馆共同祭扫雷锋烈士墓。祭扫活动分为参观、祭扫、宣誓三个环节，表达对雷锋的缅怀与追念，倡导师生在工作与学习中弘扬雷锋精神。

【通过市高中标准化评估】 3月26日，市教育局评估组对学校进行沈阳市普通高中标准化工作评估。评估组通过听取汇报、查阅档案、座谈、考察专业教室和图书馆进行评估检查，肯定学校依法办学、执行教育法律法规情况，学校最终通过沈阳市普通高中标准化评估。

【省级图书馆示范区工作】 12月4日，省教育厅、市装备中心组成图书馆建设检查组，对省级中小学图书馆工作示范区工作进行复查验收。检查组参观图书馆、阅览室，听取校长关于图书馆建设的汇报，肯定学校在图书馆建设与发展方面所做的工作。

（姚俊峰）

沈阳市同泽高级中学女中部

【概　况】 2014年，沈阳市同泽高级中学女中部占地面积12303平方米，建筑面积9890平方米，学校操场417平方米，固定资产总值1275万元。全年教育经费投入997万元，其中，国家拨款871万元。毕业223人；招生320人；在校生725人，其中，住宿生136人。开设教学班22个。教职103人，具有副高级职称30人、中级职称41人；市级骨干教师7人；普通教室22个，专用教室16个，实验室3个。

【开展女性行为礼仪培训】 5月17日，举行校本课程女性行为礼仪培训。聘请辽宁省政法职业学院院长王铁成、外教Mr.hal、以及国际民航与安全系的三位教师为高一全体学生做培训。培训包括普通话、形体瑜伽课程、野外生存、体能课程、女性礼仪、仪容、仪表、化妆，以及练习英语口语的经验和方法等方面内容。

【邀请东北大学艺术学院管弦乐队来校演出】 5月20日，邀请东北大学艺术学院管弦乐队到校进行专场演出，高一和高二全体师生观看整场演出。节目形式丰富多样，既有传统的齐奏、合奏，又有西洋音乐改编成的民乐特色节目。

【实施语文特色学科走班教学】 上半年，学校围绕语文特色学科建设进行调研论证，最终确定为“3+1”的课时设定，即3堂国本语文课程教学，1堂校本语文课程教学；四个模块的语文学科分类教学，即诗歌与鉴赏、戏剧与文学、阅读与写作、演讲与口才。9月，开始在高一年级具体实施语文特色学科课程。11月—12月，具体实施年级分类走班。

【承办市高中政治学科优质课大赛】 10月11日，沈阳市高中政治学科优质课大赛分场赛在校举行。来自沈阳市10个区县的20名教师参赛，展示近年来高中政治学科课改取得的成果。学校教师李白获一等奖。

【举办青年教师公开课】 10月20日—11月5日，开展青年教师公开课，共推出八节公开课，总计96人次参加听课。各科备课组长对青年教师进行指导。

【开展电子白板培训】 10月10日—30日，举办第三轮交互式电子白板培训。培训会详细讲解电子白板基本操作、编辑器的使用、制作课件的基本方法以及白板的维护等，为教师答疑解惑。

【健美操队参加全国总决赛获奖】 10月24日—26日，健美操队代表沈阳市参加在北京科技大学举行的2014肯德基青春健身操大赛全国总决赛。12名健美操队成员参加啦啦操基础套路“神采飞扬”和啦啦操表演套路“活力无限”两套比赛，均获得二等奖。学校健美操队是28个城市60余支队伍中唯一一支全员女生队伍。

【举办班主任论坛】 11月4日，举办以“班级特色建设”为主题的2014年下学期第三次班主任论坛。三名参加沈河区名优班主任培训的教师，就班主任工作角色定位、班主任管理技巧、完善班级评价体系分别发言，引发所有班主任教师对如何做一名合格的班主任的思考。

（文碧桂　商军生）

沈阳市第三十五中学

【概　况】 2014年，沈阳市第三十五中学占地面积34000平方米，建筑面积12800平方米，体育场（馆）面积12820平方米。图书馆（室）藏书69272册，各类报纸21种、杂志99种，电子图书121397册，电子期刊种类121种。固定资产总值535万元。全年教育经费投入1917万元，其中，国家拨款1829万元、自筹经费88万元。毕业405人，招生342人，在籍学生1106人。开设教学班30个。有教职工150人，包括专任教师110人，其中，具有副高级职称53人、中级职称68人；市级骨干教师2人；大学本科以上学历147人。普通教室30个，专用教室15个，实验室7个。

【开展传递爱心系列活动】 3月19日，召开主题为“爱岗敬业学雷锋，立德树人铸师魂”的传递爱心系列活动启动仪式。教育师生提高社会责任感，回报社会。党员、团员响应号召开展学雷锋活动，先后组织“爱心传递站”成立大会、师生代表慰问孤寡老人、“牵起爱心的手 共享感恩的家”爱心捐赠倡议仪式活动，将羽绒服、棉衣、书本和文具等物品分别捐给西藏阿里地区贫困藏民、阜新市阜蒙县老河土学校、沈阳市向工街小学贫困学生。

【开展绿色技术微创新活动】 4月25日，召开“绿色技术微创新”主题活动启动仪式。公布活动的组织机构、活动内容和具体计划。5月—6月，深入开展绿色技术微创意、微课题、微竞技的申报、开题答辩和现场展示活动。学生技术社团开展绿色技术微设计、微制作、微研究、微调查、微建议活动，吸引学生参加绿色技术设计与创新，运用所学知识，思考和设计保护环境、改造生态的方法。7月1日—15日进行总结表奖。《未来家庭科技元素》《节省能源的路灯》《纸服装设计制作》分别获得微论坛、微课题和微竞技三个项目的一等奖。

【承办艺术惠民文化大讲堂活动】 5月16日，承办艺术惠民文化大讲堂活动。该活动由中共大东区委宣传部、大东区文联共同主办，旨在激发学生学习普通话的兴趣，进一步落实沈阳市艺术惠民“双百万”工程。现场聘请辽宁电视台刘丹为课外辅导员，刘丹作《说好普通话的蝴蝶效应》专题讲座，学生刘雨澜现场展示新闻播报训练成果。来自高一和高二年级的115名学生参加。

【参加首届市高中生科技节】 5月19日，参加沈阳市首届高中生科技节。科技节包括专项实验、社团探究和科技主题三个系列活动。市三十五中参加“纸结构承重”“水果电池”网络评选和学生主题论坛四项活动，为科技节提供三块主题活动展板，荣获科技节优秀组织奖。高一六班技术小组的学生主题论坛“未来家庭生活”荣获三等奖。

【参加学生生涯规划班会研讨会】 5月28日，参加大东区学生发展指导中心主办的“学生生涯规划主题班会”研讨交流会。学校展示《“炫舞人生”之生涯规划》主题班会，教师准备多种职业简介，学生以小组为单位体验各种职业。区内高中德育校长参加研讨。

【承办大东区重点高中课改巡展】 6月9日，承办大东区重点高中课改巡展活动。学校解读“对话课堂”改革，三位教师作展示课，教师利用学习小组、导学案调动学生的积极性，创设轻松的学习氛围。课后三位教师从课前设计到课堂生成进行反思，其他教师进行评价，师校领导和教研员进行指导。全区高中领导及学科教师代表参加活动。

【举办演讲比赛】 6月27日，举办“爱岗敬业学雷锋，立德树人铸师魂”系列活动之“畅响青春”演讲比赛。比赛由校青年教工团支部组织。16位35周岁以下的党团员教师参赛，演讲围绕教师的教育感悟、教学体验以及对教育事业的奉献精神展开，五位校级领导和两名语文教师担任评委。教师冯娜的《献给桃花的爱》获得第一名，王轶凡、尹国冰分获第二名和第三名。

【试行走班选课教学管理模式】 9月19日，新生开启校本课程走班选课的学习生活，标志学校教学改革从课堂改革进入课程改革的阶段。走班选课的学科是语文和外语，涉及语言与文学两大领域，十位任课教师参与。开设小说的阅读与写作、红楼梦判词浅探、旷达飘逸苏东坡、高中语文美学漫谈、Fun English、English Songs、Vidio English、Practical English、Aesop Fables、Media English共10门课程。原有的行政班级教学管理模式被行政班与教学班并存的双轨制教学管理模式所取代。

【举行迎新联欢会】 12月31日，迎新联欢会暨校园艺术节汇报演出在沈空俱乐部举行。联欢会以“激情校园 放飞梦想”为主题，舞蹈《吉特巴》拉开序幕，校长向师生致以节日的问候和祝愿，并展望学校未来的发展前景；教师朗诵原创诗歌《我为三十五中学喝彩》为学校60华诞献礼；学生以多种形式的表演展现青春风采。高一、高二全体师生参加。

（马　静）

沈阳市第五十六中学

【概　况】 2014年，沈阳市第五十六中学占地面积176000平方米，建筑面积66424平方米，体育场面积15600平方米，体育馆面积5262平方米，图书馆藏书65000册，电子书籍120000册，报刊297种，固定资产总值1467.3万元，普通教室40个，专用教室20个，实验室10个，全年教育经费投入201.3万元；学校开设教学班36个，在校生1306人，教职工174人，专任教师171人，其中，具有副高级职称62人、中级职称69人，市级学科带头人2人，市级骨干教师25人，大学本科以上学历174人，毕业生367人。

【启动群众路线教育实践活动】 3月26日，学校召开党的群众路线教育实践活动动员大会。于洪区区委教育实践活动第八督导组、团区委等领导及校全体教师共122人参加会议。区委督导组要求学校要重点抓好学习，听取群众意见，开好民主生活会，坚持立行立改，建立长效机制。

【举办校园戏剧节】 4月25日，学校第二届校园戏剧节开幕。戏剧节以“多元创意”为主题，演出七个节目，其中《三块钱国币》获一等奖，《秦始皇选妃》《时间都去哪儿了》获二等奖，《红楼梦》《项羽外传》《如此推销》《楚国之信使》获三等奖。

【构建校本课程体系】 2014年，学校根据学生实际需要，自主研发校本课程。每位教师参与研发，新开设包括试听类、语言类、室内和户外球类等校本课程，由原来的69个学科增至78个学科，分别在每周四第七节、第八节开设校本课。

【举行志愿军报告团教育基地挂牌仪式】 8月27日，辽宁省关心下一代工作委员会组织志愿军报告团团长金刚熙等九名老战士为学校高一新生作抗美援朝战斗事迹报告，并举行志愿军老战士报告团教育基地挂牌仪式，该校成为辽宁省唯一所志愿军老战士报告团教育基地。

【郭军被授予“中国好校长”荣誉称号】 12月12日，在2014年中国教育家年会暨中国好教育盛典上，校长郭军被授予“中国好校长”荣誉称号，是辽宁省唯一获此殊荣的校长。

（王　嫚）

沈阳矿务局中学

【概　况】 2014年，沈阳矿务局中学占地面积15736平方米，建筑面积13342平方米。图书馆藏书4万册。固定资产总值720万元。全年教育经费投入2122万元，完全由国家拨款。毕业388人，招生504人，在校生1402人，开设36个教学班。有教职员工152人，其中，专任教师133人，具有高级职称45人、中级职称72人；省级优秀教师2人，市级优秀教师12人，市级学科带头人4人、市级骨干教师12人、市名师1人、区首席教师15人；大学本科以上学历130人，其中，研究生学历30人。普通教室50个，专用教室36个，实验室3个。

【设立校长听课日】 3月1日，设立校长听课日。具体时间为每周二、周四，采用随机进课堂和提前告知相结合方式。校长走进课堂，深入教学一线，对提高教师教学积极性、促进教师专业发展、推动课堂教学改革、提高教学质量起到重要作用。

【承办高中语文备考研讨会】 3月25日，区高中语文备考研讨会在学校召开。校长以《如何快速成文》为题发言，一名教师以《如何提高高考作文素养》为题进行交流，一名教师就高考作文教学谈体会，各校教师参与讨论。来自区内各高中主管干部、教师30人参加活动。

【成立教工团支部】 4月10日，成立教工团支部。召开成立大会，明确教工团支部成立的目的和意义，并指出教工团支部是教师的交流之家、学习之家和成长之家。团员代表发言，表达遵守学校各项规章制度，锤炼业务技能、提高综合素质，为学校发展作贡献的决心。学校领导、教工团员39人参加会议。

【举办青年教师技能大赛】 4月26日—6月1日，学校举办青年教师技能大赛。35岁以下青年教师参加活动，共涉及语文、数学、英语、物理、化学、生物六个学科。每位教师上一节课，学校领导担任评委，从教师教学目标、教学思路、教学方法、情感教育、教学效果、教学特色几方面进行打分。评出一等奖8人，二等奖8人。活动促进青年教师业务水平与能力提高，有30名青年教师参加活动。

【参加区校园科技节比赛获奖】 5月4日—7月1日，参加区校园科技节比赛获奖。比赛由区教育局组织，以“崇尚科学、探索创新、挑战未来”为主题，比赛项目有纸飞机航模、动力航模、七巧板、遥控赛车等12项内容组成。分为个人赛和团体赛，学校三名学生分别获得电动飞机、科技画一等奖，两名学生分别获得创作作品、电动赛车二等奖，学校获电动飞机团体成绩一等奖，电动赛车团体成绩二等奖。

【举办廉政大讲堂】 5月9日，举办首期“廉政大讲堂”讲座。讲座以《浅谈廉政文化》为题，从廉政文化概念、特性及内涵，廉政文化历史渊源与兴起，廉政文化建设中存在问题以及解决对策四部分进行阐述，同时指出学校廉政文化建设中存在问题并给出解决对策。学校领导、青年教工、各班团支部书记220人参加讲座。

【举行秋季田径趣味运动会】 9月29日—30日，举行秋季田径趣味运动会。运动会除设立跑、跳、投掷等常规比赛项目外，还设立穿衣接力、换球接力、二人三足跑、螃蟹背西瓜、等趣味比赛项目。比赛以年级为单位，分年组进行。高一二班、高二四班、高三四班获得年组团体总分第一名。全校师生1600人参加活动。

【承办道德讲堂观摩会】 10月28日，承办沈北新区“孝老爱亲”道德讲堂观摩会。一位教师作以《孝》为题进行演讲；开展教师、学生、家长访谈节目；表演教师诗朗诵和学生演唱。1600人参加活动。

【承办区冬季长跑启动仪式】 10月31日，

承办区第八届学生阳光体育冬季长跑活动启动仪式。区教育局向全体师生宣传冬季长跑意义，倡议师生参与“阳光体育”冬季长跑运动。教师与学生代表分别作表态发言。全校师生进行冬季长跑。

（宫保贺）

沈阳市青松中学

【概　况】 2014年，沈阳市青松中学占地面积25780平方米，建筑面积20637平方米，体育场（馆）面积7892平方米。图书馆（室）藏书88280册，各类报纸杂志120种。固定资产总值2739.6万元。全年教育经费投入1478万元，其中，国家拨款1519万元、自筹经费121万元。毕业529人，招生540人，在校生1630人。高中录取分数线公费生578分，择校生615分，应届高考本科上线率62%。开设教学班40个，教职员工161人，包括专任教师155人，其中高级职称60人、中级职称73人、初级职称17人，见习教师5人；市骨干教师15人，区名师3人，区骨干教师13人。大学本科以上学历155人，其中硕士学历7人。普通教室48个，专用教室17个，实验室8个。

【承办区成人节】 4月18日，承办苏家屯区第十五届成人节。此次成人节由共青团苏家屯区委员会、苏家屯区教育局主办，主题为“以心沟通，让梦飞翔”。校健美操队表演啦啦操，戏剧社学生展示传统文化中的成人礼，家长为孩子系上代表祝福的黄丝带。教师代表发言，全体学生宣誓。

【开展群众路线教育实践活动】 5月13日，学校党支部组织全体党员开展党的群众路线教育实践活动。党支部书记罗春祥讲授题为《实心实意为师生、家长服务》的党课，与会党员教师表示，在工作中要坚持群众的主体地位，时刻把群众的冷暖安危放在心上，脚踏实地开展工作。

【参观国际茶产业博览会】 6月2日，学校茶道社团成员到沈阳市国际会展中心举行的中国（沈阳）国际茶产业博览会参观学习。社团成员参观来自海内外58个名茶产区的近380家茶企展示的传统茶系、茶具工艺品、茶业机械、茶叶包装等。

【开展送教下乡活动】 6月13日，参加由苏家屯区委统战部、民革苏家屯支部组织的送教下乡活动。校长一行六人到白清九年一贯制学校，向学生捐赠书包、跳绳等文体用品，青松中学教师上一节人生规划课，校长就中招工作为九年级的学生和家长做现场咨询与讲解。

【参加北京训练营活动】 8月1日，学校11名学生到北京参加为期六天的2014年“优普模拟大学”训练营活动。学生参观长城、鸟巢水立方、清华大学校园、北京大学校园、中国科技馆、中国国家博物馆，了解首都悠久的历史和文化，与北京大学、清华大学、中国人民大学的在校学生交流。

【承办区啦啦操培训活动】 9月18日—19日，承办苏家屯区中小学啦啦操培训活动。活动聘请国际啦啦操裁判员、国家金牌级导师金晓阳及于飞、高明川、曲泽鑫三位国家级导师作培训教练，分别从基础理论、规则学习、裁判及套路教学方面对全区中小学体育教师、舞蹈教师进行培训。

【启动“青蓝工程”】 9月19日，召开以“青蓝工程”为主题的青年教师成长社团启动仪式。成立青年教师成长社团，师傅代表、青年教师成长社团负责人分别发言，校长鼓励青年教师坚持梦想，勇于实践，争取成长为一名专业过硬的阳光教师。

【在市级研讨会上作交流】 10月22日，在市教育局、市教育研究院主办的沈阳市中小学中华优秀传统文化教育交流研讨会上，校长关英作题为《给学生幸福一生的教育》的经验交流，汇报学校开展中华优秀传统文化教育工作的实践体会，受到与会市区教育局领导和各校领导的好评。

【举办心连心大型公益活动】 11月2日，学校与心境界TA18团队联合举办以“构建爱的世界”为主题的心连心公益活动。TA18团队为学校30名品学兼优的高一学生每人发放500元助学金。高一部分学生及家长、教师参加活动。

【开展传统文化教育】 学校邀请著名传统文化学者、孝道资深研究者吴一孝到校作讲座，全校教师及300余名学生和家长参加。选派教师参加明明德孔子学堂传统文化学习活动，听取韩国教授金容沃的讲座《孔子的核心思想》。在第四届全国传统文化进课堂教学研讨会上，教师李艳所执教的《百善孝为先》一课荣获全国录像课一等奖、课堂教学二等奖。

（张晓红）

辽中县第二高级中学

【概　况】 2014年，辽中县第二高级中学占地面积9万平方米，建筑面积3.1万平方米，绿化面积4万平方米，操场面积1.8万平方米，球类场地7500平方米，文化广场1.5万平方米，体育馆923平方米。图书馆藏书6万册，电子图书12万册。固定资产总值5115.7万元。全年教育经费投入3019.4万元，其中，国家拨款2866.2万元、自筹经费153.2万元。学校有教学班36个，在校生1725人，其中住校生1086人，毕业生551人，高考升学率达98%以上。有教职工171人，其中专任教师121人，均本科以上学历。教职工中，在职研究生学历25人，具有中学高级职称63人，中级职称88人；全国模范教师2人、省专家型校长1人、省级优秀教师3人、省普通高中课程改革工作先进个人1人、市教育专家1人，市级骨干教师19人、市名师3人、市优秀教师1人。普通教室36个，专用教室15个，实验室5个。

【召开班主任培训会】 3月14日，学校举办班主任培训会。心理咨询教师作关于学生考试的心理辅导培训，通过案例引导教师分析学生产生厌学、焦虑的原因，了解学生情绪变化，调整学生的学习情绪，帮助学生改变心态、快乐学习。

【开展构建增值课堂听评课活动】 3月—5月，学校开展构建“以学为本”增值课堂教学听评课活动，旨在使任课教师全面理解“以学为本”增值课堂的内涵。活动结合具体案例，研究如何构建“以学为本”的增值课堂；明确新课程标准下的模块教学要求，实现学生实践能力、探究能力和创新精神的培养目标。在学校领导、年级组长、教研组长、备课组长及全体任课教师的组织与参与下，基本实现听评课方案预定的目标。

【举办消防安全知识培训】 4月11日，县消防大队一中队一行三人到校，对师生进行消防安全知识培训。培训的主要内容包括学校防火重点区域、校园防火注意事项、发生火灾的应对办法、灭火器的使用、家庭防火注意事项等。

【召开教育实践活动动员会】 4月16日，党的群众路线教育实践活动动员大会在学校会议室召开。会议明确开展党的群众路线教育实践活动的意义、目标要求、工作步骤等，与会人员对学校领导班子及成员作风建设情况进行民主评议。会议标志着学校为期三个月的党的群众路线教育实践活动全面启动。

【承办全民读书月赠书仪式】 5月19日，由县文明办主办，团县委承办的“读书增智文明知礼”辽中县第六届全民读书月赠书仪式在校举行。活动中，学生代表宣读倡议书、参会领导为学生代表赠书，并开展“阅读，让青春更美丽”读书分享会。累计为县各高中学生发放书籍2300本（含电子读书卡），价值六万余元。年内，学校被评为沈阳全民读书月书香校园。

【举行18岁成人仪式】 5月20日，举行以“青春孕育希望 责任成就未来”为主题的18岁成人仪式。团县委、县教育局相关领导，学生家长代表及学校师生参加活动。高二年级555名18岁学生迈入成人门。学生代表深情朗诵《十八岁畅想曲》。学校领导、家长、教师向成人学生行加冕礼、赠送《宪法》及成人纪念手册。

【参加全国啦啦操联赛】 11月1日，在2014—2015年全国啦啦操联赛暨中国啦啦之星争霸赛中，学校代表队以668分的总成绩荣获“2014—2015年全国啦啦操联赛暨中国啦啦之星争霸赛”中学乙组集体技巧初级自选动作混合组第一名；教师杨柳、张海洋被授予优秀教练员荣誉称号。

（刘海月）

康平县高级中学

【概　况】 2014年，沈阳市康平县高级中学占地面积8.6万平方米，建筑面积5万平方米。有多媒体教室95个，微机室8个，理、化、生实验室各9个，专用馆室8个。图书馆藏书12.5万册。有60个教学班，在校生3000人，教职工262人，专任教师190人，其中省优秀教师3人，市名师3人，省市骨干教师20人；中学高级教师88人，硕士研究生及在职研究生56人。

【举办成人礼】 4月，举办以“学会感恩与爱共成长”为主题的18岁学生成人礼。全校835名18岁学生面对国旗，庄严宣誓，学生代表发表成人感言，家长和教师代表先后致辞勉励。县委宣传部、县文明办、团县委、县教育局与学校领导为18岁学生颁发成人章和纪念书籍《有一种爱叫感恩》，学校党委书记讲话。

【开展共建活动】 6月，学校与山东屯九年一贯制学校开展结对共建活动。全校教师捐赠科普、学校管理等方面书籍500余册，捐赠广播系统设施器材价值1.5万元，学校定期选派骨干教师到该校进行教学指导。这是学校作为省文明单位开展的“七个一”（“一堂、一队、一牌、一桌、一传播、一榜、一共建”）创建活动之“一共建”活动。

【举办教师说题大赛】 9月，举办教师说题大赛。要求教师通过对近三年来辽宁高考试题的研究，结合《新课程标准》和《高考考试说明》，从出题意图、考点分析、题目设问、答案设计、解题思路、教学策略等方面进行说题。38名教师参赛，7人获得一等奖。

（王景伟）

民办教育

MINBAN JIAOYU

民办教育

2014年，沈阳市有民办学历教育学校70所，在校学生7.1万人，教职工总数5760人。其中，民办普通中小学39所，在校生6.1万人，教职工总数3899人、专任教师2597人，校舍占地总面积98.7万平方米，固定资产总值5亿元；民办中等职业学校31所，在校学生1万人，教职工总数1861人、专任教师1086人，校舍占地总面积62.2万平方米，固定资产总值1亿元。2014年，全市民办高中毕业生10500人，其中民办普通高中8500人，民办中等职业学校2000人；全市义务教育阶段民办学校在校学生41945人，小学12364人，初中29581人。

开展民办学校检查评估工作。3月25日—5月6日，对全市民办学校2014年度综合办学情况进行评估检查。评估总分设100分，70分及以上为“合格”，给予正常办理许可证年检和招生；60—69分之间为“基本合格”，限期三个月整改，整改期满经复查符合规定的，允许办理许可证年检和招生；59分以下为“不合格”，整改期为一年，暂停招生，整改期满经检查仍不合格的，停止招生并不予换发新办学许可证。共评估61所学校，其中，59所学校合格，2所学校基本合格，评估结果在全市进行通报。

开展民办普高学业成就增值评估工作。印发《关于沈阳市民办普通高中开展学生学业成就增值评估的通知》，全市17所民办高中的学生6881人参与评估。文理合计一本以上实现率，省示范高中为158.9%，市重点高中为1060%，一般高中为233.33%。结果显示，市重点高中的实现率最高，民办高中教育教学质量有待于提高。

开展民办学校财务审计工作。通过政府采购渠道，委托辽宁恒信达会计师事务所对全市民办学校2013年度资产和财务情况进行审计，并出具审计报告。共审计68所学校，其中民办普通中小学39所、民办中等职业学校29所。2013年度沈阳市民办学历教育学校固定资产总值达6亿元，累计收入10.5亿元、支出13.750亿元，收支基本平衡。

推进民办中小学课程改革。11月下旬，沈阳市民办中小学课改典型推介会在沈阳市绿岛学校召开，绿岛学校推出八个年级、八位教师的课改观摩课和推介课。全市37所民办中小学校的校长、教学副校长及相关学科（语、数、外）教师，300余人参加观摩。

规范民办学校办学行为。面向全市民办中小学、民办中等职业学校开展清理整治违规联合办学专项检查活动。主要检查在办学过程中，是否存在与企事业、社会团体及其他社会组织、个人等联合办学或合作办学行为，以及发布招生广告（简章）与市、区教育局备案内容是否一致等。检查工作分自查、检查、整改和复查四个阶段。

启动民办学校许可证换发工作。根据《沈阳市民办学校办学许可证管理办法》有关规定，启动民办学校办学许可证换发工作，全年共为60所民办学校换发新证，为11所学校办理延期手续。对民办普通高中和职业学校2014届10500名毕业生进行信息核对、毕业证验印。

（王立华）

民办教育学校

沈阳儿童活动中心

【概　况】 2014年，沈阳儿童活动中心占地面积17000平方米，建筑面积26000平方米，内设武道场、乒乓球馆、体操馆、篮球馆、击剑馆、合唱活动室等各类培训课室约70间，设有音乐智能开发、肢体智能开发、视觉智能开发、语言智能开发、多元智能开发、早期智能开发等六大类70多个培训项目。全年为春秋两季招生，针对全市0—14岁少年儿童开展各种校外实践活动和兴趣培训，年培训量突破9万人次，一线授课教师近200人。同时建有沈阳儿童活动中心实验幼儿园、儿童室内大型游乐和活动场馆儿童欢乐谷、蓓蕾剧场和木偶剧场、专业录音室1个。

【开展盛京娃娃同乐汇活动】 开展“共享蓝天，共筑中国梦”辽宁省暨沈阳市庆祝“六一”国际儿童节——第二届盛京娃娃同乐汇活动。学生在“中华民俗体验活动”中跟着民间艺人学习捏面人、做草编、吹糖人等；在少儿长卷书画活动中描绘自己的梦想；在“巧手制作体验活动”中扮演小厨师，亲手制作奶油蛋糕和糯米粽子；欣赏木偶戏、体验时尚科技游戏。省委常委、总工会主席赵国红，市委常委、市委副书记邢凯，省妇联主席许波等领导出席活动。

【“童心飞扬”教学汇报展演】 11月8日，历时三周的2014年第五届“童心飞扬”教学成果汇报展演落下帷幕。展演共分为文体部的“炫舞·尚武”，舞蹈部的“舞颂沈阳”，音乐部的键盘专业展演、民乐及声乐专业展演，表演部的“阳光·小荷”汇报展演，早教部的“花儿朵朵向太阳”六场展演，共60余名教师、1700余名学员参加。汇报演出邀请电视台导演、大专院校和专业团体的专家，为各场演出进行指导点评。

【举办少儿新年晚会】 12月31日，在沈阳广播电视台演播大厅举办“共享爱的阳光”沈阳市少儿新年晚会。参演人员和观众有送教下乡的学生、在中心学习的农民工子女、贫困儿童、轻度脑瘫和自闭症儿童以及艺术团的小学员们300余人。辽宁省妇联、团省委、市委办公厅、市政府办公厅、市总工会、市直机关工委、市教育局、市妇联、团市委、市广播电视台、市残联、市文广电局、市关工委及省宫协、省市音乐家协会和舞蹈家协会、省市区青少年宫的领导一同观看演出。

【爱心艺术培训基地开展活动】 “流动花朵”爱心艺术培训基地是中心专门为农民工和贫困

家庭子女打造的艺术学习平台。2014 年，接待 200 名农民工和贫困家庭子女，帮助他们免费学习音乐、舞蹈、书法、美术等专业。

【开展艺术送教下乡】 2014 年，中心书画部教师何丹，音乐部教师耿鑫、徐宁，舞蹈部教师华桑，表演部教师陈白夕，每周到苏家屯十里河九年一贯制学校为乡村儿童义务上艺术课。11 月，中心为苏家屯十里河九年一贯制学校幼儿园送去数十套演出服，以及宣纸、绘画颜料、笔、书籍等学习用品，并与学校艺术特长学生进行座谈。此项活动已连续开展三年。

【开展自闭症脑瘫儿童音乐康复训练】 2014 年，每周三定时为自闭症、脑瘫孩子做系统的音乐训练。根据自闭症儿童的不同特点，在教学中运用奥尔夫音乐、手指游戏等培养其学习兴趣，提高技能。经过两年持续有效的音乐康复训练，爱心班特殊儿童均有不同程度的进步。19 岁的张原郡，在 2014 年第十届优秀特长生辽宁赛区钢琴比赛中获中学组特殊表演二等奖，在沈阳市“共享爱的阳光”少儿新年晚会上，演唱《烛光里的妈妈》。学员汤智猛登上《梦想中国秀》的舞台。

【举办心理健康讲座】 2014 年，在沈河区文艺二校开展“老师家长角色转换”专题讲座，和平区南昌中学为初三学生作《中考前心理放松训练》讲座；走进沈阳福利院、于洪区阳光尚城社区为儿童做“我的梦想”团体沙盘；到沈阳空管技术有限公司、和平区英才中学等企事业单位作《家长的发展与子女的心理健康》公益讲座。

【开展“心手相牵、共助成长”爱心活动】 2014 年，与市环保局联合开展沈阳市绿色成长计划之“百千万”青少年绿色行动——环保木偶剧进校园公益巡演活动，创作演出《地球妈妈的绿衣裳》《西游记后传——美丽的花果山》《卖空气的小狐狸》《喜洋洋与灰太狼》等多部反映环保题材的木偶剧。2012—2014 年，深入省内外城市、乡村学校、幼儿园演出近 300 场，10 余万少年儿童观看演出，开展环保教育。

（文碧桂　宋　刚）

沈阳兴华实验学校

【概　况】 2014 年，沈阳兴华实验学校占地面积 11000 平方米，建筑面积 8000 平方米，教学班 32 个，在校生 1758 人，教职工 110 人，专任教师 83 人。区优秀教师、优秀班主任、优秀德育工作者 36 人，市优秀教师、骨干教师 6 人。教师本科以上学历达 100%。

【倡导学生书写成长日记】 学校提倡学生坚持写成长日记。在日记中，学生们自我要求、自我践行、自我总结、自我评价，自我激励，规范自己的思想和言行。班主任在日记中与学生对话，给予学生指点、支持、鼓励。成长日记成为师生情感融合的纽带。

【推进有效课堂】 2014年，学校提出“教为主导，学为主体，以学定教”有效课堂指导思想；确定有效课堂基本标准：即动手、动口、动脑；乐学、善学、会学、讲重点、讲易错点、讲思路方法、讲归纳总结。学校初步形成新授课、复习课、习题课、试卷讲评课四种课型的课堂构架，形成以“导学案”为依托的问题导学教学模式。4月，围绕“让高效课堂更生动”主题，组织全校教师集中研讨。9月，邀请于洪区教研室教研员作题为《脚踏实地搞课改，优化课堂提效益》的报告。10月，组织教师围绕“问题导学”集中进行设计与实施。

【开展艺术节活动】 5月4日，举行纪念“五四青年节”暨“中国梦·兴华欢歌”校园艺术节启动仪式。活动历时一个月，开展书法、绘画、摄影、写作等各项比赛、作品展览等活动，全面展现学校素质教育成果。

【开展教师成长培训月活动】 6月，学校开展教师成长培训活动，通过组织培训引导教师专业成长。邀请专家讲解通过联想快速记忆英语课文的技巧，组织教师观看美国电影《热血教师》，学习《55条班规》，组织观看北京广渠门中学优秀班主任高金英报告会。

【改善校园环境】 2014年，学校投资百万元实施校园环境改善工程，修整操场，粉刷楼内外墙壁，对走廊、教室地面铺设地胶，更换桌椅，校园面貌焕然一新。

（杨继天）

沈阳市拔萃私立中学

【概　况】 2014年，沈阳市拔萃私立中学占地面积20000平方米，建筑面积11415平方米，体育场面积10000平方米，图书馆藏书3万余册，各类报纸、杂志8种。固定资产总值389万元。全年教育经费528万元。毕业506人，招生469人；在校生1286人，其中，寄宿生354人。开设教学班20个。有教职工62人，专任教师40人，其中，具有中学高级职称3人，中学中级职称13人，中学初级职称14人；大学本科以上学历45人。学校有普通教室20个，专用教室6个，实验室3个，室内体育馆1个。

【举行教学研讨会】 5月25日，举行教学研讨会。四位教师从教育理念、教学方法、职业信仰方面介绍个人经验，学校提出近期教学工作目标。全校50余名教职工参加。

【组织教学示范课活动】 9月24日—12月25日，学校开展优秀教师教学示范课活动。教师姜洪军、任延鹏、阎姗姗、刘丽娜、杜学鑫分别作公开课展示，全体教师参与听课、评课和讨论，教师听课一百余节次。

【优秀毕业生杜海涛回校演讲】 11月9日，举办优秀毕业生演讲活动，现湖南卫视快乐大本营主持人杜海涛作为校优秀毕业生代表以《在理想面前，我们都一样》进行演讲，勉励在校学生不忘理想，坚定信念。全体师生1200人参加。

【举办知识竞赛】 12月17日—18日，学校团委和学生会共同举办大型娱乐益智类竞技比赛——“谁是拔萃知识王”。竞赛采取循环问答和淘汰问答两种模式，分为必答题和选答题两种类型，学校师生共1200人参加。

（闻晓曼）

沈阳市绿岛学校

【概　况】 2014年，沈阳市绿岛学校占地面积40072平方米，体育场（馆）面积32000平方米。图书馆（室）藏书35000册。全年教育经费投入260万元，全部为自筹资金。毕业514人，其中小学163人、初中162人、高中189人；招生371人，其中小学103人、初中110人、高中158人；在校生1811人，其中小学756人、初中390人，高中665人。寄宿生1811人。开设教学班48个，其中小学班21个、初中班12个、高中班15个。有教职工144人，其中具有高级职称35人、中级职称46人；市级骨干教师7人，区级骨干教师22人；大学本科以上学历130人。普通教室60个，专用教室40个，实验室7个。

【通过民办教育年检】 4月1日，沈阳市民办教育管理督导检查组到校检查工作。检查组查看档案、实地考察基础设施，听取安全工作、规范办学、师德师风汇报，观看“国学传承文明，经典浸润人生”主题国学诵读表演。督导检查使学校在规范办学、安全办学等方面明确工作方向。检查综合排名居沈阳市民办学校第四位。

【举行清明烈士陵园祭扫活动】 4月9日，在沈阳抗美援朝烈士陵园举行“不忘历史，向英雄致敬”主题公祭活动。师生通过默哀向革命烈士表达哀思，学生代表号召大家发扬革命传统，立足本职岗位，报效祖国，服务社会。各班在烈士陵园召开“不忘先烈遗志”主题班会，学生讲先烈故事、说体会，表达宏远志向。非毕业年级全体师生参加祭扫活动。

【举办美国大学本科奖学金项目说明会】 6月25日，美国内布拉斯加科尼州立大学（简称UNK）校方代表团到校举行UNK本科奖学金项目说明会。旨在为沈阳市高中生提供赴美国留学机会，该项目可使学生享受UNK特别提供的本科四年26—27%的奖学金（学费减免）及相关后续跟踪服务。UNK发言人介绍学校基本概况和入学标准，学生针对自己关心的问题进行提问。

【开展教师读书活动】 6月—12月，开展“生命因阅读而幸福，教育因执著而精彩”教师读书活动。召开教师读书心得交流会八次，22名教师在会上发言。教师畅谈读书对全面实施素质教育、加强学生的思想道德建设、提高教学质量、培养学生的创新精神和实践能力的重要意义。

【承办市民办教育协会年会】 11月27日，学校承办沈阳市民办教育协会第八次基础教育专业委员会年会。举行轮值主席学校交接仪式，邀请省特级教师、市教育研究院义教中心副主任李天舟作题为《分析现状，找准位置，寻求突破——对民办学校备考的一些思考》讲座。全校各年级开放课堂，48位教师进行生本课堂展示。

【开展社团活动】 2014年，学校对社团活动提出明确要求，确保活动时间，丰富活动内容，充分体现活动的选择性、自主性、实践性。学校设置社团28个，学生参与近800人，每学期末进行社团活动成果展示。

（张 妍）

沈阳市新民雨田实验学校

【概 况】 2014年，沈阳市新民雨田实验学校占地面积50222平方米，建筑面积43455.69平方米，体育场（馆）7573.25平方米。图书馆（室）藏书2万册，各类报纸12种，杂志23种。固定资产总值68327万元。全年教育经费投入5627万元。毕业656人，其中，初中426人、小学230人；招生743人，其中，初中503人、小学240人；在校生2000人，其中，初中1460人，小学640人；寄宿生1020人，其中，初中730人、小学290人。开设教学班46个，其中，初中30个班、小学16个班。有教职工165人，包括专任教师135人，其中，具有副高级职称3人、中级职称125人；市级优秀教师5人；大学本科以上学历135人。普通教室86个，专用教室12个，实验室5个。

【举办迎新年庆祝活动】 1月1日，小学部举办迎新年庆祝活动。学校领导致贺词，师生上台表演节目。歌舞类的节目有《中国红》《庆丰收》《黄土高坡》等；小话剧类节目有《今天我是值日生》《狼和山羊》《我们是朋友》；相声有《吹牛大王》《猜谜语》；乐器演奏有二胡、小提琴、笛子等独奏。还进行了硬笔书法、软笔书法、绘画、雕刻、小制作等作品展览。教师、学生及家长1230人参加活动。

【迎接沈阳市民办教育检查评估】 3月24日，沈阳市教育局民办教育检查组来校检查评估2013—2014学年度工作。检查组听取学校关于《深化学校内涵建设树立学校新形象》汇报，检查教师教案、学生预习笔记、家庭作业，查看学校文化建设，召开教师代表、学生代表座谈会，了解学校规范办学情况，并观看学生才艺展示。检查组对学校的变化和发展予以肯定。

【教师教学基本功训练】 4月2日，初中部开展“强化教师教学基本功训练”主题教学活动。明确《教师课堂教学常规》《学生课堂常规》《教学设计要求》《作业布置批改要求》《教师劳动纪律管理办法》的要求和标准；开展骨干教师引路课、备课组长研讨课、青年教师汇报课、全体教师公开课等调研活动。上课81节，听课 1020 人次，人均听课 15 节，涌现出八名教学新秀，四对“以老带新”优秀典型。

【召开高效课堂建设研讨会】 4 月 10 日，与盘锦市榆树学校、新民市大柳屯学校联合召开高效课堂建设研讨会。学校介绍高效课堂建设开展情况；参会人员到课堂听课，并与听课教师交流，围绕高效课堂建设内容、模式、存在问题展开讨论。三所学校结为高效课堂建设联谊校，研讨会对学校“512 课堂教学模式”给予肯定。来自盘锦榆树学校、新民大柳屯学校领导教师共 45 人参会。

【建立教师考核机制】 7 月 15 日，学校构建新的教师考核机制，对教师进行业务水平考核。组织全体教师进行教材、教法考试，不达标的教师需补考，补考不合格，调离工作岗位；班级家长委员会成员组织对班主任教师的测评工作，评价分五等，得分低的教师不能连任班主任。

【迎接非民办企事业单位规范化检查】 11 月 13 日，沈阳市民政局非民办企事业单位规范化检查小组到校检查工作。检查组听取学校关于《抓规范化建设保学校健康发展》的汇报，了解学校遵守国家法律法规和政策的情况、按照章程开展活动以及财务管理的情况，查阅档案资料，召开教师和学生座谈会，观看学生的才艺表演和作品展览。检查组对学校工作给予肯定，认为学校为沈阳市非民办企事业单位规范化建设提供可借鉴经验。

【开展学校联谊开放日活动】 12 月 23 日，小学部组织以“共同托起明天的太阳”为主题的家校联谊教育开放日活动，630 名学生家长到校参加活动。学校作题为《搭建学校与家庭沟通桥梁》的报告。家长分别到孩子所在班级参加语文、数学、英语学科课堂教学活动；收看孩子在校学习生活短片，参加“妈妈，你了解我们吗？”的主题班会。

（张荣彦）

法库县德华私立学校

【概　况】 2014 年，法库县德华私立学校迁入柏家沟新校区。新学校占地面积 36000 平方米，建筑面积 15000 平方米，建设有教学楼、公寓式男女宿舍楼、标准化实验楼、学生食堂。学校图书馆藏书 3 万册，专设阅览室供学生课外读书。在校生 610 人，设 18 个教学班，有教职工 58 人。

【开展分层教学】 2014 年初，启动分层次教学，即分类要求、分别指导、分层推进，确保全体学生各有所获。年内，徐龙飞、张笑尘、王思辰、宁玉启等同学以优异成绩考入东北育才学校。

【开展养成教育】 3 月 1 日，开展“五个能力”教育活动，分别于 3 月 17 日和 9 月 17 日，进行两次“五个能力”知识测试。12 月 25 日，举办“一日流程”家长观摩活动，家长深入教室、寝室和学校食堂，观摩学生日常生活、行为习惯以及教学情况。

【校本课程建设】 2014年，学校开设奥数、奥英、竹笛、葫芦丝、电子琴、舞蹈、足球、乒乓球等特长班，乒乓球队参加全县乒乓球比赛获团体第二名。

【开展英语特色教学活动】 3月1日，召开英语教师和班主任教师座谈会，研究确定年度英语教学目标和方向。年内，按照“教材内打基础、教材外拓展，扩大词汇量，加强日常用语和口语交流训练”的教学策略，推进英语学科教学，每月开展英语活动，各班每天利用一节课时间学习英语，学期末向家长展示。

（周　航）

特殊教育

TESHU JIAOYU

特殊教育

2014年，沈阳市有特殊教育学校14所，分布在10个区县（市），其中培智类学校5所、聋学3所、盲校1所、综合类特教学校5所，专任特教教师422人。在特教学校就读的残疾学生1302人（含6–14岁712人），普通学校随班就读学生476人，送教上门学生36人。2014年，全市特教学校投入经费6222万元，其中，资源教室建设经费140万，资源中心建设经费275万，购置设备专项经费5807万元。

申报国家特殊教育改革实验区。10月，皇姑区、铁西区申报国家特殊教育改革实验区，通过推进随班就读实验，探索沈阳市特教改革的相关配套政策，以此推动和建立健全沈阳市特殊教育保障机制和工作机制。

制定沈阳市特殊教育提升计划实施方案。结合国家《特殊教育提升计划（2014—2016年）》和辽宁省《特殊教育提升计划》，市教育局协调相关部门起草《沈阳市特殊教育提升计划实施方案》。

特殊教育干部教师培训。4月，市教育局委托北京师范师大学教育学部培训学院对全市特教学校骨干教师进行特教专业教师体验培训。9月，组织全市随班就读试点学校校长、资源教师在华东师范大学开展随班就读学校资源教师培训。12月，组织全市培智类特教学校骨干教师到哈尔滨医科大学参加第二期中国儿童孤独症康复训练师培训班。

（葛　超）

特殊教育学校

沈河区启智实验学校

【概　况】　2014年，沈河区启智实验学校占地面积3280平方米，建筑面积2700平方米，图书馆藏书7853余册，固定资产总值675万元，全年教育经费投入370万元，是一所集基础教育和职业教育于一体的特殊教育学校，2003年成为省特殊教育标准化达标单位。基础教育73人，开设教学班8个，另设“阳光之家”职业教育部。有教职工26人，包括专任教师25人，其中副高级职称2人、中级职称21人；省级骨干教师1人、市级骨干教师4人、学科带头人1人、优秀教师1人、区级骨干教师15人，本科以上学历18人。研发校本化开发课程、康复训练和个训指导，有专业的康复训练设备，专用教室25个。曾获沈阳市平安校园、舞蹈全国启智奖、国家级特奥先进单位等称号。

【市交警支队团委到启智慰问】　3月5日，沈阳市交警支队团委一行七人到校看望慰问智障儿童。支队团委的交警讲解道路交通安全防范知识，向学生赠送学习文具等礼物。

【开展集善助教图书捐赠活动】　3月26日，沈阳市残疾人联合基金会与学校联合举办“爱润书香”集善助教图书捐赠慰问活动。在启动仪式上，大连理工大学沈阳教学基地、辽宁大学教育培训中心、沈阳音乐学院教学第四党支部、铁西区滑翔小学、狮子会般若服务队等爱心单位向启智学生捐赠图书2566册。

【开展超市实践活动】　4月19日，开展家乐福超市实践体验活动。根据智障儿童的不同特点，学校每学期都开展以认知、实践、体验为系列主题的“学生超市购物”实践体验活动。活动结合不同年级、班级学生特点、能力水平，教师提出不同层次的要求。培养智障学生的生活自理能力和社会交往能力。

【开展教学研讨活动】　4月14日—21日，以“有效教学”为主题，以“关注课堂，提升教学有效性”为理念，组织各学科开展教学公开课活动。上公开课16节，全校20位任课教师参与。教研活动凸显自制教具、课件多媒体的应用在智障学生教学中的直观展示，进一步锻炼学校教师队伍的施教能力。

【举行校特奥运动会】　4月29日，举行学校第十一届特奥运动会。运动会以“勇敢尝试，争取胜利”的特奥精神为理念，以趣味、田径、游戏相结合的形式，充分体现快乐参与的活动宗旨。开幕式上，运动员代表讲话并带领全体特奥运动员庄严宣誓。沈河区地税局局长及青年志愿者应邀参加运动会。

【接待加拿大友人来访参观】 5月21日，加拿大特殊儿童心理康复专家 Valerie Roodbol 女士到校进行访问。了解学校的校园文化建设、康复设施设备配置、教育教学与康复训练、师资力量配备等情况，介绍加拿大在特殊教育方面先进的教育理念和融合的办学模式，希望与学校建立长久的友谊。

【荣获省残疾人文化艺术作品展优秀组织奖】 8月20日，参加辽宁省“残韵之美”残疾人文化艺术作品展览会。学校参展百余件学生制作的陶艺、手工串珠编织、丝网花、纸巾盒、笔筒、串珠圣诞树等手工制品。学校荣获辽宁省残疾人文化艺术作品优秀组织奖。

（文碧桂　周静玉）

铁西区聋人学校

【概　况】 2014年，铁西区聋人学校建筑面积4854平方米，设有多功能体育馆，书法、美术、舞蹈、微机、面点、摄影、扎染等专业教室，藏书1.5万册，有教职工29人，中学高级5人，中学一级（含小学高级）20人，其中全国优秀教师1人，省学科带头人1人，市名师、市学科带头人、市区骨干教师13人，省市级优秀课教师15人。

【办学特色】 学校以“大爱有声”为理念，以“为学生的幸福人生奠基”为办学宗旨，以“爱”为起点，“生命教育”为主线，将“自理、沟通、生存”三种能力的培养为落脚点，大力塑造“爱必真，业必精”的教风，初步形成“以康复教育为基础，以艺术教育为载体，以职业教育为核心”的办学特色。

【开展手语推广活动】 11月1日，由市残联发起，学校主办的中国手语培训系列活动在铁西万达广场举行。活动的主题为“手语传爱 让爱发声”，旨在让健听人了解无声世界的语言，为和谐社会传送无障碍沟通的纽带。现场五名专业教师义务参与，用标准的手语对健听人进行细致耐心的指导。

【参加艺术展演】 12月23日，组织师生参加市残联在盛京大剧院举办的“梦想绽放 我心飞翔”沈阳爱心助残新年联欢会汇报演出。30人参演的手语舞《隐形的翅膀》和22人参演的情节舞《最好的未来》，赢得市领导及观演嘉宾的赞誉，并代表全市特教学校参加沈阳市中小学生新年音乐会演出。

【参观游学活动】 9月12日，组织全校师生到沈阳市残疾人现代产业技能培训基地进行参观。师生参观葡萄园、苹果园、鱼塘、家禽养殖区，品尝基地自产的无公害午餐，拓宽师生视野，学生感受到政府对残疾人事业的支持和投入、对残疾人生活的体贴和照顾。

（杨继天）

皇姑区聋人学校

【概　况】 2014年，皇姑区聋人学校占地面积11796.9平方米，建筑面积5192平方米，体育活动场地6100平方米，图书馆藏书8500册，普通教室18个，专用教室33个，在校生125人，其中，寄宿生68人。开设教学班13个，有教职工52人，其中，具有副高级职称13人、中级职称30人，省级学科带头人1人、市级骨干教师5人、大学本科以上学历29人。

【承办爱心助学捐赠仪式】 3月20日，皇姑区总工会、区教育局和市职工爱心慈善基金会主办的爱心助学"希望之光"冠名基金捐赠仪式在校举行。来自全区60个学校工会代表现场捐款13.3万元，受助学生代表发言，市、区相关领导及百名困难家庭优秀学生代表参加活动。

【开展医教结合活动】 4月14日，沈阳医学院附属中心医院、皇姑聋校开展耳聋基因检测活动。医疗专家为聋生提取DNA，根据检查结果制定遗传学指导方案，将耳聋的发生由被动治疗转为主动预防。

【举办助残日主题活动】 5月18日，学校举办"大爱希音 润物无声"助残日主题活动。活动分为特长展示和师生作品展示两部分，展示学生陶艺、书法、剪纸、手工、服装设计、茶艺、模特、面点、色彩静物与写生、装饰画等作品。

【加强教师队伍建设】 4月17日—27日，学校组织六名骨干教师参加由市教育局举办的北京师范大学特教骨干研修班。6月12日，学校举行教师基本功和基本技能展示活动，活动包括教学设计、课件、说课、微课、板书、简笔画、手语、普通话、教学反思、个别化方案、语训、职业技能、多元评价、才艺表演，20余位教师参加。

【承办捐赠活动】 8月28日"水之源 爱滋生"积善助教捐赠慰问活动在学校举行，深圳市世纪丰源饮水设备有限公司、沈阳斯达特机械设备有限公司向学校捐赠饮水设备。

【参加省残疾人运动会】 9月11日，学校组织部分师生参加辽宁省第十二届残疾人运动会，其中，男子100米、4×100米、女子游泳、男子足球等项目分获3块金牌、5块银牌、3块铜牌。

【举办趣味运动会】 10月11日，举办师生趣味运动会。两位同学表演《炫舞拉丁》，2008年北京残奥会开幕式《星星你好》演出成员表演大型团体操《共享蓝天 实现梦想》，教师团队表演集体舞《心中的小苹果》，体育特长生表演《花式跳绳》。省、市、区残联及市区教育局相关领导及学生家长参加活动。

【承办市特教岗位技能培训】 11月17日，2014年沈阳市特殊教育岗位任职资格专业技能培训班在学校开班。培训历时五天，省、市专家做五次参与式专题讲座，学校作四节示范课并展示校本课教研活动。

【参加市首届聋人手语大赛】 12月15日—

17 日，学校组织教师参加高诚杯沈阳市首届聋人手语大赛。大赛分为专业组与业余组两个类别，分预赛、复赛和决赛，学校五名教师进入复赛，两名教师进入决赛。

（李　巍）

大东区培智学校

【概　况】 2014 年，沈阳市大东区培智学校占地面积 2200 平方米，建筑面积 2400 平方米，有教学班 10 个，设有小学部、中学部、职业教育部。在校生 115 人，有教职工 49 名，其中特教专业毕业 10 人，本科毕业 32 人、大专毕业 16 人。市教育专家 1 名、省优秀教师 2 名、市首席教师 1 名、市名师 1 名、市骨干教师 5 名，教师均通过特殊教育岗位培训。拥有学生书籍 12800 册，教师用书 4600 册。普通教室 10 间，专用教室和各种功能室 26 间。

【开展送温暖活动】 3 月 5 日，九年一班学生与大北社区“阳光之家”（“阳光之家”是 18 岁以上智障孩子活动的场所）的孩子共同开展送温暖活动。校领导代表学校为“阳光之家“的每个孩子送上礼物，孩子们在一起交谈、游戏，跳起手语舞《感恩的心》，合唱歌曲《学习雷锋好榜样》。

【开展适应性体育课程观摩活动】 3 月 24 日，香港浸会大学教授叶希活、教授冯莲娜及北京体育大学教授卢雁来到培智学校，对学校开展适应性体育课程进行观摩和指导。两位授课教师精心设计的授课环节和环保教具得到好评。学校开展的适应性活动课程从学生身心发展出发，因材施教，对学生的体能及智力发展起到促进作用。

【迎接市教育局调研】 3 月 26 日，市教育局、市装备中心领导来到学校，对特殊教育学校康复设备使用情况进行调研。调研组实地考察校园环境，参观康复、肢体矫正等专用教室，查看康复设备的使用情况，询问残疾儿童在校情况和康复效果，听取校长的工作汇报，查阅近年内学校开展的大型活动资料，交流探讨残疾儿童治疗和康复方法。调研组表示会给予特教学校更多帮助，进一步改善学校环境、增添康复设备，确保特殊学生能接受良好的教育。

【参加市“三棋”比赛获佳绩】 3 月 29 日，培智学校一名学生作为大东区“三棋比赛”代表队成员，参加由市教育局和市棋牌院联合举办的沈阳市中小学生三棋比赛，与高中组的选手进行角逐，获得高中女子组第四名的成绩。沈阳市棋牌院院长破例为该生提供在棋盘院免费学习的机会。

【迎接省强区验收检查】 6 月 26 日，迎接省教育强区督导组对学校创建教育强区工作进行检查验收。检查组查看学校办学条件、查阅档案资料、与师生座谈，对学校的办学情况进行全面检查和评估。督导组对学校的办学理念、硬件建设，校园环境和教育教学成果给予肯定，学校顺利通过验收。

【召开首届秋季亲子运动会】 10月10日，举办首届亲子运动会。邀请“阳光之家”的师生共同参与，学校的四位校级领导担任出旗手，一名优秀学生和她的母亲担任升旗手。设计适合不同类型学生的趣味比赛项目，或独立参赛或亲子参与，激发了特殊儿童自强不息的精神，促进学生努力进行康复训练，提高身体素质。

【接受“春蕾行动”爱心捐助】 10月17日，大东区慈善总会发起的“春雷行动”爱心捐助活动在学校举行。区政府、慈善总会、教育局、区关工委领导为学校捐助三万余元，学生为来宾表演声乐、诗朗诵、腰鼓等节目，来宾积极参与节目，与师生家长共做手语舞《让爱传出去》，全校师生感受到各级领导对特殊教育事业的关爱。

【参加言语康复师高级培训班】 10月25日—27日，部分教师参加北京师范大学特殊教育学院与香港联合举办的言语康复师高级培训班学习。11月21日，组织交流活动，参训教师从评估与训练、孩童构音与音韵异常的培训及辅导、言语治疗的表现等方面为教师进行讲解。

（程　林）

新民市特殊教育学校

【概　况】 2014年，新民市特殊教育学校占地面积22000平方米，绿化面积3400平方米，生均占地面积398平方米，建筑面积2800平方米，生均建筑面积50.6平方米。生均教学及辅助用房41平方米。普通教室使用面积311平方米。图书室藏书5000册，在校生57人，其中住宿生39人。有教职工24人，大专学历8人，大学本科以上学历15人。开设教学班5个。普通教室5个，专用教室16个，实验室1个。

【成立绢花制作小组】 3月3日，学校成立绢花制作小组。小组由12名学生组成，每天上一节绢花制作课，由指定教师负责指导学生制作绢花，学习菊花、牡丹花、月季花的手工艺制作方法。工艺品厂家为教学活动提供原材料与技术支持，回收合格成品。

【做好学生体检工作】 3月19日，新民市中小学生保健所到校为学生做全面体检。对学生进行视力、沙眼、身高、体重、口腔、脉搏、血压、心率、龃齿和肺活量等常规检查。

【沈阳市教育局调研组到校调研】 3月25日，沈阳市教育局、沈阳市教育技术装备中心就学校的整体规划、专用教室设备的安装与使用进行调研。调研组指出专用教室设备要合理安装并根据实际情况进行使用，教师的康复技能需提高。

【举行接受爱心捐赠仪式】 4月15日，沈阳市悦众人力资源服务有限公司总经理、沈阳悦众爱心协会会长和工作人员来到校进行捐赠活动。捐赠的物品有床单、被罩、衣物和各种小礼物，学校教师和协会工作人员根据学生的具体情况，分发礼物，帮助每个学生选择一件喜欢的礼物。

【组织教师培训】 安排教师参加各级各类培训学习活动。3月6日，教师周锦鹏参加市教育局举办的体育教师培训活动；4月17日—26日，副校长纪冬梅，教师李红伟、白玉杰参加2014年沈阳市特殊教育学校干部骨干教师北师大研修班；9月，教师马玉艳去郑州参加国家级培训；教师吴会萍参加上海随班就读培训，教师汤红、白玉杰参加沈阳市教育局举办的自闭症康复训练培训；11月，教师李红伟、魏英奇参加沈阳市装备中心监控使用培训；12月1日—5日，教师孙晓颖、李红伟、吴会萍参加哈尔滨医科大学举办的中国儿童孤独症康复专业训练师培训。

【参加三农博览园作品展】 6月3日，学校师生作品在三农博览园展出。展出作品均出自学校师生之手，分为工艺制作类、手工编结类和绘画类，包括手工制作绢花60束，手工编结各式手链20条，橡皮泥制作蔬菜、水果、动物摆件10件，油画棒简笔画8幅，历史人物刻纸画8幅。

【参加沈阳市残联新年联欢晚会】 12月22日，学生参加沈阳市残联举办的迎新年联欢晚会演出，出演节目为《抖空竹》。该节目由学校教师编排，将民间活动场景和现代音乐相结合，学生完成高空抛、双人对抛、三人连抛等高难动作，博得晚会主办人员和评委们的好评。该节目是农村级别特殊教育学校唯一入选节目。

（孙晓颖）

辽中县特殊教育学校

【概 况】 2014年，辽中县特殊教育学校占地面积11200平方米，建筑面积3143平方米。开设教学班8个，培智班6个年级，聋班2个年级。有学生99人，在职教师27人。学校开设基础教育课程，根据学生残疾类别开设康复训练、行为矫正、生活适应、职业技术能力等适应特殊需要儿童身心发展的特色课程。

【开展送教上门活动】 3月1日，学校组织任课教师每周五针对生活不能自理的适龄残障学生开展“送教上门”活动。送教教师结合学生实际，制定科学的教育训练计划，精心准备教育服务课程，用亲切的语言、专业的素养对学生进行教育引导康复训练。

【调整专业设置】 3月，学校根据实际情况，调整、设置满足社会需要、适应当地经济发展的职教专业，开设十字绣、烹饪、缝纫等专业，进行相关知识传授和技能培训。

【改善生活环境】 4月16日，学校开工建设学生浴池，建筑面积150平方米。并于8月全面竣工。4月25日，学校对旱厕、围墙、车库等建筑设施进行整体规划，拆除险墙、车库和旱厕，增设大型游艺设施。10月30日，修建停车场并铺设校园路面，整体环境有所改观。

【红十字会送温暖】 12月3日，辽中县红十字会看望和慰问特殊教育学校的残障学生，并向残障学生捐助棉被100床。

（丁　荣）

法库县爱心学校

【概　况】 2014年，法库县爱心学校占地面积6175平方米，建筑面积2985平方米。学校有专任教师41，其中副高级教师3名，中级教师35名，初级教师3名，具有研究生同等学力3人，大学本科15人，专科19人，其中特教专业毕业生7名。有市骨干教师、学科带头人5人，县骨干教师、学科带头人9人。在校生74人，设有6个教学班，其中，听障教学班3个，学生24人，智障复式教学班3个，学生52人。该校是法库县唯一一所全日制九年制义务教育寄宿制特殊教育学校。

【新建校舍】 2014年，经市、县政府及主管部门批准，决定在东湖新城建立学校新校址，2014年底基本完成教学楼主体建筑。

【转变办学模式】 2014年秋季，学校转变办学模式，由聋教学转向智障教学，调整课程设置，采取包班制、综合课教学模式，实行分阶段、分类教学。确定培养“好家人、好帮手、好护理”的教育目标，为残疾学生走向社会、谋求生存奠定基础。9月，学校调整智障教学班课程设置，新开设烹饪课、旅游休闲课、购物课等新型课程。2014年，学校新开设手工编织培训班，包括十字绣、丝带绣、钻石画、中国结等培训内容。

【组织教研培训活动】 9月，学校组织智障教学组设计班级币、教学卡片，辅助课堂教学。组织开展教研活动，八位教师交流课堂教学经验，探讨新型教学模式。学校规定每双周周四组织教师进行业务学习。11月，组织13名教师参加沈阳市培智教育岗位任职资格专业技能培训班。组织骨干教师赴北京、哈尔滨学习考察。

【教育强县迎检工作】 11月4日，沈阳市教育强县创建督导组对学校工作进行评估验收，督导评估组实地考察学校专用教室，查阅创强工作档案资料，并对发现的问题予以指导。11月26日，辽宁省教育督导组到校检查教育强县创建工作。

【召开职工代表大会】 11月13日，召开2014年第一次教职工代表大会，讨论并审议通过《2014年教师评聘专业技术职务方案》《教师职员日常考核政绩加分及权重方案》《教师日常考核年终考评优秀认定方案》《推荐评选各级“优秀党员、优秀党务工作者”工作方案》《推荐评选各级优秀教师、骨干教师工作方案》等。12月24日，召开2014年第二次教职工代表大会，审议通过《法库县爱心学校章程》。

【安全教育】 4月，学校组织开展以“学习消防安全知识，增强自我保护能力”为主题的知识讲座、主题班会、应急疏散演练、消防隐患专项整治等活动。5月，召开“珍爱生命，预防溺水”动员大会。10月，组织开展以“树立法治大观念，争做守法小公民”为主题的法治教育活动。11月，开展反邪教专题活动。

【接受各界捐资助学】 5月14日，法库县“梦天雅造型”员工到校为学生义务理发。5月20日，法库县雷士照明有限公司为学生捐赠生活用品和学习用品。5月20日，法库县教育局第24个助残日活动暨捐赠仪式在校举行，东湖一中、东湖二中、东湖三中、实验小学、石桥小学、太阳升小学、东湖小学向学校捐款。

（周　航）

民族教育

MINZU JIAOYU

民族教育

2014年，沈阳市共有民族学校23所。其中，朝鲜族小学5所，初中4所，普通高中1所，完全中学1所；满族小学1所，初中1所，九年一贯制学校2所；回族小学1所，初中1所，普通高中1所；锡伯族九年一贯制学校1所；蒙古族小学1所，九年一贯制学校3所。

组织民族特色活动。9月30日，沈阳市蒙古族第五届那达慕大会暨四家子乡蒙古族小学首届艺术节开幕。5月16日，沈北新区兴隆台锡伯族九年一贯制学校师生和来自新疆以及沈阳各界锡伯族同胞代表共同庆祝锡伯族节日——第250个西迁节。6月22日，沈北新区兴隆台锡伯族九年一贯制学校承办沈阳市少数民族运动会。5月9日，法库县四家子蒙古族小学组织六名学生参加辽宁省喜塔尔大赛（蒙古族象棋）。

开展教研活动。5月30日，沈阳市和平区西塔朝鲜族小学承办辽宁省朝鲜族学校教科研工作经验交流展示会，11月13日—27日，承办和平区“学思分享”讲堂活动。3月15日，皇姑区和信朝鲜族小学组织全体教师参加市教育研究院主办的教师岗位大练兵通识培训。4月22日，沈北新区兴隆台锡伯族九年一贯制学校开展“新教师汇报课”活动，9月9日—13日，开展教学开放周活动。

（安　凯）

民族教育学校

和平区西塔朝鲜族小学

【概　况】 2014年，沈阳市和平区西塔朝鲜族小学占地面积13000平方米，建筑面积6907平方米，体育场（馆）2000平方米。图书馆藏书2.7万册。毕业127人，招生168人，在校生856人，开设教学班24个。有教职工72人，其中，小学超高级职称1人、小学高级职称68人、小学中级职称2人；市名师1人、市级骨干教师11人、区骨干23名；大学本科以上学历48人、研究生学历1人，专任教师57人。普通教室24个，专用教室10个，实验室1个。

【迎接国家民委检查团调研】 3月10日，国家民族事务委员会检查团就少数民族学校特色办学工作到校调研。检查组听取学校特色办学的汇报，与校领导就学校基本情况、发展现状、办学经验和存在问题进行交流，走进民族校本课堂，了解朝鲜族特色教育教学成果，品尝学生现场制作的朝鲜族美食，观看朝鲜族小朋友的腰鼓、花样跳绳、扇子舞表演。检查组对学校彰显的民族特色给予肯定。

【承办省朝鲜族学校教科研经验交流会】 5月30日，承办辽宁省朝鲜族学校教科研工作经验交流展示会。学校展示全学科教研组主题教科研系列活动，从课堂教学、听评课、教学反思、科研总结四个维度全面展示学校课改成果，和与会人员探讨教育科研引领下民族学校“校本研究”的特色发展之路。全省朝鲜族学校教育教学领导参加。

【开展教育讲堂活动】 11月13日—27日，举办两次和平区“学思分享”讲堂活动。13日，南京一校就“集体备课”的重要性、实效性分享经验。27日，和平一校针对课堂教学中的小组合作学习问题与教师交流，展示和平一校“四段式”阳光高效合作学习的模式。

【参加省课题结题会】 12月10日，参加辽宁省课题结题报告交流会。学校就《基于培养阅读能力的朝鲜语文课程资源建设和有效应用研究》课题进行汇报，总结课题的科研目标、培养目标、工作目标实现情况，展示理论实践成果，分享学校科研经验。

（姚俊峰）

皇姑区和信朝鲜族小学

【概　况】 2014年，皇姑区和信朝鲜族小学占地面积12513平方米，综合楼建筑面积3074平方米，学校图书馆藏书11308册，普通教室13个，专用教室5个。固定资产总值290.8万元，全年教育经费投入527万元，均为国家拨款。在校生222人，毕业生33人，招生33人，开设教学班9个；有教职工46人，其中，专任教师46人，具有中级职称42人、市级骨干教师5人，大学本科以上学历16人。

【组织教研活动】 3月15日，组织全体教师参加市教育研究院主办的教师岗位大练兵通识培训，教师们聆听关于解读课标、掌握新教材、使用新教法方面的专家讲座，并观摩两节示范课。

【开展清明节专题活动】 4月5日，学校以“我们的节日·清明”为主题，组织学生开展主题升旗仪式、自制清明小报、书写博文感言等活动，号召学生做文明祭祀义务宣传员，倡导家长用文明祭奠的方式寄托哀思。

【参加中韩作文竞赛】 5月25日，在第九届遁村白日场中韩作文竞赛中，学校选送的10篇作品，1篇获状元奖、2篇获金奖，3篇获优秀奖。全市17所朝鲜族中小学和韩国国际学校350名学生参加。

【协办市级文艺演出】 10月20日，由市文化新闻广电出版局主办、市朝鲜族文化馆承办、和信朝小协办的“同一蓝天·沈阳友爱”主题文艺演出活动在学校举行。学校表演歌曲《珍岛阿里郎》、双人舞、集体舞节目。

【参加市区艺术活动】 5月10日，学校参加皇姑区中小学艺术节比赛，其中，表演唱《四季赞歌》、乐器类《四五合奏》和舞蹈《幸福乐园》均获二等奖。12月24日，沈阳市朝鲜族中小学“阳光下成长”主题声乐比赛在市朝鲜族六中举行。比赛分为小学组和初中组，全市七所朝鲜族小学46名学生参加小学组比赛，学校男生三重唱《跨世纪的新一代》获一等奖，女生表演唱《珍岛阿里郎》获二等奖。

（洪　梅）

于洪区朝鲜族
吴家荒中心小学

【概　况】 2014年，于洪区朝鲜族吴家荒中心小学占地面积23000平方米，建筑面积8000平方米，操场面积13000平方米，图书藏书3万册，普通教室15个，专用教室10个，实验室1个。学校固定资产总值892万元，全年教育投入593万元，其中国家拨款565万元，自筹经费28万元。毕业生41人，招生27人，在校生384人，其中住宿生10人。学校开设教学班12个，有教职工53人，专任教师48人，中级职称48人，市级骨干教师3人，区级名师1人，区级骨干教师13人，研究生学历1人，大学本科以上学历24人。

【校本课程与社团活动】 2014年，学校以建设乡村少年宫为契机，在兴趣选修活动课程与德育实践活动基础上，开展校本课程与社团活动。校本课程有古筝、竖笛、书法课、足球、形体课、十字绣、编制、手工、绘画象棋等，其中古筝队和竖笛队于7月22日参加2014年沈阳韩国周文艺演出。学校社团先后开展食堂光盘行动、养老院探访、试验基地种植花等活动。

【中韩教育交流】 6月27日，韩国京畿道城南市新村会参观团一行12人与学校开展交流活动，双方签署友好交流协议，学校被命名为“城南市新村会第一号彩虹高挂学校”。10月8日，韩国工商界企业家代表团到校考察，并向学校捐赠艺术教育器材。

【实施多元评价模式】 2014年，学校创新评价方式，变“一张卷子”评价为“合格+特长”的多元评价模式。学校将学生朗读、阅读、作文、日记、计算、口算、听写等纳入平时评价内容，采取平时（占比60%）+期末考试（占比40%）的形式，实施综合性评价。同时，学校取消一年级和二年级期末测试，注重对学生的日常综合评价。

【开展献爱心活动】 2014年，学校组织校领导干部与贫困学生结成对子，采取走访、助学形式，对困难家庭实行“一帮一”帮扶，每位党员每年为贫困学生资助100至200元，不定期赠送学习用品等。10月25日，以敬老月为契机，组织开展“爱驻夕阳，关爱老人，温暖人心”为主题的慰问红旗堡敬老院活动。

【获全国校园足球冠军赛东北赛区第三名】 5月27日，2014年全国校园足球冠军赛东北赛区在长春举行，学校代表沈阳市参赛，在参赛的五个省12个学校代表队中，学校获第三名。学校是全国校园足球联赛注册单位，是部分中超球队梯队队员选拔基地，在近几年举行的全国校园足球联赛（沈阳赛区）小组中均保持第一名成绩。

（白基松）

沈北新区兴隆台锡伯族九年一贯制学校

【概　况】 2014年，沈北新区兴隆台锡伯族九年一贯制学校占地面积46688平方米，建筑面积19361平方米，教学楼建筑面积8976平方米，多功能射箭馆建筑面积3870平方米。图书馆藏书44384册，固定资产总值2355万元。全年教育经费投入1106万元，其中，国家拨款1100万元，自筹经费6万元。学校开设24个教学班。学生721人（小学329人，中学392人），其中锡伯族学生273人，占学生总数的37.8%。有教职工125人，大学本科以上学历89人。具有高级职称23人，中级职称92人；市级学科骨干教师7人、市级优秀教师3人。有普通教室24个，专用教室13个，实验室5个。有计算机234台，多媒体设备31套。

【制定备战中考方案】 3月9日，制定九年级学生备战中考方案。方案鼓励教师多参加教研活动，把握中考方向，做实校本教研，提升业务水平。同时，举办初三家长会、初三学生会，让学生、家长了解中考有关信息，明确方向，做好考前准备。

【召开消防主题班队会】 4月17日，组织各班召开以“消防”为主题班队会。学生认真搜集有关消防安全内容，在班队会上以演讲、故事、小品、歌曲、知识问答等多种形式诠释安全内容，让学生了解消防安全知识，提高安全意识，促进学校安全教育工作提升。

【开展“新教师汇报课”活动】 4月22日，开展“新教师汇报课”活动。活动内容包括教学设计、汇报课、教学反思三方面内容，学校领导对新教师在活动各环节表现进行评议，并及时反馈。有10名新教师参加活动。

【共度西迁节】 5月16日，学校师生和来自新疆以及沈阳各界锡伯族同胞代表共同庆祝锡伯族节日——第250个西迁节。校艺术团表演舞蹈《锡伯雅琴那》《射箭舞》及民族乐器演奏《锡伯人》；教师参加顶盆跑、欻嘎拉哈、两人三足等趣味活动,射箭队员进行射箭表演。学校56名师生参加活动。

【举行交流活动】 5月19日，天津外国语学校30名师生到校进行交流活动。来访学生与学校学生一起上手工课、语言交流课、智力拓展课。来自不同国家、地区的学生通过活动增进了友谊。

【参加射箭项目比赛】 6月16日—23日，校射箭队代表沈阳市参加辽宁省第十二届全民运动会射箭项目比赛。有12名选手参赛，赛事分个人赛和团体赛，男、女两个组别共设16枚金牌。学校射箭队夺得10枚金牌、5枚银牌、2枚铜牌，总成绩打破全省纪录。学校射箭队教练高德昌荣升为沈阳市射箭项目总教练。

【承办市少数民族运动会】 6月22日，承办沈阳市少数民族运动会。运动会由沈阳市民委主办，沈北新区文体局与学校承办。运动会民族特色运动项目有：赛威呼、蹴球、顶盆跑、俩人三足等竞技活动。全市36个代表队参加活动。

【开展教学开放周活动】 9月9日—13日，开展教学开放周活动。活动包括家长进课堂听课、参观校园、参加家长会等内容。共开放24节课，覆盖所有学科。活动后，家长填写反馈意见表，就学校工作提出意见与建议。有200名家长参加活动。

【成立校园广播站】 9月10日，成立校园之声广播站。广播站以“创建文明礼仪校园”为宣传主题，栏目包括《新闻播报》《校园动态》《午间醉音乐》《美文欣赏》《常识万宝囊》等。丰富学生课余生活，营造浓厚校园文化气息，为提高学生自身综合素质搭建展示舞台。

【举办家庭教育讲座】 11月19日，举办家庭教育培训讲座。一名教师以《如何正确管理学生学习生活》为题作讲座，现场解答家长关心的家庭教育问题。有50名家长参加活动。组织一年级学生家长

（鲁　静）

法库县四家子蒙古族学校

【概　况】 2014年，法库县四家子乡蒙古族小学占地面积30076平方米，建筑面积12156平方米。学校有教职工76人，其中，蒙古族教师45人，占教师总数的59.2%；教学班22个；在校生692人，少数民族学生450人，占学生总数的65%，其中，蒙古族学生370人，占学生总数的53%。

【参加县登山比赛】 4月27日，学校六名教师代表法库县教育局参加在辽北第一高峰四家子蒙古族乡八尔虎山举行的法库县登山比赛，并获得第一名。

【参加省蒙古族象棋大赛】 5月9日，组织六名学生参加辽宁省喜塔尔大赛（蒙古族象棋），共参加36场比赛，三人获个人前10名，团体获第二名，学校获大赛优秀组织奖。

【参加省、市朗诵大赛】 5月23日，学校一名教师代表法库县参加沈阳市第六届全民读书月活动，并在“诵中华经典，做有德之人”主题朗诵大赛中获一等奖。7月25日，学校两名学生参加省蒙古族语诵读比赛，并获一等奖。

【参加沈阳市少数民族运动会】 7月3日，学校表演团代表法库县参加沈阳市少数民族的开幕仪式。学校表演队由35名师生组成，分别进行马头琴、蒙古族呼脉、蒙古族顶碗舞表演。

【参加省少数民族少儿艺术节】 9月23日，学校组织六名学生代表沈阳市参加省少数民族少儿艺术节，其中，两名同学获象棋比赛团体第一名，艺术表演队获一等奖，学生蒙古族书画作品被沈阳市民族事务委员会评为突出贡献奖。

【举办首届校园艺术节那达慕大会】 9月30日，沈阳市蒙古族第五届那达慕大会暨四家子乡蒙古族小学首届艺术节开幕。学校进行蒙古族字画、蒙文朗诵、马头琴、小提琴、足球团体操等表演，充分展示多年来学校民族教育成果。

（周　航）

职业教育

ZHIYE JIAOYU

职业教育

2014年，沈阳市有中等职业学校82所，在校学生81977人，教职工总数8079人，其中专任教师5520人。有国家中等职业教育改革发展示范学校9所，辽宁省改革发展示范校4所；全市中等职业教育共设108个专业，其中，国家级示范专业5个，辽宁省对接产业集群示范专业52个，辽宁省创新型实训基地37个，辽宁省技能大师工作室2个，辽宁省公共实训基地1个。年内，以创建国家职业教育试验区为载体，进一步深化职业教育改革，加强职业学校内涵建设，努力提升职业学校办学实力。

加强职业教育发展顶层设计。研究制定《沈阳职业教育2014—2018年五年规划》和《沈阳市职业教育三年行动计划（2014-2016年）》。组建职业学校标准化课题组，加强职业教育研究。以国家职业教育改革发展示范项目学校为依托，筹备成立沈阳联合职业技术学院。做好职业教育3+2、3+4以及五年制衔接工作。

资源重组和专业建设。2014年，沈阳市对新接收的原由市经信委、市交通局和市燃气公司等部门办学的三所学校进行资源重组。支持服务经济并与市场联系紧密的专业和实训基地建设，开展生产性实训基地建设。2014年，全市职业教育共有108个专业，重点建设10至20个国家级示范专业，省级对接产业集群示范专业13个，基本形成与沈阳装备制造、汽车装配、化工医药等支柱产业对接的专业布局。

提升教育质量。进一步规范中等职业学校教学常规管理，合理使用和科学开发各种教育资源，全面提升教学质量和管理水平。五个项目获国家教学成果奖，24个项目获辽宁省教学成果奖。市教育局获2014年辽宁省职业院校学生技能大赛优秀组织奖；沈阳市外事服务学校等四所学校全部通过第二批国家发展改革示范学校验收；沈阳市中医药学校被确定为第二批省级发展改革示范学校；市教育局被省教育厅批准公用实训基地建设平台，是全省唯一一个中职公共实训平台。开展2014年沈阳市中职学校学生技能大比武，61人获一等奖、102人获二等奖；在2014年全国职业院校技能大赛中，沈阳市取得7金、12银、18铜共37块奖牌好成绩。

加强教师队伍建设。开展教师进企业实践顶岗培训，组织职业学校参加国家和辽宁省校长培训，选派六所国家发展改革示范校校长参加校长高端培训，与华晨宝马联合举办校长高端培训班。拓宽专业教师引进渠道，招聘国家重点专业院校毕业生和社会企业行业优秀技术人才，面向社会公开招聘文化课教师。落实《沈阳市中等职业教育专业教师进企业实践的实施方案》，巩固和完善教师培训市级基地，继续实施职业学校专业教师企业岗位计划。落实《沈阳市中等职业学校外聘教师管理办法》，支持职业学校聘用高质量校外教师。开展职业学校校级和中层干部培训。2014 年，沈阳市外事服务学校获全国职业教育先进单位荣誉称号、沈阳市装备制造工程学校教师肖友才被评为全国职业教育先进个人。

推进校企深度融合。全面落实《沈阳市职业教育校企合作促进办法》，推进校企业深度融合。推动职业教育集团建设，成立辽宁省电梯职教集团、沈阳医药化工职教集团，市服装学校美体中心成立并对外营业。5 月 28 日，辽宁省电梯职教集团在沈阳市汽车工程学校成立，沈阳市汽车工程学校与沈阳市电梯安装维保协会合作，共同建设省内首家大型电梯生产性实训基地，该基地建筑面积 6000 平方米，建设投入 3000 万元，可提供百个现场实训工位。刘敬贤、杨建华工作室被确定为省级职业教育大师工作室。

（汤　镇）

职业教育学校

沈阳市艺术幼儿师范学校

【概　况】 2014年，沈阳市艺术幼儿师范学校占地面积4.5万平方米，建筑面积3.5万平方米。学校有学生1882人，教师245人，其中教授级高级讲师5人，高级讲师92人，专任教师研究生以上学历60%以上。学校有专科层次的学前教育（师范类）、艺术设计、人物形象设计、老年服务与管理等四个专业，并举办中专层次的学前教育专业和西藏中职班（学前教育专业）。

【接待日本龙谷高中代表团】 8月22日，日本佐贺县龙谷高中代表团到校考察。代表团参观学校教学楼、音乐楼、美术楼、学生食堂，学校赠送代表团具有民族特色的手工艺术品，作品均由学校内地西藏中职班学生手工制作。11月4日，日本佐贺县龙谷高中代表团对学校进行二次访问，中日双方学生代表分别介绍学校情况，进行才艺展示，观摩学前教育（美术、音乐）第二课堂活动。

【推进异地新建项目】 学校蒲河校区位于沈阳市沈北新区，占地面积15.1万平方米，建筑面积近10万平方米，计划2016年建成。

【招生就业工作】 2014年，学校五年制录取328人，9月23日和11月25日中专注册76人（含藏生25人）。截至7月25日，2010级325名学生顶岗实习全部安置到位，涉及171家实习单位。毕业生345人，就业340人，就业率为98.55%。11月18日—21日，学校2012级学生报名参加2015年全国普通高考21人，其中艺术类20人，普通类1人。

【内地西藏中职班工作】 2014年，学校深化西藏内地中职班管理，得到省教育厅、西藏教育厅有关领导肯定。学校坚持“爱、严、细”管理原则，践行“五心”工程，即“爱心、诚心、细心、精心、暖心”。10月，学校获“辽宁省第七届民族团结进步模范集体”荣誉称号。

（王　丹　李　桃）

沈阳市装备制造工程学校

【概　况】 2014年，沈阳市装备制造工程学校占地面积12.1万平方米，建筑面积9.5万平方米，有教职工486人，其中专任教师347人，研究生学历68人，高级、中级教师比例达75%，双师型教师比例90%以上，开设18

个专业，建有7个实训中心，55个实训室，全日制中职生5000余名。

【新校园网改造和信息员培训】 3月24日—27日，学校对新校园网改造和信息员培训情况进行自查验收，召开总结大会。学校整体性地完成校园网系统的更新以及信息员培训工作，已由试运行阶段过渡到全面应用阶段。新校园网增加的系统和功能，有助于提高工作效率，推进学校无纸化办公进程。

【召开安全工作会议】 4月17日，学校召开校园安全环境检查和整改会议，并在会后进行校园安全检查，严格按照上级要求加强校园安全管理，建立严联防、日巡查、重整治的有效机制。

【承办市属六所中职学校合并会议】 7月15日，沈阳市六所中职学校合并会议在校举行。会议宣读沈阳市属部分职业学校资源重组方案，并指出六所中职学校资源重组整合，是市政府着眼沈阳市职业教育发展大局做出的重要决策，是学校壮大办学实力、扩大办学规模、提升办学水平的重要举措。

【承办全国青年职业技能大赛】 10月8日，第十届“振兴杯”全国青年职业技能大赛在校全面启动。团省委书记赵红巍、副书记陈奇夫、团市委书记吴波等出席活动。大赛设置计算机网络管理员、焊工、美发师三个竞赛职业（工种）。

【举办技术学徒生毕业典礼】 10月14日，华晨宝马“全新职业教育项目”技术学徒生毕业典礼及全新职业教育实训场地揭幕仪式在华晨宝马沈北培训中心举行。双方将继续秉承“最好的教育培养最好的人，最好的人生产最好的车”的理念，探索“校企结合、产教融合”的职业教育新模式，实现校企共赢。

【新建现代3D制造技术实训室】 12月5日，学校新建现代3D制造技术实训室，实训室配备Win3DD三维扫描设备五台、Solutionix蓝光三维扫描设备一台、Geomagic逆向建模软件31套、stratasys 3D打印机一台、Makerbot 3D打印机五台，31台图形工作站。

（刘赛楠）

沈阳市信息工程学校

【概　况】 2014年，沈阳市信息工程学校占地面积191337平方米，建筑面积115851.5平方米，其中，教学场地44597平方米，实习实训场地10000平方米。有实训室51个，计算机2184台，设备总值3400余万元。在校生4000余人，有教职员工337人。

【召开师德建设主题大会】 3月7日，学校召开师德建设主题大会，制发《沈阳市信息工程学校师德建设实施方案》，并对《中小学教师职业道德规范（2008年）》《中小学教师违反职业道德行为处理办法》进行解读。教师代表宣读《师德倡议书》，各部门不同岗位选派优秀教工代表上台签署《师德承诺书》。

【成立市电梯职业教育集团】 3月21日，由学校牵头的沈阳市电梯职业教育集团成立大会暨揭牌典礼在学校召开，标志着沈阳市第一家职业教育与电梯行业深度融合的校企联盟正式运行。辽宁省质监局、市教育局、三洋集团等领导出席揭牌仪式。沈阳电视台、《沈阳晚报》等多家媒体对此进行报道。

【承办市中职学生技能大比武总决赛】 3月28日，沈阳市中职学生技能大比武总决赛在学校举行。来自沈阳市三所职业学校18名学生参加建筑CAD项目的竞赛，其中学校建筑专业八名学生参赛，并取得赛项前六名的好成绩。

【举办互联网人才双向选择洽谈会】 5月7日，学校和北大青鸟辽宁服务中心合作，共同组织召开2012级北大青鸟软件专业互联网人才双向选择洽谈会，青鸟软件专业的70余名学生与36家企业互选。35%的学生直签成功。

【在市中学生运动会上获佳绩】 6月20日—22日，2014年沈阳市中学生田径运动会在东北育才学校举行，学校20余名运动员参赛，并荣获职业学校组男子团体总分第一名、女子团体总分第一名、团体总分第一名。

【贲志宇任学校校长】 8月5日，市教育党组任命贲志宇为学校校长，原校长王军同志调至沈阳市教育研究院任副院长。

【启动学校专业建设布局改革】 9月10日—13日，学校先后召开两次专业建设布局改革工作研讨会，这标志着学校专业建设改革工作正式启动。会议确定信息类、工程类专业作为学校今后专业建设的重点，将现有的三个专业教学部和高职部调整成建筑、设计、传媒、管理、信息、电子等六个系，并增设工程管理、建筑设计、影视编导、审计实务、3D打印、物联网等10余个专业的改革思路。

【学校教师荣获全国级奖项英语说课一等奖】 10月31日，第四届“外研社杯”全国中等职业学校英语教师职业化转型教学技能大赛在深圳举办，学校参赛教师代表褚红旭荣获大赛一等奖。11月3日，2014年“凤凰创壹杯”全国职业院校信息化教学大赛在江苏南京落幕，学校参赛教师卢欣飞的《声光实用型竞赛抢答器的制作与调试》荣获冠军。

【学校赴沈阳副食集团调研】 11月20日，学校物联网、管理专业调研团队一行14人赴沈阳副食集团进行调研。沈阳副食集团是沈阳市国资委出资的大型国有商业流通企业集团，主营业务划分为仓储（冷仓、干仓）批发市场、食品加工、商超及农副产品配送三部分。学校考察其下属的塔湾·农产品（鲜活、肉类）物流中心、羊吉·农产品（水产、冷冻）物流中心，听取集团发展规划的介绍。校企双方就资源共享、专业建设、教师实践、学生实习、实训基地等方面初步达成建立战略伙伴关系意向。

【学校被增列为服务业职业教育集团理事单位】 12月6日，辽宁现代服务业职业教育集团2014年年会在人民大厦举行。会议审议新增15家成员单位，增选部分集团理事，学校副校长王雪松全票当选职教集团理事。

【团中央中职毕业生校园分享团到校宣讲】 12月10日，由全国各地各行业优秀中职毕业生典型组成的团中央“彩虹人生——奋斗的青春最美丽”分享团一行到校与学生进行互动交流。优秀中职毕业生牛国栋、马文娟与王潇铂与学生分享青春故事。

【召开首届团代会】 12月17日，共青团沈阳市信息工程学校第一次代表大会胜利召开。大会审议通过共青团第一届委员会《立足新起点塑造新形象在建设国家示范校的进程中谱写壮丽篇章》的工作报告，选举产生六名共青团沈阳市信息工程学校第一届委员会委员，谢芳芳当选为校团委书记。共青团沈阳市委副书记张德副到会指导。

（张　放）

沈阳现代制造服务学校

【概　况】 2014年，沈阳现代制造服务学校占地面积17.2万平方米，建筑面积8.3万平方米，体育场馆面积3250平方米，图书馆藏书15.6万册。固定资产总值990万元，全年教育经费投入6252.34万元，其中，国家拨款6017.34万元、自筹经费235万元。毕业生623人；招生1143人；学校全日制在校生及培训与技能鉴定学员4500余人。开设教学班66个。有教职工376人，包括专任教师334人，其中，具有正高级职称3人、副高级职称146人、中级职称123人；首席教师1人、省市级名师3人、省级专业带头人1人、市级骨干教师15人；研究生以上学历49人、大学本科以上学历282人。普通教室66个，心理咨询室1个，实训基地7个。

【参加教科文卫系统职工羽毛球比赛获奖】 6月4日，在沈阳市教科文卫系统中等职业教育赛区职工羽毛球比赛中，学校参赛教师王家鑫、王玮获男双第三名，尤淋杰获得女单第四名，陈世屹获男单第四名。

【参加沈阳市中小学生足球比赛获奖】 8月26日—30日，学校教师带领校足球队参加由沈阳市教育局和体育局主办的沈阳市中小学生足球比赛，学校男足荣获第一名，女足荣获第二名。

【参加信息化教学设计和说课比赛获奖】 12月4日，2014年全国中等职业学校“创新杯”教师信息化教学设计和说课比赛在浙江宁波举行。学校教师王洋代表辽宁省参加全国决赛，《时序逻辑电路的应用》荣获一等奖，代表辽宁省在颁奖会上进行展示和汇报。

【宣传优秀教师事迹】 12月5日，沈阳市教育局与《沈阳晚报》联合开办“技能成就人生”（教师篇）栏目，以此宣传从事职业教育的优秀教师。学校推荐的电子工程系教师毛思远的优秀事迹刊发在《沈阳晚报》上。

【参加省教育教学信息化大赛获奖】 辽宁省第十八届教育教学信息化大赛中，学校上报的26件作品有22件获奖。其中，《叉车事故防范与处理》等6件作品获得一等奖，《装饰材料与施工工艺》等4件作品获得二等奖，《城市轨道交通行车组织》等3件作品获得三等奖，《会计基本技能》等9件作品获得优秀奖，学校获“优秀组织奖”。

（江海超）

沈阳市外事服务学校

【概　况】 2014年，沈阳市外事服务学校占地面积10.44万平方米，建筑面积9.53万平方米。学校固定资产总值12588.8万元，其中教学科研仪器设备资产值2388.55万元。全年教育经费投入6364.7万元。有南市校区、五爱校区、砂山校区、南宁校区、棋盘山校区、沈北校区、砂平校区7个校区，有旅游系、烹饪系、学前系、形象系、商贸系等5个专业系，开设高星级饭店运营与管理、旅游服务与管理、城市轨道交通运营管理、中餐烹饪与营养膳食、西餐烹饪、学前教育、美发与形象设计、美容美体、人物形象设计、电子商务、市场营销11个专业。有教职工296人，专任教师为243人，公共基础课教师97人，专业课教师为146人，高级讲师以上职称为107人；其中，辽宁省教学名师1人，辽宁省专业带头人1人，沈阳市名师1人，沈阳市首席教师1人，沈阳市骨干教师27人，中国烹饪大师5人，中国服务名师2人，辽宁省饭店业服务管理大师4人，沈阳市美发大师1人，全国发型化妆技能大赛评判员4人，沈阳市职业技能鉴定考评员35人。学校有在校生4267人，招生1324人，其中，统招学生307人，自主招生856人。有93个教学班。

【承办省饭店行业协会职业经理人培训】 1月11日，学校承办辽宁省饭店行业协会2014年第一期职业经理人培训。学校30名中层干部和教师及来自省内酒店的20余名管理人员参加培训。辽宁省饭店行业协会、中国餐饮业专家委员会、辽宁省饭店与餐饮业职业导师作《饭店职业经理人管理实务》《现代饭店业人力资源管理》《现代饭店业客房管理》《现代饭店业市场营销》《现代餐饮业经营管理》的讲座。学校30名学员通过考试并获得职业经理人证书。

【承办市中等职业学生技能大赛】 3月27日，2014年沈阳市中等职业学校学生技能大比武酒店服务、职业英语项目比赛在学校举行。来自沈阳市13所职业学校的52名选手参加职业英语项目比赛，六名选手参加酒店项目中餐摆台和中式铺床的两个赛项。

【六个项目获得省职成教育教学成果奖】 4月17日，辽宁省教育厅关于2014年省级职业教育和成人教育教学成果奖评审工作公布结果，学校有六项成果获奖。《融入生产（服务）特征的实战型实践基地建设的研究与实践》《基于素质教育的旅游服务类公共基础课程改革实践》获一等奖，《国家中职示范学校人才培养模式改革实践》《构建系统化、特色化校园文明礼仪教育体系——中等职业学校德育模式创新研究》获二等奖，《校“园”合作共建校企融入式实训基地实践研究》《中餐摆台技能智能化考核平台研发》获三等奖。

【召开职业教育集团年会】 4月19日，召开沈阳市学前教育、美容美发与形象设计职业教育集团2014年会。省内116家职业院校、合作企业领导和代表出席年会。集团理事长作两个集团成立来的工作总结报告，宣读两个集团新增理事单位成员名单和新修订的集团章程。集团授予学校为沈阳市学前教育职业教育集团师资培训基地，沈阳市美发美容协会授予学校为沈阳市美容美发技能人才培训基地。

【学校荣获“全国职业教育先进单位”荣誉称号】 4月25日，教育部等六部门发布《关于表彰全国职业教育先进单位和先进个人的决定》，学校获得“全国职业教育先进单位”称号。

【在省职业院校技能大赛中获佳绩】 4月26日，辽宁省职业院校技能大赛（中职组）在学校南市校区举行，来自辽宁省10余所院校的近50名选手参赛。大赛分为酒店服务和中餐烹饪两项，均有理论考核，酒店服务赛项设有仪容仪表和专业英语口语的考核。学校选派的10名学生在五个分赛项中获得四个赛项的第一名。

【参加全国旅游院校服务技能大赛】 5月9日—12日，学校旅游服务与管理专业2012级景区班学生和2013级旅游班学生首次参加“神州视景杯”第六届全国旅游院校服务技能（导游服务）大赛，两名学生获得优胜奖。

【承办省妇联职业技能大赛】 5月10日，第二届辽宁省“新风采杯”家政服务职业技能大赛在校举行，学校承担家居保洁考场与母婴护理考场的考试服务任务。学校礼仪队为每位参赛选手细心引领，耐心讲解，候考室、家居保洁考场、母婴护理考场秩序井然，承办任务圆满完成。

【举办校“园”高峰论坛系列活动】 5月14日—23日，学校举办校“园”高峰论坛，聘请深圳幼教专家李俊杰、台湾幼教专家何明德进行专题讲座，集团成员、校领导、教师和学前系专业学生聆听专家讲座。开展学前教育专业艺术节目展演，促进应用型人才的培养。

【举办毕业生就业双选会】 7月2日，学校举行2014届毕业生就业“双向选择”洽谈会。沈阳香格里拉酒店、沈阳军区政治部幼儿园、沈阳龙摄影有限公司、和平国际旅行社等49家用人单位参加双选会，提供就业岗位1589个，并现场为毕业生提供政策咨询、求职登记等相关服务。2014年学校应届毕业生1303人，近800名毕业生参加双选会，现场达成就业意向579人，现场签订就业协议355人。

【接受国家示范校项目建设省级验收】 7月30日，由辽宁省教育厅组织的第二批国家示范校验收专家组，对学校国家示范校建设工作进行实地检查。学校汇报项目建设总体情况及建设思路，专家组实地查看学校办学条件，高星级饭店运营与管理专业、中餐烹饪与营养膳食专业、学前教育专业、美发与形象设计专业等重点专业负责人介绍实训基地的建设情况。经专家综合评价，学校位列辽宁省第一名。

【学校项目获国家级教学成果奖】 9月4日，教育部下发《教育部关于批准2014年国家级教学成果奖获奖项目的决定》，公布国家级教学成果奖评审委员会评审确定的获奖项目。学校申报的《融入生产（服务）特征的实战型实践基地建设的研究与实践》获得二等奖。

【召开教师节表彰大会】 9月10日，召开2014年教师节表彰大会。全校教职工观看国家示范学校验收视频片《领航》，共同回顾两年的建设历程，总结国家示范校建设取得的骄人成绩，并表彰14个先进集体和102名先进教职工。

【成为省电子商务协会理事会理事单位】 11月25日，辽宁省电子商务协会第一届理事会第二次会议在沈阳浑南电子商务大厦召开。学校被增列为省电商协会理事单位，学校校长为省电商协会理事。

【参加全国职业教育优秀论文评选活动】 2014年，由教育部职业技术教育中心研究所、中国职业技术教育学会、《中国职业技术教育》编辑部联合主办的第十五届全国职业教育优秀论文评选活动中，学校荣获组织奖，两位教师获得三等奖，18位教师获优秀奖。

（于海星）

沈阳市汽车工程学校

【概　况】 2014年，沈阳市汽车工程学校设有沈北校区和铁西校区，其中沈北校区2009年迁入新落成的沈北新区职教园，校区占地面积16.63万平方米，建筑面积10.13万平方米。固定资产总值6950.66万元。建有高标准的教学、实训、办公、生活、运动等五个功能区。学校可同时容纳在校生6000人，短期培训3000人，学校有汽车系、机加系、电控系三个系，设有汽车运用与维修，汽车制造与维修、电气运行与控制、电梯安装与维保、机械加工、数控技术、高职升学班等专业。学校有在校生3506人；有教职工386名，有国家级名师1人，市级名师3人，市学科带头人2人，市级骨干教师12人，校学科带头人31人，全校“双师型”教师近百人。铁西校区占地面积2万平方米，设有标准教学楼、实习楼、学习生活区、大型练车场等实训基地。有在校生2200余人。

【荣获沈阳市先进团委称号】 3月4日，共青团沈阳市委授予学校团委沈阳市先进团委称号并颁发荣誉证书；两名学生荣获中学优秀团干部称号，两名学生荣获中学优秀共青团员称号。

【承办2014年沈阳市中职学生技能大比武总决赛】 3月27日—28日，沈阳市中职学生技能大比武总决赛在校举行，学校 10 名教师和 13 名学生在汽车检测与维修类等比赛项目中获奖。

【学生被评为“十大感恩行动”优秀青年】 4 月 10 日，在由共青团沈阳市委举办的“我是青年，我就是沈阳”第十五届成人节活动中，学校电控系新疆班一员的亚森·艾尔西被评为“十大感恩行动”优秀青年。亚森·艾尔西是学校 2012 级“内地新疆中职班”学生，学习优秀、表现突出。

【学校举办就业招聘会】 4 月 16 日，学校举办就业招聘会，50 余家企业提供 1200 个岗位，学校有千余名学生参加招聘。通用公司在校召开三场专场招聘，共录用 60 余人；宝马公司录用 24 人。

【师生在全省技能大赛中获奖】 4 月 18 日，在 2014 年辽宁省职业院校“广达杯”汽车运用与维修团体比赛中，全省共 15 个代表队 83 名选手参加发电团体、维修基本技能和汽车空调维修等项目比赛，学校教师赵传胜、辛继光和学生朱佳鑫等获奖。

【学生获国家技能大赛奖项】 6 月 13 日，在国家教育部、交通部主办的中等职业学校“雪佛兰杯”汽车运用与维修技能大赛中，学校技能代表队三个项目获得 2 银、1 铜的佳绩。

【赵传胜任学校副校长】 6 月 16 日，沈阳市教育局党组任命学校校长助理赵传胜为学校副校长，试用期一年。

【在全国“创新杯”教师说课比赛中获奖】 12 月 5 日，在全国中职学校汽车运用与维修专业“创新杯”教师说课比赛中，学校五名青年教师分别荣获二等奖、三等奖，学校荣获团体一等奖和优秀组织奖。

【中层干部聘任上岗】 12 月 8 日，学校 30 名中层干部竞聘上岗。学校采用个人竞聘演讲、学校教工代表投票选举的形式，选拔一批年轻有为有担当的普通教师竞聘上岗，成为学校各个岗位的中层领导。

（郑　杰）

沈阳市服装艺术学校

【概　况】 2014 年，沈阳市服装艺术学校有崇山和昆山两个校区，总占地面积 45429.2 平方米，建筑面积 35916.18 平方米。开设 54 个教学班，有 1693 名学生；在编教职工 131 人，其中专任教师 76 人；学校开设服装设计与工艺、美发与形象设计、工艺美术、航空服务、舞蹈表演、动漫设计六个专业。

【承办省中职学校服装专业技能大赛】 4 月 18 日—19 日，学校承办辽宁省职业学校服装专业学生技能大赛，学校四名学生参赛，荣获一等奖，同时代表辽宁省参加全国职业院校学生技能大赛。6 月 14 日—18 日，在南通举办的全国职业学校学生技能大赛中，荣获二金、一银、一铜的佳绩。

【承办省中职学校形象设计专业技能大赛】

4月25日，学校承办辽宁省职业学校形象设计专业学生技能大赛，学校六名学生参赛，获得一等奖，同时代表辽宁省参加全国职业院校学生技能大赛。6月12日—15日，在南京举办的全国职业学校学生技能大赛的赛场上，两人在晚宴化妆整体造型组比赛项目中获金奖，两人在新娘化妆整体造型组比赛项目中获银奖，一人在男士无缝吹剪设计与标准卷杠项目中获银奖，一人在男士无缝吹剪设计与标准卷杠项目中获铜奖。

【副市长姜军到校调研】 5月20日，市政府副市长姜军到校视察工作。姜军参观学校崇山新校区，并在服装专业实训楼观看学生运用先进的服装专用设备，印制丝巾和制作服装，参观美发与形象设计专业实训中心和体育馆。姜军表示，国家非常重视职业教育，先进设施设备的配置对学生的技能提升有重要意义，学校要努力培养具有一定的职业技术技能的实用人才。

【召开专业技能大比武展示会】 6月5日，学校在崇山校区举办专业技能大比武决赛暨毕业生就业双选洽谈会，并现场展示校园专业技能大赛成果。40余家用人单位提供90个工作岗位，学校298名应届毕业生参加双选，与企业签订实习协议228人。

【举行教师公开课评选活动】 10月，全校72名教师参与公开课评优活动。教师认真研讨、备课、制作课件、上课。学校成立评优课领导小组，评选出19节优质课，对获得优质课的教师进行表奖。推出四名教师参加市优秀课评比，郭欣和姜丽莉两位教师获得市优秀课一等奖，教师马润竹和杨宇获得市优秀课二等奖。

【参加市中职学校校歌MV大赛】 11月21日，沈阳市开展中职学校校歌MV大赛活动。学校的校歌《艺心飞翔》参加比赛，荣获二等奖。校歌由教师娄玉晶作曲，教师张海洋作词，以优美动听的旋律，精炼朴实的歌词，反映出学校的办学理念和艺术特色。

（章文爽）

终身教育

ZHONGSHEN JIAOYU

终身教育

2014年，沈阳市终身教育工作紧紧围绕《国家中长期教育改革与发展规划纲要（2010–2020年）》和《中共沈阳市委办公厅、市政府办公厅关于建设全民学习终身学习的学习型城市的指导意见》等有关要求，以构建终身教育体系、创建学习型城市为目标，积极推进学习型组织建设、社区教育、成人教育等重点工作深入开展。年内，开展农民转移培训1329场次，参加人员52383人次；沈阳市被列为首批全国学习型城市建设联盟城市和中国学习型城市建设案例城市；沈阳市连续九年获全国全民终身学习活动周优秀组织奖。

举办全民终身学习活动周。10月21日，市委召开推进学习型城市建设工作会议暨2014年沈阳市全民终身学习活动周启动仪式，市政府副市长姜军作工作报告。活动周期间，全市免费开放各级各类公益教育、科技、文化、健身机构等场所与设施，举办政策法规、文明礼仪、人文历史等专题活动1500项，参与市民达到30余万。

制定推进社区教育发展的指导性意见。8月24日，市政府印发《沈阳市人民政府办公厅关于推进社区教育发展的实施意见》，明确推进社区教育的指导思想、工作目标、任务和保障措施等。同时，市政府教育督导室和市教育局联合制发《关于印发<沈阳市区县（市）社区教育督导评估细则（试行）>的通知》，加强对社区教育的监督和指导。

编写学习型城市建设案例。启动沈阳市学习型城市建设案例编写工作。召开会议，印发《关于对学习型城市建设工作进行梳理总结的通知》，面向全市各委办局和区县（市）广泛征集素材，完成《活力沈阳学习之城—沈阳市学习型城市建设案例》，并被《中国学习型城市建设案例（第二辑）》收录。

开展农村成人教育专职干部培训。6月18日—20日，在沈阳农业大学继续教育学院举办沈阳市农村成人教育第一期专职干部培训班。培训依托沈阳农业大学专家团队，采取专题讲座、研讨与交流、现场教学等形式进行。先后开展题为《当前农村成人教育面临的形势和主要任务》《沈阳农业大学实验基地建设及校园文化》《关于农产品质量安全》《转变发展方式，构建现代农业发展体系》《转基因生物安全》等系列讲座，大连市和铁岭市分别以《大连市农村成人教育及乡镇职业学校发展与思考》《与时俱进做好农村成人教育工作》为题作报告。全市各区县（市）教育局相关部门负责人以及乡镇成人教育专职干部（校长）近百人参加。

举办社区教育管理干部高级研修班。10月27日—11月2日，在上海市开放大学举办沈阳市社区教育管理干部高级研修班，各区县（市）教育局主管局长、科长、社区学院院长等 44 人参加。培训采取专家讲授与实地考察相结合的方式进行，先后开设关于上海社区教育的发展现状与趋势、学习型社会与学习型组织建设、社区教育信息化建设与应用等七个专题报告，并组织学员实地考察上海宝山区社区学院和上钢新村街道社区学校。

组织开展学校放假社区开学活动。7 月 22 日，在大东区莱茵河畔社区举行 2014 年沈阳市中小学生“学校放假、社区开学”社会实践活动启动仪式。活动期间，全市 13 个区县（市）的 850 多个社区参与，举办主题教育参观展 345 场、学生教育报告 722 场、社区课堂培训 861 场，开放自习室 4002 次，全市 11746 名社区志愿者、68000 余名中小学生参与，社区志愿者服务总时数达到 20637 小时。

（王　煜）

终身教育学校（机构）

和平区社区学院

【概　况】　2014年，沈阳市和平区社区学院建筑面积3800平方米，全年区财政社区教育经费投入320.5万。学院有教职工14人，其中专任教师13名，工勤人员1名，其中，具有副高级职称8人、中级职称6人。下设综合办公室、培训指导中心、网络信息中心、艺术教育中心四个职能部门。学院建有多功能教室、网络服务中心、多媒体计算机教室、书香雅苑、舞蹈教室、美术教室、钢琴教室、阅览室等功能教室15个。

【全国社区教育委员会指导工作】　5月8日，全国社区教育专业委员会到和平区社区学院指导工作。听取学院的工作汇报，查看各功能培训教室建设情况，参观学院艺术培训中心上课情况。委员会针对全国创建数字化学习先行区的总体形势作介绍，解读《全国创建数字化学习先行区评估标准》，对和平区创建全国数字化学习先行区工作做具体指导。

【承办区全民终身学习活动周开幕式】　9月26日，和平区2014年全民终身学习活动周启动仪式暨和平区全民终身学习成果社团展演活动在中山公园召开。活动周以“全民终身学习创造出彩人生”为主题。启动仪式上，进行社团文艺展演、资源建设和特色活动展，书法、摄影作品展，集中展示和平区开展全民终身学习活动成果。

【在全国优秀微课程大赛获奖】　10月28日，社区学院制作的微课在全国社区教育优秀微课程制作大赛中获奖。该比赛由全国社区教育优秀微课程评审委员会主办。经专家评审，沈阳市和平区社区学院选送的微课《从零学辽绣》被评为优秀作品奖，在享学网进行公示。

（姚俊峰）

沈河区社区学院

【概　况】　2014年11月，沈河区社区学院独立建院。沈河区实行以社区学院为龙头，街道分院为骨干，社区学校为基础的三级社区教育管理模式。社区学院设综合管理部、教学研训部、活动策划部、网络信息部、服务保障部等五个职能部门。有教师44人，其中中学高级教师9人，中学中级教师9人，中学初级教师1人，小学高级教师23人，副主任医师1人，会计师 1 人。

【调研居民教育需求】 11 月，安排专门人员开展居民教育需求调研，接待来院居民十余次，详细记录居民对课程门类、开课形式、开课时间的建议，为后期开课做铺垫。

【正式开课】 12 月 15 日，学院的第一门课程“老年实用英语口语课”正式开课，20 名学员报名参加，平均年龄达 60 岁。

【制定规划和制度】 12 月，围绕各级政府有关终身教育的发展规划，编写《沈河区社区教育学院三年发展规划（2015—2017 年）》以及《兼职教师聘用协议》《专用教室使用规定》等规章制度，为保障终身教育教学活动科学、有序、规范、高效地服务于全区居民提供指南。

【开展调研和培训】 10 月—12 月，组织人员深入社区实地调研，了解社区教育的现状和市级教学实验点的特色。利用迎接检查、视察等机会，先后四次就如何开展社区教育工作，进行全员业务培训，提升工作人员业务能力。

【接待区政协委员视察】 12 月 10 日—11 日，分别接待两批共计 200 人的区政协委员视察。政协委员观摩居民的学习展示，并听取学院功能定位和沈河社区教育开展情况的汇报，对社区教育提出意见和建议。

【规划“乐享生活”教育项目】 12 月，整合区内社区教育资源，包括人力资源、场所资源等，完成“乐享生活”社区教育项目的规划工作，计划于 2015 年 4 月—12 月，面向全区 15 个街道，111 个社区开设民乐、民族舞、合唱、手工绢花制作、国学讲堂、养生保健六门课程，总计 516 课时。

（文碧桂　曹红霞）

铁西区启工街道保利心语花园社区

【概　况】 2014 年，铁西区启工街道保利心语花园社区地域面积 70 万平方米，有 84 栋居民楼，居民 6850 户，人口 14260 人，驻街单位 132 家。2012 年初，建立总面积 1000 平方米的社区教育学校，并成为沈阳市首批社区教育实验点、示范点以及 0—3 周岁早教实验点。

【开展社区法律咨询宣传活动】 3 月 4 日，邀请辽宁方圣律师事务所律师开展法律咨询宣传志愿服务活动。为居民进行现场法律咨询，营造社区法制氛围，推进民主法治社区创建，提高社区全民法律素质。

【开展防火减灾活动】 2014 年，围绕“城镇化与减灾”主题，开展系列防灾减灾宣传、消防知识讲座、消防演练等活动。5 月 10 日—16 日，聘请辽宁公安消防知识宣传培训中心教官开展消防灭火演练、应急急救实操、家庭安全急救包展示、绳索打结、手抬泵演练展示、知识问答等活动，辖区居民通过实际操作，掌握预防灾害和应对灾害常识。

【开展社区教育】 积极开展社区教育“十课堂”活动，探索社区教育有效途径。十课堂即：老年课堂、艺术课堂、青少年课堂、科普课堂、书画课堂、安全课堂、健身课堂、电脑课堂、妇女课堂、法律课堂。7月24日，举办中小学生“学校放假、社区开学”社区实践活动启动仪式，丰富中小学生假期生活，构建学校、家庭、社会“三位一体”教育新途径。

【举办文艺汇演】 9月5日，举行“万家灯和 圆梦和院”文艺晚会。节目由保利心语艺术团自编，包括合唱、舞蹈、模特走秀、葫芦丝演奏等10余个节目，展示社区人喜乐、祥和、老有所为的生活理念。

【开展特色活动】 2014年，社区开展“带一片绿色回家”社区植树活动；举办“六一”儿童节“五彩缤纷童年乐”文艺汇演；联合辖区幼儿园开展“爸爸我爱你”主题亲子活动；开展社区消夏文艺联欢会、“争做环保使者”社区主人环保签名以及道德讲堂等系列活动。

（杨继天）

皇姑区新汉城社区

【概　况】 2014年，皇姑区新汉城社区辖区面积55万平方米，入住居民4983户，人口14949人，其中朝鲜族人口623户，占社区总人口数的12.5%。新汉城社区单体办公室面积1080平方米，活动面积320平方米，教室5间、多功能活动室1个、居民活动室3个。社区设有早教活动中心、心理咨询室、日间照料站、于平彩陶艺术馆、未成年人绿色网吧、红十字家园、社区书屋及电子阅览室等。年内获批沈阳市社区教育实验点、沈阳市党建建设示范点，获皇姑区先进党委、皇姑区和谐社区建设先进社区、皇姑区2012—2013年度先进单位等荣誉称号。

【开展亲子训练营活动】 1月16日，组织社区青少年家长和子女，共同探讨亲子教育问题。聘请亲子教育专家，就如何提高孩子专注力、培养孩子兴趣等方面，与家长进行沟通，并与孩子进行互动。

【举办阳光之家新春联欢会】 1月22日，在新汉城社区阳光之家举办迎新春联欢会。皇姑区委组织部、区政协妇女青年组、明廉功能区相关负责人及明廉特色商业区郭明义志愿者团参加活动。

【举办文化培训活动】 2月20日，组织社区居民开展盛京八景宣讲会，社区党委通过播放PPT的形式向居民讲解盛京八景由来。4月18日，举办提升女职工素质大讲堂，邀请形象设计师为社区女职工上形象设计礼仪课，介绍服装款式与配饰的搭配技巧等。4月24日，承办“百姓讲坛 学海书岸”书法讲座，主讲教师与居民互动交流，探讨书法艺术。

【举行端午节爱心活动】 5月28日，举办“阳光之家飘粽香，奉献爱心品端阳”端午节爱心活动。活动包括讲解端午节历史、包粽子等环节，郭明义爱心团队明廉分队的志愿者以及新汉城社区的志愿者参加活动。

【参加区全民学习周开幕式演出】 10月

21日，新汉城社区参加皇姑区2014年全民终身学习活动周开幕式，并组织“好妈妮朝鲜舞蹈队”和“好风采健身操队”分别表演《燕子归来》《荷塘月色》等节目。

（李金英）

大东区终身教育学院

【概　况】 2014年，沈阳市大东区终身教育学院占地面积2850平方米，建筑面积3500平方米。有万泉书院、藏书阁、电子阅览室、网络空间、百家讲堂、音乐教室、舞蹈教室、翰墨缘、生态园、生活技能馆、民俗技艺馆、科技实验室、汽车馆、健身养生堂、心语轩15间专用教室。图书馆藏书11000册。固定资产总值12万元，全年教育经费70万元，是一所涵盖学前教育、义务教育、成人教育及社区教育的综合性教育学院。学院下设行政管理部、教学研训部、网络信息部、活动策划部、人力资源部5个部门。教职员工22人。

【开展志愿者送课下校活动】 3月始，开展志愿者送课下校活动。不断扩大志愿者队伍，将社区的民间艺术达人编入志愿者数据库，面塑、布艺、刺绣编织、剪影以及书法绘画艺术达人不断充实到志愿者队伍中来。民间艺术达人共100名，涉及34类项目。学院根据大东区教育局制定的《大东区达人志愿者送课下校活动方案》，组织达人志愿者为全区20余所学校送课。

【举办社区好文章大赛】 7月1日，社区好文章大赛正式启动。活动分为儿童组和成年组两个组别，儿童组以“快乐童年·我爱我家”为主题，成年组以“加强精神文明建设·反映家乡变化·赞美城市生活”为主题。有5000余人参与，聘请专家评选出一等奖5名，二等奖15名，三等奖30名，有2000篇好文章编入社区好文章精选读本《街声巷语》中，并印发500余册。

【举办书画、摄影作品展活动】 9月21日—30日，大东区终身教育学院在部分社区内举办“庆国庆”书画、摄影作品展，展出社区居民内容新颖、形式多样的书法、绘画、摄影作品百余幅。

【承办终身学习活动周现场会】 10月21日，沈阳市“全民终身学习 创造出彩人生”活动周启动仪式在市二十八中学召开。展出了市区居民的书法、绘画、摄影、剪纸作品以及大东区学习型城区建设和终身学习活动成果，其中包括学习型学校建设、学习型街道建设和学习型社区建设的展板，民间艺术达人进行现场艺术成果展示。300余人参加会议。

【实现学校社区双向开放】 12月，确立大东区上园一教育集团、二〇二小学、和睦路小学、市二十八中学、市一一一中学、振东中学六所学习型学校试点单位，在所辐射的社区内开展社区、学校双向开放，实现校区无缝对接。开展“学校放假、社区开学”活动，莱茵河畔社区作为学校放假、社区学校开学的主阵地，有 20 余个活动场所开放；珠林一小面向社区居民开放学校操场、体育设施、图书馆、阅览室、微机房，实现学校与社区资源共享最大化。

（齐晓妍）

高等教育

GAODENG JIAOYU

高等教育

2014年，沈阳市有高等教育机构79所，其中，研究生培养机构25所，普通高等学校47所，成人高等学校7所，在校学生总计67.4万人，在职教职工32363人，专任教师21639人。在沈高校中“两院”院士11人，长江学者28人，国家杰出人才基金获得者30人，博士生导师1299人，硕士生导师5703人，国家重点一级学科3个，国家重点二级学科18个，省部级重点一级学科49个，省部级重点二级学科145个，博士点327个，硕士点950个，国家重点实验室8个，国家工程研究（技术）中心6个，省部级重点实验室394个，博士后流动站42个。研究生就业率82.7%，本科毕业生年终就业率89%。

沈阳市市属高校四所，分别是沈阳大学、沈阳医学院、沈阳职业技术学院、沈阳广播电视大学。市属高校总体占地面积139.6万平方米，建筑面积103.2万平方米，在职教职工总数3952人，其中专任教师2465人，长江学者1人，享受国务院政府特殊津贴7人，省百千万人才56人，博士后32人，在校生总计91654人，其中博士研究生6人，硕士研究生619人，本科生21509人，成人教育47412人。

学科专业建设从数量增长向结构优化转变，学科适应性品质显著增强。2014年，在沈高校直接用于学科、专业、实验室建设资金达12.5亿元，较2013年增加24.4%。新增博士后流动站七个，博士点九个、硕士点38个、省级示范专业12个、本科专业29个、省级工程研究（技术）中心9个。省部级重点学科中，有140余个与沈阳市支柱产业和战略性新兴产业直接对应。辽宁大学应用经济学、中国医科大学临床医学、沈阳师范大学教育学等42个学科入选辽宁省高等学校一流特色重点学科，占全省54.5%。沈阳药科大学药理与毒理学学科进入世界前100强，排名第60位。

人才队伍建设从人力资源开发向智力资源开发转变，高层次、高技能人才不断涌现。2014年，在沈高校用于高层次人才培养和引进资金超过四亿元，高层次人才队伍建设取得阶段性突破，新增长江学者三人，国家杰出人才基金获得者三人，新引进三名国家“千人计划”人才，新入选国家“百千万人才”工程四人。其中，东北大学形成由五位“两院”院士、21位长江学者、30位国家杰出人才基金获得者、102位教育部新世纪优秀人才、12位国家“百千万人才”构成的高层次人才集群。

人才培养模式从学科本位向学科与实践并重转变，学生创业创新能力显著提升。2014年，东北大学、辽宁大学、沈阳师范大学等积极构建厚基础、宽口径、复合型人才培养体系；中国医科大学、沈阳理工大学、沈阳化工大学、沈阳医学院等努力构建特色鲜明、多元发展、注重应用的人才培养体系；辽宁省交通高等专科学校、沈阳职业技术学院等强化技能应用型人才培养。东北大学将创业创新教育纳入人才培养方案，对学生开展创业精神、创业知识、创业实践、创业技能等系统化教育，并荣膺中央电视台“中国创业榜样”大奖；沈阳师范大学专门成立大学生创业创新中心，为大学生创业创新能力培养搭建立体化综合平台；沈阳大学实施以企业命名班级为主要内容的校企合作模式，助推学校转型发展，构建与实践零对接的协同育人新体系；辽宁林业职业技术学院荣获教育部“2014 年度全国毕业生就业典型经验 50 强高校”殊荣。

科学研究从注重成果产出向成果转化转变，科技产出应用能力日益增强。2014 年，在沈高校承接国家级课题 639 项、省级课题 1801 项、市级课题 408 项，呈现出参与院校广、领域覆盖面宽、研究层次高的特点，科研经费到款 11.3 亿元，占全省高校的 45.7%。其中，获得国家级课题经费 4.7 亿元，省级课题经费 2.2 亿元，市级课题经费 3547 万元，横向科研经费 5 亿元。全年出版专著 363 部，被三大检索系统收录论文 3610 篇，申请发明专利 1414 项，获得授权 545 项；共获 232 项科研工作成果奖励，其中，国家科技进步二等奖 5 项，省部级一等奖 21 项，省部级二等奖 51 项，获得沈阳市科技奖励 194 项；共 584 个科研成果实现转化，较 2013 年增加 264 个，成果转化收入达到 6515.4 万元。全年，在沈高校用于教学方面的投入达到 13.9 亿元，多媒体教室座位数增加 1.4 万位，图书馆藏书增加 40 万册，新增省本科实验教学示范中心 19 个，省级优秀教学团队 75 个，省优秀本科教学名师 16 人，建成 56 门国家级精品课，351 门省级精品课。

综合改革从管理向治理转变，为高校发展提供持续动力。2014 年，在沈高校积极推进大学章程建设，推行以专业技术职务聘任制为核心的全员聘任制，建立和完善现代大学管理制度体系，后勤管理社会化改革遗留问题、高校债务等问题均得到有效化解。东北大学以“深化综合改革，开放发展，推进学校治理体系和治理能力现代化”为主题深化综合改革；辽宁大学、沈阳师范大学作为辽宁省首批章程建设试点高校，学校章程通过辽宁省教育厅核准生效；沈阳农业大学、沈阳建筑大学、沈阳师范大学等完善教师科研业绩量化考核机制。年内，辽宁大学经济学院被评为全国教育系统先进集体。

丰富形式载体，增强服务沈阳的引导力。举办高校优势资源发布会，面向沈阳开放 128 个科技创新平台，并集中发布 155 项拟在沈转化的科研成果。邀请专家讲解沈阳经济发展形势，促进高校精准把握服务沈阳的切入点，提升服务实效；举办沈阳高校与铁西区产学研合作工作座谈会，沈阳工程学院与沈北新区共建国家级大学科技园；召开“企业转型与升级”研讨会，组织高校专家为企业发展把脉；组织开展高校艺术惠民工程和文化惠民活动，全年 1748 名专家学者参与社会服务 6000 余人次，文化艺术惠民 107 万人次；鼓励高校开展对外合作交流，支持高校举办和承办全国性重要会议和大型活动；评选“十大服务沈阳贡献项目”，扶持服务沈阳重点项目。

2014 年，在沈高校围绕创新型城市建设和沈阳市支柱产业、战略性新兴产业发展，开展产学研合作项目 2116 项，实现产值 76 亿元；转化科技成果 413 项，预计产值超过 40 亿元。沈阳职业技术学院全方位对接装备制造、信息技术、现代服务业等产业集群开设专业，为沈阳机床集团、沈阳金杯等企业提供适用人才，面向沈阳地铁新增的城市轨道交通控制、城市轨道交通运营管理和电气化铁道技术培养专业人才。东北大学大力推进云计算、金属材料和健康产业园建设，打造面向新型工业化的大制造平台、面向信息化的大数据平台、面向政府决策的大智库平台和起支撑作用的超算、云计算平台，东北大学高新技术企业集群创收 106 亿元，实现税金 6.5 亿元。

（张蔚里　齐　震）

高等学校

沈阳农业大学

党委书记 迟维意
校　　长 张玉龙（12 月免）
刘广林（12 月任）

【概　况】 2014 年，沈阳农业大学占地面积 680.67 万平方米，其中校区占地面积（不包括农林场地）364.3 万平方米，校舍建筑面积 52.99 万平方米。学校固定资产总值 62262 万元，其中，教学科研仪器设备值 24640.15 万元，新增教学科研仪器设备值 3648.26 万元。全年教育经费投入 57903 万元，其中，国家拨款 36632 万元，自筹经费 21271 万元。图书馆建筑面积 30149 平方米，图书 114 万册，电子图书 8 万册。学校有 57 个本科专业，116 个硕士学位授予权专业，45 个博士学位授予权专业，6 个博士后科研流动站；学校有 3 个国家重点学科，3 个农业部重点学科，6 个辽宁省高等学校一流特色学科，22 个辽宁省重点学科。学校设有 15 个学院、4 个教学部（中心、所）；有包括国家工程实验室、科技部和教育部批准设立的新农村发展研究院在内的省级以上（含沈阳市）科学研究机构 72 个，基础实验室、实验教学中心 19 个。学校有教职工 1562 人，其中专任教师 1026 人；专任教师中有院士 1 人，特聘院士 2 人，教授 166 人，副教授 356 人，有博士研究生导师 120 人和硕士研究生导师 445 人，有 252 人享受国务院政府特殊津贴。学校有在校生 20498 人，其中，全日制本科生 12807 人，全日制博士研究生 738 人，全日制硕士研究生 2416 人，非全日制专业学位研究生 1437 人及继续教育学生 3082 人。

【徐正进入选省院士后备人选】 1 月，辽宁省“院士后备人选培养工程”第二批人选名单公布，学校农学院教授徐正进入选。辽宁省院士后备人选培养工程由省委组织部、省人力资源和社会保障厅、省科技厅、省教育厅、省财政厅、省科协六部门联合组织实施，全省有 20 位专家入选第二批人选。

【开展党的群众路线教育实践活动】 3 月 10 日—11 月 6 日，学校在全校党员中开展党的群众路线教育实践活动。全校党员发扬批评与自我批评的优良传统，提高解决问题化解矛盾的能力；树立群众路线观点，激发工作热情；整治“四风”突出问题；解决群众反映强烈的突出问题，密切党群干群关系；完善制度体系建设，提高科学化管理水平；促进学校内涵建设，为建设强盛沈农奠定坚实基础。

【成立大学生职业能力研究所】 7 月 12 日，国内首个大学生职业能力研究所—— 沈阳农业大学职业能力研究所成立。职业能力研究所属于应用型研究机构，挂靠在新农村发展研究院。学校聘任原沈阳市就业和人才服务局局长孟庆伟研究员担任研究所所长。研究所将通过三个环节促进大学生将专业知识转化为职业能力，包括与省内相关企业合作，设立教学实习基地来加强实践教学环节；学生通过职业技能测试获得风景园林规划师等职业资格认证，提升就业竞争力；学校通过承办或举办大型专业技能竞赛来进行职场模拟训练，增强学生对专业职位的适应能力。

【承办辽宁省第十二届运动会】 7月23日—26日，辽宁省第十二届运动会暨第九届辽宁省大学生运动会在学校新体育场举行。来自70所高校的1711名运动员进行140个比赛项目。学校承担的赛会组织、后勤、志愿者、医疗保障等服务工作。

【三个专业获批省级本科重点建设专业】 7月，2014年度辽宁省普通高等学校本科重点建设专业评审结果揭晓，学校环境科学、农业水利工程、农学三个专业分别获批省级综合改革试点专业、省级工程人才培养模式改革试点专业、省级创新创业教育改革试点专业。

【陈温福荣获“全国杰出专业技术人才”荣誉称号】 9月22日，第五届“全国杰出专业技术人才和先进集体”表彰大会在京举行，学校陈温福院士被授予“全国杰出专业技术人才”荣誉称号。

【国家科技支撑计划项目获得立项批准】 10月，科技部农村司、中国农村技术开发中心组织召开“十二五”国家科技支撑计划项目和课题论证会，学校教授张玉龙作为技术负责人申报的“作物高效施肥关键技术研究与示范”项目顺利通过专家论证，获得立项批准。该项目由辽宁省科技厅组织、学校牵头，中国农业大学等八所高校、科研院所及一批肥料企业共同承担；项目总经费2500万元，完成时限为五年。

【后山旧石器时代遗址被列为市级文物保护单位】 10月，沈阳市公布第四批市级文物保护单位，沈阳农业大学“后山遗址”作为古遗址被列入保护名单。沈阳农业大学后山遗址的发掘系首次在沈阳地区进行的旧石器时代考古发掘工作中，发现五个旧石器文化层，确立了沈阳地区旧石器时代中晚期的文化序列，并将沈阳地区有人类活动的历史，从新石器时代新乐文化的距今7200年提前至距今11万年左右。

【获批两个辽宁省协同创新中心】 10月，辽宁省教育厅批准认定七个辽宁省协同创新中心，学校获批组建“环渤海湾地区设施蔬菜优质高效生产协同创新中心”，该中心是根据国家高等学校创新能力提升计划（简称“2011”计划）的有关要求，由学校牵头，联合中国农业大学等10家单位共同组建的区域发展型科研与人才培养机构。12月，学校获批筹建“东北粳稻遗传改良与优质高效生产协同创新中心”，负责人为陈温福院士，该中心将打破高校与其他创新主体间的体制壁垒，建成行业产业共性技术的研发基地、区域创新发展的引领阵地，快速提升东北粳稻高效生产关键技术创新能力和水平，为东北地区粳稻产业现代化提供强有力的技术支撑。

【中共辽宁省委任命刘广林为学校校长】 12月16日，中共辽宁省委任命刘广林为学校校长。张玉龙同志因任职年龄界限不再担任学校校长、党委副书记职务。

【学校被辽宁省总工会授予“辽宁五一劳动奖状”】 2014年，学校首次被辽宁省总工会授予“辽宁五一劳动奖状”荣誉称号。书记迟维意被沈阳市政府评为“沈阳市劳动模范”，高云被沈阳市总工会授予“沈阳五一劳动奖章”。

【荣获八项辽宁省科学技术奖】 2014年度辽宁省科学技术奖评审结果于10月揭晓，学校有八项科研成果获奖，其中一等奖3项、二等奖2项、三等奖3项。

【高齐、宫殿凯见义勇为获表彰】 水稻研究所博士研究生高齐、硕士研究生宫殿凯在海南繁种基地勇救落水司机，展现了当代大学生高度的社会责任感和良好的精神风貌，其高尚行为获得多方肯定和赞扬。被学校授予“见义勇为优秀研究生”荣誉称号；被共青团沈阳市委员会授予“十佳青年道德模范”见义勇为青年典型，获得“沈阳市五四奖章”，并被辽宁省委高校工委、省教育厅授予“辽宁省华育十佳大学生”荣誉称号。

【新增长期校外教学科研基地】 学校在海南三亚、阜新彰武、沈阳辽中、鞍山海城、铁岭昌图和铁岭县已建设长期教学科研基地353万平方米。此外，已与新民市、昌图县、铁岭县政府达成协议，新建教学科研基地，面积分别为15.3万平方米、20万平方米、33.3万平方米，使用权为10至17年不等。

【分层次打造一流特色学科】 学校制定《沈阳农业大学四层次学科建设实施方案》，对18个一级学科进行分类立项建设，争取用三至五年时间，使半数以上学科进入全国农林高校一流特色学科行列。同时，出台《沈阳农业大学骨干教师培养工程实施方案（2014—2016）》，按学科层次设立特聘人才岗位，面向校内外招聘，实行年薪制、津贴制和目标管理。2014年学校用于学科建设的经费额度超过过去10年总和。

（李启坤）

沈阳航空航天大学

党委书记 王　维
校　　长 杨凤田

【概　况】 2014年，沈阳航空航天大学占地面积124万平方米，建筑面积55.95万平方米，固定资产总值27.45亿元，教学科研仪器设备总值2.65亿元。图书馆馆藏图书及文献116万册，各类报刊3600余种。拥有14个一级学科硕士点（涵盖49个二级学科硕士点）；可在10个领域授予工程硕士专业学位；拥有1个辽宁省一流特色学科，4个省级培育学科项目，1个国防科工局国防主干学科。下设22个教学单位，有57个本科专业，其中包括6个国家级特色专业，2个国家国防科工局国防重点专业和国防紧缺专业，1个国家级综合改革试点专业，6个省级示范专业,7个省级工程人才培养模式改革试点专业，2个省级综合改革试点专业，2个省级重点支持专业；有省级精品系列课程22门；拥有2个国家级实验教学示范中心，2个国家级工程实践教育中心，10个省级实验教学示范中心。有17个省部级重点实验室（工程中心），1个省级协同创新中心。“航空制造工艺数字化”国防重点学科实验室，是全国34个国防重点学科实验室之一。沈航大学科技园年产值超亿元。有教职工1632人，专任教师986人。其中中国工程院院士1人，特聘院士12人，具有高级技术职称的教师494人，具有博士学位的教师301人。有国家国防科工局国防科技创新团队1个，辽宁省创新团队4个，省级教学团队3个；辽宁省教学名师10人，校级教学名师30人，辽宁省青年骨干教师23人；国家外专局“千人计划”高层次外国专家1人，省级重点学科带头人、校级学科学术带头人38人；辽宁省百、千、万层次人才49人；博士生导师18人、硕士生导师310人；近百位国内外知名学者担任学校兼职教授。有各类学生22000余人。

【政治课情景剧教学法入选“择优推广计划”】 1月5日，学校思想政治理论课情景剧教学法，入选教育部首批高校思想政治理论课教学方法改革项目“择优推广计划”。辽宁省仅入选两项，成为教育部首批向全国高校推荐的20项择优项目之一。

【学校被列为全国节约型公共机构示范单位】 4月1日，在国家机关事务管理局、国家发展和改革委员会、财政部组织的节约型公共机构示范单位评比活动中，学校后勤服务中心节能办被评为全国第一批节约型公共机构示范单位。

【在全国青少年科技创新大赛获奖】 4月22日，第五届“北斗杯”全国青少年科技创新大赛全国总决赛结果揭晓。全国1395件作品参赛,学校有科技创意、科技论文、科幻文章、创新应用方案和应用产品制作五大类72件作品参赛，经过赛区初选、全国初选、全国总决赛三个环节的角逐，学校《基于北斗导航系统的汽车驾驶行为综合监管系统》《基于北斗卫星导航（CNSS）定位的雾霾监测无人飞行器》等26件作品获得一等奖2个、二等奖3个、三等奖2个、优秀奖8个、竞赛奖11个。

【学校被授予“辽宁五一奖状”】 4月28日，辽宁省总工会表彰2013年度“十二五”建功立业竞赛活动先进集体和先进个人，授予50个单位辽宁五一奖状，学校荣获“辽宁五一奖状”荣誉。该奖项是辽宁省总工会表彰先进集体的最高荣誉。

【闫红敏获评省辅导员年度人物】 4月，2013辽宁省辅导员年度人物评选中，全省80多所高校，46名辅导员报名参评，评出10位辅导员年度人物。经过初评和复评，学校辅导员闫红敏获评2013辽宁省辅导员年度人物。

【通过武器装备科研生产许可现场审查】 6月20日，学校顺利通过国防科工局和总装备部武器装备科研生产许可延续申请现场审查,学校申请的三个专业方向均达到认证标准。

【举行首届中国（沈阳）通用航空发展高峰论坛】 8月26日，首届“中国（沈阳）通用航空发展高峰论坛”在校举行。学校校长、中国工程院院士杨凤田等九位院士和专家先后围绕我国通用航空的现状、趋势及发展战略、空域改革情况、我国通用航空政策法规现状及推动我国通用航空快速发展的建议、新能源通用航空器的共性核心技术研发与型号研制、新能源飞机适航性研究等九个方面发表主题演讲，从不同的视野和行业角度解读中国通用航空产业发展的有关问题。

【武丽梅获评全国优秀教师】 8月29日，教育部下发《关于表彰全国优秀教师和全国优秀教育工作者的决定》，学校机电学院武丽梅教授荣获“全国优秀教师”称号。

【承办第十四届中国虚拟现实大会】 8月30日，第十四届中国虚拟现实大会在校召开。会议集聚了国内外从事虚拟现实与可视化技术的研究人员和工程技术人员，开展学术交流，研究发展战略，推动成果转化，共同促进虚拟现实与可视化技术的发展和应用，是国内虚拟现实与可视化领域最具影响力的学术会议。

【获评全国示范性工程专业学位研究生培养基地】 9月1日，学校通用航空飞行器设计与制造研究生实践基地，获批全国示范性工程专业学位研究生联合培养基地，全国共28所。

【国防重点学科实验室通过建设评估验收】 9月10日—11日，由国防科工局重点实验室评估机构领导及评估专家一行六人组成的评估工作组，对航空制造工艺数字化国防重点学科实验室进行建设工作评估。11月，学校国防重点学科实验室通过建设评估验收。

【入选中国创新设计产业战略联盟当选理事单位】 10月11日，中国创新设计产业战略联盟在杭州成立。该联盟由中国机械工程学会、浙江大学倡议发起。学校入选联盟并当选理事单位。

【翻译平台获中国航空学会科学技术一等奖】 10月19日，在中国航空学会第九次全国会员代表大会期间举行的“中国航空学会科学技术奖”颁奖仪式上，由学校人机智能研究中心研发的“融合知识管理的海量文献翻译平台”获一等奖。

【锐翔飞机获得首批10架订单】 11月13日，学校自主研发的我国首款电动飞机锐翔（RX1E）获得首批10架订单，爱飞客航空俱乐部购买并与学校签订意向协议。这是锐翔飞机面世以来取得的一项标志性成果。

【辽宁省、中航工业集团、教育部三方共建沈航】 12月10日，辽宁省人民政府、中国航空工业集团公司、教育部联合下发《关于共建沈阳航空航天大学的意见》，决定省部三方共建沈航。学校成为2014年教育部在全国共建的两所高校之一，标志着学校在人才培养质量、科学研究水平、自主创新能力、服务国家和地方经济建设及国防科技事业等方面的能力显著提高，在集聚创新团队、培养特色人才、创新管理体制机制等方面取得新突破。

【《沈阳航空航天大学章程》经教育厅核准】 12月24日，学校报送的《沈阳航空航天大学章程》经辽宁省高等学校章程核准委员会评议，并经辽宁省教育厅厅长办公会审议通过，现予以核准。标志着学校在建设中国特色现代大学制度，完善法人治理结构，健全内部管理体制，实施依法治校等方面取得重大进展。

【锐翔双座电动飞机完成适航审定】 12月27日，锐翔（RX1E）双座电动飞机完成中国民航管理局所有适航审定试飞科目。该机成为唯一一款完成所有适航审定验证试验、待取适航型号合格审定证书的双座电动轻型飞机。

（李　朔）

沈阳师范大学

党委书记 于文明
校　　长 林　群

【概　况】 2014年，沈阳师范大学占地面积126.7万平方米，建筑面积76.36万平方米，图书馆藏书180余万册。学校有全日制本、专科生22000余人，硕士研究生3000余人，长期在校留学生750余人。辽宁省基础教育教研培训中心、辽宁教育行政学院、辽宁电化教育馆设在学校。学校有26个二级学院和14个校属馆部中心及附属机构，并拥有两所孔子学院——黎巴嫩贝鲁特圣约瑟夫大学孔子学院和约旦安曼TAG孔子学院。有本科专业73个，硕士学位一级学科授权点18个，硕士学位二级学科授权点128个，专业学位授权点11个。具有省部级重点研究基地26个，省级紧缺人才培养基地1个，省级人才培养创新实验区1个，辽宁省一流特色学科项目2个，国家级特色专业4个，省级示范性专业9个，省级综合改革试点专业6个，省级重点支持专业2个，省级工程人才培养模式改革试点专业3个，省部级重点实验室10个，省级工程技术研究中心1个，省级实验教学示范中心7个，省级创新团队6个，省级教学团队8个。设有教育经济与管理研究所、中国文化与文学研究所、法律文化研究中心、中国北方少数民族文化研究中心、延松剧场艺术研究所、两栖爬行动物研究所、梅兰芳艺术研究所、能源与环境催化研究所等校属各类研究机构11个。有专任教师1617人，其中二级教授24人，教授269人、副教授611人。

【召开学科建设工作会议】 5月19日，学校召开第三次学科建设工作会议。总结学校七年来学科建设工作取得的成绩与经验，分析当前学校学科建设工作面临的形势与挑战，阐述未来五年学校学科建设工作的思路、目标与措施。强调要继续发扬“自强不息，创业创新”的沈师精神，实现支柱性学科省内一流、标志性学科全国一流的建设目标。

【举行与华东师范大学联合培养教育博士签字仪式】 7月6日，学校校长与华东师范大学副校长在辽宁省教育厅正式签署了《华东师范大学沈阳师范大学联合培养教育博士研究生工作协议》。协议的签订，将全面促进学校教育专业学位教育在师资、课程和培养模式等方面的改革与发展，也将为学校在教育专业学位教育领域的发展谋求广泛的空间奠定基础。

【举行全国核结构及相关领域研讨会】 7月7日—9日，由中国科学院理论物理研究所、中国原子能科学研究院、湖州师范学院、沈阳师范大学主办，学校物理科学与技术学院承办的全国“核结构及相关领域前沿热点问题研讨会”在校召开。本次研讨会是全国核结构领域最具影响力的会议。会议内容涵盖原子核的集体运动、超重核结构和性质、丰中子核中的三轴形变、新的质量模型和质量计算、实验核谱学的进展等领域。来自中国科学院理论物理研究所、中国科学院近代物理研究所、中国原子能科学研究院、北京大学、清华大学、北京师范大学、北京航空航天大学、吉林大学、南开大学等24所全国著名高校和科研院所的50余名专家、学者参加研讨会。

【举行东北亚古生物学协同创新中心合作签字仪式】 7月10日，学校与中国科学院南京地质古生物研究所成立东北亚古生物学协同创新中心合作协议签字仪式在校举行。仪式上聘任南京古生物所研究员杨群、王永栋为学校兼职教授。学校校长、副校长，我国著名地质学家、学校特聘教授李廷栋院士、双聘教授徐星，中科院南京地质古生物所所长、中国古生物学会秘书长、学校学术委员会主任兼古生物学院院长、学科与科研工作处处长、古生物学院领导班子全体成员和教师及学生代表近百人出席会议。

【举行与中国日报社战略合作签字仪式】 7月17日，学校与中国日报社战略合作签字仪式在校举行。未来双方将结合国家和区域经济发展的实际需求，在新闻报道、宣传策划、采访合作、共建学生校外实践教育基地、联合培养涉外人才、共同开展学术活动、联合举办品牌活动等多个方面，深入开展实质性合作，进一步扩大《中国日报》与沈阳师范大学的海内外影响力。

【举行全国青少年戏曲比赛】 8月13日—22日，第二届全国青少年戏曲比赛在校举行。该比赛是由文化部和辽宁省人民政府共同主办。来自全国各地的参赛单位代表、参赛选手及助演人员1500余人。大赛是目前全国高、中等院校戏曲艺术专业领域的高水平赛事，地方特色鲜明，参赛选手展示了高超的专业水平和良好的精神风貌。

【举办幼儿教师的专业化学术年会】 9月17日—20日，由全国教师教育学会幼儿教师教育委员会主办，学校承办的主题为“规模与质量：新时期幼儿教师的专业化”的2014年学术年会在校举办。来自全国普通高校学前教育专业、各省幼儿师范学校、学前教育领域的专家学者以及美国米尔斯大学教育学院院长Kathy Schultz博士一行共计120余名代表参加会议。与会代表围绕高校学前教育专业的课程建设、幼儿教师准入制度、美国幼儿教师专业化发展的相关问题等内容组织学术报告，开展专题研讨并提出对策建议。

【在德国举办中国带羽毛恐龙特展】 11月5日，以学校教授孙革为首的中国古生物博物馆代表团，应邀出席由德国斯图加特自然史博物馆主办的中国带羽毛恐龙特展开幕式。德国巴登－符腾堡州国际经济与科技协会主任U.Mack，国际古植物学会主席、斯图加特自然史博物馆馆长J.Eder以及来自德国的有关专家学者和化石爱好者等近百人出席开幕式。本次展览是由辽宁省委宣传部及辽宁省国土厅化石局筹划，经国土资源部批准，由德国斯图加特自然史博物馆和辽宁古生物博物馆在德共同主办，为期三个月。主要展出来自中国的14件化石珍品，其中包括"迄今世界最早的带羽毛的恐龙——赫氏近鸟龙""迄今世界最早的花——辽宁古果"、小盗龙、尾羽龙、鹦鹉嘴龙、中华古果、十字里海果等化石。

【参与研究的论文在《中国科学》杂志发表】 学校古生物学院青年学者田宁博士和中科院南京地质古生物所研究员等共同完成的有关《辽西侏罗纪紫萁科植物根茎化石新发现》的论文在2014年第4期出版的《中国科学 地球科学》（英文版）上发表。文章首次报道了紫萁根茎的一个化石新类群——王氏阿氏茎，这是我国辽西中生代蕨类植物化石研究的一项新的重要成果，也是学校开展支柱性和标志性专业建设以来在古生物学科研方面取得的一项新成绩。该研究得到国家重点基础研究发展计划项目、国家自然科学基金青年项目、辽宁省教育厅科研项目及学校博士启动基金资助。

（王　琪）

沈阳体育学院

党委书记　于晓光（11月免）
院　　长　王钰清（11月免）
党委书记　王钰清（11月任）
副 院 长　姚守齐（主持工作）（11月任）

【概　况】 2014年，沈阳体育学院占地面积112.5万平方米，建筑面积29.2万平方米。设有13个二级办学单位（系、部）和2所附属学校，拥有体育学一级学科下6个二级学科的硕士学位授予权，19个本科专业涵盖教、管、文、理、艺5个学科门类。有教职工767人，其中专任教师489人，博士生导师15人，硕士生导师156人；在校研究生715人，本科生7863人；有省优秀教师5人，省教学名师8人，省优秀专家2人；有4个省部级重点学科，2个国家特色专业，7个省级示范专业，14门省级精品课，1门国家级和3门省级精品视频公开课；有3项省级实验教学示范中心建设项目，23个省部级以上教学训练科研基地。学校与美、英、法等15个国家和地区的57所大学和体育组织建立了交流关系。

【举行参加索契冬奥会运动员、教练员报告会】 3月26日，学校举行参加索契冬奥会运动员、教练员报告会，学校领导班子、全体教师和部分学生代表参会。教练员代表纪冬、运动员代表李妮娜、徐梦桃、贾宗洋分别结合自己参加冬奥会的经历，将收获和感悟向大会作汇报。党委书记发表讲话。

【体育学入选辽宁省一流特色学科】 5月6日，辽宁省教育厅公布省内高校一流特色学科名单，共77个学科被确定为辽宁省一流特色学科。其中，学校体育学位居第二层次的一流特色学科前列。

【承办全国体育院校田径锦标赛】 7月2日，由国家体育总局科教司、全国体育院校竞赛协作会主办，学校承办的全国体育院校田径锦标赛开幕。国家体育总局科教司司长蒋志学，巡视员、副司长李维波，教育处处长隆胜军，全国体育院校竞赛协作会主席孙义良，执行主席、武汉体育学院党委副书记彭道海以及13所体育院校的领导教师出席开幕式。学校院长致欢迎辞。党委书记为赛会鸣响第一枪。

【新增两个专业学位授权点】 7月10日，国务院学位委员会下发文件批准学校增列新闻与传播硕士和公共管理硕士两个专业学位授权点。至此，学校拥有体育学一级学科所属六个二级学科点和体育硕士、公共管理硕士、新闻与传播硕士三个专业授权点。

【花式跳绳院队夺世界冠军】 7月28日—8月5日，在香港举行的2014年世界跳绳锦标赛中，学校花式跳绳院队夺得花样赛男子三人交互绳项目冠军。这是中国首次取得该项目的世界冠军。

【荣获冬奥会科研攻关与科技服务合作单位】 9月4日，学校被国家体育总局授予第22届冬奥会科研攻关与科技服务合作单位；两人荣获第22届冬奥会科研攻关与科技服务先进个人；两个项目荣获贡献奖二等奖。

【举办学校60周年校庆】 9月20日，学校举办60周年校庆活动。校庆活动以“立足校内，面向校友，喜事从简，开创新风”为指导思想，组织开展师生见面会、师生联谊会、“咱们沈体人”图片展、校庆征文和T恤设计大赛等活动，增强校友对母校的情感认同和精神归属。师生、校友和离退休教师4000余人参加校庆活动。

【学报实现新突破】 10月8日，全国高等学校文科学报研究会第五届评优结果揭晓，学校学报入选“全国高校百强社科期刊”，这是学校学报首次获此殊荣。

【学校完成新一任领导班子调整】 11月27日，学校召开干部大会，宣布省委对学校主要领导调整的决定。王钰清任沈阳体育学院党委书记；姚守齐任沈阳体育学院党委副书记、副院长；免去于晓光沈阳体育学院党委书记职务。

【一个项目入选国家级精品视频公开课】 12月16日，学校课程《野外生存活动指南》入选国家级精品视频公开课，该课程已正式与高等教育出版社签订中国大学视频公开课知识产权保障协议。

【《沈阳体育学院章程》通过核准】 12月31日，经辽宁省高等学校章程核准委员会评议，辽宁省教育厅厅长办公会审议通过《沈阳体育学院章程》，并下发核准书。

（郭俊志　夏　山）

沈阳音乐学院

党委书记 王安平（9月免）
张建华（9月任）
院　　长 刘　辉

【概　况】 2014年，沈阳音乐学院占地面积485427平方米，建筑面积330717平方米。有校本部、南校区、桃仙校区、大连校区四个教学区。教职工1367人，其中专职教师982人，正高级128人，副高级209人，博士21人，拥有硕士学位392人。学院有15个本科教学单位、3所中专学校。拥有国家级特色专业2个，省级特色专业1个，省级示范性专业3个，省级综合改革试点专业2个；国家级教学名师1人，省级教学名师7人，省级专业带头人3人；省级教学团队5个；省级精品课程7门；省级视频公开课1门；省级精品教材1种，省级“十二五”规划教材4种。学院有全日制本科生10786人，研究生323人，中专生1912人。

【学生在世界舞蹈总会国际标准舞亚洲巡回赛获奖】 2月21日—22日，世界舞蹈总会国际标准舞亚洲巡回赛在中国杭州举行，学院舞蹈学校国标舞班四名学生分别摘得中国16岁少年摩登舞组、专业院校B组摩登舞组及14岁以下摩登舞组三项桂冠，六名学生荣获各参赛组别第二名、第三名。

【师生应邀参加韩国梅花节演出】 3月21日—25日，由民乐系师生组成的“八音组合”应沈阳市文联、沈阳市音乐家协会邀请，赴韩国参加第17届光阳国际梅花节专场演出，得到韩国和来自世界各国观众的高度评价。这是“八音组合”首次走出国门，展示其表演实力和音乐造诣。

【附中师生参加国际青少年音乐比赛获佳绩】 4月1日—10日，附中选派优秀学生参加第八届符拉迪沃斯托克国际青少年音乐比赛。俄罗斯符拉迪沃斯托克国际青少年音乐比赛是由俄罗斯文化部主办，符拉迪沃斯托克市政府承办的远东地区最大的国际音乐赛事，包含有管弦乐、钢琴等多个专业比赛项目，每两年举行一次。本届比赛共有来自俄罗斯、中国、哈萨克斯塔、白俄罗斯、韩国、日本等国家的300多名专业选手参加，经过角逐，附中管弦学科三名学生分别获得第三名和优秀奖，两名教师荣获优秀艺术指导奖。

【召开国家级课题学术研讨会】 4月1日，学院召开2014国家级课题《清代盛京宫廷乐舞研究》学术研讨会。学院党委书记、院长，省教育厅科技处处长、省音协副主席，春风文艺出版社副社长，沈阳故宫博物院院长助理以及课题主持人等40余位领导及专家、学者出席会议。与会者从多个角度就该课题的研究方法、研究过程及所取得的成果展开充分讨论。课题组对清代盛京宫廷乐舞的研究态度与研究成果给予肯定，填补我国宫廷音乐研究的多项空白，对推动辽宁省乃至全国的音乐理论和音乐教育研究起重要作用。

【北方合唱团参加清明音乐会】 4月4日，学院北方女子民歌合唱团受中央电视台邀请，赴京参加 CCTV 音乐频道直播的“乐动青山”2014 清明民族音乐会演出。演唱曲目《桃花红杏花白》和《青春舞曲》，合唱团 40 名团员圆满完成演出任务。

【举行沈阳中外音乐文化交流展】 4 月 22 日—5 月 28 日，第五届沈阳中外音乐文化交流展在学院举行。交流展活动持续 36 天，有 73 项活动内容，其中音乐会 30 场、大师班 19 场、学术讲座 20 场、论坛 1 场、比赛 3 场。除学院外，来自中国人民解放军军乐团、中国音乐学院、天津音乐学院的嘉宾及来自意大利、德国、美国、西班牙、英国、俄国、加拿大、中国台湾八个国家和地区的专家、学者参与活动。

【民族乐器陈列馆获博物馆展览优秀奖】 5 月 6 日，学院民族乐器陈列馆参加沈阳市第一届博物馆陈列展览精品评选活动获“优秀奖”。活动由沈阳市文物局主办、沈阳市博物馆学会和沈阳九一八历史博物馆承办，全市 17 家博物馆 23 个单位参展。4 月 24 日，沈阳市博物馆学会秘书长、铁岭博物馆馆长等有关领导及专家一行五人到学院民族乐器陈列馆进行现场考评。学院图书馆馆长介绍民族乐器陈列馆的建馆宗旨、服务功能及文化特色，并对各展区不同时代、不同民族和地域的乐器展品逐一讲解。最终学院民族乐器陈列馆获“优秀奖”。

【承办阿尔卡莫国际声乐比赛纪念活动】 5 月 9 日—11 日，意大利阿尔卡莫国际声乐比赛第十届中国赛区选拔赛暨十周年纪念活动在学院举行。此项赛事是国际上重要的专业声乐赛事之一，以意大利西部著名城市阿尔卡莫命名，由政府主办并注册的国际性声乐大赛，具有较高的国际声誉和艺术专业水准，也是国际声乐艺术教育和表演人才的选拔赛事。学院同时举办获奖选手颁奖仪式暨历届获奖选手音乐会、承办国际声乐比赛对声乐教学的意义和作用座谈会、马扎加利亚大师班、邓小俊大师班、胡明健大师班等系列学术活动和演出。

【承办全国高等艺术院校民族声乐沈阳赛区比赛】 6 月 11 日—13 日，学院受中国民族声乐艺术研究会第四届全国高等艺术院校民族声乐大赛组委会委托，承办第四届全国高等艺术院校民族声乐大赛沈阳赛区比赛。来自辽宁、吉林、黑龙江、内蒙古四省（自治区）的 204 名民族声乐专业本科生、研究生和青年教师参加比赛。青年教师李优获教师组金奖。

【学生在首尔国际舞蹈比赛中获奖】 7 月 28 日—8 月 4 日，第 11 届首尔国际舞蹈比赛在韩国圆满落幕，舞蹈学校学生吴泽、战巍表演的古典芭蕾舞博得在场的七位国际知名评委和观众的好评，包揽该项赛事芭蕾舞少年组第二名、第三名。

【两个专业荣获省综合改革试点专业】 7 月，学院音乐学（五年制）、舞蹈表演两个专业同时获批为 2014 年度辽宁省普通高等学校本科综合改革试点专业，舞蹈表演专业是省内唯一登榜的舞蹈专业。

【参加国际声乐比赛中国选拔赛获佳绩】 8 月 6 日，第 45 届意大利贝利尼国际声乐比赛中国选拔赛在北京举行，意大利贝利尼国际声乐比赛是以意大利作曲家贝利尼的名字命名的声乐比赛，被誉为世界乐坛最为重要的十大著名音乐比赛之一。来自全国各音乐专业院校及演出团体的近百名选手展开激烈角逐，学院艺术学院声乐教育系青年教师姚屹东演唱多尼采蒂的歌剧《爱的甘醇》中内莫里诺的浪漫曲《偷洒一滴泪》，获得大赛第二名。

【八音组合在全国民族乐器演奏比赛中获奖】 10月18日—21日，由文化部和广西壮族自治区人民政府主办的文华艺术院校奖——第五届全国青少年民族乐器演奏比赛复赛、决赛在广西艺术学院举行。学院八音组合在本届大赛中，荣获银奖；两名教师获“园丁奖”，该奖项是本次比赛中全国地方院校获得的最高奖项。

【范哲明获五个一工程奖】 教授范哲明作曲的歌曲《旗帜》荣获中共中央宣传部主办的第十三届精神文明建设“五个一工程”奖。该评奖活动于1992年由中宣部创办。《旗帜》是一首以党建为题材的独唱歌曲，作品以清新的艺术格调、朴实的情感表述、精美的创作技法，表现温暖与真挚的内涵。在创作上追求音乐语言与音乐表述方式的艺术性和创新性，并用交响乐队伴奏，使这首作品既有通俗音乐的普适性，又有高雅音乐的艺术性。

【民乐系教师王云飞获奖】 民乐系教师王云飞所创作的民族室内乐《赫赫呢那》在中国音乐家协会主办的第九届中国音乐金钟奖作品（小型器乐组合）比赛中荣获优秀作品奖；创作的民族室内乐《菩提》在中华人民共和国文化部主办的第十八届全国音乐作品（民乐）独奏、重奏及其他组合组比赛中荣获优秀奖。

【学报和学术期刊在各项评比中获好评】 7月，在全国优秀社科学报评比中，学院学报《乐府新声》获全国优秀社科学报；8月，在全国近百种艺术学期刊中，《乐府新声》被评为2014年中国人文社科期刊扩展期刊；11月，全国高等学校文科学报研究会第五届全国高校社科期刊评优活动中，《乐府新声》获“全国高校优秀期刊”称号；12月，学院学术期刊《音乐生活》被国家新闻出版广电总局认定为第一批学术期刊。

【参加全国高等艺术院校美声教学研讨会】 11月24日—26日，学院院长带领声乐系教师参加在上海音乐学院召开的第一届全国高等艺术院校美声教学研讨会。来自全国九所音乐学院及29所综合大学和师范院校的百余名代表参加研讨会。学院院长出席大会交流并讲话。研讨会期间举办兄弟院校学生专场音乐会，学院声乐系学生参加演出。

【举办中央专项彩票公益金捐赠仪式】 12月5日，中国教育发展基金会中央专项彩票公益金“润雨计划”捐赠仪式暨汶川学子座谈会在学院举办。辽宁省委高校工委副书记李庆才，辽宁省教育厅副巡视员，省教育基金会秘书长，辽宁省教育基金会办公室副主任及学院领导出席活动。“润雨计划”资助百名汶川学子项目于2012年4月在艺术学院正式启动，此次捐赠是向汶川学子发放的第四批资助善款。

（赵桂君）

沈阳大学

党委书记 李继安
校　　长 李　峰

【概　况】 2014年，沈阳大学占地面积57万平方米，建筑面积45万平方米。图书馆藏书160万册。学校教学科研仪器设备价值达1.28亿元。学校有哲学、经济学、法学、教育学、文学、历史学、理学、工学、农学、管理学、艺术学11个学科门类，设有19个教学院（部），开设本科专业64个，拥有博士授权点1个、学术型一级学科硕士学位授权点10个、硕士专业学位授权类别（领域）9个，各类在校生总数2.2万人。有教职工2428人，其中，专任教师1251人，教授、副教授771人，具有硕士及以上学位教师846人，专任教师中拥有“长江学者”、享受国务院政府特殊津贴专家、教育部新世纪优秀人才、教育部教学指导委员会委员、全国优秀教师等一批知名教授、学者。学校有教育部重点实验室1个、辽宁省高校重大科技平台1个、省级重点实验室6个、省级工程技术研究中心3个、省级教育科学规划重点研究基地2个和博士后科研工作站1个。学校先后与美国、英国、法国等30个国家和地区的60余所大学建立教育交流与科研合作关系。

【召开教职工代表大会】 5月26日，召开第三届教职工代表大会第二次会议。校党委书记针指出要采取有效措施，激发学院办学活力，全力解决制约学校发展的问题，不断提升服务水平。校长从八个方面全面部署学校2014年工作。会议书面审议通过《学校财务工作报告》和《提案工作报告》，并听取《教代会、工会工作报告》。

【省委常委、市委书记曾维到校调研】 6月20日，省委常委、市委书记曾维就开展社会主义核心价值观教育情况到学校调研并讲话。曾维强调，要坚持把立德树人作为根本任务，教育引导青年学生从“热爱祖国、孝敬父母、关爱他人”做起，自觉践行社会主义核心价值观，并希望学校抓住人才培养和学科建设这一关键，进一步加强内部管理和文化建设，积极营造浓厚的学术氛围和德育氛围，向建成全国同类院校一流水平的目标加快迈进。校党委书记汇报学校深入开展社会主义核心价值观教育工作情况。

【完善办学思想】 6月—8月，学校成立办学思想工作组。根据国家深化高等教育改革和深入推进地方高校转型发展的有关精神和要求，工作组历时两个月，通过调研学习、分析论证和召开座谈会，研究学校办学思想的延续发展历程，从调研情况、办学思想完善建议、保障措施等方面撰写完成《学校办学思想（顶层设计）研究报告》，为学校转型发展以及科学制定“十三五”发展规划奠定基础。

【学生作品在全国竞赛中获奖】 7月19日，学校信息工程学院创新团队学生设计的作品《智能家庭管家》荣获第十届“博创杯”全国大学生嵌入式物联网设计大赛全国总决赛本科组一等奖。11月4日，师范学院田震、郑彦、季亚楠等10名学生设计的《沈阳启智教育仪器有限公司公益创业计划》项目，在“创青春”全国大学生创业大赛终审决赛中获评公益创业赛银奖，该项目是辽宁省唯一入围国赛的公益创业项目。

【承办全国城市综合大学联席会议】 7月27日，学校承办全国十五副省级城市综合大学联席会议第五次会议。市委副书记邢凯、副市长姜军、市委副秘书长赵日刚、市委教科工委副书记蔡效军出席开幕式。校长作题为《推动城市综合大学与地方经济社会深度融合发展的思考与探索》的发言，与会各高校党政负责人围绕城市综合大学核心竞争力提升、与区域经济社会的融合发展、内涵建设与特色发展及现代大学制度建设与内部治理体系优化四个方面进行深入交流研讨。

【与企业签署校企合作协议】 8月28日，举行校企合作暨企业命名班级签约仪式。学校分别与北方重工、沈阳远大、沈阳地铁、中辰钢构、沈阳联通、天久集团、中兴软件、北京中软、万豪国际集团、哈津教育、东祥金店、工艺美术12家企业签署校企合作协议，开办12个企业命名班级。这是学校创新人才培养机制的重要举措。

【举行庆祝教师节暨教学工作会议】 9月10日，举行庆祝教师节暨教学工作会议。会议提出加快推进学校转型发展、全力办好沈阳大学的明确意见。校长作题为《抓内涵 促建设——以改革精神切实推动教育教学质量不断提高》的教学工作报告，全面总结学校近两年教学工作，并对下一阶段大力推动实施“3351”教学质量工程做具体部署。会议集中表彰课堂教学竞赛获奖教师、优秀教育工作者、优秀教师、教学名师以及荣获“从教30年功勋杯”的教师。

【建立本科生导师制】 9月，在本科一年级新生中建立并实施导师制，构建全员、全过程、全方位的育人体系。学校为每名大一新生配一名“成长导师”，引导学生适应大学生活，助力学生健康成长。全校477名教职工主动承担4292名新生的导师工作，通过座谈、交流、家访等多种形式了解学生的思想、学习和生活动态，对学生进行思想引导、学习辅导、行为指导和心理疏导。

【召开校友总会会员代表大会】 10月18日，召开校友总会2014年会员代表大会暨教育发展基金成立大会。校友总会名誉会长顾秀莲、包叙定分别发来贺信。中国高等教育学会校友工作研究分会、北京大学、重庆大学、东北大学等30余家校友总会以及学校16个校友分会先后发来贺信、贺电。大会先后举行校友企业实习就业基地授牌仪式、校友捐资助学仪式、校史馆实物捐赠仪式和校名石揭幕仪式。

【开办大学生创意集市】 11月22日，首届大学生创意集市在学校开市。近百名学生的200余种创意作品在集市上展售。有772件作品在市场内完成交易，交易额达10698元。大学生创意集市每月举办一次。

【构建学科专业动态建设与管理机制】 2014年，确定本科专业分类建设与结构优化方案，申请设置环境生态工程、国际商务、数字媒体艺术3个专业，撤销哲学、思想政治教育、电子信息科学与技术、测控技术与仪器、美术学5个专业，表演（影视表演方向）调整为体育艺术表演方向；建立“存量调结构”硕士点建设与发展机制，新增教育、汉语国际教育和会计3个专业硕士学位授权点。经优化调整，学校学科专业数量为：博士学位授权点1个，一级学科硕士学位授权点10个，硕士专业学位授权类别（领域）9个，本科专业64个。

【加快国际化办学进程】 2014年，组建国际学院，建立集中管理和协作教学相结合的国际化办学新模式。与乌干达马凯雷雷大学签署建设孔子学院意向书和建立友好学校协议。与阿根廷拉普拉塔国立大学缔结姊妹学校、与巴西坎皮纳斯大学签订合作协议。与德国海德堡应用科技大学合作举办工业工程专业本科教育项目顺利实施。与德国埃森应用科技大学合作举办自动化本科专业中外合作办学项目新获教育部批准。在校留学生达362名，首次招收留学博士研究生。学校获批成为教育部指定招收华侨、港澳台学生单位。先后接待12个国家和地区40余团组来校访问交流。

【加强大学生思想政治教育工作】 2014年，以“沈大讲坛”为载体，先后举办讲座18次，参与学生达万余人。组织“季度人物”评选活动，弘扬优秀师德师风。以艺术形式倡导社会主义核心价值观教育，开展每周一次的“唱响沈大·舞动校园”系列音乐活动。新增（建）“九一八”历史纪念馆等三个大学生思政教育基地。思政课实践教学改革成果先后入选辽宁省择优推广项目和教育部择优推广计划培育项目。

【办学条件改善】 2014年，投入3000万元，重点建设改造实验室47个、新建改造多媒体教室123个。投入176万元，建设教职工活动中心，新建室外灯光篮球场、网球场、素质拓展训练基地。增加图书馆考研学生备考座位500个。新建南校区教工食堂，改造北校区教工食堂和学生食堂。安排500万元专项资金，启动数字化校园建设工程。争取国家400万专项资金构建校园节能监控平台。新建南校区曦园绿地，集中开展道路亮化工程与基础设施维修工程。

（韩迪娜　袁晓桥）

沈阳医学院

党委书记　张广印
院　　长　肖纯凌

【概　况】 2014年，沈阳医学院占地面积44.8万平方米，固定资产总值13.8亿元，教学科研仪器设备资产值1.1亿元。图书馆藏书100.24万余册，其中，纸质图书82.01万册，电子版图书18.23万册，中外文期刊2232种，新增图书3.68万册。设有基础医学院、公共卫生学院、护理学院、口腔医学院、医学应用技术学院、临床学院、国际教育学院等13个教学单位，2所直属附属医院和8所非直属附属医院，150个教学医院和实习基地。沈阳医学院建有市政府特邀院士工作站，有9名院士为学院名誉教授。拥有硕士学位授予点3个，开设本科专业15个，高职专业14个，预防医学专业为国家特色专业和辽宁省示范专业，临床医学和护理学专业为辽宁省特色专业。病原生物学学科为辽宁省优势特色重点学科、特色突出计划立项学科和提升高校核心竞争力特色学科，3个教学团队为省级优秀教学团队，9门课程为省级精品课程。2个实验室为辽宁省重点实验室，3个中心为辽宁省实验教学示范中心。校本部教职工总数831人，专任教师599人，博士、硕士研究生指导教师83人。拥有“新世纪百千万人才工程”国家级人选1人；国务院政府特殊津贴专家9人；辽宁省特聘教授1人；省、市优秀专家12人；“辽宁省百千万人才工程”百人层次人选10人、千人层次人选14人；辽宁省专业带头人2人；辽宁省教学名师5人；省级优秀教学团队4个。沈阳市优秀专家8人；沈阳市市属高校青年拔尖人才3人。毕业生3219人，普通本科毕业951人，普通专科毕业生926人，成人教育本专科毕业生761人，中专毕业生581人。本专科毕业生就业率为95.1%，基层就业人数为1276人，毕业生基层就业率达到68.6%。在校生13620人，普通本科在校生6608人，普通专科在校生2457人，成人教育本专科在校生2948人，中专在校生1607人。招生3461人，普通本科招生1562人，普通专科招生728人，成人教育本专科招生799人，中专生招生372人。招生范围覆盖25个省、自治区、直辖市。外国留学生毕业4人，招生398人，在校生875人。

【临床医学专业成为硕士学位授权点】 7月10日，国务院学位委员会正式下发《关于下达2014年审核增列的硕士专业学位授权点及撤销的硕士学位授权点名单的通知》，批准沈阳医学院新增临床医学硕士专业学位授权点。

【完成中央巡视组接访工作】 3月—4月，辽宁省信访工作领导小组决定将来访群众接待分流中心设在学院。学院克服来访数量大、人员成分复杂、安保工作时间长等困难，为分流中心做好安保维稳和来访登记、秩序维护、疏导劝返等工作提供有力支持和后勤保障，完成中央巡视组为期两个月巡视辽宁接待工作的政治任务。

【首届研究生招录工作】 4月，完成首批硕士研究生招生工作。2013年沈阳医学院取得基础医学、公共卫生与预防医学两个一级学科硕士授予权，首批30名硕士研究生全部招满。

【在省高校辅导员职业能力大赛中获奖】 4月，在中共辽宁省委高校工委、辽宁省教育厅主办的第三届辽宁省高校辅导员职业能力大赛中，学院以总分第七名的成绩获得团体二等奖和优秀组织奖，并收获单项一等奖1项、二等奖1项、三等奖5项。教师苏蕊以第一名的成绩获得学生主题活动一等奖，谈心谈话环节二等奖，基础知识测试、个人展示、案例分析、主题演讲和个人总分等五个单项三等奖，被选入辽宁省辅导员代表队参加全国（第二赛区）比赛，获得三等奖。

【聘任王克威为学校首位“特聘教授”】 4月，聘任教育部长江学者、特聘教授王克威为学院首位“特聘教授”。王克威1981年毕业于学院医疗专业，1988年毕业于北京大学获博士学位，1988年—1997年间留学剑桥大学和耶鲁大学从事博士后研究。“特聘教授”是沈阳医学院实施“人才强校”战略的重要内容，是针对两院院士、“长江学者”等高端人才引进困难的实际，以合同约定的灵活形式引进高端人才的新举措。

【与美国大学合作开展短期学生互访学习】 5月，与美国印第安纳卫斯理大学签署《沈阳医学院与印第安纳卫斯理大学合作备忘录》，同意开展护理专业及健康科学专业短期学生交流合作项目，并深入研讨护理专业合作办学培养国际化人才事宜。

【康复治疗学专业增列学士学位授予专业】 5月，根据辽宁省人民政府学位委员会办公室《关于做好2014年新增学士学位授予专业评审工作的通知》精神，学院延请中国医科大学教授乔敏为组长,辽宁中医药大学教授马铁明、辽宁中医药大学第二附属医院教授庞敏、沈阳医学院附属中心医院教授朴成哲、教授徐浩为组员的评审专家组对学院康复治疗学专业增列学士学位授予专业进行评审。经过实地考察和听取答辩，专家一致同意学院康复治疗学专业增列为学士学位授予专业。

【承办李嘉诚基金会暑期医疗扶贫行动】 8月，学院承办李嘉诚基金会暑期医疗扶贫行动。来自汕头大学医学院、北京大学医学部等10所高校的100余名专业志愿者参加活动，先后到沈阳市康平县郝官乡、北四家子乡、辽中县潘家堡乡开展义诊送药、卫生健康宣教、走访特困家庭等系列活动。

【举行校庆活动】 9月，学院本着“节俭、庄严、热烈”的原则，举行建校65周年校庆暨优秀校友报告会活动，校庆活动分优秀校友座谈会、优秀校友报告会、师生文艺晚会三部分。杰出校友代表畅谈学校发展成就和发展展望，第41届南丁格尔奖章获得者、被誉为“病床前盛开的雪莲花”的学院优秀校友聂淑娟为全校师生作报告。

【与日本医师协会合作培养国际化护理人才】 10月，学院首批涉日护理班15名毕业生赴日本学习与工作。为拓宽学生就业渠道，学院积极探索现代护理学专业学生就业模式，与日本医师协会合作，由日方出资进行日语培训，学生在校就读期间，通过日语一级等级考试，毕业时取得《中华人民共和国护士执业证》便可赴日学习。在考取日本《护士执照》后，即可在日本相应大型医疗机构就业发展。

【荣获辽宁省科技进步一等奖】 11月，学院科研成果“空气污染物对健康影响机制及其早期生物标志”荣获辽宁省科学技术进步一等奖，实现学院建校以来科研奖励新突破，也是沈阳市属高校在该奖项上的历史性突破。该研究依托辽宁省重点实验室“环境与微生态实验室”和辽宁省重点培育学科、优势特色重点学科病原生物学学科，在交叉学科环境污染与微生态研究领域，突破传统研究模式，首创模拟现实大气污染现状的混合污染物动物模型，在国内外率先开展TSP、PM10、PM2.5，特别是PM2.5空气混合污染物的相关研究，首次将微生态学研究理论和方法应用于环境与健康研究领域，填补国内外相关研究领域空白。

【改善校园硬件条件】 2014年，学院完成基础医学院重新规划布局、新建两个停车场、改扩建留学生宿舍楼、研究生宿舍和公卫楼建设手续，完成体育馆、第三综合楼验收、审计、决算等校园基本建设。投入1200万元全部用于改善一线教学设施，更新多媒体设备，增加实验设备，大幅度改善教学工作环境。

【提高附属医院医教研水平】 2014年，学院附属中心医院总收入达10.2亿元，列市属医院首位，进入省内医院前10位。附属第二医院总收入达5亿元。两所医院全面提升医教研水平和服务质量，完成农村和社区对口支援工作，完成临床理论教学和课间实习、毕业实习等教学任务，继续推进临床路径管理，实施优质护理服务示范工程，医疗服务水平显著提高。

（吴静怡）

沈阳广播电视大学

党委书记 阴训法
校　　长 王　滨

【概　况】 2014年，沈阳广播电视大学占地面积25950平方米，建筑面积3.08万平方米。有固定资产11637.4万元，教学科研仪器设备总值3373.18万元，图书馆藏书21.80万册。沈阳数字化学习港搭载各类学习平台，包括沈阳开放教育学习平台、终身教育学习平台、沈阳干部在线学习网、沈阳公务员学习网、沈阳MOOC平台、实习实训虚拟实验平台、全国党校系统教师教学辅助平台等。建成IDC数据中心，拥有256台服务器，储存150TB。有1.2万门课程，同时学校自建具有辽沈地区经济文化特色的数字化学习资源。获批成立沈阳数字化教育资源集成研究与应用重点实验室。学校设置机构21个。教职工273人，其中，正高级职称29人，副高级职称80人，中级职称58人。开放教育专业44个，其中本科专业17个，专科专业27个。成人高职专业15个。学校主要办学形式有开放教育、继续教育、成人高职、奥鹏教育、残疾人教育、中职教育等学历教育、非学历教育和其他社会服务协同发展。全校在校生42152人，其中，开放教育学生35628人，中专学生630人，成人脱产学生419人，网络教育学生5049人，残疾人学生310人，研究生教育116人。两年来与省保监局等12家行业、协会、政府部门合作，开展保险代理人、执法人员、教师、会计人员等各类培训近19万人次。在沈阳郊区县设置了8个电大分校，市区设立了11个直属分校（学习中心）和46家教学点、合作办学单位。

【各级各类教育招生工作】 2014年，实现全系统开放教育招生16237人（其中春季招生7826人，秋季招生8411人），同比增长21%，增长率在全国省级电大排名第二位。奥鹏教育及高校网院全口径招生 2033 人，比去年增长 5.6%，其中，奥鹏教育招生 1627 人，中国医科大学网络教育招生 176 人，东北大学网络教育招生 174 人，中国农业大学网络教育招生 33 人。残疾人教育学院招生 112 人，比去年增长 4.6%。开办美国高等教育考试项目——沈阳广播电视大学 GAC-ACT 授权学习中心。

【开展“助力计划”试点工作】 2014 年，根据国家开放大学“新型产业工人培养和发展助力计划”实施方案，学校开展“助力计划”试点工作。与沈阳世润重工有限公司达成合作办学意向，与沈阳电梯协会达成联合办学意向，合作招收“机电一体化技术”专业学生。学校首个与国家开放大学共建共享“机电一体化技术”（电梯方向）专业，12 月，已完成专业方向的相关论证工作。

【完善终身教育体系建设】 2014 年，学校进一步推动终身教育体系建设工作。完成沈阳终身学习网可行性报告的论证、学习网功能需求、资源建设需求及目标的建设工作；12 月，终身教育平台已进行在线测试；继续在全市开展艺术惠民活动，截至年底，累计惠民 3240 学时，惠民人数达 8 万余人次；深入探索沈阳数字化社区学习中心建设，建立辽河街道武功山社区等 10 个终身学习示范基地；全方位开展社区教育、老年人教育、残疾人教育，“百名教授进社区”活动不断深入，社区大学老年艺术团正式成立并参加校外演出活动，全年，老年学员招生 764 人；沈阳老年人大学沈阳造币公司分校开设民族舞、书法、声乐三个专业，招生 52 人次；残疾人教育现开设专业 3 个，在校学员 300 余人，累计毕业学员 700 余人。

【沈阳数字化学习港全面投入使用】 2014 年，数字化学习港全面投入使用。学习港内建成 IDC 数据中心，拥有 256 台服务器，储存量达到 150TB，硬件基础设施建设领先全国电大系统。搭载 20 余个学习平台，包括沈阳开放教育学习平台、终身教育学习平台、沈阳干部在线学习网、沈阳公务员学习网、沈阳 MOOC 平台、实习实训虚拟实验平台、全国党校系统教师教学辅助平台等。数字化学习港有 1.2 万门数字化课程，同时学校自建具有辽沈地区经济文化特色的数字化学习资源。

【提升数字化资源建设水平】 2014 年，学校投入专项培训经费 24.45 万元，组织开展大规模、系统性的教师数字化资源建设能力培训，全校教师运用现代信息技术的能力和数字化学习资源制作水平明显提升。年初，学校出台新的教师教学工作量计算办法，界定了开放教育教师基本工作量的结构和内容，把适应开放教育的微课程、三分屏课件等数字化资源制作纳入教师工作量计算体系中。全年完成微课 1268 节，三分屏 4238 讲。

【完成校园整体的规划设计】 2014 年，学校申请获批地下停车场、新建综合楼项目建设专项经费 6000 万元，完成上述项目的设计规划环节。完成图书馆维修检测、地下停车场工程勘察、数字化学习港大厦西侧、南侧的路面铺设、气体消防二次改造施工等工程，高质量做好房产管理及维修工作。

【推进党的建设工作】 2014年，组织开展“共产党员社区奉献日”、纪念中国共产党建党93周年系列活动、“我身边的优秀共产党员”拍客等主题活动。三部作品被省远程教育管理中心评为优秀奖。做好社会主义核心价值观宣传工作。全年在国家开放大学时讯网发布新闻10篇，校内新闻报道141篇、图片新闻80篇。2月13日，《沈阳日报》以《拓展终身教育体系，服务学习型社会建设》为题，报道了学校教育实践活动所取得的成果；4月20日，刊载学校专题报道《沈阳干部在线学习网成果凸显》。沈阳市委政研室来校调研，并在《沈阳政研》上刊发了对学校转型升级情况的专题调研报告。

（张 茜）

区县（市）教育

QUXIAN（SHI）JIAOYU

和平区

总 类

2014 年和平区教育局干部任职及分工

现任职务	姓 名	任职时间	分管工作
局长、党委副书记	崔 巍	2012.08	负责区教育局行政全面工作，分管行政办公室、人事科、计财科、师校
党委书记、副局长	姜 龙	2013.01	负责区教育局党委全面工作，分管党委办公室、组织科、老干部科、综合治理办公室、师校（干训部）
区教育督导室主任 、副局长	王 伟	2013.12	负责区政府教育督导室全面工作，负责中学教育、中学教研、招生考试等工作；分管中教科、师校（中学教研室、科研室、监测中心）、招考办
党委副书记、纪委书记	张丽梅	2012.01	负责宣传、统战、纠风治乱、师训等工作。分管纪委、师校（师训部）；协助局长分管人事科，协助局长、书记做好稳定工作
副局长	杨丽霞	2013.12	分管职成科、安全科、终身教育科
副局长	刘成松	2012.01	分管初教科、师校（小学教研室）、房管所，协助局长分管计财科
副局长	吴艳华	2013.01	分管德育科、幼教科、师校（电教馆）、产业中心、图书办、素质教育基地，协助局长分管行政办公室
工会主席	王 红	2010.02	负责教育系统工会、体卫艺工作

【和平教育走进中国教育电视台】 3月12日，中国教育电视台《仰望星空·两会进行时》节目对和平区减轻学生学业负担工作，一年级新生实行“零起点”教学工作进行专访和报道，并组织部分全国人大代表、专家、家长进行讨论。

【参加国际青少年机器人世界杯选拔赛获奖】 4月3日—9日，参加2014年国际青少年机器人世界杯中国赛区选拔赛获一等奖。国际青少年机器人世界杯选拔赛由青少年世界杯中国组委会和中国自动化学会机器人竞赛工作委员会主办，来自全国298个代表队的1271名学生参加。比赛分救援A、救援B、机器人舞蹈、机器人足球四个大项。和平区六名学生组成的天秤队参加机器人舞蹈项目的比赛，获一等奖。

【省青少年科技大赛获金奖】 4月12日，在第29届辽宁省青少年科技创新大赛上，和平区小学参赛选手获奖。本届大赛以“创新、体验、成长”为主题，有296项学生创新项目、154项教师创新项目和83项优秀科技实践活动参赛。和平区铁路五小学生设计的《节能电子公交站牌》和望湖路小学学生设计的《防近视提醒器》获得金奖。

【全国社区教育委员会检查工作】 5月8日，全国社区教育专业委员会检查指导和平区社区学院工作。委员组听取学院关于创建数字化学习先行区的工作汇报，现场查看学院各功能教室的建设情况，了解艺术培训中心培训班上课情况，肯定社区学院的工作成果，结合《全国创建数字化学习先行区评估标准》及各省创建总体形势，对学院未来发展提出建设性意见。

【召开教育信息化推进工作大会】 5月20日，和平区在沈阳铁路实验小学召开教育信息化推进工作暨数字校园建设启动大会。大会对教育信息化工作进行阶段总结和任务部署，从OA办公平台系统应用、网络教研平台应用及数字化校园建设三方面做经验交流。铁路实验小学做了七节信息技术与学科融合教学展示课和一个网络教研片段展示。沈阳市各区县（市）主管局长和数字校园建设项目负责人现场观摩。

【承办全国民族教育研讨会】 6月19日，全国民族学校“传承民族精神，突出民族特色”专题研讨会在市回民中学召开。会议由全国民族中学教育协会主办，沈阳市回民中学承办。会议就民族文化传承的意义及途径、民族学校的特色发展、少数民族学生爱家爱国意识的提升展开研讨与交流。全国25所民族学校的领导和教师参会。

【中小学首留暑假体育作业】 7月24日，和平区教育局首次为辖区内的四万余名中小学生布置一份特殊作业——暑假体育锻炼计划。这份体育家庭作业要求学生在家至少每天锻炼一小时，探究一项球类项目竞赛规则，并邀请家长参与到孩子的体育锻炼中。

【省中学生篮球锦标赛夺冠】 8月12日—19日，由省教育厅、省体育局主办，省学生体育发展中心、省篮球运动管理中心承办的“华育杯”2014年辽宁省中学篮球锦标赛（高中组）在本溪举行。来自全省10个市的19支代表队

300名篮球队员参赛，经过七天比赛，沈阳市回民中学女子篮球队战胜辽宁省实验中学队，夺得高中女子组冠军。

【召开学生营养膳食工作会】 9月29日，召开区中小学生营养膳食工作推进会。下发由教育局与中国医科大学营养科组织编写的《和平区中小学生营养膳食食谱》，食谱针对小学、初中、高中三个年龄阶段学生日常所需六大营养素的数量与比例，进行合理搭配。投入专项资金，建设营养师队伍，与省医大职业培训学校合作开展学校（幼儿园）公共营养师资格培训；建立学生营养健康状况监测评估制度，指导学校开展卫生防疫和学生营养健康状况的监测评估，推进中小学生营养膳食方案落实。

【教育部调研免试入学情况】 11月25日，国家教育部专项工作处、教育装备研究与发展中心联合调研组，对和平区义务教育免试入学和中小学图书馆建设应用情况进行调研。调研组到市第九十九中学和和平区四经一校，就相关主题进行讨论，召开家长和学生座谈会，查看学生学籍，参观图书馆、阅览室，听取学校关于义务教育免试就近入学及推进图书馆建设应用举措的汇报。调研组对两项工作予以肯定。

学前教育

【概 况】 2014年，和平区有各级各类幼儿园69所。收托幼儿10106人。教职工1831人，其中，在编教职工104人，外聘教职工1727人，外聘教职工占全体教职工比例约为94%。正式启动“和平区早教指导培训中心”沈阳市首家公办性质的早教机构，创新性弥补早期教育的空白，引领0—3岁早期教育规范发展。

【开展幼儿园年检换照工作】 3月—5月，对全区经审批的幼儿园进行年检。根据市教育局《关于建立幼儿园年审制度的通知》，按属地化管理原则进行年检，分为实地检查和材料审核两部分，通过科学指导与评价，引领幼儿园规范有序的发展。

【召开省级实验区课题论证会】 4月10日，在和平教师进修学校召开贯彻《3—6岁儿童学习与发展指南》省级实验区课题方案论证会。幼教科介绍和平区开展幼儿园游戏活动研究的背景情况，南宁幼儿园总园为代表的八所幼儿园的课题负责人对各自幼儿园的实验方案进行阐述，专家现场逐一点评，具体指导实验方案撰写。全区18所幼儿园的课题负责人参会。

【完成助困入园工作】 7月1日—9月30日，区教育局、街道办事处、幼儿园三方联动，宣传“助困入园”爱心工程相关政策，认真进行普查、公示监督、条件复核及日常管理工作，向62名符合助困入园条件的儿童资助59.5万元。

【自制玩教具获全国一等奖】 11月23日，沈司幼儿园三位教师制作的玩教具——好玩的雪糕棍在第三届全国幼儿园优秀自制玩教具展评活动中获一等奖。活动由教育部教育装备研究与发展中心、全国妇联儿童工作部等单位共同举办。48人组成的评委组对31个省(自治区、直辖市)选送的近900件自制幼儿玩教具进行专业评选。沈司幼儿园参评的自制玩教具——好玩的雪糕棍，以生活中常见的废弃物雪糕棍为制作原料，能变幻出27种不同玩法，可投放到益智区、语言区、建筑区、美工区、体育区活动区中，体现了设计制作简单、发展价值大、游戏功能强、小教具大作用的先进理念，获得全国总展评一等奖。

【承办辽北片区联合教研研讨会】 12月26日，辽宁省教育厅主办、和平区教育局承办的辽北片区联合教研暨落实《3—6岁儿童学习与发展指南》研讨会，在南宁幼儿园万科城分园召开。区教育局讲解区域推进《指南》实施的具体举措，幼儿园展示表演游戏《小红帽》，三位园长进行经验分享，现场开展互动研讨。课题组负责人针对大家提出的问题进行现场反馈。

义务教育

【概 况】 2014年，和平区小学25所，736个教学班，毕业生4119人，招生5248人，在校生26643人。小学入学率100%，毕业生及格率100%。特教学校1所，在校生69人。小学教职工2020人，其中专任教师1572人。初中11所，300个教学班，毕业生4787人，招生5048人，在校学生14476人。教职工1446人，其中专任教师1168人，拥有研究生学历或完成在职研究生课程班学习301人，初中专任教师学历合格率100%。义务教育巩固率120.3%。中小学具有高级专业技术职务661人，其中小学教师22人，初中教师639人。

【落实减负工作】 3月7日，区教育局下发《关于切实减轻义务教育阶段学生过重课业负担的若干意见》。年内先后召开四次学校领导减负座谈会、推进会及分享会，组成11个调查组，到校对家长进行学生课业负担问卷调查。各校从深化课改、实施分层作业、上好体音美课、规范教辅材料订购、保证自习课、开设阅读课及建立监测制度方面全面落实减负工作。

【开展中考备考调研】 3月11日起，和平区教育局在11所初中开展中考备考调研活动。通过听评课，听汇报，全面了解各校复习备考工作，进行有针对性的指导。以学区长学校为例，集中开展学科教研活动，实现校际间优势学科示范引领。

【确定随班就读中心校】 4月9日，和平区河北一校被列为沈阳市随班就读中心校。随班就读是特殊儿童在普通教育机构中和普通儿童一起接受教育的一种教育形式，河北一校针对随班就读的特殊学生，制定个别化教案，开展个别化辅导，提供更有利于随班就读学生发展的教育环境。

【开展爱心捐助活动】 5月29日，《沈阳晚报》、沈阳电视台、沈阳市工商联企业家在和平区睿智学校联合举办爱心行动。企业家为学生捐赠上百件学习用品和生活必需品，表达对特殊教育学生的关爱。捐赠活动已延续五年。

【六所小学通过省标准化学校验收】 7月28日，辽宁省教育督导室、辽宁省教育厅组建评估组，对和平区申报2014年辽宁省标准化学校的六所小学进行评估验收。评估组按照国家和省定标准，对学校标准化建设情况进行实地考察，和平一校、望湖路小学、望湖路小学、四经一校、团结路小学、河北二校六所学校顺利通过辽宁省标准化学校评估验收。

【开展教育视导】 12月，区教育局对10所小学进行期末视导。全面考查学校教育环境、专用教室使用、常规管理、教研活动情况。发放220张问卷、召开20场座谈会，对各校工作提出指导性意见。

高中教育

【概　况】 2014年，和平区有高中11所，教学班192个，毕业3845人，招生4109人，在校生12085人。教职工1013人，其中专任教师854人，均达到本科学历，有研究生学历或完成在职研究生课程班学习305人，高中专任教师学历合格率100%。初级职称52人，中级职称344人，具有高级教师专业技术职务的达567人，35岁以下教师有260人。

【召开教学质量分析会】 3月6日，召开2013年教学质量分析暨总结表彰会。和平区教育局三位主管领导分别就全区中小学生体质健康状况、小学教学质量、中学教学质量进行详细分析，区教育局局长对新学年教育工作进行具体部署，指导中小学落实科学的教育质量观，加大教学改革力度。和平区副区长对2013年教育取得的成绩和改革举措给予肯定，同时强调要在减轻学生过重负担的基础上，实现和平教育的高质量发展。

【市二十中举办教学开放周活动】 5月15日—16日，市二十中举办第17届教学开放周活动。校长俞万祥作题为《解读悟道教育》的报告，学校高一、高二年级所有课堂全部对外开放，310余节公开课展示“两纲一模，两动一主”教学体系，体现学生主动学习知识的“悟道教育”理念。全国16个省、市、自治区100多所学校2000余名教育工作者参与开放周。

【市一二六高中完成撤并工作】 7月3日，区教育局召开沈阳市一二六高中整合工作会。决定沈阳市第一二六中学统筹接收原沈阳市第一二六高中教工、固定资产，实现两校资源科学整合，扩大和平区优质教育资源覆盖面。

【获评市首批高中最佳学生社团】 8月22日，在沈阳市首批普通高中学生社团评选中，沈阳铁路实验中学Listen乐团、市回民中学翼虎跆拳道社团被评为沈阳市最佳学生社团。东北中山中学李仁堂戏剧社、市三十八中星雨戏剧社、市一二四中轻舞飞扬社团被评为沈阳市优秀学生社团。东北中山中学排演的话剧《日出》被选作优秀剧目，参加第二届沈阳市普通高中学生戏剧节展演。

【东北中山中学通过省级示范性普通高中复检】 10月13日—14日，辽宁省教育厅专家组到东北中山中学进行省级示范性普通高中复检。专家组听取和平区政府关于区域高中教育发展的总体情况汇报和东北中山中学省级示范性高中建设情况汇报，对学校师资配备、教育教学管理、校园环境和功能教室进行实地检查，观看特色体育社团活动、大课间活动，与师生座谈。专家组对学校建设省级示范性普通高中取得的成果给予肯定，东北中山中学顺利通过复检验收。

职业与成人教育

【概　况】 2014年，和平区进一步完善终身教育体系，建设学习型社会，以服务“社区教育”建设为工作重点，举办和平区市民摄影展、校外教育机构教师教学基本功大赛等活动。

【召开校外教育机构教师节表彰大会】 9月10日，召开和平区首届校外教育机构庆祝第30个教师节表彰大会。会上对10所优秀教育培训机构的校长和40名优秀民办教师进行表彰。15所培训机构的优秀文艺节目进行汇报演出。沈阳电视台、《沈阳晚报》、东北新闻网对该活动予以报道。

【举办市民摄影大赛】 10月13日，2014年沈阳市和平区市民摄影展开幕式在市新华图书大厦古籍书店举行。摄影展由和平区教育局主办，和平区社区学院承办，以“全民终身学习，创造出彩人生”为主题，参展代表100余人参赛。

【举办教学基本功大赛】 12月12日，在望湖路小学开展区内校外教育机构教师教学基本功大赛。大赛分为艺术表演（含绘画、舞蹈、器乐演奏）和文化课说课两大类，邀请沈阳音乐学院电子管风琴系副教授尚方、鲁迅美术学院动画系副教授王毅、钢琴家王达、市一二六中学副校长于晶担任评委，六位教师获艺术表演奖，四位教师获文化课说课奖。

教育督导

【概　况】 2014年，和平区政府教育督导室坚持督政、督学与教育质量监测并重，构建督学、督政、监测三位一体的工作体系，取得显著进展。和平区代表辽宁省和沈阳市迎接责任督学挂牌督导国家专项督导；完成国务院教育督导委员会中小学冬季取暖专项督导及财政教育投入和使用管理自查工作；落实责任督学挂牌督导工作；开展中小学课堂教学改革专项督导；完善“同级督政”机制，首次实现区政府办公室与督导室联合下发督政通知书。年内，督导室共有专职督学14人，兼职督学10人，特邀督学10人，共划分为三个督学责任区，内设办公室、中学部、小学部、学前部四个部门。

【迎接国务院教育督导检查】 1月18日，和平区代表辽宁省及沈阳市迎接国务院教育督导委员会中小学责任督学挂牌督导工作专项督导。督导组对市朝鲜族六中、和平区西塔朝小、和平区和平一小、和平区四经一小、市九十九中悬挂责任督学挂牌督导公示牌的情况进行检查，参观校园环境、设施督导设备等，就相关问题与学校校长进行深入交流。

【开展中小学课堂教学改革专项督导】 5月6日—6月23日，开展2014年中小学课堂教学改革专项督导。督导组深入全区25所小学、11所初中、6所高中，检查学校课堂教学改革、减轻学生过重课业负担和小学实施“零起点”教学实践的情况。督导组听取校长汇报42人次，召开教师座谈会42场，发放学生问卷1020份，听课264节，全面、准确掌握和平区中小学的教学工作实况。

【召开兼职督学选聘大会】 7月15日，召开第三届兼职督学选聘大会。区督导室组织成立兼职督学选聘工作小组，制定工作方案，在学校推荐的基础上，面向全区中小学选聘兼职督学10名，任期两年。会议公布选聘结果，明确兼职督学的工作职责，要求每位兼职督学每年至少参加两次区中小学专项督导或综合督导，首次实现兼职督学持证上岗，会议还对督学责任区及责任督学挂牌工作进行调整。

【开展责任督学期初督导】 9月1日—5日，组织20名专兼职督学分组开展责任督学期初随访督导。组建10个督导组，分别负责3—6所学校，10名新选聘的兼职督学全员参与，首次采用督导室讨论通过的《和平区责任督学期初随访督导工作表》，重点查看学校工作计划的制定、课程开设、安全教育与校园环境、卫生工作内容，期初督导工作更具针对性和实效性。

【扩大“同级督政”范畴】 11月14日，召开和平区2014年教育执法“同级督政”工作会。2013年底，督导室正式向区委区政府提交将食药监部门纳入督政对象的申请报告并获准，会议宣布将和平区食药监局纳入到“同级督政”范畴。和平区自1996年首创“同级督政”以来，相关机制不断得以完善，“同级督政”单位达14个，涵盖区内多数委办局。12月初，采取听取汇报、查阅档案资料方式完成相关单位教育执法“同级督政”工作，督促和平区各相关单位切实履行教育执法职责。

【完成省基线测试工作】 12月3日—4日，和平区完成辽宁省基线测试工作。测试对象涉及和平区内九所初中和东北育才学校七年级2800余名学生及部分教师。区教育督导室、教师进修学校、招生办、基础教育质量评测中心多部门合作、周密安排，召开培训会和考务工作会议，选派县区巡视员，确保测试工作的安全、有序、规范。

（姚俊峰）

沈河区

总 类

2014 年沈河区教育局干部任职及分工

现任职务	姓名	任职时间	分管工作
局长、党委副书记	侯德安	2007.11	负责区教育局行政全面工作
党委书记、副局长	孙　岩	2013.10	负责区教育局党委全面工作
区政府教育督导室主任	童跃杰	2013.02	负责区政府教育督导室全面工作，分管督导办、招考办
副局长	金书革	2007.11	分管初教科、计财科、安全教育科、幼教科、职业成人教育科、教师进修学校、电化教育馆、教育学会
副局长	徐　强	2011.08	分管中教科（负责高中教育）、信访办、督考办、社会管理服务指挥分中心、发展研究室、基建房管所、老干办、教育产业管理中心、素质教育学校、文产办、基金会、关心下一代协会，负责纠风工作
副局长	刘　煜	2013.06	分管行政办、人事科、中教科（负责初中教育）、体卫艺科、德育科、终身教育科、青教办、中小学卫生保健所、教育实践中心、少年宫
区政府教育督导室副主任、招生考试办公室主任	才宏文	2007.07	负责区招生考试办公室全面工作
工会主席、纪委书记	曲方芳	2013.10	负责教育工会、纪委全面工作

【开展无偿献血和造血干细胞采样活动】 1月15日—17日，组织教育工作者参加无偿献血和造血干细胞采样活动。来自各中小学、局直属幼儿园、局直属单位的近300名教职员工参加体检，273名教师成功献血，11名教师进行造血干细胞采样。

【开展机关干部竞聘上岗工作】 2月10日，按照区委组织部、区人社局相关要求，开展2014年机关科级领导干部竞聘上岗工作，召开机关科级领导干部竞聘大会。大会共推出21个正科级领导岗位和两个副科级领导岗位，经过预报名、组织推荐和正式报名、竞聘演讲、民主推荐和组织考察等程序，19个正科级领导岗位及两个副科级领导岗位完成竞聘工作。

【副市长姜军视察幼儿园】 2月26日，沈阳市副市长姜军就幼儿园改建工程视察沈河区回民幼儿园。姜军视察幼儿园办学环境，并详细了解幼儿园办园模式、师资水平、硬件设施及教学管理等相关情况，重点询问幼儿园改建情况。

【召开食品安全工作培训会】 2月28日和8月27日，联合食品药品监督管理局沈河分局分别召开2014年春、秋季学校卫生防疫暨食品安全管理培训会议。会议对《食品安全法》及实施条例等法律法规、学校应建立的食品安全责任制体系、原料采购及索票索证制度、食物中毒的预防和处理等方面做详细讲解，部署本学期学校卫生暨食品安全管理工作。

【开展消防安全工作培训会】 3月3日，联合沈河区公安消防大队开展沈河区中小学消防安全工作培训系列活动。沈阳市消防支队围绕“开学第一课、大家学消防”的主题为区内各校安全主任及朝阳一校的部分师生进行讲解，普及消防法律法规。沈河区公安消防中队的队员与朝阳一校的学生联合举行火灾逃生和紧急救援演练。

【国家民委副主任丹珠昂奔到市满族中学调研】 3月10日，国家民委副主任丹珠昂奔率调研组到沈阳市满族中学调研指导工作。调研组参观满族中学的校园文化建设，详细了解满族剪纸与汉族剪纸的区别，并观看大课间活动及珍珠球团体操表演。学校向调研组汇报校园整体建设及民族教育工作情况。

【召开校车安全管理工作联席会议】 3月20日，召开校车安全管理工作联席会议，下发《沈河区人民政府办公室关于加强中小学校车安全管理的通知》，成立沈河区校车办，明确校车安全管理工作联席会议制度及管理部门的职责分工，并部署下一步校车安全管理工作具体安排。会议要求各成员单位要统一思想、提高认识，强调落实，齐抓共管，建立健全校车安全管理长效机制。区政府副区长董雪峰及区教育局、交通沈河分局、交警沈河大队、区安监局等联席会议成员单位的主管领导参加会议。

【开展党的群众路线教育实践活动】 3月25日，沈河区教育局党的群众路线教育实践活动动员大会召开，会议要求广大党员干部教师要通过落实活动总体要求，把握活动目标任务，抓住活动主要环节，切实开展好群众路线教育实践活动。教育局成立七个教育实践活动督导组，对教育局所属各基层单位党的群众路线教育实践活动进行指导。

【举行中小学升旗仪式观摩活动】 2014年，沈河区教育局制定并出台《沈河区中小学校升降国旗制度》。3月31日，在文艺二校举行“安全——让生命飞扬”主题升旗仪式观摩活动。升旗仪式的队列形式、升旗程序及国旗下讲话内容严格按照《沈河区中小学校升降国旗制度》的要求执行。团市委、团区委相关领导及全区各中小学校团委书记和大队辅导员参加观摩。

【参加全国中小学互动课堂教学大赛获奖】 4月，在中央电化教育馆举办的第七届全国中小学互动课堂教学大赛上，沈河区报送交互式电子白板课例、一对一数字化教学课例共计30节，获奖27节，其中一等奖7节、二等奖11节、三等奖9节。市九十中学教师寇宇和同泽女中教师孙璐被邀请到全国观摩会现场做说课展示。

【沈阳市盲校乒乓球队获奖】 5月4日—11日，由中国残疾人联合会、国家体育总局、中国残奥委员会主办的2014年“晟大华健杯”全国残疾人乒乓球锦标赛上，沈阳市盲校盲人乒乓球队六名队员代表辽宁省参加盲人单打项目的比赛，学生刘佳慧夺得女子单打第一名，李阳、袁博分别获女子单打第二名、第四名；王宁、樊路分别获男子单打第三名、第四名。

【国家教育部学生装调研工作组到沈河区调研】 5月8日，全国中小学学生装调研工作组到沈河区调研。调研组听取学校工作汇报，详细询问学生校服的征订、下发、使用情况，并就学生装是否需要国家统一管理，如何管理，是否需要设置区域、学校统一标识和安全标准、价位及款式的制定等问题听取基层意见。辽宁省教育厅副厅长王庆东等省市相关领导陪同调研。

【开展校级干部全员培训】 5月19日，组织开展校级干部全员培训。会议对《沈河区教育系统名优校长培养工程实施方案》中的培养校级干部五项能力及任务进行解读，并聘请北京师范大学认知神经科学与学习国家重点实验室留美博士王亚鹏作题为《学校中的脑科学》的讲座，系统讲解运动原则、榜样原则等十个用脑原则以及脑科学在学校管理中的应用。全区校级干部、教育局各科室科长以及“十二五”第一期后备干部班学员参加培训。

【举行课堂乐器千分制竞赛】 5月19日—23日，举行沈河区提升学校课堂乐器千分制竞赛，对全区20所小学进行课堂乐器千分制竞赛评比。经过铝板琴集体项目、竖笛集体项目、竖笛个人项目考核，沈河区实验小学等五所学校获优秀团队奖、文萃小学等九所学校获达标团队奖。6月19日，参加市教育局举办的百所实验学校课堂乐器演奏千分达标竞赛活动，获总分第一名。

【开展中小学诚信教育展示活动】 5月26日，沈阳市中小学诚信主题教育活动动员会暨沈河区诚信教育展示活动在同泽高级中学举行。会上，沈河区岸英小学、同泽高中学生代表向全市中小学生发出题为《在成长的路上，我们与诚信同行》的诚信倡议，同泽高中展示《诚信中国》、微课程《侠客行》、校园剧《商鞅立木》《诚信考场》及微电影《诚信杂货铺》等，全方位、多角度展示沈河区诚信教育成果。

【召开2014年中高考工作会议】 5月27日，沈河区招考委召开2014年中高考工作会议。会议介绍2013年全区中高考工作情况，安排部署2014年考试工作，明确各部门工作职责。区政府与各招考委职能部门签订《招生考试工作目标管理责任状》。区招考委成员单位公安沈河分局、交警沈河大队、环保沈河分局、行政执法沈河分局分别就本部门工作职责作表态发言。

【举办中小学生演讲比赛】 组织全区中小学生开展“中国梦，我的梦”演讲（讲故事）比赛。6月6日，通过班级普赛、学校初赛、集团复赛，全区选拔12名优秀选手参加区决赛。选手们结合英雄、劳模事迹和自己的学习生活，抒发对“中国梦”的理解。

【举行优秀调解员培训】 6月17日，组织召开教育系统优秀调解员展示活动暨培训会。来自基层单位的10名优秀调解员代表，现场进行调解案例的讲解及展示。区教育局对全体参会调解员进行业务培训，并授予10名调解员沈河区教育系统“金牌调解员”称号。

【开展食品安全进校园活动】 6月19日，开展以“尚德守法，提升食品安全治理能力”为主题的2014年沈河区食品安全进校园活动。会议介绍学校食品安全工作情况，向学生发放《食品安全常识》手册并宣讲食品安全知识。

【“十二五”第一期后备干部培训班结业】 7月7日，举行沈河区教育系统“十二五”第一期后备干部培训班结业仪式。会议全面总结培训工作，全体后备干部班学员分组进行展示汇报，表彰优秀学员和优秀团体，并对年轻的后备干部们提出要求：深入教学一线，钻研业务理论，提高业务技能。

【市二十七中学新建教学综合楼竣工】 7月，市二十七中学新建教学综合楼竣工并交付学校使用。该项目位于沈河区大南街大佛寺巷27号，2013年7月开工建设，建筑面积6096.06平方米，包括地下车库、实验室、办公室、多功能教室、塑胶操场、大门围墙等相关配套工程。

【沈河区育鹏小学新建教学综合楼竣工】 7月，沈河区育鹏小学新建教学综合楼竣工并交付学校使用。该项目位于沈河区长青街48号，于2012年10月开工建设，建筑面积6380平方米，包括地下车库、食堂、风雨操场、办公室、多功能教室、塑胶操场等相关配套工程。

【开展待评名优班主任高级研修班培训】 8月20日—28日，组织中小学82名优秀班主任参加北京师范大学举办的沈河区待评名优班主任高级研修班培训活动。14位专家、教授授课，开设涵盖培育和践行社会主义核心价值观、班会设计、学生心理特征、教学研究、教师职业发展、国外优秀教育案例等内容讲座和研讨活动。

【承办市中小学生公益日活动仪式】 8月22日，举行沈阳市教育局主办、沈河区教育局承办的2014年沈阳市中小学生暑假社会公益日活动仪式，暨沈河区大南街道红巾社区“红领巾学雷锋志愿服务队”成立仪式，宣读沈阳市中小学生暑假公益日活动方案。仪式后，200名小志愿者，走进社区，打扫公共环境卫生、清洗雷锋雕像、宣传栏、体育活动器材，走访社区军烈属和孤寡老人，开展文明礼仪和诚实守信的宣传教育活动。沈河区15个街道、109个社区，也组织开展形式多样的中小学生暑假社会公益日宣传活动、文化活动及社会实践活动。

【通过全国义务教育发展基本均衡县（市、区）认定评估】 9月26日，全国义务教育发展基本均衡县（市、区）认定工作督导检查组一行五人，对沈河区义务教育均衡发展情况进行专项评估检查，通过观看沈河区教育发展专题片，检查档案材料，组织人大代表和政协委员、校长、教师及家长代表的四个座谈会，随机抽取三所初中和三所小学进行实地考察，对沈河区义务教育进行全面评估。9月28日，在全国义务教育发展基本均衡县（市、区）认定督导检查（辽宁）反馈会议上，对沈河区给予高度评价。10月14日，国务院教育督导委员会办公室网站正式公布沈河区通过“全国义务教育发展基本均衡县（市、区）认定”。

【开展纪念第一个烈士日主题活动】 9月29日，在全区少先队组织开展升旗仪式等活动，纪念全国第一个烈士纪念日，在全区少年儿童和少先队员中营造“弘扬先烈精神，争做英雄传人”的深厚氛围。少先队们通过亲手制作英雄花并佩戴胸前、集体默哀深切缅怀先烈先辈。

【创建省中小学体育艺术示范区】 11月17日，辽宁省中小学体育艺术示范区专项评估督导检查组对沈河区中小学体育艺术教育发展情况进行专项评估检查。督导组通过听取工作情况汇报，实地查看文艺二校、朝阳一校、市实验学校、市同泽高中、中小学卫生保健所，观看大课间、垫上体操、舞蹈、竖笛、模型飞机、绘画等表演，考察校园艺术化环境建设，对沈河区体育艺术教育工作进行全面了解，认为沈河区中小学体育艺术教育工作实现协同发展、专家治教、普及加提高，形成“一校一品、一班一色、一生一长”的多样性育人格局。

【通过省中小学图书馆示范区验收】 12月5日，省督导组对沈河区14所中小学图书馆的建设情况进行督导评估。督导组听取沈河区教育局关于辽宁省中小学图书馆工作示范区复检的工作汇报，分成两组进行检查验收。督导组对沈河区学校书香校园建设方面充分发挥创新理念，营造出自助式、花园式、休闲式、开放式等各具特色的图书阅览区等做法给予高度评价。沈河区顺利通过辽宁省数字化图书馆示范区验收。

【开展深入学习核心价值观培训】 12月15日，组织校级干部和德育主任集中培训，邀请北京师范大学党委副书记王炳林作《培育和践行社会主义核心价值观》报告，沈河区教育局领导班子参加。报告从社会主义核心价值观的由来、必要性、培育践行途径等三个方面进行阐述，其中重点讲述培育和践行社会主义核心价值观的途径方法。

【召开安全稳定工作会议】 12月22日，召开沈河区教育系统安全稳定工作会议。会议传达辽宁省省长李希在全省安全生产工作电视电话会议上的讲话精神及沈阳市副市长关志鸥《致各成员单位党政主要负责人的公开信》，通报近阶段辽宁省安全生产形势，并对当前沈河区教育系统的安全现状进行研判，全面部署教育系统的安全管理工作。要求各单位要严格排查整治安全事故隐患，最大限度地预防安全事故的发生。

【召开心理健康教育研究会年会】 12月29日，召开沈河区心理、健康教育学科名师授牌仪式暨心理健康教育研究会年会。会议从完善基础设施建设、加强教师业务培训、加强课堂教学管理、开展主题教育活动、参与课题研究工作等五个方面对近两年心理健康教育工作进行总结。表彰贾玉颖等九名健康教育学科、心理健康教育学科名优教师并颁发名师工作室牌匾。沈河区岸英小学刘波、实验学校刘蕾、市十七中学吉晓菲分别作经验介绍，朝阳一校刘辉、实验学校郑佳熙分别进行教学展示。

【数字校园建设取得阶段性成果】 2014年，建设完成32所学校（37个校区）一星级数字校园，高标准完成沈阳市政府2014年“惠民实事”项目——“数字校园”的建设任务。

学前教育

【概　况】 2014年，沈河区托幼园所105所，其中教育办园5所，学校办园10所，街道办园8所，部队办园5所，机关事业单位办园8所，其他3所，民办幼儿园66所。全区在园儿童13709人，入园率98%；教职工2255人，其中专任教师1201人，幼儿教师学历达标率99%，专业达标率98%。年内，全区完成任务评估定级及奖补助困等工作。

【开展幼儿园优秀教育活动观摩展示】 5月8日，召开沈河区幼儿园优秀教育活动观摩展示。沈空幼儿园的中班美术活动《珠子的轨迹》、蓓蕾幼儿园的小班音乐活动《开始和停止》和朝阳一校幼儿园的大班音乐活动《小鱼的梦》，展示如何开展幼儿园艺术领域活动。来自区内的百余名园长、教学干事和骨干教师参加活动。

【开展《0—3岁儿童学习与发展指南》培训】 6月12日，开展落实《0—3岁儿童学习与发展指南》（以下简称《指南》）培训会。会议通过大量的教育教学实例，讲解在幼儿园的一日生活中如何实施《指南》，强调每个教育环节的指导要点。全区幼儿园教学负责人和骨干教师180余人参加培训。

【举办幼儿教师基本功大赛】 10月31日，沈河区幼儿教师基本功大赛在沈阳市空军直属机关幼儿园举行。比赛分为幼儿故事讲述、幼儿歌曲边弹边唱、幼儿舞蹈创编、儿童画创作、玩教具制作、答辩六个项目，经过初选，有30名选手进入全区决赛，最终选出六名优秀选手代表沈河区参加市幼儿教师基本功大赛。

【承办市落实《指南》现场会】 11月12日，召开由市教育研究院组织的沈阳市落实《3—6岁儿童学习与发展指南》暨户外游戏活动现场会。沈空幼儿园围绕“幼儿园户外游戏的安全性、有效性、规范性”等问题作专题报告，并进行户外游戏展示，理论结合实践，带给与会者不同思想和观点的共鸣。市教育局、市教育研究院、沈河区教育局相关领导和来自沈阳市 13 个区县（市）的教研员及 300 余名教师参加活动。

【评估定级获佳绩】 12 月 8 日—11 日，辽宁省五星级幼儿园评估检查组到沈河区开展评估验收工作。沈河区申报五星级幼儿园 19 所，全部高质量高水平通过验收，位居全市之首，获评四星级幼儿园 13 所，三星级幼儿园 30 所。

【接管改造滨合幼儿园】 12 月 31 日，正式接管滨河街道办事处滨合幼儿园。经过前期调研、召开协调会与街道办事处沟通，了解并解决接管工作中的重重困难。区政府投资 150 万元对滨合幼儿园进行全面整体改造，改造后幼儿园可设 6 个班级，新增学位 150 个。

【落实奖补惠民生】 2014 上半年共有 46 所幼儿园享受奖补，申请奖补儿童数 7828 人，共拨付奖补资金 431.2 万元。2014 下半年共 53 所幼儿园 8221 名幼儿享受奖补，按在园儿童生均 200 元标准下拨资金 986.5 万元。

【助困入园促公平】 2014 年，沈河区教育局对特殊群体实施“助困入园”工程。17 所幼儿园 24 名幼儿享受此待遇，总善款额为 11.8 万元，解决贫困家庭儿童入园问题。

义务教育

【概　况】 2014 年，沈河区有小学 30 所，九年一贯制学校 3 所，初中 13 所。小学毕业 5685 人，招生 5349 人，在校生 32510 人，入学率 100%，巩固率 100%，毕业及格率 100%，小学教职工 2555 人，其中专任教师 2078 人。初中毕业 5065 人，招生 5136 人，在校生 15842 人。初中入学率 100%，巩固率 100%。初中教职工 2037 人，其中专任教师 1589 人。特殊教育学校 2 所，毕业 79 人，招生 67 人，在校生 234 人。

【召开中考质量提升专题分析会】 3 月 12 日，区教育局召开中考质量提升专题分析会。会议分析全区初中在 2013 年中考工作中体现出的优势和不足，并从加强备考、复习、集体备课、课堂、考试、辅导管理六个方面提出 2014 年备考工作建议。

【举办中学生科技节】 5 月 23 日，举办主题为“体验、创新、成长”的沈河区第二届中学生科技节。参赛项目包括电脑绘画、电脑动画、网页设计、搭建创意主题和机器人计分赛。全区九所初中参赛，创作电脑绘画和电脑动画及网页设计，并现场进行创意搭建和机器人比赛。

【开展办学思想巡礼活动】 5 月 30 日，沈河区泉园二校召开“博爱课堂”教学改革研讨会，通过开放课堂、大课间展示、校长汇报和教师论坛等四部分内容，充分展示学校办学思想、办学特色和课堂教学改革的进展情况。6月17日，沈河区热闹路第二小学召开“一样的生命 不一样的精彩”课堂教学研讨会，围绕文化校园、精彩课堂、师生综合素养展示三部分内容，对学校实施课程改革的历程及取得的成绩进行展示和研讨。

【开展农村骨干教师培训工作】 6月，组织市七中培训浑南、法库农村各学科骨干教师32名。10月和12月，分别组织文艺二校和市实验学校小学部培训浑南和法库农村各学科骨干教师64名。11月，组织实验学校中学部、育源中学培训沈北、于洪、浑南、康平、苏家屯各学科骨干教师64名。通过组织教师聆听专家报告及参与集体备课、听课、评课、作业设计和考试命题等多种形式，全面提升受训教师的综合素养。

【使用外来务工人员子女信息电子系统】 针对外来务工人员数量大、流动性强、居住地集中的特点，2014年，专门制作电子地域分布图和外来务工人员子女信息电子录入系统，由以往的纸质存档转为电子档案，并于8月1日正式启用。全年共安排1061名外来务工人员子女入读小学一年级，和本地学生共同参加阳光分班。

【承办全国十商课程研讨会】 11月13日—14日，承办第三届全国十商课程研讨会即十全素质教育校际联盟校长论坛。会上，江苏省教育科学研究所所长成尚荣作学术报告。沈河区教育局作题为《适合的平台 多彩的“十商”》区域教育主题报告。全国特级教师钱守旺和武琼分别进行数学、语文学科教学观摩及专题讲座。一经二校、北一经小学、马官桥小学、文化二校四所联盟校从评价策略、教育教学管理、办学思想、课程资源开发四方面展示作为“十商”联盟校的实践探索成果。

【举行初中课改巡礼活动】 12月9日—12日，在市育源中学召开沈河区初中课改巡礼活动。在市七中、市实验学校、市七中八十二中学校区、市九十中学、市一四五中学、市四十九中学、市回族初中设置七个分会场，各学校围绕教师培训、校本教研、课堂教学研究、发展性评价、校本课程开发与实施等方面进行展示，总结课改实验中取得的经验，发掘存在的问题，推动区初中课程改革向纵深发展。

【召开小学课改推进会】 12月31日，召开小学“聚焦课改 践行课堂 提升质量”课改推进会。会议通过课堂教学展示、微电影、主题汇报等形式，对小学二轮课改发展现状及对未来思考进行全面梳理。会议强调要为进一步深化课改提供理论支撑、政策保障和业务指导。

【举办中学生英语节】 12月，沈河区开展主题为“To be a better one!”的第三届中学生英语节活动。活动由学校初赛、集团复赛、区级决赛三部分组成，分别包括英语百词竞赛、英语口语能力比赛、英语课本剧比赛等三个项目。全区初中学生参加系列活动，展示英语教学成果。

【开展常规视导工作】 2014年，继续加强学校精细化管理力度，围绕教务管理、教学过程、课堂常规、校园管理等方面，上半年对区内各小学进行飞行式常规视导，下半年结合各校存在问题进行“回头看”的推门式视导，切实发现并整改学校教育教学常规管理工作中存在的问题，推动常规管理工作规范化、精细化。

高中教育

【概　况】 2014 年，沈河区区属普通高中 8 所，招生 3172 人，毕业 3062 人，在校生 9495 人，教职工 1318 人，其中专任教师 1106 人。

【召开高中质量提升专题分析会】 3 月 26 日，召开高中质量提升专题分析会。会议从入出口评估、市内五区成绩对比、区内成绩位次的变化等方面对沈河区 2013 年高考成绩进行分析，并从提高管理意识、深化集体备课、提高课堂效率、关注高考改革等四个方面提出 2014 高考备考工作建议。

【参加市首届普通高中学生社团评选】 7 月，组织区内高中参加沈阳市首届普通高中学生社团评选活动。沈河区同泽女中民乐社被评为沈阳市首批普通高中最佳学生社团；市九中玖艺剧社、共青团中学乒乓球社团、市二十七中学机器人竞技社团、同泽高中广播站、市十七中学瞬间摄影社团均被评为沈阳市首批普通高中优秀学生社团。

【开展精细化管理案例征集活动】 8 月，组织精细化管理网上论坛活动，征集并汇编高中精细化管理优秀案例，并在高中校长大会上进行交流与分享。

【完成同泽高中教育集团整合工作】 8 月，完成同泽高中对市四十七中学的兼并重组。完成账、物对照的校产清查及交接工作；在全员接收的基础上以自主选择为原则，完成教职人员的并入，同时做好在职教师岗前培训和岗位配置工作，保障合并学校和教师的利益，扩大优质普通高中教育资源。

【组织参加科技大赛】 2014 年，组织区内高中积极参加沈阳市首届高中生科技节、沈阳市第七届青少年机器人竞赛、辽宁省 29 届青少年科技创新大赛。荣获辽宁省第 29 届青少年科技创新大赛两项金奖及“东北大学专项奖”；在沈阳市首届高中学生科技节上，荣获特等奖 1 项、一等奖 2 项、二等奖 2 项、三等奖 1 项以及一个单项第一名，市二十七中学、同泽高中的两个作品分别在科技节开幕式和闭幕式上进行现场展示。

【开展特色学科走班制教学改革工作】 2014 年，全面开启高中走班制教学改革工作，组织区内高中实施特色学科分层分类走班教学。同泽高中被列为沈阳市首批特色学科走班制教学改革试点校，高一年级物理、化学、地理、政治、历史五个学科全面实施走班教学。市二十七中、同泽女中、共青团实验学校进行特色学科走班教学的尝试。市十七中、市九中进入研究筹备阶段。

职业与成人教育

【概 况】 2014年，沈河区民办职业学校2所，开设专业12个，教学班32个；招生1284人，完成招生计划78.5%，毕业535人，在校生2528人。教职工90人，其中专任教师50人。专任教师学历合格率100%，高级专业技术职务26人。民办非学历教育机构74所，新设立11所，开设专业89个，565个教学班，在校生12385人。教职工508人，其中，专任教师352人。年内，民办非学历教育机构完成培训18900人次。

【落实教师胸卡佩戴制度】 4月，布置民办教育机构教师上岗佩戴胸卡工作，对全区办学机构进行教师信息统计；截至6月，为全区70个办学机构494名教职工办理教师胸卡；8月，检查民办教育机构规范办学，并对教师胸卡佩戴情况进行督查；9月21日—10月22日，市民办教育管理办公室与各区教育局组成联合检查小组，对沈河辖区内265个（市管195个，区管70个）民办教育机构人员佩戴胸卡情况、安全消防情况以及办学场所规范使用情况进行联合大检查。

终身教育

【概 况】 2014年，沈河区终身教育机构1所，即沈河区社区学院，全区15个街道建立社区学院分院，全区109个社区建立社区学校；有教师65人，开设木工工艺品制作、中国茶文化、手绘T恤、百变服饰、纸艺花制作、泥塑造型与彩绘、丝网花制作、家庭和谐之亲子关系8个专业课程。

【召开学习型城市建设工作会议】 4月23日，召开沈河区学习型城市建设工作会议。解读《沈河区2014年学习型城市建设工作要点》，要求各成员单位积极申报区级项目、社区教育实验点，年内要完成学习型组织创建、独立社区学院建设、沈河终身教育网改版升级等工作，并对送课进社区工作进行总结和部署。区直各委办局、街道办事处34所成员单位联络员及六所社区教育实验点主管领导参会。

【完成独立社区学院建设】 1月，沈河区被教育部确定为全国社区教育示范区，建设独立的社区学院成为十大民生项目之一。11月，经近一年的筹备与改造，原市八十二中学校区南厢楼作为沈河区社区学院校址改造工程竣工并投入使用，总建筑面积3000余平方米，有办公室9间，功能教室13间，会议室1间。已开设老年英语口语、合唱两门课程。

【开展送课进社区工作】 3月—8月，区教育局携同社区学院组织部分教师利用每周五下午的时间，开设木工工艺品制作、中国茶文化、手绘T恤、百变服饰、纸艺花制作、泥塑造型与彩绘、丝网花制作、家庭和谐之亲子关系八个专业，为六个社区教育实验点居民授课。授课540课时，培训人数达2256人。

教育督导

【概　况】 2014年，沈河区政府教育督导室以国家义务教育发展基本均衡区评估认定为重点，全力推动教育优质均衡发展、推进实施素质教育、促进教育现代化建设，以责任督学挂牌督导为抓手，切实履行监督、检查、评估、指导、服务的工作职能，坚持督学与督政并举、评估与指导结合，加大督导工作力度，顺利通过国家义务教育发展基本均衡区认定。年内，督导室专职督学13人，兼职督学42人。

【开展督政工作】 5月30日，区政府教育督导室召开2014年督政工作会议。会议介绍督导室职能，解读督政相关文件，布置督政工作推进表，并详细介绍《沈河区推进素质教育目标责任考核标准》。6月12日—17日，沈河区政府教育督导室联合区教育局组成沈河区督政工作组，对区内24家申报单位进行督导评估。9月评选出26个沈河区推进素质教育先进单位。

【责任督学挂牌督导工作】 2014年，落实《中小学校责任督学挂牌督导办法》《中小学校责任督学挂牌督导规程》相关文件要求，全面实行责任督学挂牌督导。3月，对校园环境、常规管理、安全工作、具体问题进行督导。4月，检查学校标准化建设与学校办学规模。5月，指导学校实施素质教育综合督导整改回复工作。6月—9月，对学校标准化达标及建设情况进行专项督导。10月—12月，对学校冬季采暖、爱生学校项目、提升学校项目、教师岗位大练兵进行专项督导，并形成督导调研报告。全年，12位责任督学接听电话700余次，全部按规定程序予以落实。

【通过国家义务教育发展基本均衡区认定】 9月26日，国家督导检查组对沈河区义务教育均衡发展情况进行专项评估检查，观看沈河区教育发展专题片，分别召开人大代表政协委员、校长、教师、家长座谈会，实地查看三所小学、两所初中、一所九年一贯制学校。9月28日，召开国家义务教育发展基本均衡区认定（辽宁省）反馈会，对沈河区给予高度评价。10月14日，国务院教育督导委员会办公室网站正式公布沈河区通过“全国义务教育发展基本均衡县（市、区）认定。

（文碧桂）

铁西区

总 类

2014 年铁西区教育局干部任职及分工

现任职务	姓 名	任职时间	分管工作
局长、党委副书记	李 鸥	2008.08	负责教育局全面工作，分管行政办公室
党委书记、副局长	吴忠科	2012.05	负责教育局党委全面工作，分管党办、工会、老干办
区政府教育督导室主任、副局长	贾晓光		负责教育督导室全面工作，分管中教科、初教科、招生办、教师学校、高中创新实践学校
副局长	兰新收	2012.07	负责信访稳定工作，协管办公室；分管人事科、组织科、计财科（含资助中心、小财、基金会、发展规划）、监审科
副局长	郭兴武	2008.12	分管幼教科、体卫艺科（含保健所）、基建办、资源中心。
区政府教育督导室副主任副局长	阎军萍	2012.12	负责教育督导室全面工作，分管中教科、初教科、招生办、教师学校、高中创新实践学校

【办学条件】 2014 年，铁西区全年教育经费投入 95088.5 万元，其中，国家拨款 5770.3 万元，自筹经费 438.2 万元，全区教育事业拨款 88880 万元。在确保教育经费法定增长的基础上，将高中生均经费 1600 元 / 生 / 年纳入财政预算，全年争取上级资金 1.3 亿元。8 月 13 日，制发《铁西区中小学布局规划（2015—2020 年）》，65 个新建续建改造项目全部启动，完成勋望小学景星校区工程、清乐学校再提升改造工程等 51 个维修改造项目。完成 20 所初

中25个书法教室建设。启动45所数字校园建设，为新建中小学、幼儿园配备教育教学设施。

【教师队伍建设】 2014年，开展“强化师德意识，提升师表形象”主题教育活动。4月10日—11日，选派18名中小学德育主任参加创新理念和青春期教育培训。4月14日—16日，选派22位优秀骨干班主任参加沈阳市提升德育班主任核心能力、心理健康教育培训。7月30日，制发《2014年铁西区教师交流方案》，全年累计支教、交流干部、教师251名，提拔干部30名，其中23名选派到开发区学校。8月13日，制发《铁西区中小学、幼儿园教师队伍建设规划（2015—2020年）》。年内，该区累计组织各级各类干部培训900余人次，组织各级各类教师培训近10000人次，面向社会和高校招聘聘用制和在编教师180名，评选区教育专家10名，评选市名师16名，新评及重新认定区骨干教师246名，评选铁西区优秀教师（优秀教育工作者）120名，16名教师获沈阳市优秀教师、优秀教育工作者等荣誉称号。

【创建文明城市】 3月14日，召开社会文化环境组创城工作协调会，成立创城专项工作领导小组。2月26日、9月3日、9月19日和12月25日分别召开教育系统创城部署工作会议，按照《全国未成年人思想道德建设工作测评体系》先后组织开展社会主义核心价值观、“三爱三节”“我的中国梦”“清洁沈阳百万志愿者在行动”“做一个有道德的人”“道德讲堂”“经典诵读”“节日小报”等教育实践活动，并利用重要时间节点开展线上、线下教育实践活动。5月—10月，对全区学校进行三次档案和实地检查。4月26日，市五十三中学、清乐围棋学校、勋望南校、兴工四校、齐贤一校、保工二校众多师生志愿者对主要街路的候车廊、公交站牌、果皮箱、公用电话亭、过街天桥、地道桥等公用设施进行清洁。9月15日，雏鹰东校、腾飞小学、启工二校配合区委宣传部录制创城宣传片；18日，区委副书记刘斌和区委常委、宣传部赵安到启工二校检查创城工作；25日，中央文明办暗访组对保工一校进行实地检查。11月14日，市委副书记邢凯等市领导对启工二校创城工作进行实地检查；12月30日，市一二七中、勋望北校接受国家创城实地检查组检查并满分通过。

【推进素质教育】 2014年，铁西区应昌小学、市五十三中学获市校园剧和朗诵项目第一名；市四中民乐合奏、舞蹈、合唱、校园剧，市三十一中管乐合奏、女声小合唱，铁西区启工二校舞蹈、合唱，市五十三中校园剧等在市级比赛中获一等奖；铁西区勋望小学、雏鹰东校代表本区参加沈阳市小学生课堂乐器演奏千分制达标竞赛均获一等奖，勋望小学在辽宁省中小学实施体育艺术2+1项目先进学校的创建活动中被评为辽宁省体育艺术2+1示范学校。市三十一中学代表沈阳市参加辽宁省首届中小学管乐比赛获得二等奖；在沈阳市中小学生艺术展演等比赛中，市四中等11所学校分别获得全市第一名或一等奖；市三十一中学获全国中学生运动会男子篮球赛季军，市一二七中学获市中学生男子篮球赛初中组冠军，市二十二中学获沈阳市中学生女子足球赛冠军。

学前教育

【概　况】 2014年，全区有幼儿园120所，其中公办幼儿园18所，民办幼儿园102所（小规模34所）。在园儿童20277人，教职工2867人，其中，专任教师1517人。学前毛入园率达103.8%。铁西区教工幼儿园，以及熊家岗、教二、宁官、凌空、滨河、实验、繁荣里、工业大学园、千福金摇篮幼儿园被评为五星级幼儿园。

【落实学前教育奖补和资助政策】 2014年上半年，有40所幼儿园申请政府学前教育奖补资金，奖补儿童6929名，奖补资金361.2万元；下半年，奖补儿童7773名，奖补资金932.76万元。春季学期，区内九所幼儿园的14名儿童接受困难资助，资助资金51860元；秋季学期，12所幼儿园的17名儿童接受困难资助，资助资金46180元。

【科学规划学前教育发展】 按照沈阳市政府《关于进一步加快学前教育发展的实施意见》和沈阳市人民政府办公厅《关于加强我市城镇住宅小区配套幼儿园建设管理意见》文件精神，结合区经济社会发展状况及适龄儿童分布情况及变化趋势，制定《铁西区幼儿园建设发展规划（2014—2020年）》。

【防止和纠正小学化倾向】 区教育局与区内各幼儿园签订《拒绝小学化倾向倡议书》，开展以"一日活动流程"为主要内容的规范化管理视导工作，加强对民办幼儿园的督导和指导，倡导游戏为幼儿活动的基本形式，指导幼儿园在教育工作中防止和纠正"小学化"现象，开展适合幼儿身心发展特点的幼儿教育活动。

【参加市幼儿园自制玩教具评展活动】 5月19日，区内11所幼儿园的11件教师自制玩教具作品参加第三届沈阳市幼儿园优秀自制玩教具评展活动。教工幼儿园熊家岗分园的《大鱼、小鱼钓起来》、教工第二幼儿园的《百变魔筒》获二等奖，并被选送参加第三届辽宁省幼儿园优秀自制玩教具评展活动。

义务教育

【概　况】 2014年，铁西区义务教育阶段学校67所。其中，小学38所（含教育集团1个，农村中心校4所），教职工2238人，专任教师1841人，在校生38900人；初中18所，教职工1341人，专任教师1030人，在校生20622人，其中，公办学校13所，在校生9874人，民办学校4所（含2所民办完全中学初中部），在校生10748人；九年一贯制学校8所，教职工712人，专任教师621人，在校生3089人，其中，公办学校7所，在校生

8540人，民办学校1所，在校生2003人。特教学校2所，在职教职工61人，在校生188人。中小学综合实践学校1所，教职工37人。2014年，全区义务教育入学率100%，巩固率100%，毕业及格率100%。

【特殊教育工作】 2014年，铁西区各中小学校建立随班就读学生档案，组织教师参加沈阳市特殊教育资源教师培训。6月18日，在勋望北校召开特殊教育专题报告会。10月，制定《三类随班就读儿童课程设置及实施的实验方案》，启动申报全国随班就读工作实验区工作，铁西区被国家教育部命名为“特殊教育实验区”。12月17日，在铁西区春晖学校召开铁西区中小学随班就读工作培训会。

【开展素质教育展示周活动】 11月24日—28日，开展主题为“素质教育筑梦未来”的素质教育展示周活动。活动通过学生读书知识竞赛、课堂教学观摩、校长办学经验交流、学校素质教育成果展示、文化素质测试分析等多种途径，全方位、多角度展示素质教育成果。

【召开书法教学现场会】 6月3日，在铁西区重工四校举办铁西区书法教学现场会。太阳小学书法教师李志宇作“天字基本写法”课堂教学展示；区教师进修学校书法教研员张凤庆以《大书法，小课堂》为题作讲座；来自教学一线的六位语文教师以《专业育学子，写好硬笔字》为主题开展论坛活动。

【开展学习习惯养成研讨活动】 10月21日，在铁西区勋望东校举办“好习惯终生受益暨一年新生学习习惯养成”观摩研讨活动，勋望东校崔冰、太阳小学张群、齐贤二校富阳分别交流经验。

【参加青少年科技大赛】 组织全区中学参加省第29届科技创新大赛。市一二七中学李浩铭的作品《多用途磁吸式圆盘圆规》获工程学类金奖，张峰的作品《导体、半导体、绝缘体演示器》获教师科技制作类金奖，两项作品均取得第29届全国青少年科技创新大赛参赛资格。

【建设数字化校园】 2014年，市四中和市三十一中基本达到三星级标准，市九十五中、市第一〇〇中、市一二七中、市一五七中、市一六二中、市一七三中、市一八〇中、培英中学、杏坛中学、清乐学校、翟家学校、市五十八中、彰驿学校、大青学校、高明学校15所学校达到数字化校园一星级以上标准。

【完成电子学籍建设】 2014年，加强学籍注册、异动、毕业证书发放、学籍档案管理等工作，完成电子学籍建设工作，实现全国联网，完成七年级学生学业水平监测报名、九年级学生中考报名和公交IC卡办理信息等工作。

高中教育

【概　况】 2014年，铁西区有高中10所（不含完全中学），招生3538人，在校生11254人；其中，公办8所，招生3031人，在校生9464人；民办2所，招生507人，在校生1790人。

完全中学2所，全部为民办性质，高中部招生1060人，在校生2969人。高中教师621人，其中专任教师545人。高中创新实践学校1所，教职工38人。

【召开高三考试质量分析会】 2月25日和4月16日，分别召开高三年级一模、二模考试质量分析会，在质量分析、备考要求基础上，增加推门课、特色展示、学校经验交流环节。2014年高考中，600分以上考生人数221人；本科进线人数2178人，进线率达到76.15%，高出全省计划录取率24.51%。

【两校通过市普通高中标准化验收】 3月27日和12月16日，市三十六中和市二十二中分别接受市普通高中标准化评估验收，专家组听取两校汇报，查看学校软硬设施建设，查阅相关材料，评估组对学校的各项工作给予高度评价，两所学校顺利通过沈阳市普通高中标准化评估验收。

【普通高中特色学科建设】 2014年，铁西区各高中均确立特色学科：市四中（语文）、市十五中（美术）、市二十二中（美术）、市三十一中（英语）、市三十六中（体育）、市五十三中（美术）、市八十八中（纸装艺术）。其中，市四中、市三十一中率先尝试重新构架课程体系，重组管理结构，并在部分特色学科实施分层走班制教学。

【学生社团建设】 2014年，在沈阳市首批普通高中学生社团评选活动中，市四中的动漫社团、市三十一中的兰之语少年女声合唱社团和市三十六中的航空航天社团被评为最佳学生社团；市第四中墨染年华文学社和Magic魔方社、市三十一中电子科技社、市五十三中的雏蕊戏剧社团、市十五中的摄影社团和舞蹈社团，以及市二十二中的合唱社团被评为优秀学生社团。

职业与成人教育

【概　况】 2014年，经市教育局审批并主管、区教育局协管的民办中等职业学校3所。开设专业17个，在校生990人，教职工199人，其中，专任教师136人。民办非学历教育机构58个，教师394人，学生11986人。

【民办中等职业教育】 4月2日—5月30日，铁西区教育局配合市教育局对沈阳菁华商业管理学校、沈阳市沈职中等职业技术学校、沈阳客运交通学校进行年度检查评估。完成民办中等职业学校2014年毕业生毕业证验印和新生学籍备案工作。

【民办教育机构】 3月20日—5月20日，对46所民办非学历机构进行年度检查评估，对各培训机构进行纠风和安全督导，要求各机构进行自查自纠，严禁在校教师到培训机构有偿补课，严禁培训机构发布虚假招生简章或广告，严格落实《铁西区学校（幼儿园）火灾隐患排查整治专项行动实施方案》；区属48所民办教育培训机构全部完成胸卡佩戴。2014年，铁西区教育局及时接受和处理投诉举报违法办学问题70件，通过政府法制部门联合执法局共清理取缔无照办学30处。

【行政审批工作】 按照《铁西区政务服务项目清理工作方案》，对行政审批项目进行梳理。严格落实具体审批程序，审批时限由十个工作日缩减为两个工作日。2014年，依法审批10所民办教育培训机构，分别是铁西区博成英语培训中心、艺彩空间美术培训中心、冠赢教育培训中心、硕华文化教育培训中心一分校、嘉兰外语培训中心、赛家外语培训中心、星辰艺术培训中心、比雅德英语培训中心、启韵艺术教育培训中心、云华英语培训中心。

教育督导

【概　况】 2014年，铁西区教育督导室依据《教育督条例》规定，进一步完善督学责任区建设，发挥督导职能作用，对3个督学责任区中的7所初中、10所小学，10所民办幼儿园进行综合督导评估。设主任、副主任各1人，专职督学7人，兼职督学47人。

【组织教育督导培训】 组织专兼职督学深入学习《教育督导条例》《辽宁省教育厅关于进一步加强义务教育学校标准化建设工作的通知》和《教育督导工作制度汇编》等文件。6月中旬，两位兼职督学参加在北京举办的第四期全国县市督学培训班学习，采取“以会代培”“以干代训”等方式，提升专兼职督学综合业务素质。

【责任督学挂牌督导】 1月16日，在勋望北校召开铁西区教育督导工作学习培训会，组织全区责任督学及各校（园）督导联络员系统学习《教育督导条例》《教育部关于加强督学责任区建设的意见》《教育督导工作制度》《中小学责任督学挂牌督导规程》《中小学责任督学工作手则》等。根据国家关于开展中小学校责任督学挂牌督导工作专项督导，积极落实区责任督学挂牌督导工作。

【创建全国义务教育发展基本均衡县】 针对铁西区在推进义务教育均衡发展工作中存在的问题，铁西区教育督导室逐条逐项落实整改，并根据《关于上报国家教育督导组对辽宁省七个区义务教育均衡发展督导检查提出的主要问题和督导意见整改方案的函》要求，及时上报铁西区义务教育发展整改报告。

【对学校办学进行跟踪督导】 对13所小学和七所初中落实2013年督导评估整改意见情况进行跟踪督导。督导组听取学校汇报、与学校领导班子成员进行交流、察看校容校貌及有关资料。通过跟踪督导，学校办学质量明显提升，重工一校的实践园成为学校、家长及学生沟通的桥梁；市一六二中、市一〇〇中通过引进新教师和校内调配等措施，学校地理、音乐教师不足等问题得到有效解决；清乐围棋学校、杏坛中学、市一八〇中形成办学特色；市九十五中、市一五七中顺利完成并校整合。

（杨继天）

皇姑区

总 类

2014 年铁西区教育局干部任职及分工

现任职务	姓名	任职时间	分管工作
党委副书记	郭振扬	2012.01	负责教育局行政全面工作，分管行政办公室、人事科、青教办、少年宫、素质教育中心、教育产业管理中心
局党委书记	王　云	2012.09	负责教育局党委全面工作，分管党委办公室、纪委、教育工会、老干部科、信访办
副局长	王洪源	2011.09	分管计财科、综治办、房管所
副局长	王彦鹏	2013.12	分管中教科、德育科、体卫艺科、保健所、教师学校、招生办
政府教育督导室副主任	时　洪	2011.12	负责教育督导室全面工作，分管督导办、初教科、幼教科、职业与终身教育科

【整合教育资源】 2014 年，皇姑区黄河大街小学并入皇姑区岐山一校、皇姑区万方小学并入皇姑区珠五实验校、皇姑区新北小学并入童晖小学、皇姑区金山小学并皇姑区入鸭绿江小学。市四十四中学加挂虹桥中学实验校牌子、市八十五中学加挂市四十三中学实验校牌子、皇姑区白龙江小学加挂皇姑区宁山路小学实验校牌子。

【改善办学条件】 皇姑区完成 10 所学校教学楼、体育馆建设工程，铺设四块塑胶操场，改造 18 所学校，完成 26 所中小学数字校园建设任务。更新课桌椅、采购学生电脑、电子白板等设备，全区所有教室实现班班通；装备 36 间专业教室，添置 200 万元体育器材。

【强化队伍建设】 2014 年，皇姑区新增沈阳市骨干校长六名，沈阳市骨干教师 55 名，沈阳市优秀教师四名，推荐全国模范教师一名。全年组织全区中小学（幼儿园）教师、教研员开展各级各岗位大练兵培训 1975 人次。年内，新招聘专才教师和专才雇员 101 名。

【通过辽宁省教育强区验收】 皇姑区教育局先后制定《创建教育强区信息化档案推荐索引》《义务教育学校创强档案推荐索引》等 12 份迎检材料，区督导组对学校档案材料进行全面、细致指导，召开七次校长动员大会，组织责任督学按照八个责任区分工逐校督导，对全区幼儿园、中小学和直属单位进行多次综合性督导。7 月 4 日，该区顺利通过辽宁省教育强区暨义务教育均衡发展评估验收。

【成立自闭症家长协会】 4 月 2 日，召开题为“携手共创星星的乐园”暨自闭症家长协会成立启动仪式。出台《自闭症家长协会章程》，皇姑区育智学校介绍自闭症儿童康复治疗的具体做法。沈阳音乐学院副教授以《音乐治疗在自闭症儿童康复训练中的作用》为题作专题讲座，与会人员现场观看皇姑区育智学校自闭症儿童团训和个训过程。

【开展法制进校园活动】 5 月 16 日，辽宁省检察院、皇姑区教育局在市二十四中召开以“弘扬法治精神，普及法律知识，共建和谐校园”为主题的送法进中学启动仪式。省检察院、区教育局有关领导和全区 18 所中学的主管领导和综治办主任以及部分学校学生代表参加。

【组织开展艺术教育活动】 2014 年，区教育局共组织中小学生开展 10 项艺术展演。4 月，开展摄影、陶艺、雕塑作品评比活动，举办中小学师生书法临帖大赛，全区 46 所学校近 300 余幅作品参加比赛；5 月，举办皇姑区初中生漫画创意大赛评比活动；5 月 19 日，开展中小学生书法绘画现场展示活动，50 余所学校近 150 名选手参加；6 月 16 日—18 日，组织中小学生声乐、器乐、舞蹈、朗诵、校园剧（课本剧）等艺术展演活动，全区各学校 100 个节目进行现场表演。

【师生体育活动】 10 月 11 日—12 日，召开全区中小学生田径运动会，全区 45 所学校 2406 人参加 24 项比赛。11 月 4 日—7 日，举办皇姑区教育系统第 12 届教工排球比赛，56 家单位参赛，34 支代表队参加决赛，市一二〇中学、市十一中学、市四十中学、市一二二中学获中学男子组前四名；皇姑区岐山一校、皇姑区珠江五校、皇姑区白龙江小学、皇姑区航空实验小学获小学男子组前四名；市一二〇中学、市二十一中学、市十一中学获中学女子组前三名；皇姑区岐山一校、皇姑区三台子一小、皇姑区宁山路小学获小学女子组前三名；皇姑区少年宫、市十中学、市二十四中学、皇姑区泰山路小学获道德风尚奖。

【召开党代会】 11 月 29 日，皇姑区教育局召开第九次党员代表大会，选举王云、王彦鹏、王洪源、刘文海、张伟、郭振杨、崔英七位同志为中共皇姑区教育局第九届委员会委员；王云、刘文涛、张伟、张毅、郑晓辉五位同志为中共皇姑区教育局纪律检查委员会委员。会后分别召开局党委、纪委第一次全体会议，选举王云为皇姑区教育局党委书记、郭振杨为局党委副书记；王云为纪委书记、张伟为纪委副书记。

学前教育

【概　况】 2014年，皇姑区有幼儿园86所，其中，教育办园3所。在园儿童11339人，毕业生4025人，招生2076人。教职工2302人，专任教师1074人，初级职称124人，中级职称160人，高级职称6人，在职园长126人。学前毛入学率74.8%。

【扩增学前教育学位】 推进七所公办幼儿园建设，改造13所幼儿园，为11所普惠幼儿园提供设备设施。皇姑区辽河二幼儿园、前新幼儿园、岐山二校幼儿园面向社会公开派位，新增1740个学位。

【队伍建设】 2014年，组织19名园长参加沈阳市园长高端培训，20名优秀教师参加沈阳市骨干教师培训，两名教师参加教育部国家级培训，32名骨干园长到华东师大进修学习，12名保育员参加沈阳市骨干保育员培训。组织学校办园园长到上海东方幼儿园跟园实习。选派八名优秀选手参加沈阳市基本功大赛，并组织百人训练营等活动，其中10名教师被区总工会评为优秀和标兵称号。

【完成学前教育奖补工作】 2014年，皇姑区制定学前教育奖补实施方案，召开奖补工作会议，成立审核小组。上半年投入303.8万元，为47所幼儿园发放奖补资金，30381人次受益，其中，市补资金212.7万元，区补资金91.1万元。下半年投入812.8万，为58所幼儿园发放奖补，40641人次受益。

【推进园长工作站项目】 2014年，省军区幼儿园、皇姑区永泰幼儿园被选为市级工作站，9所三星级幼儿园被确立为入站提升幼儿园。

【参加沈阳市自制玩教具展评活动】 2014年，在沈阳市第三届幼儿园优秀自制玩教具展评活动中，辽宁省政府机关幼儿园、96101部队长缨幼儿园、辽宁省军区幼儿园、沈飞阳光宝贝幼儿园、辽河第二幼儿园、沈阳军区司令部塔湾幼儿园获一等奖。

义务教育

【概　况】 2014年，皇姑区有普通小学27所，九年一贯制学校3所，在校学生41743人，小学招生7838人，毕业6470人，教职工2372人，其中专任教师2058人；有初级中学13所，在校生19469人，招生7034人，毕业6018人，初中教职工1617人，其中专任教师1378人；年内，该区义务教育巩固率达到122%。

【举办小学课程改革巡展】 以“课改正前方”为主题开展第三季小学课程改革巡展活动，各学校校长、教学校长、教师近1000人次参加巡展活动。其中，皇姑区昆山四校的京剧进课堂和皇姑区航空实验小学的翻转课堂受到关注。

【探索新教育实验】 8月，皇姑区成为首个沈阳新教育实验区，七所学校为成员单位，成员学校在晨诵、午读、暮省的习惯养成中学习和实践新教育“十大行动”。

【开展儿童阅读活动】 12月12日，召开儿童阅读推进会，开展不同类型的阅读课观摩活动。组织教学校长围绕阅读课的课型、小学儿童阅读的目标、学校推动儿童阅读的有效路径等问题，以小组合作学习的方式进行现场研讨交流，达成共识并形成行动策略，为该区举办首届儿童阅读节奠定基础。

【实施多样化学业评价】 组织大学区形成学区评价方案，改革过去一张卷子单一定性评价方式，采用多元化评价。各校领导深入评价现场，家长学生参与其中，评价内容向重视学习方法和能力、习惯和情感态度转变。

【召开精细化管理和特色建设经验交流会】 3月10日，在市一二〇中学召开精细化管理和特色化建设经验交流暨教学工作会议。会议总结2013年工作，三所学校就教学管理精细化、特色化建设等方面进行经验交流。全区中学教学校长、教学主任参加。

【虹桥中学通过省课程改革示范校验收】 11月27日，虹桥中学接受并通过辽宁省义务教育课程改革示范校评估验收。评估组从办学思想、课程建设、课堂教学改革、校本研修、课程资源建设、教师队伍建设和示范导向作用等七方面，以听汇报、查资料、看档案、随机听课、学生访谈、问卷调查、座谈交流等形式对虹桥中学课程改革工作进行评估。

【召开中高考备考会议】 5月7日，皇姑区召开中高考备考工作推进会。会议就各初高中学校中高考的备考策略进行展演，皇姑区教师学校对初三一模考试情况进行分析，并分别从全区层面针对中考、高考备考策略进行指导。全区中学教学校长、教学主任、初三年级组长等100人参加会议。

【召开中学教学会议】 9月16日，皇姑区教育局在市四十三中学召开中学教学工作会。会议表彰2013学年度教学标兵，分析2014年中考成绩，解读新学期教学工作要点。全区中学教学校长、教学主任、初三年级组长参加会议。

【完成省增值评价基线测试工作】 12月3日—4日，皇姑区教育局组织区教师学校、各初中校完成2014年辽宁省增值评价基线测试工作，建立可随时查询、比较、分析、预测和生成个性化评价报告的数据库，为评价教师和评价学校提供依据。

高中教育

【概 况】 2014年，皇姑区有普通高中9所，完全中学5所，在校学生17564人，招生5735人，毕业5787人。在职高中教职工1426

人，其中专任教师1276人，初级职称252人，中级职称696人，高级职称570人；完全中学在职教职工621人，其中专任教师531人。

【两所学校通过省特色普通高中实验学校评估验收】 3月24日—27日，省教育厅专家组对市十一中学和市一二〇中学进行特色普通高中实验学校评估验收。市教育局和皇姑区教育局分别汇报特色普通高中创建工作情况，市十一中学和市一二〇中学就学校人文特色、数理特色创建工作进行汇报。省专家组认定两校通过评估验收。

【承办全市高中精细化管理经验推介会】 4月2日，沈阳市普通高中精细化管理经验推介暨特色学科建设启动会在市第一二〇中学召开。市一二〇中学从特色学科的选择、创建特色学科的实践和展望向全市介绍学校数理特色学科的创建经验，同时，学校开放40节不同类型数理课。

【学生社团工作】 2014年，在沈阳市首批普通高中学生社团评比活动中，市十一中学的风华戏剧社、平畴社，市四十中学的桥牌社，市一二〇中学的毓语文学杂志社团荣获沈阳市首批普通高中最佳学生社团；市十中水麒麟舞蹈社团、十剧年戏剧社，市二十一中学的龄韵戏剧社、启明星毽藤社，市二十四中学的晨曦戏剧社，市十一中学的博爱人文地理社团，以及市一二〇中学的学生银行社团荣获沈阳市首批普通高中优秀学生社团。

【民办学校教育教学质量检查评估工作】 4月16日—18日，市飞跃实验中学、市新世纪中学、沈阳师范大学附属学校、市新北方高级中学、市拔萃私立中学、市私立实验学校接受市民办学校教育教学质量检查评估。

职业与成人教育

【概　况】 2014年，皇姑区民办职业高中12所，开设26个专业，教学班40个，招生2100人，完成招生计划60%，毕业生1024人，在校生3922人。教职工535人，专任教师316人，专任教师学历合格率93%，高级专业技术职务教师181人。全区有终身教育学院1所，社区分校12所，市级社区教育点6所。

【民办学校年检评估工作】 4月，市教育局对皇姑区民办中等职业高中进行年检评估，12所学校全部达到合格要求。

【召开学习型城区建设会议】 3月，召开皇姑区学习型城区建设指导委员会成员单位联络员工作会议。会议解读《皇姑区2014年学习型城区建设工作要点》，对各成员单位主要领导的分工进行调整。全区各委办局、街道办事处28家成员单位联络员及六所社区教育实验点主管领导参加会议。

【编写特色课程指导纲要】 皇姑区终身教育学院组织编写“法政教育类”和“民间艺术类”社会教育课程纲要，涉及社会公德、职业道德、家庭美德、文明礼仪、婴幼儿教育、剪纸、泥塑和篆刻等内容。

【开展社区教育实验课题研究】 皇姑区终身教育学院对申报省级社区教育实验课题的新汉城、长江南、武功山三个社区进行课题验收，并做好社区实验点市级社区实验课题申报工作。5月，开展社区教育实验项目培训，从实验研究的基本方法、要求及推广与应用等方面进行指导。

【开展教师送课进社区活动】 皇姑区终身教育学院组织教师根据各自专业制定社区教育教学计划和课程，开展菜单式送课。22名教师走进社区开展民间艺术、法律法规、音乐舞蹈等的培训，培训370学时，讲座185次，普惠市民近万人。

【承办市民剪纸大赛】 2014年，皇姑区教育局承办沈阳市市民剪纸大赛，收集各区县（市）作品186份，评选出书法、篆刻作品一等奖5件，二等奖15件，三等奖30件，将优秀作品制作成画册、展板，在市全民终身学习活动周启动仪式上进行展示。

教育督导

【概　况】 2014年，皇姑区教育督导工作坚持以导促督原则，强化督导队伍建设，提高督导水平，积极推进教育现代化进程。年内，皇姑区晋升为辽宁省教育强区，完成中小学章程制定工作。

【推进学校章程制定工作】 10月11日，召开皇姑区加快推进现代学校制度建设推进会，并组织开展学校章程制定培训，采用样本示范和集中“会诊”相结合方法，组织章程审核小组对各学校章程提出修改建议，各中小学校均制定学校章程，区教育局编撰《皇姑区中小学校章程汇编》。

【做好增值评价工作】 由皇姑区教育督导办牵头，开展义务教育七年级及部分高中增值评价工作。组织相关人员参加省、市培训，做好前期准备工作。11月3日顺利进行增值评价考试。

【加强督导队伍建设】 建立督学培训学习机制，开展教育督导人员理论和专业知识培训，共开展两次督导员培训会议。加强教育督导的理论和技术研究，分三次组织四名责任督学参加全国中小学责任督学骨干研修班学习。

（曾晓羽）

大东区

总 类

2014 年大东区教育局干部任职及分工

现任职务	姓 名	任职时间	分管工作
局长、党委副书记	张振丽	2013.02	负责区教育局全面工作，分管行政办、计财科、人事科、教育局装备站
党委书记、副局长	向 阳	2014.04	负责区教育局党委全面工作，分管党办、组织科、教育局老干部活动中心、纪检监察室、工会
副局长	许子鹏	2010.04	分管基建工作、校办工作
副局长	曲 飞	2013.06	分管安全、德育、中教、体卫艺及部分直属单位
区政府教育督导室副主任	王丽雪	2013.06	分管区政府教育督导室、学前教育、小学教育、成职教育及部分直属单位

【召开教育系统校级干部培训会】 1月20日，召开大东区教育系统校级干部培训大会。邀请辽宁省社科院副院长梁启东解读十八届三中全会报告内容，讲解国家发展的基本态势和未来走向；市教育研究院对大东区义务教育阶段学生的学业质量进行分析；市教育局副局长以《大数据时代与教育变革》为题对数据信息对教育理念的冲击及其在教育中引起的效应进行讲解；赴上海学习考察的校级干部将学习感悟同与会人员进行交流。全区教育系统300余人参加会议。

【开展“最美学生”评选】 3月3日，在全区中小学生中开展“你心中最美学生”评价标准征集活动，区教育局制定《大东区中（小）学生“最美学生”评选标准》。4月初，开展区、校“最美学生”评选活动，评选出“最美学生”81人，在大东教育网开辟专栏对区“最美学生”事迹进行宣传。《辽宁日报》《沈阳日报》等多家媒体进行报道。

【组织中小学幸福教室建设活动】 3月4日，制定并下发《大东区中小学幸福教室建设工作方案》，在全区中小学校启动幸福教室建设工作。成立德育管理及校园环境整治检查小组，采取现场查看、拍照的方式，对各校进行实地检查，整体推进幸福教室建设进程。5月中旬，全区中小学按区域共分八组，开展班级建设拉练式互检，既展示全区中小学幸福教室班级建设成果，也为学校间交流搭建平台。

【推进教育基本建设全面开展】 5月30日，市三十五中学教学楼新建工程竣工，6月30日，市一三六中学教学楼新建工程竣工，12月两项工程全部投入使用；11月5日，总投资8900万元，建筑面积为19000平方米的素质教育学校工程主体封顶，进入装饰装修工程阶段，三项新建工程累计新建面积达34867.7平方米。12月末，市第一〇九中学和二〇五小学新建工程准备工作已就绪，进入开工准备期；覆盖55个校区和直属单位共120余个项目的维修改造工程全部完工，包括上园一校、善邻二校、珠林一校、博才中学和市三十五中教学楼等多个整体改造和维修改造项目。

【整合优化教育资源】 7月20日，按照“撤小、扩强、带弱”的工作思路，完成七所学校的整合工作，不断优化教育资源配置，实现办学效益的最大化。其中国防教育基地并入素质教育学校；市九十三中学并入兴东中学，原校址用于杏坛小学中年级部办学；市一四〇中学并入市一三六中学，在改造薄弱学校的同时扩大优质资源的辐射范围。提升杏坛小学、静美小学等五个紧密型教育集团在办学规模、办学效益、办学质量等方面的发展，办学成果惠及更多百姓。

【召开中小学食品卫生安全会】 10月10日，召开大东区中小学食品卫生安全工作会议。会议总结全区学校食堂食品卫生安全工作检查情况，签订食品安全责任状，对学校食品安全工作进行培训，对《大东区学校食堂管理办法》进行解读，要求全区学校提高思想认识，加强食品安全管理，保障师生安全。食药监督局和中小学主管卫生工作领导、食堂管理员100余人参会。

【召开“本真课堂”课改课题成果推介会】 10月15日，召开“感悟课改真谛、提升大东教育”暨大东区本真课堂课改课题成果推介会，大力推广充分体现“以人为本，以生为本，以学为本”的课题科研成果。会议总结课题研究取得的丰硕成果，部分学校的优秀教师交流了课题研究成果并进行优秀课程展示，有效促进学校教育科学研究活动的开展，逐步打造出更多的科研特色学校。教师学校、中小学领导及骨干教师200余人参会。

【召开群众路线动员大会】 11月5日，召开党的群众路线教育实践活动总结大会。对全系统教育实践活动进行总结，对巩固和拓展教育实践活动成果、加强党的作风建设、全面推进从严治党工作进行部署。自3月25日，全系统教育实践活动开展“三进三包三提升”活动，历时七个月，涵盖72个基层党组织、319名党员领导干部、2248名党员参加活动。

【举办中小学生艺术节】 11月19日，举办以“梦想花开”为主题的大东区第六届中小学生艺术节。艺术节由美术作品展、微电影和文艺演出三部分组成,美术作品展涵盖了书法、国画、油画、雕塑和编织等艺术形式，展出教师作品30个、学生作品184个。微电影和文艺演出展现学校日常艺术课程和团队建设的成果。全区含特教在内的42所学校3000余名师生参加艺术节。

【举办安全教育巡研现场会】 12月16日，举办大东区安全教育巡研现场会。辽三小学展示安全课《交通标识》，部分学校围绕“学习消防安全知识，增强自我保护能力”主题交流安全教育活动月工作经验，会议总结安全工作，全区中小学校通过专题消防知识讲座、主题教育班会、应急疏散演练、观看宣传教育片等形式，深入开展消防安全教育活动。全年共组织消防安全知识讲座100余次，观看消防安全宣传教育片60余场，学生参与率达100%。

学前教育

【概　况】 2014年，大东区有幼儿园73所，其中，公办幼儿园14所，民办幼儿园59所，五星级幼儿园7所。全区在园儿童13625人，幼儿入园率95%。教职工1886人，其中专任教师1012人。

【开展幼儿园评估定级工作】 3月始，按照辽宁省下发的《辽宁省幼儿园评估定级标准》，对区内的59所幼儿园逐一进行评估定级。评估定级工作贯穿全年，通过自查，区、市、省级评估检查组定级，对幼儿园园所建设、环境创设、活动区布置、玩教具制作、课程安排等方面进行指导，七所幼儿园被评为五星级幼儿园。

【组织保育员培训】 4月19日—5月18日，分三期组织全区400名保育员进行培训。培训内容包括职业道德和相关法律法规，幼儿卫生保健和营养常识，幼儿生理心理发展特点，幼儿常见病、传染病防治及安全知识。

【参与全国学前教育宣传月活动】 5月20日，参与全国学前教育宣传月活动。以“《指南》让科学育儿知识进入千家万户”为主题向幼儿园、家长和全社会传播正确的教育理念和科学的育儿方法，开展儿童早期家庭教育空中课堂、科学保教公益讲座、幼儿园优秀玩教具展评等活动，为全区幼儿园发放《辽沈晚报（亲子周刊）》、节日爱心卡、问卷、学前教育证明、购书打折卡总计五万余张。

【迎接英国首席行政长官参观考察】 6月9日，英国北牛津郡切威尔区首席行政长官苏·史密斯和翻译一行三人，到区教育局小北幼儿园参观考察。客人们参观了幼儿园的整体环境、幼儿活动室和专项功能室，翻看记录孩子生活点滴的《成长足迹》，对班级教师细致的工作给予好评。

【开展幼儿园特色课程巡展活动】 12月23日，开展大东区幼儿园特色课程巡展“一日活动”评优及基本功大赛专场活动。播放活动总结专题片《品味2014》和《幸福教育课程》，宣读获奖名单，进行幼儿园“特色课程”展示。参与活动的幼儿园在课程建设上进行研究与实践，树立了以幼儿的发展为本的教育理念，注重幼儿动手操作能力及探究兴趣的培养，取得一定的经验和成果。

【实施学前教育奖励补助办法】 2014年，以公平、保障、惠民、发展为原则，对提供普惠性服务的幼儿园进行奖补。大东区扩大幼儿园享受奖补的范围，按照《沈阳市学前教育奖励补助实施方案》和市教育局要求，制定工作方案，进行严格审核，享受到奖补的幼儿园从去年的11所增加到34所。市、区财政共计投入资金706.4万元。

【落实市政府办实事幼儿园项目】 2014年，大东区10所幼儿园列入沈阳市政府办实事项目改造工程，截至10月末，7所民办幼儿园和1所驻区幼儿园改造工作全部完成。采取单独选址、改建、扩大现有幼儿园或区域内其他新建住宅区配套幼儿园建设规模等形式配置幼儿园，解决幼儿园配套不足问题。

义务教育

【概　况】 2014年，大东区小学26所，其中有5所集团学校，教学班688个，在校生26145人，毕业4090人，招生4960人，小学入学率100%，毕业及格率100%。教职工1735人，其中专任教师1204人。初中15所，其中公办初中9所、民办初中3所、九年一贯制学校3所（公办2所，民办1所），教学班297个，在校生11237人，毕业3616人，招生3795人。初中入学率100%，巩固率100%。教职工1452人，专任教师956人，专任教师学历达标率100%。特教学校2所，在校生170人。

【参加青少年科技大赛创佳绩】 3月19日，组织中小学参加在沈阳科学宫举办的第29届沈阳市青少年科技创新大赛，大赛设置学生发明作品、教师发明作品、教师教具制作作品、科技实践活动、科学幻想画、科技辅导员评选、青少年科学DV作品七个参赛项目。有八所中学30件作品参加大赛所有项目。其中学生项目11项，教师项目19项。中小学共获得市级奖项65项，其中教师发明类9件、教师方案类9件、教师教具类17件、学生发明类24件、实践活动类3件、学生DV作品类3件，学生奖项和教师奖项均居于全市第一。

【开展课改巡展】 3月20日，举办大东区初中课改巡展第三站——振东中学“翻转课堂”展示现场会。包括教师论坛集、教师导学案、备课组活动纪实展示、校本活动课展示、课改公开课展示、大课间展示和学校课改实施情况交流。振东中学在区内率先开始研究基于信息技术支持下的新型课堂教学模式，已搭建“振东中学微课程”平台，收录40多节各科教师制作的“微课”。3月—10月，市一一一中学、市一三九中学、市五十中学先后举办课改巡展现场会。

【参加电脑机器人大赛】 4月25日，组织区内15所小学38支队伍参加在沈阳科学宫举办的第七届沈阳市青少年电脑机器人大赛。大赛设置机器人综合技能比赛、机器人创意比赛、机器人足球比赛、FLL机器人工程挑战赛、VEX机器人工程挑战赛和RIC机器人创新挑战赛六个参赛项目，获得一等奖5个，二等奖19个，三等奖14个。

【展示“学习力”研究成果】 5月29日，中国教育学会“十二五”科研规划课题《中小学生学习力培养的研究》阶段总结暨“深化中小学生学习力培养研究”专题培训会在沈阳召开。大东区辽二小学在会上作《构建双快课堂，提升学习力》的学术发言。在学生展示环节，辽二小学代表大东区进行解九连环并同时背诵《弟子规》、两分钟速记、成语接龙、快乐诵读等展示。

【成立初中名师视导团】 9月23日，区教育局成立初中名师视导团。名师视导团成员42人，均为区内一线骨干教师，根据不同学校科目提升需求，安排相应名师做有针对性的指导，课后进行“一对一”和学校集中反馈，从理念、教学设计、课堂调控、学生活动、目标达成情况进行点评。年内名师视导团累计听评课50余节，覆盖所有科目和年级，得到学校认可与好评。

【承办中国好课堂教学大赛】 10月14日—15日，由《中国教师报》主办，大东区教育局承办的第一届“中国好课堂“数学学科竞赛在市五中举行。来自省内百余县区选派的30名优秀教师参赛，参赛课堂均体现以生为本的教育理念，通过小组合作的方式提高学生合作意识，锻炼自主学习能力，课后专家进行点评。大东区小学选派教师参赛，获得特等奖1名，一等奖2名。

【举办区首届班主任能力大赛】 10月30日，历时两周的大东区首届班主任能力大赛落幕。全区50余名参赛选手，经过四项赛事，逐级选拔，24名班主任进入复赛。最终评选出一等奖和二等奖25人，另设魅力奖、亲和力奖、智慧奖、潜力奖等单项奖励。

【举办中小学教学工作总结会】 12月3日，大东区中小学教学工作会议在市二十八中学召开。会议播放短片《2014大东教育如此精彩》，全面回顾全区教学工作取得的成绩。市一中、市五中、市一〇七中、辽二小学、大东二小学五所学校分别从校长、教学管理人员、一线教师层面进行经验介绍。会议作题为《用变革的力量助推质量的提升》的报告，从构建有深度学习特征的课堂教学、构建具有深度建设意义的练习系统、构建深度整合具有品质的课程体系三方面对学校工作进行展望与部署。全区中小学校级干部参会。

高中教育

【概　况】 2014 年，大东区有高中 8 所，其中公办高中 6 所，民办高中 2 所。其中省级示范高中 2 所、市级重点高中 3 所、普通高中 1 所。标准化高中 4 所。有教学班 272 个，在校生 9548 人，招生 3117 人，毕业 3410 人。教职工 1020 人，其中专任教师 817 人，高中教师学历合格率 100%。

【开展市重点高中课改巡展活动】 5 月 28 日—6 月 13 日，11 月 4 日—11 月 25 日，共开展两次大东区市重点高中课改巡展活动。活动分别在市二十八中、市三十五中和市二十六中进行，有九名教师分别代表九个学科上课改展示课，体现出"以学生为主体、以教师为主导"的生本理念，注重教学目标的达成。

【开展思维可视化示范课活动】 6 月 16 日和 19 日，分别在市一中、市五中开展思维可视化示范课活动。展示公开课四节，与会领导、学科教研员及学科教师代表就示范课的课程设计、思维可视化的发展方向等问题进行交流和研讨，发挥省重点学校的引领示范作用。全区高中学校领导和教师代表参加活动。

【承办市信息学科基地活动】 9 月 26 日，市五中承办全市信息技术学科教师培训基地开班仪式。市五中、东北育才中学分别从反思与创新、教学与设计、软件与硬件、命题与备考方面做经验介绍。市五中信息技术基地培训为期一年，培训形式有比赛、考察活动等，来自市内五区和郊区县 35 所学校的 40 余名信息技术教师参加。

【承办市语文学科基地活动】 10 月 30 日，市一中语文培训基地第五期培训正式启动。来自沈阳市高中的 62 位语文教师参加。活动分为青年教师公开课、名师展示课、专家评课三个部分。青年教师公开课比赛采取同题异构的方式，来自省协作体的凤城一中、丹东四中、省实验中学、东港二中的四位教师展示公开课。鞍钢高中、市二十中学教师展示《命题作文的审题立意》和《奥斯维辛没有什么新闻》两节课，教育专家进行评课。

职业与成人教育

【概　况】 2014 年，大东区有职业中专 3 所，在校生 403 人，其中，科文经济学校学生 390

人，工业经济学校 13 人；在职教师 43 人，其中科文经济学校 40 人，工业经济学校 3 人。2014 年 9 月，北华科技职业学校转入大东区，2014 年暂无在校生。有短期培训机构 153 家，分为艺术体育、中小学文化课、职业类培训等三类 19 个专业，全年培训 20910 人次。全区有社区学院 1 所，分院 4 所，社区学习点 19 个，全年培训社区居民 39800 人次。

【开展多层次、多元化教育】 3 月 1 日—12 月 31 日，根据大东区外来人口较多、本地居民技能需求多样、区内产业聚集和关联度较高的特点，为居民提供就业技术培训，采取在社区设立就业培训站，在大型企业建立员工学习中心等形式，将社区教育与职业教育紧密结合。面向机关干部、专业技术人员、妇女、老年人、学生、残疾人、农民工、离岗失业人员开展终身教育活动，实现资源利用率的最大化。

【推进社区师资队伍建设】 3 月，构建起以社区教育志愿者教师为龙头，以中小学教师、企事业单位技术人员骨干为主力，以离退休专业人员为补充的社区教育教师队伍。三支队伍相互配合，开展从业人员业余文化学历和实用技术教育、中青年普法、青少年校外德育实践等培训活动，有力推动社区教育的蓬勃开展。

【组织学校和居民参加活动周】 5 月 1 日—10 月 30 日，组织学校和社区人员参加摄影活动 200 余人、书法篆刻 508 人，收集“社区好文章”2000 余篇，绘画、剪纸 720 幅，参加社区达人大赛 500 余人，学习周宣传展板 198 张，参与活动群众达五万人次。发放学习宣传资料近两千余册，活动项目总数量 268 个。开展各种讲座、报告会 159 场次，组织宣传、展示活动 200 余场。

【形成社区教育培训网络】 5 月，大力拓展社区教育网络阵地。驻区企业、机关、学校相继成立社区教育教学点，在街道办事处成立社区分院，以五所市级标准化社区学校为龙头，成立 100 余个社区学校和社区教学点，形成三级教育培训网络，成为社区居民学习培训的主阵地，满足社区居民不断增长的多样化学习需求，构建起全民学习、终身学习的框架。

【成立区学习型城区建设委员会】 11 月 5 日，成立大东区学习型城区建设指导委员会，委员会下设办公室，办公室设在区教育局，并有专人负责。建立大东区终身教育学院，拥有建筑面积 2000 余平方米的校舍，选派 19 名副校级以上干部为社区教育视导员。逐步形成“党政统筹领导、教育部门主管、相关部门配合、社会积极支持、群众广泛参与”的社区教育管理运行体制。

【开展社区教育特色品牌活动】 2014 年，推进社区教育，形成特色突出、具有社会影响力和群众基础的教育品牌。莱茵河畔社区的踢踏舞、大合唱，大北桥社区的编织，天龙社区的民乐队、书法、绘画等特色活动，吸引越来越多的居民参与。

教育督导

【概 况】 2014年，大东区政府教育督导室全面贯彻落实国家、省、市、区教育工作会议精神，紧紧围绕区域教育发展中心工作，立足于督学责任区制度的完善和国家、省教育强区的验收，为大东教育的可持续发展服务。督导室专职督学25人。

【开展校园安保随访督导工作】 3月4日—6日，对责任区内所辖46所中小学校安全保卫工作进行为期三天的随访督导。分别查看校园周边环境、教学楼内外安全设施、学生食堂的安全卫生情况，与学校领导进行座谈，了解学校安全隐患的排查和在师生中开展安全教育的情况，并将了解的情况形成正式的督导报告，反馈给教育局。

【通过省基础教育强区验收】 6月23日—26日，辽宁省基础教育强区创建工作督导评估组对大东区创建辽宁省基础教育强区暨县域义务教育均衡发展情况进行督导验收。省评估组听取工作汇报，查阅档案材料，核查相关数据，抽查六所幼儿园、四所小学、一所九年一贯制学校、三所中学、一所高中及培智学校、教师进修学校、综合教育实践中心18家单位。大东区通过在辽宁省基础教育强区暨县域义务教育均衡发展督导验收。

【通过国家义务教育发展均衡区认定】 9月27日，国家督导组对大东区义务教育发展基本均衡工作进行督导检查。督导组观看创建教育强区专题汇报片、查阅档案资料，分别与人大代表、政协委员、家长、校长和教师代表进行问卷调查及座谈，抽查六所义务教育阶段学校，实地查看学校的办学条件，听取校长汇报，对大东区在创建省基础教育强区暨县域义务教育均衡发展工作给予高度评价，国家督导组认定大东区为全国义务教育发展基本均衡区。

【开展学校文化建设专项督导工作】 10月16日—11月14日，对学校文化建设推进情况进行专项督导评估。制定《大东区学校文化建设推进情况专项督导评估方案》，部分督学深入学校，对学校文化建设推进情况进行调研，并依据区域活动整体情况和活动要求制定督导评估细则。督导室依据督导评估细则，对全区中小学进行两轮学校文化建设专项督导评估。督学通过听取校长汇报、听课、召开干部、教师和学生的座谈会、查阅资料、巡视校园的方式，了解全区学校的文化建设情况，对各校按计划落实活动内容情况进行分析指导，及时反馈学校存在问题，并提出发展建议。

【开展学校章程建设工作】 10月24日，召开现代学校制度建设启动大会。解读现代学校制度建设的重要意义和实施方案，对学校章程制定工作进行部署和安排。督导室制定《大东区中小学校章程制定工作实施方案》，整理汇总责任清单，参与学校章程建设培训、收集、审核工作，并要求区域内基层学校分三批次，推进章程建设工作。

【完成省基础教育质量监测工作】 12月1日—2日，组织10所样本初中、一所样本高中，总计2736名学生参加2014年辽宁省基础教育质量监测工作。根据《辽宁省教育厅办公室关于开展2014年基础教育质量监测工作的通知》的精神，召开两次培训会，严格把关试卷的送取、发放和回收各个环节，设立公开电话随时答疑解惑，巡视员分别到样本校进行巡视和监督，保证测试工作有序进行。

【开展责任督学挂牌督导工作】 全面实施责任督学挂牌督导机制。按照“督导室主任——办公室主任——督导组组长——督学”这一架构层层落实责任，每项工作任务落实到人，职责明晰。每校每月至少督导一次，督导内容随各阶段工作重点而定，主题涉及校园安保、教育强区迎检、教育强区整改、学校文化建设落实情况。每次督导均有备案登记、过程记录、意见和建议反馈。全年责任督学到校督导460余校次。

（任雪菲）

浑南区

总 类

2014 年浑南区教育局干部任职及分工

现任职务	姓名	任职时间	分管工作
局长、党委副书记	冯 凝	2013.03	负责教育局全面工作，分管行政办公室、学校特色发展办公室
党委书记、副局长	梅永春	2013.10	负责教育局党委全面工作，分管组织科、人事科、纠风办、局团委、老干办
区政府教育督导室主任	赫 虹	2014.09	负责教育督导全面工作，分管督导室、绩效考评办公室
招生考试办公室主任	陶秀梅	2007.12	负责招生考试全面工作，分管招考办
副局长	刘建光	2013.01	负责基础教育、教科研、信息、宣传工作，分管基础教育科、德育科、体卫艺科、信息科、教师进修学校
副局长	明立刚	2013.08	负责基本建设、校舍维修改造、校园安全、财务管理、设备招标采购及配备、校车管理工作，分管计财科、安全科、校车办、房管所
区政府教育督导室副主任	吴 艳	2014.03	负责实验学校全面工作，协管教育督导工作
副局长	柳建林	2013.03	负责学前教育、民办教育、终身教育、卫生保健、青少年校外教育等工作，分管幼教科、民管办、职成科、青少年宫、保健所

【召开校长述职测评大会】 1月21日—22日，在二十一世纪大厦国际报告厅召开校长述职测评大会。全区30所中小学校校长、教学副校长分别汇报2013年学校总体工作完成情况及2014年重点工作思路，教学副校长逐一述职。

【举行政务公开进校园活动】 5月15日，第八届5·15政务公开日暨“政务公开 走进校园”政策咨询活动在浑南二小举行。市政务公开办、市教育局，区教育局、政府办、公安分局相关负责人，学生家长和社区群众代表170余人参加活动。学生家长和群众代表围绕学前教育、基础教育、校园安全、教育公平等方面提出21个热点问题，市教育局，区教育局、公安分局相关负责人解答。

【通过省基础教育“两区”督导验收评估】 6月23日—26日，辽宁省政府教育督导评估组就浑南区创建辽宁省基础教育强区暨县域义务教育均衡发展情况进行验收评估。督导组观看创建教育“两区”工作情况专题片，听取有关工作情况汇报。现场抽查幼儿园、小学、初中、教师进修学校、朝鲜族学校、素质教育基地，对群众满意度和中小学规范办学情况进行随机访谈，查看幼儿园、中小学教学活动情况，查阅区级及抽检学校、幼儿园的档案材料。同意浑南区作为2014年辽宁省基础教育强区暨县域义务教育均衡发展合格单位，报辽宁省教育厅厅长办公会审议。

【通过国家县域义务教育发展基本均衡评估】 9月25日—28日，国家教育督导组对浑南区创建国家义务教育发展基本均衡工作进行督导检查。通过查阅档案资料、召开座谈会以及实地查看六所学校，对区推进义务教育均衡发展工作进行评估。浑南区顺利通过国家县域义务教育发展基本均衡区督导检查认定。

【召开中小学生素质教育成果展演会】 9月30日，区建制以来首次中小学生素质教育成果展演暨优秀教师表彰大会在浑南区总部基地千人会堂召开。会议展示全区素质教育成果，宣读表彰决定，授予安勇等39名同志“区优秀教育工作者”称号，卫薇等173名同志“区优秀教师”称号。与会人员还欣赏来自全区14所学校及区少年宫的450名中小学生代表表演的乐器合奏、舞蹈、校园特色展示、诗朗诵和大合唱等精彩节目。区级各部门、各学校人员代表1300人参加会议。

【成立市教育专家协会浑南工作站】 12月18日，沈阳市教育专家协会浑南工作站揭牌仪式在区教育局举行。区教育局提出工作站具体工作思路，区内教育专家和各位校长代表分别发言，市教育专家协会会长李梦玲对浑南工作站未来的发展提出殷切期望。市教育专家协会会长、区教育局局长及区教育专家代表共同为沈阳市教育专家协会浑南工作站揭牌。

学前教育

【概 况】 2014年，浑南区有幼儿园89所，其中，公办20所，民办29所，小规模40所，在园儿童9810人，专任教师784人。全区五星级幼儿园4所、四星级幼儿园5所、三星级幼儿园24所、二星级幼儿园3所、一星级幼儿园7所。

【开展幼儿园评估定级工作】 3月3日—26日，由幼教科、师校教研室、区妇幼保健所、骨干园长一行12人组成的评估定级小组对区43所幼儿园进行评估检查。从后勤经费、教育装备、教职工队伍、行政管理、卫生保健、教育管理方面进行查看。7月—12月，申报四星、五星级评定的12所幼儿园接受省、市专家组检查，九所幼儿园通过验收。

【举行自制玩教具评比】 5月23日，举行学前教师、家长、幼儿自制玩教具评比活动。制作内容分运动类、科学类、益智类、建构类、语言阅读类、美工类、其他类七项。全区450组家庭参与活动。

【举行一日活动评优】 9月—10月，举行学前教师一日活动评优。活动通过对参评教师组织的半日活动进行现场观摩考评，旨在促进教师在关注教育活动的基础上,关注保教结合。活动共评出优秀教师15名。

【举办学前教师基本功大赛】 10月16日—17日，举办区学前教师基本功大赛。大赛分为园内初赛、区内复赛、市里决赛三个阶段，包括儿童故事讲述、儿童画创编、儿童歌曲边弹边唱、儿童舞表演或创编、玩教具制作、集中活动、答辩七项比赛，决出全能和单项奖。全区评选出八人参加市基本功大赛，获全市总分第二名。

【举办园长骨干教师培训】 10月28日，举办“国际视野下的品牌幼儿园打造”专题培训。珠海容闳国际幼稚园就幼儿园品牌打造、文化引领、制度管理、业务提升、团队打造、课程体系及品牌营销七个方面诠释国际化幼儿园的优质教育与管理模式。幼儿园园长、骨干教师120人参加培训。

义务教育

【概　况】 2014年，浑南区有小学16所，有346个教学班，有小学生12817人，招生2716人。初中有6所，有105个教学班，有初中生4226人，招生1450人。九年一贯制学校6所，有176个小学教学班，小学生7180人;85个初中教学班，初中生13394人，初中部招生1229人，小学部招生1146人。

【开展实践式培训】 6月和10月，继续与沈河区教育局开展合作,组织初中教师参加“双优引领·实践式”培训。选派28名初中教师，分两期到市实验学校、市七中参加为期两周的教学实践和培训活动。活动旨在提升课堂教学效率和效果，促进教师的专业成长，提高学校的办学水平，实现教育质量的提高。

【举办首届中小学科技竞赛】 9月26日—28日，区教育局会同区科协在浑南新城教育园区举办浑南区首届中小学科技竞赛。竞赛分为初赛和复赛，八个比赛项目，参加学生1200人次。

【开展教学领导干部培训会】 11月6日，浑南区教学领导干部培训会在浑南二小举行。活动分为两个阶段，第一阶段进行听评课、专家作报告，第二阶段进行相关业务知识答辩，请专家点评。

【举办基础教育改革现场会】 11月26日，全区小学基础教育课程改革暨浑南二小“七彩课程”建构现场会在浑南二小举行。通过教学观摩、现场汇报、查看资料三种形式全方位展现浑南二小的教学改革情况。全区小学教学副校长、教学主任全部参加会议。

【组织参加市级英语教师口语培训】 12月，根据市教育局《关于做好初中生英语教师口语教学能力培训工作的通知》要求，区教育局组织初中英语教师参加口语培训，全区初中英语教师83人报名参加培训，对于提高英语教师的教学能力起到积极作用。

【落实内涵提升工作】 2014年，全区内涵提升学校已达16所。区教育局把落实提升计划，推进课堂教学改革，推动特色学校建设和学校文化建设，作为工作重点内容。高坎中学的“全力打造培养‘能力型学生’课堂模式”、市七十三中学 “人本课堂教学模式”和“剪纸特色教育”、市七十二中学 “129导学合一自主高效”教学模式、满族小学“文化建设及特色建设”、东陵路小学“阅读经典浸润心灵——书香校园建设”、王滨希望学校“国学特色教育”、英达中学“小组捆绑评价管理模式”八个项目被市教育局确定为优质提升项目。

高中教育

【概　况】 2014年，浑南区有2所公办高中，市五十一中为省级重点高中，也是省级示范高中；市十三中为市级普通高中。两所高中总占地面积61885平方米，总建筑面积35111平方米，固定资产总值2547万元。有普通教室41个，专用教室16个，实验室7个。在编教职工178人，其中，高级职称76人，中级职称59人，初级职称27人。硕士学历15人；研究生课程班结业73人。有33个教学班，在校生1379人。全年教育经费投入2486万元。

【接受省示范高中复检】 10月10日，省级示范性高中复检专家组对市五十一中学进行省示范校复检工作。专家组通过查阅档案资料、考察硬件设施、随机听课、与师生及家长座谈等方式对市五十一中学的办学思想、办学条件、教育教学管理与行为等方面进行全面考核，对学校办学理念、师生精神面貌以及特色高中建设方面的探索与实践给予高度评价。

【举行成人仪式】 4月18日—21日，市十三中学、市五十一中学分别举行18岁成人节主题教育活动，教育学生学会理解、包容他人，有强烈的责任心、进取心，学会感恩父母、老师，爱戴同学和朋友。

【举办校园艺术节】 5月29日，市十三中举办校园文化艺术节。活动旨在丰富校园文化生活，营造积极向上、健康文明的校园文化氛围，激发广大师生热爱学校、热爱艺术、热爱生活的热情。

职业与成人教育

【概 况】 2014年，浑南区有民办非学历办学机构46所，教师280余人，年度培训学员约10256人。农村成人教育中心校11所，教师18人，累计培训3000人次。

【召开家庭教育专题讲座】 5月26日，区教育局、社区教育学院在深井子中心小学联合举办“走进孩子的心灵，和孩子一起成长”家庭教育专题讲座。区教育局、区教师进修学校、深井子社区、成人教育中心校的教师代表近300人参加活动。

【开展成人中心校培训】 6月，组织开展社区教育实验项目实施、社区课程开发、老年社区教育等主题培训。组织开展失地农民培训、失业下岗职工培训、农村劳动力转移培训、自主创业等专题培训，年培训3000人次。

【举办终身教育活动周】 10月24日，区终身学习活动周启动仪式在浑南二中附小举行。会议总结区终身教育取得的成效，并对终身教育工作进行全面部署。编辑发行各种普及读物，并利用广播、网络、报刊等多种媒体加大宣传力度。市教育局、区委、区政府相关领导以及各社区、学校代表200余人参加活动。

【开展老年人计算机培训】 12月6日—27日，区教育局、区社区教育学院联合浑南一小、浑南二小、实验学校，举办“老年朋友网上行”社区老年人计算机实用技术培训。学校为社区老人开设计算机课。在水一方社区、河畔新城社区、世纪新城社区老年人近400人次参加活动。

教育督导

【概 况】 2014年，教育督导室以创建省基础教育强区工作、全国义务教育发展基本均衡区为核心，进一步加强责任督学挂牌制度建设，不断完善素质教育评价制度和教育质量监控制度，积极促进教育均衡发展，高质量完成全年工作计划。

【开展挂牌责任督学培训】 2月28日，召开全区责任督学培训会。会议印发《浑南区中小学校责任督学挂牌督导实施方案》和《浑南区中小学校责任督学挂牌督导工作制度（试行）》，规范督学工作流程，要求责任督学对每所学校实施经常性督导每月不少于一次，通过明察暗访、推门听课、校园巡视形式，查看常态下学校教学管理和教学秩序，发现问题及时反馈，发现典型及时推广。

【开展增值评价报告解读培训】 7月17日，召开《2013级增值评价起点报告》解读区级培训会，全区各初中学校教学副校长，教学主任，语文、数学、英语教研组长参加。培训会从学生背景问卷、学业成绩相关因素、教师背景问卷等方面进行全面解读，并安排部署相关工作。

【开展基线测试】 12月3日，组织全区2014届七年级学生参加辽宁省统一组织开展的基线测试。设置11个测试点，99个考场，总计2971名七年级学生参加语文、数学、英语三个学科的知识和基本认知能力的测试，参加测试学校的校长和部分七年级学科教师参与问卷调查。

（许玉峰）

于洪区

总 类

2014 年于洪区教育局领导干部任职及分工

现任职务	姓名	任职时间	分管工作
局长、党委副书记	关凤艳	2012.09	负责教育局行政全面工作，分管行政办公室、安全及信访稳定工作
党委书记	高振国		负责教育局党委全面工作，分管党办、纪委、组织科、工会和群团组织、老干部、纠风、综合治理及信访稳定工作；负责德育科、安全科、校车办、招生办，协调统战、政协工作
区政府教育督导室主任、副局长	张振中	2011.08	负责教育督导全面工作，分管督导室、计财科、高中部、教产中心
副局长	崔春燮	2012.04	分管房管所、物业办、场馆办
副局长	程淑军	2008.05	分管人事科、幼教科、成职科、体卫艺科、中小学保健所、青少年宫，负责扶困助学及外事工作，联系市教育基金会，协调合作办学
区政府教育督导室副主任	张玉红	2010.09	分管初教科、中教科、教师学校、用书办、电教馆，负责征兵工作，协助管理教育督导工作

【召开全区大学区工作汇报会】 1月20日，于洪区大学区工作汇报会在于洪区电教馆召开，通过两年的推进，会议总结于洪区大学区工作实现的四个转变，即大学区工作从蹒跚起步阶段向内涵发展阶段转变；大学区管理从抓常态向抓特色转变；校长工作理念从注重单一学校建设向关注学区整体发展转变；教育教学从教育局、学校两级管理向教育局、大学区、学校三级联动转变。

【开展学科教师全员培训】 2月28日—3月1日，开展区域性“研训一体”学科教师全员培训活动。各中小学校、教师进修学校校长和教研员，以及全区中小学语文、数学、英语学科教师400余人参加培训，邀请山西太谷县教研室主任张四保和侯城中学教学主管校长武卫红分别作题为《做智慧型教师，创建高效课堂》《育人为本，多元评价助推学生全面发展》讲座。

【引入名校资源】 3月19日，举行辽宁省实验中学小学部即辽宁省实验中学阳光小学校合作办学签约仪式。辽宁省实验中学阳光小学是于洪区政府、辽宁省实验中学和沈阳雍森房地产开发有限公司合作建设的公办义务教育学校，位于于洪区造化街道，占地面积76240平方米，规划建筑面积3.6万平方米，学校计划配置班级36个，招生规模约为1260人。同时，于洪区政府还与沈阳泰华林股份有限公司和省实验学校共同建设辽宁省实验学校于洪分校，该校是九年一贯制公办学校，位于北陵街道辖区内，占地面积26090平方米，建筑面积23647.4平方米，设计班型42个，可提供1760个学位。2014年，辽宁省实验学校于洪分校招收一年级学生144人，开设4个教学班；二年级学生27人，开设1个教学班；七年级学生21人，开设1个教学班；有教师39人。辽宁省实验中学阳光小学4招收一年级新生163人，开设5个教学班，有教师12名。

【开展人民满意教师评选活动】 4月10日，举行第二届于洪区“感动于洪教育·（十佳）人民满意教师”颁奖典礼。经推荐、评选，授予市六十中龚雪等10人“感动于洪教育·十佳人民满意教师”荣誉称号，授予造化中心校刘云涛等37人“青少年文明礼仪教育标兵”荣誉称号，全区49所中小学参与评选活动。

【市区领导视察教育工作】 4月14日，市长陈海波到辽宁省实验中学阳光小学视察建设情况，于洪区教育局汇报该区引进名校合作办学，扩大义务教育优质资源工作及区域教育发展情况。6月27日，市政府副市长姜军视察于洪新城第一小学幼儿园。9月19日，于洪区委书记戴贺臣视察辽宁省实验学校于洪分校建设和开学情况。

【通过省市教育强区评估验收】 6月5日，于洪区通过沈阳市创建教育强区督导评估验收，获市政府奖励500万元。6月23日—26日，省基础教育强区创建审核评估组对该区“辽宁省基础教育强县（市、区）暨县域义务教育均衡发展”评估验收。督导评估组听取政府工作情况汇报，查阅相关档案材料，抽查于洪区素质教育中心、区教师进修学校、沈阳市儿童福利院及15所学校，并召开督导评估工作反馈会。省督导认定于洪区通过“辽宁省基础教育强区暨县域义务教育均衡发展”评估验收，同时，就于洪区做好义务教育均衡发展国家认定工作提出指导意见。

【沈阳市教育专家协会于洪工作站正式成立】 6月16日，沈阳市教育专家协会于洪站授牌仪式在于洪区教育局举行，市教育专家协会会长李梦玲等领导及全区中小学校长代表出席授牌仪式。李梦玲向市教育专家协会于洪区工作站授牌并致辞。该工作站将为于洪区市级以上教育专家的培养提供平台。

【通过国家县域义务教育发展基本均衡区评估认定】 9月27日，国家县域义务教育发展基本均衡区国家认定督导检查组对于洪区创建国家县域义务教育发展基本均衡区工作进行评估认定。督导组查阅相关档案资料，分四组召开区人大、政协委员代表、校长代表、教师代表和学生家长代表座谈会，并实地检查六所学校工作情况。9月28日，国家督导组在辽宁省人民大厦召开督导反馈会议，并宣布于洪区通过国家县域义务教育发展基本均衡区评估认定。

学前教育

【概　况】 2014年，于洪区有各级各类幼儿园128所，其中公办及公办性质17所，大型民办幼儿园66所，小规模幼儿园45所。在园幼儿15568人，其中公办2585人，民办12983人。在职教师1554人，园长128人。

【实施学前教育划片管理】 3月，对幼儿园按照区域、大小划分成12个小组，以组为单位划片开展教学活动，互相交流、观摩和学习，并通过召开园长会开展片区交流。

【举办儿童节系列活动】 儿童节前夕，组织幼儿园开展“好家长”“好儿童”评选活动；举办校园文化艺术节系列活动表彰活动；组织校园安全知识讲座;组织幼儿园利用校园广播、黑板报等形式向家长宣传《义务教育法》《未成年人保护法》。

【强化教师队伍】 2014年，组织全区幼儿园开展幼儿教师基本功比赛，推选八名教师参加沈阳市幼儿教师基本功大赛的决赛，其中，四名选手获得沈阳市幼儿教师教学基本功大赛个人全能奖，于洪区教育局获沈阳市最佳组织单位。

【落实学前教育奖补资金】 2014年上半年，于洪区符合奖补要求的幼儿园36所，7653名幼儿，市、区两级共下拨奖补资金434.4万元；下半年，享受奖补的幼儿园56所，9322名幼儿，市、区两级下拨奖补资金1088.4万元。

【实施幼儿园学位扩增计划】 2014年，于洪区幼儿园学位扩增任务指标1049个，实际完成4980个。其中，新建新城一小幼儿园、新城二小幼儿园、华城小学幼儿园、大兴学校幼儿园、马三家小学幼儿园、东北育才丁香湖小学幼儿园，增加学位989个；审批大型民办幼儿园13所，新增学位3071个。

义务教育

【概　况】 2014年，于洪区义务教育阶段学校52所，小学36所，中学7所，九年一贯制学校9所。在校生32736人，其中小学26038人，中学6698人。在职教职工2324人，其中，小学1276人，初中466人，九年一贯制学校582人。

【做好招生入学工作】 召开义务教育招生工作会议，严格控制择校，科学划分学区，认真落实“阳光分班”要求，在于洪区新建楼盘逐渐增多、外来务工人员随迁子女逐渐增多的形势下，妥善做好新生入学工作，保障来沈务工人员子女顺利就学。

【开展控辍月活动】 3月和9月，组织全区中小学开展控辍活动月，各校制定活动方案，并利用广播、传单、展示板、召开班会等多种方式面向学生和家长宣传义务教育法，区教育局对活动月工作进行检查和总结。

【开展助残月活动】 5月18日—6月18日，区教育局组织全区各中小学开展“五个一”助残月活动，召开一次主题班队会，悬挂一幅助残日宣传口号，开展一次校际互动，组织一次专项救助，登陆一次沈阳特殊教育网。

【组织参加市级培训】 11月10日—21日，组织中学骨干教师16人到沈河区育源中学参加市级教师培训，两名教师被评为优秀学员；组织15名小学骨干教师到沈阳铁路五小进行10天全封闭式培训，三名教师被评为优秀学员。

【开展绿色出行活动】 以每月22日“绿色出行日”为契机，组织各中学开展以“绿色出行”为主题的升旗仪式。9月22日，组织全区中学开展校园“无车日”活动，倡导师生和家长选择乘坐公共交通、骑自行车、步行等绿色方式出行。开展“我们的街道，我们的选择”为主题的征文活动，选送优秀作品参加市级评选，获市级一等奖1篇、三等奖2篇。

高中教育

【概　况】 2014年，于洪区有普通高中2所，省级示范高中1所（市五十六中学），市级重点高中（市一七〇中）1所。高中有教师296人，在校生2462人，共60个教学班。

【推进学生社团建设】 根据市教育局《关于开展2014年沈阳市普通高中学生戏剧节的通知》，组织普通高中参加戏剧排演和节徽征集活动。学校以戏剧社团为主，由学生自排自演，并在校内进行公演，市五十六中的《三块钱国币》和市一七〇中的《梁祝》《放下你的鞭子》以及学生制作的节徽被选送到市教育局。在2014年沈阳市普通高中首届优秀学生社团评选活动中，市五十六中“惠礼社”被评为沈阳市优秀社团。

【推进特色学科建设】 3月，于洪区启动普通高中特色学科建设工作，推进市五十六中的化学学科和市一七〇中物理学科建设。经市教育局审核，市五十六中化学学科作为全市走班制试点学科，该校化学特色学科教室于9月份竣工并投入使用。

【组织开展高中科技节活动】 组织开展“体验科技，创造未来；科技让学生精彩，创新让学生快乐”普通高中生科技活动，并于5月19日—23日，进行现场竞技类比赛，同时，组织学校参加沈阳市高中学生科技节网络评选活动。

【市第五十六中学获年度综合评估奖】 市五十六中在沈阳市公办高中2013—2014学年度综合评估工作中荣获年度综合评估奖（全市仅三所学校），同时荣获毕业生学业成就增值评估单项奖、学生学业水平考试全科合格率单项奖、规范办学行为单项奖、《国家学生体质健康标准》实施工作单项奖四项荣誉，是全市唯一一所同时获得四项单项奖的学校。

【市第一七〇中学获全国健美操大赛一等奖】 10月9日，在全国全民健身操舞大赛总决赛上，市一〇七中健美操队代表辽宁省参加高中组徒手有氧四级健美操比赛，并荣获大赛一等奖。共有来自全国20多个分站赛26个省市的245支队伍参与角逐。

职业与成人教育

【概　况】 2014年，于洪区有职业高中1所，开设专业11个，教学班16个，在校生603人，招生225人，毕业生87人。教职工99人，其中，专任教师52人，专任教师学历合格率100%，高级专业技术职务46人。

【开展社会教育活动】 3月11日，于洪区社区学院在沈新路社区举行教育系统送课进社区启动仪式。迎宾路街道、社区学院领导、部分教师、社区居民80人参加。年内，于洪区每个社区均安排2—3名教师上课，完成课时360个，参加培训居民达13440人次。7月30日，在南阳湖街道恒大社区举办学校放假社区开学活动启动仪式。于洪区启动社区教育网络建设工作。

【开展终身学习活动】 10月17日，组织开展以“全民终身学习，创造出彩人生”为主题的全民终身学习活动周活动。全区12个街道，118个社区（村屯）、4.6万人参加，开展市民摄影、书法篆刻、社区好文章、市民绘画和社区剪纸艺术大赛五项活动。向市教育局选送书法篆刻作品15幅、摄影作品10幅、文章5篇、绘画10幅、剪纸5幅。其中，获市级大赛一等奖1人，二等奖2人，三等奖4人。

教育督导

【概　况】 2014年，于洪区教育督导室围绕本地区教育发展战略，完善和创新教育督导机制，进一步加强督导制度建设，完善素质教育评价制度和教育质量监控制度。年内，有专职督学12人，兼职督学17人。

【接受国务院教育督导委员会督导检查】 1月18日，国务院教育督导委员会对沈阳市中小学校责任督学挂牌督导工作情况进行检查，于洪区代表沈阳市接受检查。督导组深入各校实地查看责任督学公示牌悬挂情况，询问责任督学工作职责、工作内容及挂牌督导工作具体实施情况，对于洪区中小学校责任督学挂牌工作给予充分肯定。

【开展创建教育强区工作阶段性督导检查】 3月10日—21日，于洪区教育督导室与区教育局组成联合检查组，对全区47所义务教育学校标准化建设及教育强区档案材料续建工作进行专项督导检查。检查组深入各校，实地查看校园文化建设及专用教室建设情况，听取学校汇报，就检查内容逐项进行反馈。

【开展迎接省市教育强区验收培训】 4月1日，召开迎接省市教育强区验收工作培训会议，全体挂牌督学，以及中小学校、幼儿园、直属单位主要领导参加。会议通报3月28日辽宁省人民政府教育督导团对于洪区创建省教育强区调研情况，对做好省市创建教育强区迎检工作进行部署，并对学校管理、档案续建、挂牌督导等方面工作提出具体要求。

（朱翠兰　高　波）

沈北新区

总 类

2014 年沈北新区教育局领导干部任职及分工

现任职务	姓名	任职时间	分管工作
局长、党委副书记	于东溟	2007.09	负责区教育局行政全面工作，分管行政办、招生办、资助中心
党委书记、纪委书记、副局长	崔　俊	2011.12	负责区教育局党委全面工作，分管党办、工会、妇联、团委、关心下一代协会
区政府教育督导室主任、副局长	王贵宝	2002.03	负责区政府教育督导室全面工作，分管成职教科、教育督导办公室
副局长	丁来洲	2005.09	分管基教科、德育科、体卫艺科、青教办、计财科、人事科、保健所、教师进修学校、素质教育基地、少年宫、体校
副局长	张德波	2007.08	负责沈阳市第八十三中学全面工作，分管全区高中教育工作
副局长	谢　鹃	2012.12	负责沈阳市师范大学沈北附属学校全面工作
招生考试办公室主任	文瑞龙	2011.09	负责招生考试办公室全面工作，分管幼教科、安全科、校车办工作

【开展新学期开学情况督查】 3月3日，督查组对全区29所中小学及幼儿园开学情况进行全面检查。重点检查学校安全体系建设、食品卫生、授课安排、学生的出席率、卫生环境、宿舍管理、校级领导干部办公用房和教师办公电脑使用情况。督查组检查结束后对每所学校进行反馈，全区学校开学准备充分，学校工作平稳运行。

【参加“三棋”比赛】 3月29日，组织学生参加沈阳市中小学生“三棋”比赛，两名学生获得冠军，八名学生获得亚军，有五名学生获得第三名，区教育局获得优秀组织奖。全区学校开展多元特色课程建设，开设“三棋”第二课堂，成立“三棋”社团，激发学生兴趣爱好、开发学生内在潜能。

【开展“读书月”成果展示活动】 5月8日，开展沈北新区中小学第六届“读书月”成果展示活动。蒲河学校作为区中华优秀传统文化教育基地，展出300余篇读书体会，各社团学生进行情景剧和诵读表演。

【开展防震安全教育活动】 5月16日，区教育局与区地震局在新城子街第一小学联合开展中小学防震安全知识讲座暨防震应急疏散演练观摩活动。区地震局工程师为中小学生代表作防震安全知识讲座，新城子街第一小学1800余名师生进行地震应急疏散演练。2000余人参加活动。

【开展道德讲堂活动】 6月25日，沈北新区教育系统道德讲堂“践行社会主义核心价值观”专场活动在市八十三中举行。活动以诚、敬、谦、义、孝五大主题贯穿，国学课教师刘继清做讲解，师生表演校园情景剧、诗朗诵、舞蹈、古筝、评书。市一五二中师生及家长800余人参加活动。

【资助贫困家庭学生】 上半年，区教育局资助中心资助贫困学生702人。其中：学前教育学生4人、义务教育学生261人、高中学生437人，资助总金额748350元。下半年，资助贫困学生673人，其中：学前教育学生3人、义务教育学生226人、高中学生444人，资助总金额759890元。不同学段的贫困学生，分别获得2400元、1800元或3000元的政府助学金。全年，完成资助中心为当年考入大学的27名贫困学生资助工作，金额87800元。

【参加书画展】 7月4日，组织学生参加沈阳市中小学生艺术展演——现场书画展。学生创作的49幅（件）美术作品获得一等奖并展出，市八十三中的14名学生现场展示服装彩绘技艺。

【成立区慈善总会教育局分会】 7月15日，召开区慈善总会教育局分会成立大会。与会人员听取筹建工作报告，表决通过分会章程、理事会、监事会名单和审批委员会名单，慈善总会副会长宣读关于同意成立教育分会批复文件。大会收到善款22100元。12月25日，首次启动5.95万元资金，救助困难师生29人。

【实施教师竞聘上岗】 8月19日，区教育集团实施教师竞聘上岗。按照《沈北新区基础教育集团化办学改革试点方案》，成立新兴中学教育集团、新城子街第一小学教育集团和新城子街第二小学教育集团，集团教师实施竞聘上岗。三个集团（原六所学校）的593名教师参聘。经过校长、中层干部、教师三个层面的竞聘，454名教师上岗，139名教师落聘。未聘人员部分进入其他学校，46人进社区。10月底，未聘人员全部安置完毕。

【开展教育系统审计工作】 9月3日，组织纪检纠风和计财人员召开教育系统审计工作会议。要求要发挥内部审计监督与服务职能，通过加强对教育系统各单位的审计，规范财务工作，提高教育经费的使用效益。历时两个月，审计人员完成对全区七家直属单位、24所学校和四所撤并学校的审计工作。

【成立东北新闻网区工作站】 11月7日，东北新闻网教育频道驻沈北新区工作站成立暨报导员培训大会在区教师进修学校召开。会上，教育频道总监就工作站成立发表讲话，区教育局副局长就各校宣传工作开展提出具体要求，教育频道新闻总监曲士华进行网络新闻写作培训。60人参加培训。

【开展啦啦操比赛】 11月26日，开展全区中小学生啦啦操比赛。来自13所学校的300余名学生参加。经过角逐，虎石台第二小学、新城子街第一小学、清水台小学、二井小学、市一五二中学、市七十六中学分获各组别一等奖。

【实施奖励性激励基金】 2014年，区教育局对所属学校和相关事业单位实施教育激励基金。本着统筹兼顾、优质优酬、凸显岗位，注重考核的原则，制定《沈北新区教育激励基金方案》，区政府每年拨款3000万作为教育激励基金。

学前教育

【概　况】 2014年，沈北新区有规范幼儿园31所，在园幼儿3146人。其中：公办幼儿园15所，开设71个教学班，在园幼儿848人；民办幼儿园16所，开设88个教学班，在园幼儿2298人。已审批小规模幼儿园46所，开设85个教学班，在园幼儿2420人。未审批幼儿园40所，开设60个教学班，在园幼儿2389人。学前三年入园率93%，毛入园率116.8%，较上年提升10个百分点。全区有幼儿教职工1261人，其中园长150人，专任教师759人（公办园教师109人、民办园教师211人、小规模幼儿园教师145人、未审批幼儿园教师294人）。有本科以上学历教师101人，专科学历教师369人，中专（高中）学历教师267人。全区有4所沈阳市示范幼儿园，有10所幼儿园达到省颁标准。

【增加公办幼儿园学位存量】 2014年，区政府加大学前教育基础设施建设投入，将幼儿园建设列为民生工程重点项目。把街道中心幼儿园发展纳入义务教育整体发展规划中，形成十二年一贯制教育体系，统一规划，共同发展。全年市、区两级财政共投入540万，对尹家、兴隆两所中心幼儿园进行规划与建设，预计2015年投入使用。投入540万元对辉山等七所幼儿园的进行改造、改建及设施设备更新，基本实现每乡一所标准化中心幼儿园。本年度通过新建、改建、引进、规范小规模幼儿园多种途径，新增规范学位1500个，超额完成市级指标。

【提升保教队伍整体水平】 2014年，组织园长和教师多元培训。组织学前教育管理人员、园长、教师、保育员参加国家培训、高端培训、后备专家培训、省市区骨干培训，累计1200余人次。对全区幼儿教师进行教师职业道德、儿童画、讲故事、舞蹈、区角构建、边弹边唱的基本功培训，全面提升保教队伍整体水平。

【组织园长参观学习】 3月4日，组织全区幼儿园园长40余人到沈阳师范大学春天幼儿园进行环境创设及区角构建的参观学习活动。春天幼儿园的环境创设体现“让环境说话”的教育理念，活动区的创设和多种多样的材料投放，最大限度地发挥幼儿与环境互动作用，开阔了园长的教育视野。

【启动园长工作站】 3月18日，启动幼儿园园长工作站。全区有六名园长作为入站幼儿园参加沈阳市园长工作站系列活动，包括培训、参与式研讨和观摩活动。通过对接活动，实现互助双方共同提高。市教育局针对入站幼儿园开展幼儿园三年发展规划和半日活动评比，交专红缨幼儿园园长所做幼儿园三年发展规划荣获一等奖。

【规范园所评估定级】 6月—7月，进行规范幼儿园所评估定级。依据《辽宁省幼儿园评估定级标准》，组织由区教育局、幼儿教研室、区妇幼保健站、园长组成的评估定级小组，对全区15所公办幼儿园、16所民办幼儿园进行评估定级。通过听汇报、听课、查资料、座谈、家长访谈、实地查看方式，对全区31所公、民办幼儿园进行评估定级。评出四星级幼儿园1所，三星级幼儿园18所，二星级幼儿园12所。

【实施奖励补贴】 10月22日，区政府对区域内幼儿园实施奖励补贴。根据沈阳市人民政府办公厅下发的《沈阳市人民政府办公厅关于印发沈阳市学前教育奖励补助实施方案的通知》要求，区政府依据实际情况，本着先奖后规范原则，从2013年下半年起对区域内幼儿园实施奖励补贴。2014年有公办园12所，民办园4所享受奖励补贴，惠及1300名幼儿。累计发放奖励补贴230万元。

【参加市教师基本功大赛】 12月18日—22日，组织参加沈阳市教师基本功大赛。推荐选送公办和民办幼儿园教师代表各两人，市幼教处从全区民办和公办幼儿园教师中各抽签确定两人，共八名幼儿教师代表区教育局参加全市幼儿教师基本功大赛。八名教师分别在全能、说课、绘画、舞蹈、讲故事、边弹边唱、教具制作、答辩比赛中获佳绩，其中获全能一等奖1人，全能二等奖1人，单项奖6人次，区教育局获优秀组织奖。

【强化幼儿园准入管理】 12月31日，强化幼儿园准入管理。依据《沈阳市教育局关于幼儿园年审制度的通知》要求，开展学前教育机构年检和审批工作。严格实行幼儿园年检换证制度，通过幼儿园自查、财务审计、验收小组实地考察，对全区77所幼儿园进行年审，全部通过审核验收。

义务教育

【概　况】 2014年，沈北新区小学9所，387个教学班，毕业2650人，招生2943人，在校生16352人 。教职工1201人，其中，专任教师1088人 。小学入学率100%，毕业及格率100%。初中4所，九年一贯制6所，完全中学1所。有173个教学班，在校生6685人。义务教育阶段入学率100%，巩固率102.4%。教职工780人，其中专任教师698人。

【开展教学开放周活动】 3月和9月，组织各学校开展教学开放周活动。学校通过组织家长参与听课、参观、问卷调查活动，展示学校教育教学成果，使家长了解孩子在校表现，加强与教师沟通，形成教育合力，促进学生健康成长。

【举办首届科技节】 5月17日—23日，举办以“崇尚科学、探索创新、挑战未来”为主题的区首届中小学科技节。科技节由虎石台第二小学、蒲河九年一贯制学校、新兴中学、市八十三中承办，分12个比赛项目，由教育局组织人员担任评委对每项内容进行评分。600名师生参加活动。

【举行课改观摩研讨会】 5月19日，在沈阳师范大学沈北附属学校举行课改观摩研讨会。展示语文、数学两节观摩课，学校鼓乐队、民族舞、太极扇、棍术、搏击操、葫芦丝、轮滑队分别进行表演。来自锦州、抚顺和全区中小学的领导教师205人参会。

【召开家长座谈会】 8月5日，召开关于“集团化办学”的家长座谈会。会上，区教育局解读集团化办学总体规划、实施步骤和工作要求，征求家长的意见和建议，并把家长反映强烈的校车问题、午饭问题作为重要工作落实。30人参加座谈会。

【实施“阳光分班”】 8月26日，在教师进修学校对全区义务教育阶段起始年级实施“阳光分班”。由各校把学生名字输入电脑，采用市里统一下发软件实行电脑派位。分班工作在区行风监督员、区教育局纪检监察人员、新闻媒体、学校有关人员、部分学生及家长监督下进行。小学2777人、中学2384人参加分班。

【开展同课异构活动】 10月14日，区同课异构教研活动在蒲河学校举行。活动包括研讨和上课两部分，教师依据教材内容重难点，结合自身特点、学科特点及本班学生实际情况，阐述导学思路和备课方案，与会领导对发现的问题提出整改建议，形成上课方案，最后教师上示范课。

【召开集团办学推进会】 11月25日，沈北新区集团办学推进会在新城子街第二小学举行。会议以“共享人生关注成长”为主题，包括向学区学校授予集团校旗校徽、宣读发展规划，进行优秀教学展示课三项内容，促进学区融合，推动学校教育集团化办学发展进程。650 人参会。

【召开评优总结表奖会】 11 月 26 日，区小学评优课活动总结表奖会在新城子街第一小学召开。会议由教师上展示课、教师代表谈体会、学科内研讨、教研员总结四个环节构成。评选出一等奖 24 节，二等奖 16 节，授课教师得到表奖。100 人参加会议。

【举行宪法宣传演讲比赛】 12 月 3 日，在新兴中学组织以“宪法在我心中”为主题的宪法宣传演讲比赛。全区中小学的参赛选手，结合自身学习生活实际，畅谈如何树立正确理想，并为中华民族复兴和实现个人理想而奋斗。比赛评出一等奖 8 名，二等奖 10 名。200 名学生参加活动。

【召开章程建设培训会】 12 月 17 日，在新兴中学召开章程建设培训会。邀请沈阳师范大学四位专家，讲解学校章程建设知识，并对四所学校的章程进行分析，提出章程内容要符合校情、要有延续性，须与宗教相分离的建议。区教育局和各校领导 80 人参加会议。

高中教育

【概　况】 2014 年，沈北新区有普通高中 4 所（其中完中 1 所），职业高中 1 所。普通高中 118 个教学班，招生 1604 人，毕业 1413 人。在校生 4689 人。职业高中 1 所，开设 25 个教学班，在校生 647 人。高中毛入学率 96.7%，高中教职工 522 人，专任教师 442 人，其中职业高中教职工 78 人，专任教师 49 人。

【开展“勤奋教师”评比活动】 3 月—7 月，组织学校开展“勤奋教师”评比活动。学校领导对教师批改作业情况实行日考核、周评比，每天各班上交作业批改统计单和抽样作业，双周评选一次“勤奋教师”，监督作业批改质量，控制作业数量。评比活动与整改相结合，注重实效，减轻学生课业负担。

【举行“成长课堂”技能比赛】 4 月 21 日—5 月 30 日，区教育局组织青年教师开展成长“课堂技能”大赛。成长课堂评比包括课前上交一份教案、上一节课、理论答辩三方面内容，经过展示评比，17 名教师参加比赛，八名教师荣获一等奖。

【开展观课月活动】 5 月，开展“高中观课月”活动。旨在调动青年教师钻研业务、规范教学的热情，助推青年教师成长。五年教龄及以下教师邀请其他教师走进自己的课堂，从教、学、教学环境和资源运用角度观察课堂，并提出意见或建议。

【召开学生座谈会】 5 月 16 日，组织召开区内高中师生代表到市八十三中观摩三个年级学生代表座谈会。参会领导认真听取学生对教学方面意见和建议。学生对教师课堂教学水平、组织管理能力给予评价，对作业量、辅导、周练、讨论课提出建议。108 人参加活动。

【组织高中均衡分班】 8 月 22 日，在教师学校电教馆进行普通高中均衡分班。分班工作由教育局监察部门、纠风部门实施监督，同时邀请行风监督员、家长代表、学生代表、新闻媒体参与。均衡分班，实行全程录像，分班结果当场打印后，由教育行政部门、监察部门、纠风部门、行风监督员代表签字确认。实行均衡分班，进一步规范普通高中办学行为，推进校务公开，促进教育公平。

【召开高中三年级复习研讨会】 10月 15 日，教育局在市八十三中召开高中三年级复习研讨会。来自五所学校九名教师上教学研讨课，进行学科复习策略研讨交流。研讨环节从面临现状、对策及机遇等方面入手，探讨复习具体做法。研讨会为高中三年级复习提供平台，各级领导、教师 49 人参加研讨会。

【开展绿色课堂评比活动】 11 月—12 月，开展“绿色课堂”评比活动。每个学科各推荐一至两名教师上研讨课，各教研组长和学年组长协调全组教师共同听课。公开课后，上课教师根据过程写感悟和反思，认真分析本次公开课得失，教师根据听课情况进行研讨，切实提出本学科亟待解决问题，以集体创造力量优化教学方式和方法，活动推动学校课堂教学改革进程。

【实施多元评价】 12 月，组织各校对学生实施多元评价，侧重关注学生习惯养成过程。学校先后评选出乐于奉献奖、持之以恒奖 、勇于挑战奖、勤学标兵、好问标兵、善思标兵、惜时标兵、助人标兵、最佳记忆力奖 300 余人次。活动增强学生荣誉感，激发学生上进心，让学生体验被赏识的快乐。

职业与成人教育

【概　况】 2014 年，沈北新区有中等职业教育学校 2 所。沈阳市电子技术学校（沈北新区职业教育中心）为省级重点公办职业中专，有教职工 87 人，其中专任教师 51 人。有 22 个教学班，在校生 1012 人，其中成人专本科 428 人。学校设有电子技术应用、计算机应用、机械加工技术应用、数控技术应用、机电技术应用、焊接技术应用、会计和学前教育 8 个专业，建有电子工艺、电子维修、金工、车工、数控、微机、组装、编程、舞蹈、绘画、会计模拟、会计电算化等 38 个实验实习室。沈阳辽美中等职业学校（民办），在校生 360 人，教师 36 人。全区有成人教育中心校 11 所，成教专干 11 人，专职教师 24 人，兼职教师 110 人。有社区分校 39 所，村分校 132 所，进行新型农民科技培训、农村劳动力转移培训、农村毕业生职业技能培训等。本年度成教中心校完成各类培训 58109 人次。

【新型农民科技培训】 4 月 15 日，区职教中心启动新型农民科技培训工程，至 10 月 15 日结束。沈北新区职教中心、街道成教中心校全面落实新型农民科技培训计划，把农业科技知识、实用技术送到农民手中，共组织各类科技培训496期，培训37500余人，占农村劳动力总数的18.7%。发放各种科技培训资料50000余份，为农村经济发展提供技术支持。

【农村富余劳动力转移】 5月9日，沈北新区职教中心和成教中心校结合企业需求，开展农村富余劳动力转移培训。开设计算机、电焊、财务管理等课程，计划培训2000人，实际完成培训2230人。随着农民耕种方式转变，农村剩余劳动力越来越多，开展农村劳动力转移培训成为职教中心和成教中心校重点工作。各街道成教中心校也积极行动起来，开展针对农村富余劳动力引导性培训。走进社区，大力宣传劳动就业，引导农民走出家门选择适合自己的工作，为农民致富指引出路。

【开展送课进社区活动】 6月5日，沈北新区社区学院开展教育送课进社区活动。完善以政府统筹管理、驻区院校参与、社区学院主管并具体实施的教育机制。社区学院负责整合社区教育教师资源和课程资源，建立社区教育教师资源库和课程资源库，按照社区的需求编排和分配课程内容。充分利用驻区高等院校的师资、技术和设备优势，特别是驻区高等职业院校的教师资源，为社区居民提供多项技能型培训，共完成教育送课进社区360课时。

【开展教育富民工程培训】 9月19日，沈北新区职教中心启动“教育富民工程”，即未升入高中毕业生职业技能培训。教育局、街道、社区、学生家长90余人参加开班典礼，公布“教育富民工程”工作方案，完成年度初中未升学毕业生职业技能培训。全区年内未升学毕业生113人，参加培训63人，占未升学毕业生的56%，完成培训720课时。

【开展全民终身学习活动】 10月20日，沈北新区举办“全民终身学习、创造出彩人生”终身学习活动周启动仪式。活动周宣传和弘扬全民学习、终身学习理念，引领市民养成终身学习习惯，各级党政机关、企事业单位、社团共同参与全民终身学习活动，推进学习型城区的建设进程。活动周期间制作宣传条幅163条、宣传板44块；搜集摄影、绘画、书法、篆刻、剪纸等作品144件，上报参评25件；征集诗、词、文章写作作品12件，上报参评3件。

教育督导

【概　况】 2014年，沈北新区教育督导室围绕沈北新区教育发展战略，不断完善和创新教育督导机制，为全面实施素质教育、全面提高教育教学质量提供保障。进一步加强督导制度建设，完善素质教育评价制度和教育质量监控制度。积极促进教育公平、均衡发展，努力为沈北新区教育进一步科学化发展作出贡献。年内，督导室专职督学5人，特约督学5人，责任区督学10人。

【召开加强督导队伍建设会议】 2月24日，

召开本年度加强督导队伍建设，提高督导工作水平会议。会议明确教育督导工作要紧紧围绕国家、省、市教育工作会议精神，提高督学人员理论水平和工作能力，以适应全区教育快速发展需要。继续深入学习《中华人民共和国教育法》《中华人民共和国义务教育法》《国家教育督导条例》及教育督导理论，积极参加省、市级督导培训，不断提高督导队伍的思想政治素质和理论水平，不断提高督导工作能力和水平，在建设教育强区进程中充分发挥教育督导的作用。

【召开教育督导工作会议】 2月26日，召开年度教育督导工作会议。要求全体教育工作者做好创建教育强区准备工作，重点开展控辍保学工作，抓好学校的内涵建设，强化学校管理，创建特色学校。做好中小学体卫艺、教学管理与课程改革、街道履行教育职责情况等工作专项督导。同时，加强督导制度建设，完善素质教育评价制度和教育质量监控制度，促进教育公平、均衡发展，有力推进教育现代化进程，为义务教育高水平均衡发展和实现教育强区的战略目标奠定良好基础。

【强化控辍保学工作】 3月12日和10月15日，两次对全区11所初中学校（含完全中学初中部）学生出席情况和控辍保学档案建设情况进行督导检查。区教育局与各初中签定控辍保学责任状，学校校长与班主任教师签定控辍保学责任状，班主任教师与学生家长签定控辍保学责任状，学校有班主任家访记录，有帮教记实材料，有学生日出席报告单、控辍四联单记录翔实。各校学生出席率较去年同期有不同程度提高。

【开展中小学体卫专项督导检查工作】 5月5日—29日，对全区中小学进行体卫专项督导检查。进行听课、检查档案，查看体卫艺专用教室、器材设备，检查间操、眼操、大课间，现场测试学生视力、坐位体前屈、立定跳远、男1000米（女800米）跑等。

【促进街道办事处依法履职】 8月6日—22日，由督导室专职督学与兼职督学组成专项督导检查组，依照相关法律法规对全区11个街道办事处依法履行教育职责工作情况开展专项督导检查。督导检查主要内容有：街道组织适龄儿童入学及控辍保学工作；维护学校安全和治理校园周边环境工作；补充教育经费不足、成人教育、学前教育工作。通过督导检查，增强街道政府贯彻落实《义务教育法》等法律法规的责任意识，促进依法履职。督导室专职督学五人，特约督学五人参加督导检查。

【召开均衡发展和创建教育强区动员会】 9月15日，召开义务教育高水平均衡发展和创建教育强区动员会。会上传达辽宁省人民政府教育督导团、辽宁省教育厅《辽宁省基础教育强县（市、区）暨义务教育均衡发展评估验收办法（试行）》《辽宁省基础教育强县（市、区）暨义务教育均衡发展督导评估细则》文件精神，号召全区教育工作者团结一致，改革创新，确保教育高水平均衡发展。

【开展教学管理与课程改革督导检查】 10月10日—11月14日，对全区中小学的教学管理与课程改革情况开展督导检查。督导检查主要内容是：学校的办学目标、教学管理、教科研活动、领导的听评课、检查教案作业、特色项目、教师培训、综合实践、校本教材和学生减负情况等。八所学校被评为优秀单位，九所学校被评为良好单位，三所学校被评为合格单位。各校全面贯彻教育方针，严格执行省颁课程标准，减轻学生过重课业负担，建立健全教学常规管理制度，积极开展教科研活动，教学管理到位。

【召开挂牌督学聘任培训会】 11月20日，召开沈北新区挂牌督学聘任培训会。会议向十位挂牌督学颁发聘书，学习《教育督导条例》《国务院教育督导委员会办公室关于印发〈中小学校责任督学挂牌督导办法〉的通知》《关于印发〈辽宁省中小学督学责任区建设实施方案（试行）〉的通知》等文件。挂牌督学对学校依法办学、学校管理、办学条件、设备设施、教育教学、档案建设等开展随机督导，跟踪学校整改情况，积极做好区域教育督导和责任区宣传工作。

【通过教育强区验收】 11月28日，市教育督导评估组对沈北新区创建沈阳市教育强区暨义务教育高水平均衡发展工作进行第二阶段评估验收。评估组观看创建教育强区专题片，听取区政府工作汇报，并分成七个组查阅政府档案资料，深入学校、幼儿园及相关单位对教育强区创建工作进行全面评估验收、总结反馈。沈北新区通过市级“教育强区”第二阶段评估验收。

（王学忠　韩淑娟）

苏家屯区

总 类

2014 年苏家屯区教育局领导干部任职及分工

现任职务	姓名	任职时间	分管工作
局长、党委副书记	赵建华	2009.03	负责区教育局行政全面工作
党委书记、副局长	郭志美	2009.06	负责区教育局党委全面工作，分管德育工作
区政府教育督导室主任	付向阳	2010.08	负责区政府教育督导室全面工作，分管学前教育工作
副局长	李福广	2008.05	分管成人教育、职业教育、社区教育、高中教育、办公室、计财、房管所、纠风、招生考试工作
副局长	刘红丽	2010.08	分管体卫艺、义务教育、师校、保健所、信息教育、少年宫、青少年教育工作
区政府教育督导室副主任	刘大千	2005.02	借调到开发区
区政府教育督导室副主任	钱学杰	2008.05	督学
区政府教育督导室副主任	孙丕武	2013.04	督学

【通过省教育强区验收】 6月23日—26日，辽宁省教育督导室创建教育强区验收评估组对苏家屯区教育强区创建工作进行验收评估。评估组就创建教育强区相关问题进行提问并查阅创建教育强区档案材料，对区实验幼儿园、民主街小学、朝鲜族中心小学、特殊教育学校、城郊九年一贯制学校、市青松中学等学校进行实地检查。苏家屯区顺利通过省级教育强区的验收评估。10月21日，沈阳日报以《托起明天的太阳》为题，专题报道苏家屯区创建省教育强区工作情况。

【通过国家义务教育发展基本均衡县（市、区）验收】 9月24日—25日，国家义务教育发展基本均衡县（市、区）认定评估组对苏家屯区进行义务教育发展基本均衡县（市、区）督导认定。督导组查阅县级档案材料，召开人大代表与政协委员、校长、教师、家长座谈会，开展县域义务教育均衡发展公众满意度问卷调查，实地检查区沙柳路小学、湖西街小学、朝鲜族中心小学、市一八四中学、朝鲜族二中、区陈相九年一贯制学校。9月28日，督导组在辽宁省人民大厦召开国家义务教育发展基本均衡县（市、区）认定反馈会议，苏家屯区顺利通过国家义务教育发展基本均衡县（市、区）的认定。

【实施重点建设工程】 2014年，投入2.45亿元用于实施教育重点建设工程，其中争取市专项资金1亿元。实施19所学校21个校区的数字化校园建设工程；完成市一七六中学和特殊教育学校主体建设工程；启用永乐、大沟两所农村街道中心幼儿园和一所小区配建幼儿园（实验幼儿园碧桂园分园）；实施实验幼儿园等10所幼儿园改造工程；为全区中小学校新建36间综合实践教室、37间美术教室、41间书法教室、37间音乐教室、33间舞蹈教室，中学全部建完数字化地理教室。在全市率先完成校车实时视频监控平台建设，实现全区乡镇全覆盖，学生路上全程智能化监控。

【实施集团化办学】 2014年，依托区域优质学校，先后组建市三十中、市四十六中、区沙柳路小学、雪松路小学四个教育集团，同时，成立以实验幼儿园、教工幼儿园为龙头总园的两大学前教育集团，将12所农村中心幼儿园和两所分园纳入名园集团。各教育集团以集团理事会形式进行管理，集团内实行信息平台、教师资源、课程资源、设施设备等的高度共享。通过名校（园）带弱校（园）集团办学方式，优化和扩大优质教育资源，实现公共教育资源效益的最大化，提升苏家屯区教育整体竞争力。

【招聘合同制教师】 2014年，苏家屯区创新用人机制，面向社会公开招聘合同制教师。9月，44名合同制教师正式上岗。新教师在管理方式上实行局管校用制度，由教育局统一安排工作岗位，定期轮岗，缓解全区教师结构性缺编问题。同时，区教育局人事科增挂教师交流管理办公室牌子。

【推进数字化校园建设】 区教育局以数字化校园建设为契机，以课程改革为切入点，以微课程、微视频、慕课等为组合载体，促进现代教育手段与课堂教学的深度融合，以此缩小校际间教师教学水平的差异，推进教育优质均衡发展。

【完善学校制度建设】 制定《推进现代学校制度建设实施意见》，积极推进学校章程建设工作，健全学校管理制度，完善内部治理结构，规范办学行为，保障师生权益，形成依法办学、自主管理、民主监督、社会参与的现代学校制度基本框架，为稳步推进苏家屯区教育现代化提供制度保障。

【实施“三名”工程】 实施名师、名校长和名校建设工程，通过创建名师工作室、培养名校长和打造品牌学校提升整体办学实力。2014年，全区新成立三个名师工作室，目前共有两个教育专家工作室，七个市级名师工作室，共有成员 80 人；选派优秀校长到北京、上海等名校学习培训。聘请高校专家团队和中国教师教育视频网高端培训机构，分批选择各类学校，实施优质化工程，引进专家扶持相对薄弱校，全面提升办学水平。

【开展社会主义核心价值观活动】 围绕践行社会主义核心价值观，开展“向国旗敬礼”“图说社会主义核心价值观”、诗歌朗诵、演讲比赛活动，把社会主义核心价值观融入到教育教学、社会实践、制度建设中，教育师生自觉践行社会主义核心价值观。2014 年，市六十九中教师刘金生被授予全国模范教师称号，市一七六中学高三学生徐海洋、张晓宇、徐云亮下海救人事迹经《人民日报》等媒体报道，三名学生被省市有关部门授予美德少年等荣誉称号。

【实施素质教育】 2014 年，苏家屯区学校体育综合总分位列郊区组第一名，体育达标抽测全市总排名第三。花式跳绳和音乐跑操项目在全区中小学中全面开展和普及，英式橄榄球运动形成建设梯队，市一七六中橄榄球队代表沈阳市参加辽宁省全运会获得男女队冠军，在全国七人制青年橄榄球锦标赛安徽阜阳站比赛中，男队获盘级冠军，女队获全国亚军。沈阳市朝鲜族第二中学在国家体育总局、教育部、中央电视台等单位主办的首届“谁是球王”中国足球民间争霸赛（沈阳赛区）比赛中获得青少年组冠军，并代表沈阳市参加辽宁省赛区比赛获得季军。在沈阳市中小学师生书法临帖大赛上，区十里河学校五名教师，五名学生获金奖。承办沈阳市乡村少年宫现场培训会，召开苏家屯区首届乡村学校少年宫表彰大会。2014年，区沙柳路小学、市青松中学、市第一七五中学分别被命名为乒乓球、健美操、田径与健美操市级体育传统项目学校。

学前教育

【概 况】 2014 年，苏家屯区有幼儿园 90 所。其中公办幼儿园 22 所、民办幼儿园 14 所、小规模幼儿园 54 所；省级示范幼儿园 1 所、市级示范幼儿园 2 所。全区有适龄儿童 8735 人，其中入园儿童 9201 人、幼儿毛入园率 105.3%。

【开展幼儿园评估定级工作】 3月，对35所幼儿园进行评估定级工作，根据辽宁省、沈阳市关于幼儿园评估定级标准，对幼儿园的办园条件、保育教育质量方面进行综合评估，共评出三星级幼儿园22所、二星级幼儿园10所。其中三所幼儿园向市教育局申报五星级幼儿园。

【扩大幼儿园规模】 2014年，新建三所公办幼儿园（实验幼儿园碧桂园分园、大沟街道中心幼儿园及永乐街道中心幼儿园）投入使用。增加学位660个，公办幼儿园学位数占总学位数的44.5%。规范小规模幼儿园审批工作，审批小规模幼儿园19所，增加学位957个。

【落实学前教育奖励补助政策】 2014年，经市区教育局、市区财政局核准，上半年奖励补助26所幼儿园；下半年奖励补助27所幼儿园，共拨付奖补资金465.48万元。幼儿园享受奖补范围较2013年提高11个百分点。

【规范办园秩序】 召开学前教育联席会议，启动无证幼儿园集中整治工作。检查过程中，对95所无证幼儿园下发整改通知书并督促落实，对39所存在严重安全隐患的幼儿园予以取缔。

义务教育

【概　况】 2014年，苏家屯区独立小学12所，独立初中6所，九年一贯制学校13所，完全中学1所，私立完全中学1所。全区小学482个教学班，小学毕业3370人，招生3549人，在校生21284人。全区初中230个教学班，初中毕业3172人，招生3522人，在校生10322人。小学入学率100%，巩固率100%，毕业及格率100%。初中入学率100%，巩固率100%。特殊教育学校1所，在校生71人。

【召开中小学教学质量分析会】 2月26日，召开由校长、教学副校长和教务主任参加的教学质量分析会。结合1月份质量监测结果，对中小学的教学质量进行全面分析，并提出下一步的教学建议。

【开展课堂教学改革巡展活动】 3月，区教师学校成立由中小学教研室全体研训教师组成的12个巡查小组，深入全区35所学校开展课堂教学改革巡查工作。各检查组通过听课、听取汇报、查阅资料等方式，了解各学校开展课堂教学改革的现状。巡展结束后，组织召开巡查小组组长会议，形成全区课堂教学改革调研报告。

【开展科技环保工作】 3月，组织学生参加沈阳市举办的第29届科技创新大赛，区中兴街小学教师徐国英的《线式正整数乘法趣味算盘》获国家三等奖、省市一等奖；区八一学校教师田威的《人体血液循环示意拼图》获国家入围奖、省市一等奖。参赛学生共获得一等奖22个，二等奖29个，三等奖18个。组织学生参加沈阳市举办的“无车日”征文活动，获小学组二等奖1个，初中组获一等奖、二等奖、三等奖各 1 个，高中组获二等奖 2 个。

【实施“阳光分班”】 8 月 27 日—28 日，依据《苏家屯区中小学起始年级新生“阳光分班”实施方案》，开展 2014 年起始年级第一次“阳光分班”。分班过程公开、公正、透明、有序。9 月 5 日后报到的学生进行第二次“阳光分班”。10 月，检查各校“阳光分班”工作，无违规行为。

【召开中考质量分析会】 10 月 8 日，召开由初中校长、教学副校长、教务主任参加的中考质量分析会。会议对全区的中考情况进行全面分析，区八一学校和市一八四中作经验交流。

【启动一师一优课活动】 11 月，区教育局积极参与由国家教育部组织的“一师一优课、一课一名师”网上“晒课”活动。活动历时六个月，预计 2015 年 5 月完成。全区组织 2400 名教师在国家教育资源公共服务平台上“晒课”，评选出优质课参加沈阳市“优课”评选。

【组织信息技术学科学业水平考查】 12 月，组织实施沈阳市 2015 年初中学生信息技术学科学业水平考查工作。本次、、考查旨在考核学生信息技术学科学习是否达到《中小学信息技术课程指导纲要（试行）》要求。考查成绩为不合格者不得报考省级重点高中。经考查，全区报考学生全部合格。

【成立微视频研究小组】 区教师学校成立由教研主任、信息技术教研员、中小学青年研训教师为组员的“微视频、微课程”研究小组。研究小组成员先后深入市一八四中学、区冬青街小学等基层学校进行课堂教学实践，通过学习、实践、研讨，取得阶段性成果。

高中教育

【概　况】 2014 年，苏家屯区有高中 5 所，其中包括少数民族完全中学 1 所、私立学校 1 所。教学班 135 个，招生 1765 人，在校生 5473 人。

【举办高二学业水平测试】 4 月和 6 月，召开专门会议全面布置高二学业水平测试工作，苏家屯区与沈北新区互派监察员，确保考试过程公开、公正。

【开展教研活动】 全区以省示范高中——市三十中为依托的高中中心教研组开展教研活动。以课改为核心，开展课改课题研究和优秀论文评选、课改研讨课、名师示范课、高考备考工作经验交流、专题讲座活动，通过名师示范、专题研讨形式，引领教师参与课改，推动全区高中课改工作。

【探索课堂教学新模式】 全区各高中学校探索课堂教学改革模式，形成各自的课改特色。市三十中在小班化建设的基础上，逐步探索“组合式课堂”新模式；市青松中学推行班科集体分层走班，实施“分类培养教学模式”；市一七六中扩大分层次走班教学的学科覆盖面。

职业与成人教育

【概 况】 2014年，苏家屯区教育局下辖职教中心1所，职教中心有蕙兰、迎春、涉农三个校区，总占地面积15.6万平方米，建筑面积9.2万平方米。学校融中等职业教育、电大成人教育、社区教育、素质教育和职业培训为一体。有教职工111人，专任教师91人，中高级讲师占91.2%，“双师型”教师占88.5%。学历教育在校学生3410人，其中中职在校生2290人，电大开放教育在校生1120人。全区有56个社区教育学院，13个农村成人教育学校和38个村成人文化学校，有1.7万平方米农业实用技术示范基地。

【参加比赛获奖】 3月27日—28日，职教中心39名学生参加沈阳市学生技能大比武总决赛。涉及车工、数控车工、二级维护和车轮定位、职业英语技能、中国舞表演、键盘乐器表演和职业生涯规划设计七个项目比赛，获得一等奖1人，二等奖4人，三等奖3人。9月3日，区职教中心两位教师参加辽宁省中等职业学校“创新杯”信息化教学设计大赛，《交响童话彼得与狼》获得一等奖，《硬盘的基础知识》获得三等奖。12月7日，苏家屯区职教中心被《中国远程教育杂志社》认定为理事会成员。

【承办市待评名师培训工作】 6月10日，市教育研究院带领市待评名师和骨干教师来到职教中心进行现场培训。待评名师和骨干教师听评职教中心公开课，听取关于学校发展情况的汇报，考察学校校园环境和实训基地建设，全国信息大赛获奖教师进行获奖课程教学展示。课后召开培训研讨会。

【省职业教育督导组到职教中心督导】 11月25日，辽宁省职业教育督导组到苏家屯区职教中心进行中等职业教育督导。督导组听取工作汇报并查看相关材料，对职业教育工作成效给予肯定。

【开展社区教育示范学校建设工作】 2014年，苏家屯区争取市专项资金79.4万元、区专项资金87万元用于终身教育建设工作。先后为社区学校添置计算机、投影机、打印机等现代教育教学设备，为社区居民开设各类课程20余门，开展教育培训及活动400余学时。开展苏家屯区社区示范校建设工作，依据2013年《苏家屯区社区教育学校运行情况调研报告》，经各街道办事处推荐，区学建办和区教育局审核，确定33个社区学校为苏家屯区首批社区教育示范学校。33个区社区教育示范学校共完成社区教育培训及开展特色活动2000学时。

【加强农村成人教育工作】 2014年，区职教中心和13所农村成人教育学校，协同各相关培训部门、机构组织开展针对农村劳动力的农业实用技术培训和农村劳动力转移培训。全年农业实用技术培训达12000人次，农村劳动力转移培训达1100人次，转移后培训达1300人次。农村成人教育工作得到市级资金支持近10万元。农村实用技术示范培训基地建设得到加强，中小学素质教育基地完成并投入使用。区白清成校、陈相成校、大沟成校建立的自主产权基地均在1.3万平方米以上，八一成校、永乐成校、红菱成校挂牌确定共享基地6666.7平方米。

教育督导

【概　况】 2014年，苏家屯区政府教育督导室以落实国家、省、市教育工作会议精神为重点，围绕建设教育强区总体目标，认真履行职责，开展教育督导工作。年内，督导室专职督学11人，兼职督学6人。

【开展控辍保学专项督导】 3月和11月，区教育督导室会同区教育局基础教育科对全区19所初中阶段学校的“控辍保学”工作进行两轮督导检查。检查采取听取汇报、现场座谈、个别访谈、实地检查的方式进行，重点查看各校学生的出席情况和学籍规范化管理工作。检查结果显示，全区“控辍保学”工作落实到位，学生出席率均在85%以上，小学阶段学校的辍学率为0，初中阶段学校的辍学率控制在0.3%以下。

【开展幼儿园专项督导】 10月14日，区教育督导室对十里河街道幼儿园和教工园中兴分园的办园条件、硬件设施、教师队伍、幼儿园管理、办园特色等方面进行专项督导，结果表明幼儿园在加强管理、规范办园行为、建立健全工作机制和园所办园条件方面均有较大改善。

【召开质量监测增值评价考务会】 12月1日，召开基础教育质量监测增值评价基线测试考务工作会。区教育督导室、区教育质量评测办公室对考务工作进行部署。评测办公室和参加基线测试学校70人参加会议。

【开展责任督学挂牌督导】 2014年，实施以责任督学挂牌督导为重点的中小学督学责任区制度。选聘七名专职督学和六名兼职督学。召开四次挂牌责任督学业务培训会议。全区13名专、兼职督学对区38所学校的校务管理和制度执行情况，招生、择校情况，课程开设和课堂教学情况，学生体育锻炼和课业负担情况，教师师德和专业发展情况，校园及周边安全情况，食品及饮用水卫生情况，校风、教风、学风建设情况进行300余人次的随机督导检查。

【全国义务教育发展基本均衡区迎检工作】 6月，区教育督导室完成全国义务教育发展基本均衡区申报、政策文件汇编等相关工作，建立全国义务教育发展基本均衡区迎检档案，按照先关要求对基层单位开展检查指导。

（刘　若　杨荟玉）

新民市

总类

2014年新民市教育局领导干部任职及分工

现任职务	姓 名	任职时间	分管工作
局 长	林振华	2012．02	负责教育局全面工作，分管计财科、行政办、教材管理办、招考办、教产办、房管所、供热管理所（1月—9月） 负责教育局全面工作，分管行政办、招考办、教材管理办（9月—12月）
党委书记、副局长	吕玉君	2011．05	负责教育局党委全面工作，分管党办、人事、信访稳定、青教办、少年宫
市政府教育督导室主任、副局长	李延玉	2011．10	负责市政府教育督导室全面工作，分管基础教育、职成教育、教师进修学校、信息中心、远程教育（1月—9月） 负责市政府教育督导室全面工作，分管基础教育科、计财科、教师进修学校、教产办、房管所、供热管理所（9月—12月）
副局长	王 勇	2012．09	分管学前教育科、体卫艺科（国防教育）、中小学卫生保健所、市幼儿园（1月—9月） 分管学前教育科、体卫艺科（国防教育）、职成教科、中小学卫生保健所、市幼儿园（9月—12月）
纪委书记	张立伟	2008．10	分管纪检、纠风办公室
副局长	王 勇	2012．09	分管安全科、德育科

【新民市委调研教育工作】 1月3日，新民市市委到大民屯学校、市职教中心、城区四小、市 高级中学调研。对学校校园环境、办公条件、学校设施、校车管理、幼儿园工作进行实地查看，并召开座谈会，听取新民市教育局近两年教育工作及2014年主要工作安排汇报。市委办公室、胡台新城管委会、教育局机关中层以上干部及城区各学校校长参加座谈会。

【召开义务教育均衡发展迎检工作会议】 2月25日，在胡台学校召开新民市迎接义务教育高水平均衡发展评估验收工作会议。与会人员现场观看胡台学校的环境建设、专用教室、体育馆、幼儿园及档案资料，学校就创建教育强市工作情况作汇报，会议公布2013年绩效考核先进单位和校园绿化工作优秀单位，强调全体干部要高度重视，确保评估验收顺利通过，新民市人民政府教育督导室主任部署迎检工作。教育系统共280人参加会议。

【开展演讲比赛活动】 4月18日—5月26日，组织开展中小学“我的梦，中国梦”演讲比赛活动。新民市教育局制定活动方案，按照校园赛、片区赛、市级总决赛三个阶段有序推进。最终沈阳大学新民师范学院附属小学两名学生分别获得小学组、中学组冠军，新民市第一高级中学一名学生获得最佳展示奖。新民市电视台、沈阳市电视台分别对片区赛和总决赛作专题报道。

【招聘中小学教师】 2014年，新民市招聘中小学教师155人。7月—8月，根据2014年辽宁省沈阳市教师特设岗位招聘计划和新民市农村义务教育阶段学校结构性缺编的现状，招聘农村学校特岗教师132人。招聘工作按照沈阳市教育局的统一安排和部署，经过网上报名、网上初审、笔试、资格审查、面试、体检和考核等程序，全程电子监控，公开竞争，择优录取。11月，在沈阳市人社局、教育局统一组织下，到东北师范大学、辽宁师范大学、沈阳师范大学共招聘城区中小学教师23人。

【举办中小学生书画比赛】 3月—5月，举办新民市第二届中小学生“火炬杯”书画比赛。全市中小学根据比赛活动方案，开展现场计时校园赛，选出获胜选手并上报，参加市级比赛，41所学校近350名学生参加。沈阳市学生体育艺术发展中心评审组参与活动，现场评出一等奖作品37件、二等奖45件、三等奖27件。精选其中的优秀作品参加沈阳市艺术节展演作品类评比，共有30余件书法、绘画等作品获得沈阳市一等奖，并在沈阳日报美术馆展出。

【召开生态德育建设报告会】 8月30日，召开“推进生态德育建设，保障师生身心健康”报告会。沈阳大学新民师范学院附属小学、新民市第三初级中学、兴隆堡学校、新民市第一高级中学分别作典型发言。大会作题为《全面开展，坚持不懈，实践学校心理健康教育》的专题辅导，部署新学期学校心理健康工作任务；并特邀东北师范大学心理学院教授刘晓明作题为《中小学生的发展特征与教育策略》的报告。

【开展应急安全知识宣传活动】 10月21日，新民市政府应急办和教育局联合在实验中学开展应急管理宣传教育活动。邀请市司法局和市疾控中心专业人员，分别作《青少年违法犯罪案例分析及预防措施》和《学校秋冬季传染病预防知识》讲座，对全市中小学安全主任普及应急安全知识。要求各学校以校园安全事故为案例，对学校管理员、应急保障人员、安全员及学生安全委员，分层次组织培训；开展以消防、防震、反恐、防拥挤踩踏等为内容的应急逃生自救演练活动。

【召开新学期干部大会】 9月5日，召开新民市教育系统新学期干部大会。会议回顾2014上半年新民市教育工作所取得的成绩，并对下半年工作进行部署，提出要努力实现教育由外延扩张为主向内涵发展为主的转型，力争实现由教育大县向教育强市的历史性跨越的目标。周坨子学校、兴隆堡学校、城区四小和市高中分别就课堂教学改革、教师队伍建设、学校德育常规和做好新学期学校工作四个方面作表态发言。200人参加会议。

【召开庆祝教师节大会】 9月9日，新民市政府召开庆祝第30个教师节暨表彰大会。会议对荣获2014年新民最美教师、新民市优秀教师、新民市优秀教育工作者荣誉称号的教师进行表彰。新民市市委、市政府、市人大、市政协主要领导及市直各部门、各乡镇街领导，受表彰的教育工作者及教育系统全体领导、部分教师代表共500人参加会议。

【成为教育强区县达标单位】 12月29日，沈阳市政府教育督导室到新民市督导创建教育强县（市）工作情况，并认定新民市为沈阳市创建教育强区、县（市）工作达标单位。新民市市长邢鹏代表新民市委、市政府作表态发言，市政府教育督导室主任徐爱秋和市教育局副局长胡长胜参加评估活动。

【获省文明单位称号】 自2012年新民市教育局成立以局长为组长，各校校长为责任人的教育系统、学校创城工作领导小组。三年来，多次召开专题工作会议及培训会议，部署创城工作，明确责任分工。在全市中小学开展丰富多彩的系列主题教育活动，教育系统创建文明城市工作取得成效。2014年，新民市教育局被辽宁省政府授予“辽宁省文明单位”称号。

【教育经费投入】 2014年，新民市义务教育阶段中小学生均公用经费，初中生标准为每人每年1010元，小学生每人每年810元，拨付4087万元；普通高中生均公用经费标准为每人每年1600元，拨付353万元。市政府补助高中取暖费380万元。人均终身教育专项经费拨付70万元。教师培训经费，按教师工资的1.5%标准计算，拨付362万。教育经费预算内财政拨款109129万元。生均预算内教育经费，小学15860元，初中22653元。

学前教育

【概　况】 2015年，新民市有登记注册的幼儿园132所，其中公办园29所（教育办园1所、机关事业单位办园4所、乡镇中心幼儿园24

所），民办幼儿园 103 所（城区 40 所、农村 63 所），在园儿童 14238 人，其中毕业 4115 人，招生 3955 人。全市幼儿园有教职工 1080 人，其中园长 138 人，专任教师 764 人，保健医 4 人，保育员 65 人，其他员工 109 人。

【完成学前奖补和贫困儿童资助工作】 1 月，按照沈阳市人民政府办公厅《关于印发沈阳市学前教育奖励补助实施方案的通知》要求，对 17 所符合相关条件幼儿园下拨 2013 年 9—12 月份奖补资金 118.28 万元。6 月，完成 2014 年上半年幼儿园奖补的申报工作，符合条件的幼儿园 37 所，在园儿童 6085 人，下拨资金 356.58 万元。12 月，享受奖补资金的幼儿园 43 所，在园儿童 6920 人。年初，按照《新民市学前教育资助实施办法》，对 51 名贫困儿童发放资金 7.8 万元。9 月，完成上半年的学前贫困儿童的统计工作，上报辽宁省学生资助管理中心贫困儿童 226 人，发放资金 13.56 万元。12 月，完成下半年的学前贫困儿童的统计工作，共计上报贫困儿童 199 人。

【召开学前教育工作会议】 3 月 13 日，在胡台学校召开新民市学前工作会议暨迎接义务教育高水平均衡发展评估验收准备会。会议总结 2013 年学前教育工作，并对 2014 年工作任务进行部署，指导全市幼儿园做好义务教育高水平均衡发展迎检工作。与会人员参观胡台幼儿园的标准化建设、环境创设和档案资料。140 人参加会议。

【完成幼儿园评估定级工作】 3 月 10 日—30 日，对所属标准化幼儿园进行重新评估定级，完成三星级及以下幼儿园的评估认定工作，并推荐三所幼儿园向沈阳市教育局申报四星级幼儿园。6 月 11 日，沈阳市教育局专家组对拟申报四星级的幼儿园（新民市幼儿园、政府机关幼儿园、大民屯中心园）进行评估验收，其中，新民市幼儿园、新民市政府机关幼儿园通过沈阳市教育局评估验收，待新民市卫生局对幼儿园的卫生保健工作评估验收后进行综合评定。

【开展学前教育宣传月活动】 6 月，新民市开展学前教育宣传月活动，全市幼儿园结合“庆六一”活动，围绕宣传月开展宣传活动，并将活动图片、视频、文字材料等园所宣传资料中最佳作品报送教育局，统一进行评比，选出 80 件优秀作品，15 家优秀园所和 35 名优秀幼儿教师。各园所按要求将沈阳市教育局与《辽沈晚报》联合刊发的亲子周刊科学保教专栏，下发到每个儿童家长手中，并联合新华书店向在园儿童发放爱心卡和购书打折卡。

【迎接市规范学前教育管理联合调研】 11 月 5 日，由沈阳市教育局副局长胡长胜带队的沈阳市规范学前教育管理联合调研组到新民市东蛇山子镇调研。沈阳市联合调研组由市教育局、编委办、发展改革局、民政局、财政局、人力资源社会保障局、规划国土局、地税局等成员单位组成。调研组现场考察东蛇山子镇中心幼儿园，并召开调研座谈会，六名幼儿园园长和相关委办局针对调研内容进行发言，新民市教育局汇报学前教育工作，新民市政府副市长孙海燕作表态发言。胡长胜在座谈会上肯定新民市在学前教育工作中取得的成绩，针对有关工作提出意见和建议。

【做好幼儿园安全管理工作】 成立幼儿园安全监管及隐患整改工作督查组，对公办幼儿园安全工作实行领导包片、科室包园工作机制，督查幼儿园安全工作。3月，对公办幼儿园进行安全检查，对民办幼儿园下发期初安全检查及隐患整改工作记实，幼儿园进行自评，并签订安全管理责任书。6月24日，召开学前教育安全工作会议，就安全工作进行部署。11月，统计全市幼儿园接送车辆情况并上报沈阳市教育局安全处。12月25日，组织公办幼儿园园长参加新民市教育局举办的安全岗位培训活动，要求园长持证上岗，为考试合格的26名园长颁发《安全岗位培训合格证》。

【扩增学前教育资源】 2014年，新建和改扩建15所公办幼儿园，分别是新民市幼儿园、前当堡中心园、城区一小幼儿园、兴隆堡中心园、法哈牛中心园、高台子中心园、陶屯中心园及八所村级幼儿园，新增学前教育学位1250个，同时加强幼儿园标准化建设，新建、改扩建幼儿园，按照《辽宁省幼儿园办园标准（试行）》进行建设。投入210万元对大红旗、柳河沟、张屯、罗家房乡曹家、周坨子、梁山、大民屯方巾牛七所幼儿园进行内部装修、外部活动场地环境改善和设施的配备。9月—10月，投入56万元为法哈牛、前当堡、市幼儿园、城区一小幼儿园配备电脑、投影、白板及淘气堡。

【做好幼儿园审批工作】 按照《辽宁省幼儿园办园标准（试行）》《辽宁省小规模幼儿园暂行管理规定（试行）》《沈阳市幼儿园审批和管理办法》，对全市幼儿园进行要件审核、实地勘验，对30所标准化幼儿园和90所小规模幼儿园进行年检换证，对13所新开办幼儿园进行注册审批。11月10日，该市幼儿园开办许可审批办理工作进入新民市行政审批大厅。

义务教育

【概　况】 2014年，新民市有城区小学8所，教职工526人，专任教师444人；有城区初中4所，教职工366人，专任教师281人；有农村九年一贯制学校27所（包括沈阳市新民雨田实验学校），教职工3474人，专任教师2923人。小学教职工总数2313人，专任教师总数2231人，行政人员64人，小学教学班780个，毕业6053人，招生5143人，在校生33452人；初中教职工总数2053人，专任教师总数1417人，行政人员406人，初中教学班369个，毕业4875人，招生5678人，在校生16001人。有特殊教育学校1所，在校生数57人。

【举办教学故事演讲大赛】 6月24日—26日，在教师进修学校举办2014年新民市义务教育阶段学校教师岗位大练兵暨“我的教学故事”演讲大赛。农村各学区中小学组每学科分别选拔两名选手，城区中小学组每学科分别选拔三名选手参赛，以记录学校教育教学工作中的真实案例为主要内容，最终评选出2014年新民市教师岗位大练兵教学能手60名，其中初中24名，小学36名，赛后推荐优胜教师参加沈阳市教师岗位大练兵比赛。

【开展课堂教学改革工作调研】 9月15日，新民市教育局组成专家组到周坨子学校对课堂教学改革工作进行调研。学校汇报课堂教学改革工作进展情况，教师进行课堂教学展示，中小学教研员就本学科听课情况进行点评。

【召开义务教育阶段学区长联席会议】 9月19日，召开义务教育阶段学区长联席会议。会议部署新学年学区教研工作指导意见，调整公主屯、大柳屯和梁山学区长，共同研究新学期学区教研活动的主要内容，决定开展多种形式的教研活动，通过交流与合作，互帮互学，推进新民市中小学课堂教学改革。

【召开课堂教学改革推进会】 10月21日，在周坨子学校召开深化课堂教学改革推进会。下发《新民市教育局关于进一步深化课堂教学改革构建高效课堂的指导意见》和《新民市教育局深入推进中小学课堂教学改革三年行动计划》（2014—2016年）。与会人员观摩周坨子学校课堂教学，参观学习教改资料，学校作课堂教学改革工作经验介绍。辽宁省基础教育教研培训中心副主任、沈阳师范大学教师发展学院院长景敏对周坨子学校课堂教学改革工作进行点评，对全市中小学课堂教学改革工作提出建议。教师进修学校解读三年行动计划。

【组织“名师送教”活动】 10月22日—29日，新民市教师进修学校开展“名师送教”活动，组织10位名师分别深入法哈牛学校、张家屯学校、大红旗学校、梁山学校，采取名师示范、讲座、评课互动的形式开展送教活动。

【邀请凤城六中送教】 10月29日—30日和11月24日—25日，教师进修学校邀请丹东市凤城六中领导、教师七人次到新民市送课并进行教师培训，就初中课堂教学改革的模式与方法与新民市教研人员、教师展开深入研讨和交流，活动对于深化初中课程改革起到促进作用。

【开展教师岗位大练兵活动】 2014年，深入开展教师岗位大练兵活动。全市中小学按照沈阳市教育局“以赛带训”的总体要求，通过学校练兵、县级竞赛、市级展示，提升教师的业务水平。截至6月底，有各学科教师71人获沈阳市级教学能手。

【开展季度应急疏散演练活动】 2014年，要求全市中小学在完善各类应急预案的基础上，每季度组织一次应急疏散演练活动，组织开展消防、反恐、地震、防踩踏等应急疏散演练活动200余次。3月31日，在第19个“全国中小学生安全教育日”，新民市电视台对城区第四小学的应急演练活动进行全程报道。9月2日，沈阳市中医药学校开展“开学第一课”活动，邀请新民市消防大队官兵参加活动，并指导全校师生进行消防应急疏散演练。

【开展做有道德的人教育活动】 2014年，开展以“做一个有道德的人”为主题的系列教育活动。开展“我们的节日——清明节”活动，全市中小学生参与率85%以上；开展“认星争优，做美德少年”评选活动，评选出新民市“美德少年”100名，其中沈阳大学新民师范学院附属小学五名学生被授予沈阳市“美德少年”称号；开展“文明小博客”活动，充分发挥校园网、沈阳市德育网的作用，加强博文指导及上传工作；开展“我推荐，我评议身边好人”活动，向沈阳市推荐身边好人12名；开展“校园道德讲堂”活动，城区一小、胡台学校的道德讲堂活动被推荐到沈阳市参加精品讲堂活动的展播；六是城区一小“做一个有道德的人”主题活动观摩展示会在《辽沈晚报》、沈阳市电视台上进行报道。

高中教育

【概　况】 2014年，新民市有高中3所，其中新民市高级中学为辽宁省普通示范高中，新民市第一高级中学为沈阳市级重点高中。3所高中有教学班134个，教职工总数600人，专任教师526人，行政人员62人；毕业1888人，招生1807人，在校生5514人。

【参加省示范普通高中学科教师培训】 3月，组织三所学校相关学科教师参加沈阳市学科基地培训。2014—2015学年度，三所高中语文、数学、英语等10个学科的部分教师，在沈阳市15个基地学校参加培训。各基地围绕提高学科基本知识和技能、落实常规教学、国家课程校本化研发、初高中衔接课程开设、高考备考经验、教师职业操守等内容，安排设计年度培训课程。

【完善教学工作制度】 3月，进一步健全高中校长听评课、教师备课上课和互相听评课、校本教研、教师集体备课、作业批改检查等工作制度。要求学校领导对教师的备课、上课、教研进行具体指导。每周兼听课，校长不少于两节，分管教学副校长不少于四节，教务主任不少于五节。

【出版《教育真谛》丛书】 3月，新民市第二高级中学用六年时间，总结提炼教育教学中的感悟和做法，编写成《教育真谛》丛书。《教育真谛》丛书共七本，包括《教育名言》《哲理故事》《点亮心灯》《科研拾萃》《心灵驿站》《文暖人生》《英语语法释析》，内容涵盖德育、教学、科研、哲学、文学等。其中《教育名言》《哲理故事》入选辽宁省农家书屋建设工程项目书目。

【实行高中起始年级均衡分班】 8月25日，按照沈阳市教育局工作要求，三所高中起始年级实行均衡分班，不设重点班、文理倾向班。各学校依据报到新生的中考成绩、性别、是否住校、生源地等要素，在相关人员的监督下，由学校微机员实施微机均衡分班，打印出班级学生名单，并以抽签的方式确定班主任；由监察员、行风监督员等相关人员签字确认；学校将分班结果张榜公布，并报教育局备案；分班过程全程录像。教育局均衡编班领导小组成员、监察部门代表、纠风部门代表、行风监督员、班主任代表、学生家长代表，全程参与监督、指导。

职业与成人教育

【概　况】 2014年，新民市有职教中心1所，是辽宁省级重点学校。校园占地面积72000平方米，建筑面积约20300平方米，有教学楼、学生公寓楼、餐厅楼、实训中心，可容纳30个教学班，1000人住宿和2000人就餐。有中职在校生800人，电大专、本科在校生1100人，各类培训年均3000人次。有教职工90人，其中专任教师58人。实训室及专用教室33个。中职开设计算机应用、电气运行与控制、学前教育、数控技术等10个专业；成人专、本科开设计算机、学前教育、金融学、法学、教育管理等15个专业。学生实习实践基地3.5万平方米，正在建设中。已与农村九年一贯制学校整合的农村成人教育中心校25所，专职教师78人。有34所村级分校，28个农业科技培训基地。有社区33个，南塔社区、向阳社区被沈阳市教育局评为沈阳市级社区活动实验点。

【开展全民终身教育活动周】 10月18日—24日，新民市开展全面终身教育活动周活动。活动期间，全市各部门进行讲座、培训、参观、演讲、座谈、研讨等100余次，近七万人参加；发放宣传手册、培训资料等一万余册，悬挂宣传标语1200余条。城区各社区开展社会主义核心价值观宣讲活动，收到以“和谐社区，幸福家园”为主题的征文150篇；中小学开展践行沈阳人基本道德准则活动；农村成人教育中心学开展科技培训35场；前当堡镇和姚堡乡成人教育中心校创办一期活动周活动纪实专刊。

【获终身学习工作荣誉】 12月，沈阳市教育局、沈阳市学习型城市建设指导委员会办公室授予新民市辽滨街道办事处、新民客货联运公司、周坨子镇安坨子村、新民市职教中心、罗家房镇二道房子村为沈阳市终身学习先进单位，授予新民市教育局局长林振华、客货联运公司总经理张文明、辽滨街道办事处办公室主任王伟、职教中心校长王兴大、安坨子村党支部书记鲁卓为沈阳市终身学习工作先进个人。

【启动教育实践基地建设工程】 2014年，经市政府决定，在开发区，划拨34667平方米土地，建设职教中心学生实习实践和中小学生社会实践基地，拟名“新民市教育实践基地”，计划建设2000平方米的培训中心、5000平方米的中小学生社会实践楼、2000平方米的职教中心学生机加实习实践车间、2000平方米的职教中心学生汽修实习实践车间、2000平方米的玻璃温室等设施。基地已由省发改委立项，国家发改委拨项目资金1000万元。基地土地确权已完毕，进入设计和论证阶段，预计2015年春季开工建设。

【完善农村成人中心校管理】 2014年，全面运行25所农村成人教育中心校工作，实现农村的基础教育、成人教育、职业教育的“三教”统筹。农村成人教育中心校与农村九年一贯制学校整合后，根据《新民市教育局关于加强和改进农村成人教育中心校管理工作的意见》《农村成人教育工作考核细则》进行管理。有农业科技培训基地45个，村级分校39所，全年进行大型培训40余次，小型培训260余次，培训人数达4万人。

教育督导

【概　况】 2014年，新民市政府教育督导室以推进教育强市创建为中心工作任务，不断加强教育督导体系和制度建设，为推动教育发展发挥重要作用，提供有力保障。年内，教育督导室专职督学6人，兼职督学12人。

【成立创建教育强市包校督导组】 2月25日，在责任区督学挂牌督导的基础上，成立三个创建教育强市包校督导组。三组组员44人，每组均由局级领导挂牌责任督学并任组长，相关科室科长任副组长，科员为成员，督导室工作人员为联络员。组成创建教育强市督导组，分四个时间阶段对44个迎检学校和单位的创建教育强市工作进行督导检查。

【通过市创建教育强市评估验收】 3月11日，新民市人民政府向沈阳市人民政府教育督导室提交“创建沈阳市教育强区、县（市）暨义务教育高水平均衡发展”评估验收的申报申请。7月8日—9日，通过沈阳市教育强区、县（市）暨义务教育高水平均衡发展评估验收。12月29日，沈阳市政府教育督导室对新民创建教育强区、县（市）工作进行督导评估，经督导评估组研究认定，新民市为2014年创建教育强区、县（市）工作达标单位。

【通过省基础教育强市工作审核评估】 10月13日，向沈阳市人民政府教育督导室提交《关于申请辽宁省基础教育强县（市、区）暨县域义务教育均衡发展省级评估验收的请示》《自查报告》和《自评打分表》。12月8日—11日，省督导室一行七人对新民市创建辽宁省基础教育强市工作进行审核评估，抽检18家单位，通过观看专题片、听汇报、查材料、看现场、随机走访、座谈等方式，对幼儿园、中小学、特殊教育学校、高中、教师进修学校、素质教育基地等各类学校教育情况进行评估，最终同意新民市为2014年创建“辽宁省基础教育强市暨义务教育均衡发展”单位。

【完善绩效考核制度】 11月27日—12月6日，新民市教育局、教育督导室对所属学校及非教学单位进行2014年绩效考核，考核应用创建教育强市指标，并坚持过程考核和终端考核相结合。12月16日—24日，围绕控辍保学、校园安全、经费筹措、教师稳定、学前教育等方面内容对乡镇政府履行教育职责情况进行绩效考核,坚持督导乡镇政府履行教育职责。

【迎接市教育督导组调研】 2014年，先后三次迎接沈阳市教育督导组对新民教育强市创建工作的督导调研，依据反馈意见，认真研究存在问题，逐项落实整改措施，撰写各阶段《新民市人民政府关于推进教育强市创建工作的整改报告》，并于3月11日、5月20日和6月25日向沈阳市人民政府教育督导室报送。

（杨　丽）

辽中县

总 类

2014 年辽中县教育局干部任职及分工

现任职务	姓名	任职时间	分管工作
局长	张文良	2013.11	负责教育局全面工作
党委书记	郝维文	2010.06	负责党务、纠风、群团、机关建设、老干部等工作，分管综合办公室
县政府教育督导室副主任	杜春山	2010.12	负责县人民政府教育督导室全面工作，分管教育督导室办公室、体卫艺与学前教育科
副局长	陈 瀚	2006.12	负责基础教育、德育、青少年教育、计划财务审计等工作，分管基础教育科、德育与安全教育科、计财审科
副局长	王 鑫	2010.06	负责安全教育、信访、应急管理、综合治理、人事、基础建设等工作，分管德育与安全教育科、人事科、后勤管理办公室
县招考办主任	韩维庆	2008.07	负责招生与考试、成人职业教育、终身教育等工作，分管招生考试办公室、成职与终身教育科
高中校长（副局级）	董清海	2010.06	负责辽中县第一高级中学全面工作

【改善办学条件】 2014年，辽中县投入1325万元，新建老大房幼儿园和镇五小幼儿园，新增建筑面积5300平方米，增加学位540个；投入761万元，维修改造城郊等10所幼儿园，改造面积13157平方米；投入867.1万元，对肖寨门九年一贯制学校等21所学校校舍进行维修改造；投入757万元，完成辽中县二高中等10所学校数字校园建设。异地新建辽中县一高中和中小学实践基地主体已完工。

【加强制度建设】 2014年，细化《辽中县中小学养成教育实施细则》。修改《辽中县义务教育阶段学籍管理办法》，规范学生入学、转学等手续办理，严格管控学生非正常的转入转出。印发《辽中县中小学校及直属单位财务管理办法》和《辽中县教育系统冬季采暖用煤采购招投标工作实施方案》，规范学校财务管理，杜绝违法违纪行为。出台《辽中县教育局关于进一步加强教育教学工作的通知》，健全学校管理制度，规范学校办学行为。

【确立教研员实践基地校】 2月18日，在教师进修学校召开教研员基地实践会议。确立教研员实践基地校，将6月作为教研员实践活动月。活动月期间，教研员每周两天到基地学校与学科教师一起进行教学教研工作，并做到“五个一”，即备一节课、说一节课、上一节课、进行一次教学教研讲座、写一篇心得体会。县教育局下发《关于学校成立教研室的通知》，各校相继成立教研室，配备专兼职教研人员，区域内教学改革得到推进。

【干部人事改革】 7月29日—9月3日，全县义务教育阶段教师实行全员岗位竞聘，副校级干部由原来的172人减至63人，中层干部由原来的237人减至162人，激发干部队伍的活力。建立城乡一体化教师交流机制，副校级干部交流3人，教师交流79人。配合人社局针对教育系统“在编不在岗”问题，清理在编不在岗187人、清退“吃空饷”7人，追缴工资380万元。对教育系统182名富余人员进行工作安置。

【组建城镇二中教育集团】 8月16日，县委、县政府召开组建辽中县城镇二中教育集团工作会议，决定由辽中县城镇二中和辽中县乌伯牛九年一贯制学校组建成辽中县城镇二中教育集团，进一步均衡配置教师资源，缓解镇内学校大班额问题。

学前教育

【概 况】 2014年，辽中县有各级各类幼儿园117所，其中公办园24所（乡镇中心园17所、教育办园1所、学校办园5所、少年宫办园1所），民办园93所。全县有适龄幼儿12328人，在园幼儿11432人，入园率92.7%。教职工总数851人，其中专任教师519人。五星级幼儿园1所、四星级幼儿园1所、三星级幼儿园22所。

【加大公办幼儿园建设力度】 2014年，投入1325万元，新建老大房镇中心幼儿园和辽中镇第五小学幼儿园，新增建筑面积5300平方米，增加学位540个。投入761万元，对城郊、六间房、肖寨门等10所幼儿园进行维修改造，总面积13157平方米。投入108万元，为老观坨、满都户、刘二堡等幼儿园配备户外联合运动器械、淘气堡、白板（含投影）、电脑、多媒体、钢琴或电子琴等设施。

【幼儿教师基本功大赛】 4月，开展全县幼儿教师自制玩教具大赛，评选出17件优秀作品参加沈阳市幼儿教师玩教具制作比赛，其中四件作品获得一等奖，辽中县被评为优秀团体荣誉称号。六间房镇中心幼儿园教师制作作品《系列纸浆脸谱》代表沈阳市参加辽宁省幼儿教师玩教具制作大赛并获二等奖。12月2日—8日，在市教育局举办的幼儿教师基本功大赛中，辽中县参赛选手分别荣获儿童画创编、儿童歌曲边弹边唱一等奖，玩教具制作、儿童画创编二等奖，儿童舞蹈表演及创编、儿童故事讲述三等奖，辽中县教育局荣获优秀组织奖。

【召开幼儿园管理工作会议】 9月26日，县教育局在茨榆坨中心幼儿园召开全县幼儿园管理工作会议。会议分析幼儿园特别是民办幼儿园在发展中存在的问题，提出整改方案，并对下一步工作进行部署。下发《关于进一步加强幼儿园管理的通知》《关于进一步加强幼儿园安全管理工作的通知》和《辽中县幼儿园目标管理量化评估标准》，参观茨榆坨镇中心幼儿园和茨榆坨智慧树幼儿园。

【对民办园进行联合检查】 12月15日—18日，县政府组织县安监局、食药监局、交通警察大队、运输管理站、教育局对民办园进行联合检查，对不合格的幼儿园下达限期整改和停业整改意见书，进一步规范民办园办园行为。

【加强示范园建设】 2014年，辽中县对所有幼儿园进行重新评估定级，全县公办幼儿园除五小幼儿园外均提升为三星级幼儿园。6月，镇一小幼儿园申报四星级幼儿园并通过市级评估验收。12月，机关幼儿园申报五星级幼儿园并通过省级评估验收。

【落实奖补资金】 2014年，辽中县80所幼儿园（公办园23所、民办园57所）享受奖补资金总计1045.14万元，解决幼儿园办园经费不足问题。投入资金59040元对全县贫困儿童进行资助，春秋两季资助幼儿103名。

【开展安全工作检查】 3月和9月，对幼儿园的安全工作进行检查。对幼儿园的周边环境、房屋、室内外活动场地、设备设施、食堂饮食卫生、玩教具、消防设施、接送幼儿车辆以及幼儿园教职工的任职资格和身心健康状况等方面进行认真排查，形成检查报告上报市教育局，以增强幼儿园安全防范意识。

义务教育

【概 况】 2014年，辽中县有义务教育学校28所，其中，九年一贯制学校16所，初中4

所（含 1 所民办初中），小学 7 所（含 1 所民办小学），特殊教育学校 1 所。有教学班 819 个，在校生 36952 人。其中，小学生 23053 人，初中生 13899 人，特殊教育学校学生 97 人。小学适龄儿童入学率 100%，小学教育完成率 100%，三类残疾儿童入学率 95.15%，小学升初中入学率 100%，初中在校生年辍学率 0.02%，16—17 周岁初中教育完成率 99.25%，升学率 97.8%。

【召开全县义务教育学校工作会】 2 月 26 日，在县第二高级中学召开全县义务教育学校工作会议，对义务教育学校教学工作进行部署，要求学校加强教学常规管理，认真贯彻落实《关于进一步加强教育教学工作的通知》要求，做好期初、期中、期末三个阶段教学管理工作检查。

【推进初中书法教室建设】 9 月 9 日，在六间房九年一贯制学校召开初中书法教室建设工作现场会，并组织与会人员参观六间房九年一贯制学校书法教室样板间，县教育局安排部署初中书法教室建设工作，并提出具体要求。

【召开课程改革工作会】 11 月 15 日，在辽中县城镇二中召开课改工作现场会，观摩该校的课堂教学，学校介绍课改工作经验。县教育局总结课改工作，并要求各学校继续深入推进中小学课堂教学改革，坚持以提高课堂有效教学为核心，以“优教、减负、提质”为目标，不断改进教学方法与学习方式，提高课堂教学效率和教学质量。

【组织教师“双优引领一站式”培训】 6 月和 10 月，分别组织初中和小学各 30 名骨干教师到协作体大东区一〇七中学、杏坛小学参加“双优引领一站式”培训工作，培训教师在规定的时间内完成既定培训内容。

【开展助残月活动】 5 月，开展第八个“助残月”活动。全县中小学召开一次主题升旗仪式、悬挂一幅助残宣传口号、开展一次校际互动、组织一次专项救助、登陆一次沈阳市特殊教育网。5 月 29 日，辽中通宇汽贸有限公司组织员工到特教学校，给学生送去礼物；5 月 30 日，辽中县政协委员到特教学校进行爱心捐赠，为每位学生捐赠一套运动服。

【中小学生入学工作】 7 月—8 月，县教育局对符合县内小学和初中入学条件的学生进行审核，妥善处理入学招生工作中的热点和难点问题，保障中小学平稳入学。8 月 29 日，县教育局在辽中镇第二小学对县内中小学统一进行“阳光分班”。

高中教育

【概　况】 2014 年，辽中县有普通高中 4 所（含民办高中 2 所），其中，辽中县第一高级中学是辽宁省示范高中，辽中县第二高级中学是沈阳市重点高中。有在校生 6382 人，在职教职工 481 人。

【召开高考总结会】 10 月 9 日，召开 2014

年辽中县高考总结会。会议总结2014年县高考情况，高考重点上线及高分段稳步提高，实现“保底、扩中、促高”的总体目标。指出2015年将不断完善教育质量管理保障体系，即完善教育质量评价制度、继续深化高中课程改革等。

【开展校长进课堂活动月】 4月，开展校长进课堂活动。组织校长深入教学第一线，进行听课、评课。活动期间，辽中县一高中校长听课21节，参与各组教研活动5节；辽中县二高中校长听课19节，参与教研活动6节。

【市教育研究院到辽中县调研】 10月29日，市教育研究院一行10人到辽中县二高中进行教学调研。学校作题为《以行养真，用行动造就真人》的汇报，介绍学校基本情况、主题文化、办学理念、办学特色等。市教研员分学科进行听课、研讨和指导。

【启动一师一优课活动】 11月，辽中县正式启动“一师一优课、一课一名师”活动，制定具体的实施方案，教师完成网上注册，计划在2015年完成网上晒课并进行优课评选，评选的优课推荐参加市级评选。

职业与成人教育

【概　况】 2014年，辽中县有职业教育中心1所。学校占地面积136841平方米，建筑面积47391平方米，专任教师160人，本科以上学历占97%。开设机械加工技术、汽车运用与维修、计算机应用、学前教育、农机使用与维护、农村经济综合管理、美发与形象设计等7个专业。社区学院、成人教育中心校联合开展成人教育培训，开办月嫂、家政服务、家庭护理等培训10期，培训人员计1027人次。

【开展成人教育培训】 7月，各乡镇配备成人教育专职教师，负责各镇成人教育工作。社区学院、成人教育中心校联合开展成人教育培训，开办月嫂、家政服务、家庭护理等培训10期，培训人员计1027人次。全县从业人员职业技能培训率达65%。社区学院开展“送教下乡”活动，开展种植、养殖等科技培训165场次，免费培训产业农民3025人次，通过社区学院培训点培训1057人次，初中毕业生初等职业技能培训1531人次，培训率达98%。

【青少年法治教育基地建设】 9月，辽中县职业教育中心建成青少年法治教育基地。该基地面积近600平方米，拥有40小时的多媒体资源，设有法制篇、认知篇、警示篇、自护篇、传承篇五个主体篇章展区和一个模拟法庭。10月23日，由辽中县人民检察院、辽中县教育局主办，辽中县职业教育中心承办的“辽中县青少年法制教育基地启动仪式”在辽中县职业教育中心举行。

【举行全民终身学习活动周】 10月18日，辽中县政府举行辽中县全民终身学习活动周开幕式。活动周以“全民终身学习 创造出彩人生”为主题，总结2014年辽中县学习型城市创建工作，并对2015年工作进行部署。

【中等职业教育督导评估】 11月26日，辽宁省人民政府教育督导组对辽中县中等职业教育进行督导评估。督导组听取辽中职业教育工作汇报，查看档案材料。就农村成人教育开展情况以及辽中职业教育工作开展等进行座谈，对学校教学、实训、安全及管理等进行现场考察，并对辽中县职业教育发展以及创建教育强县创建工作给予肯定。

【举行校企合作签约仪式】 12月16日，辽中县职教中心与商鲲高铁（北京）教育科技有限公司签署合作协议，在铁路服务、银行事务、汽车运用与维修、机械加工、学前教育、客户信息服务专业方面联合招生、共同办学。学校负责设备设施、日常教学、管理等；商鲲高铁（北京）教育科技有限公司主要负责专业课程、教师培训、学生实习就业等。

【示范校创建】 2014年，按照国家示范校建设方案和任务书要求，学校机加、汽车、农机、学前四个重点专业和两个特色项目及校园文化建设，分别按照建设计划和任务完成。8月11—13日，各项目建设任务通过辽宁省中期验收。

【职教中心与社区教育对接】 2014年，县政府投入94万元，配备社区教育联络员、成人教育专职教师和终身教育推进员，争取市拨资金近32万元，用以强化社区教育实验区建设，开展进社区实验点建设，职教中心与县城内21个社区和8个农村社区对接，建立社区专兼职教师和志愿者队伍，完善培训网络，定期召开社区教育联络员、兼职教师会议，切实提高教师进社区的服务质量与效果。年内，职教中心与社区共同开展法制安全、青春期知识、健康教育，计算机操作、家政服务、手工花卉、民间剪纸等培训，累计培训3100人次。

【加大基础建设】 2014年，投资165万元，建设北校区学生活动中心，该中心建筑面积为1140.7平方米，于7月25日开工，11月25日竣工；投资344万元，建设建筑面积为1773平方米的北校区实训楼，于9月10日开工，12月10日竣工。

教育督导

【概　况】 2014年，辽中县教育督导室围绕辽中教育发展战略，不断完善适应教育发展需要的督导工作机制，不断提高督导的工作水平，紧扣教育均衡、优质两大主题，创新工作思路，加大督导力度，促进全县教育均衡发展、内涵发展和整体发展。

【督学聘任】 1月，将全县划分12个责任区，选聘县教师学校的12名学科教研员为责任督学，每人负责三至四所学校，建立责任督学定期到校督导制度，明确责任督学的职责和学校配合责任督学工作义务。8月，辽中县教育督导室选聘六名县专职督学。

【创建教育强县】 2014年，辽中县教育督导室责任督学对分管学校“创强”工作进行专项督导四次。对全县中小学校校长、主管“创强”工作的副校长和档案员进行培训。3月，下发《关于进一步加强创建省教育强县工作的通知》。对全县中小学校进行多轮专项督导，形成多篇督导报告和汇报材料。12月8日—11日，省教育督导团专家组对辽中县创建省基础教育强县工作进行审核评估，辽中县被确定为合格单位。12月23日，辽中县通过沈阳市教育强县创建工作第二阶段评估验收，获市政府奖励500万元。

【制定辽中县中小学目标管理考核方案】 4月，辽中县建立健全学校工作目标管理评价和绩效考核机制出台《辽中县中小学目标管理考核方案（试行）》。

【责任督学开展工作情况】 3月，组织责任督学对中小学校执行国家规定的课程计划、落实减轻过重课业负担、主抓教学领导深入教学等情况进行督导；4月，对中小学校教师教学工作、学生良好行为习惯的养成情况、一至九年级学生出席情况等进行督导；7月，对中小学校保安配备情况、监控录像能否监控到重点岗位、暑假安全教育情况等进行督导；10月，在省审核评估前的准备阶段，对全县中小学校创强工作开展三轮督导检查。

（胡殿友）

法库县

总 类

2014 年法库县教育局领导干部任职及分工

现任职务	姓 名	任职时间	分管工作
局长、局党委副书记	安会民	2011.04	负责教育局行政全面工作，联系协调县政府教育督导室
局党委书记、副局长	齐双全	2012.12	负责教育局党委全面工作，分管工会、党群办、信息科、老干部办、招考办、仪器站、用书办、保健所、教师学校电教馆（信息中心）、教师学校干训部及纠风、考评工作
正科级助理督学	田文明	2012.08	负责县政府教育督导室全面工作，分管行政办公室、宣传科、督导办、教育志及政策法规工作
党委副书记、副局长	纪文彬	2013.10	分管人事科、计财科、安全科、教育产业管理中心、教师学校教师培训部
副局长	张文百	2013.04	分管德育科、基础教育一科、基础教育二科、体卫艺科、职成科、中小学素质教育基地、财务核算中心、教师进修学校中小学教研部、教育科研所、德育教研室、教育学会、电大、东湖一中、东湖二中、东湖三中和东湖中学服务中心
工会主席	赵 伟	2005.11	负责工会、党群办全面工作，分管学前教育科、教师学校学前教研室
局党委成员、招考办主任	王晓玉	2004.03	负责招生考试办公室全面工作
党委委员、专职纪检委员	马中罕	2005.12	分管纪检、监察工作

【改善办学条件】 2014年，教育系统27个单体建设项目全部完成，办学条件明显改善。完成东湖中学城条件改善工作；县太阳升小学和县第二高中南校区食堂、体育馆一体综合楼竣工；完成东湖小学及县幼儿园等七个幼儿园体育场建设；三面船、丁家房、秀水河子、冯贝堡、大孤家子、五台子六所乡镇教学楼及附属工程全部竣工；法库高中体育馆、食堂和通用技术教学楼竣工；完成县第二幼儿园教学楼建设，达到国家12个班型标准；对卧牛石、四家子、双台子等九所乡镇学校进行修缮。

【教育投入】 2014年，全县教育经费总投入5722万元，其中，市级投入1450万元，县级投入2750万元。数字化校园建设共投入1522万元，完成教育网向东湖中学延伸，建设东湖中学等28所数字化校园。

【创建教育强县】 11月5日，法库县通过沈阳市教育强县验收，获市政府奖励资金500万元；11月27日，通过省教育强县的审核性预检,评估组同意法库进入国家检查准备程序。上述两个目标比计划提前一年实现。

【推进校园足球】 2014年，法库教育全面推进建设“足球之乡、小提琴之乡、山水画之乡”。5月26日—28日，举办首届中小学生校园足球联赛,卧牛石小学获小学男子组冠军，双台子小学获小学男子组亚军，丁家房小学获小学男子组季军；卧牛石小学获小学女子组冠军，慈恩寺小学获小学女子组亚军，三面船小学获小学女子组季军。7月15日，召开建设“足球之乡、小提琴之乡、山水画之乡”工作推进会，明确以学生为主体，学校为平台，重点抓好全县中小学校足球、小提琴、山水画普及工作。10月28日，举办校园足球观摩研讨会，并与沈阳师范大学签订后备人才培养教学训练实习基地协议书。12月25日，在全国校园足球区域推进工作集中调研会议上，以《法库，校园足球成了全县的事》为题作经验交流，是全国唯一的县份典型。

【国家工程院士到法库县调研】 7月，中国科学院和中国工程院六位院士全面考察东湖中学城建设与发展情况，对县委、县政府优先发展教育，举全县之力建设东湖中学城等工作给予肯定。

【教育宣传】 11月，法库县教育局和东湖小学、实验小学等七所学校被中国报刊社评为全国宣传工作先进单位。法库县校园足球经验被新华社、《人民日报》《中国教育报》《辽宁日报》《沈阳日报》等百余家媒体报道。《辽宁日报》以《让农家娃上最好的学校》为题对东湖中学城进行报道。全年法库教育在市级以上报道367篇稿件。

【举办首届小提琴音乐节】 5月29日，由法库县委、县政府主办的法库县首届小提琴音乐节在法库县东湖小学举行。来自沈阳音乐学院、东湖小学等八所学校的中小学生表演《新春乐》《喜洋洋》等小提琴演奏曲。

【举办首届沈阳法库国际青少年夏令营】 7月22日，法库县举办相约沈阳法库、欢聚中国白鹤之乡——第一届沈阳法库国际青少年夏令营活动。国际鹤类基金会高级副总裁吉姆·哈里斯出席夏令营篝火晚会，美、俄、日、韩等留学生与东湖中学学生互赠礼物。

【县教育局迁入新址】 6月中旬，法库县教育局迁入县政府行政中心B区、C区六楼。

【举办首届东湖中学城校长论坛】 9月29日，由《中国教师报》主办，法库县委、县政府承办主题为“区域基础教育均衡优质发展”的首届东湖中学城校长论坛在东湖二中举行。《中国教师报》、教育部教育基金会、教育部课程教材专家、教育部课程改革试验区专家、全国初中课改联盟理事长以及省内外优秀校长共计300余人参加。《中国教师报》总编雷振海、教育部教育基金会秘书长杨春茂分别发言。教育部课程教材专家工作委员会委员、教育部课程改革试验区专家作专题讲座，法库县东湖二中作《创新县域初中办学模式，实现初中教育均衡发展》经验交流。

【幼儿园小朋友收到普京回信】 10月9日，在第五届沈阳法库国际白鹤节启动仪式上，俄罗斯驻沈阳领事馆总领事百德福受俄罗斯联邦总统办公厅委托，看望白鹤幼儿园小朋友。2013年，白鹤幼儿园小朋友看到普京为白鹤引路的照片，就此进行创意作画，并写信邀请“普京爷爷”到“白鹤之乡”做客。百德福带来普京回信，普京在信中说：“维护候鸟停留区是你们做的一件大事，一年一度的白鹤节体现出你们对生态保护的热情态度”。

【举行首届东湖中学城文化艺术节】 10月10日—17日，以“爱国爱校，放飞梦想”为主题的首届东湖中学城文化艺术节开幕。活动期间，回顾东湖中学城建设历程，万人合唱东湖中学城校歌《放飞梦想》，表演足球操、团体操、集体舞等，开展足球、乐器、绘画、摄影、征文等13项文化艺术活动。

【举行系列普法活动】 11月11日，法库县人民法院和县教育局共同举办的“法官进校园”系列普法活动正式启动。会议印发《关于选派法官担任中小学法制副校长活动的实施方案》，安排部署法官进校园工作，并为10名“法制副校长”颁发聘书，县法院选派张慧等10位法官分别担任10所中小学“法制副校长”，承担学校青少年普法任务，每位法官每学期授课两课时。

学前教育

【概　况】 2014年，法库县有幼儿园82所，其中公办连锁园54所（镇内4所，乡镇中心园18所，大村分园32所），民办幼儿园28所（连锁园23所；其它民办园5所）。3—6岁学前儿童9252人。在园幼儿8382人，其中公办幼儿园4696人，民办幼儿园3686人。入园率90.6%。

【提升办园条件】 10月，法库县第二幼儿园迁入新教学楼，占地面积4560平方米。完成改造升级县幼儿园、三面船、十间房等七所幼儿园任务，全县新增学位1350个。12月，法库县幼儿园、白鹤幼儿园通过辽宁省四星级幼儿园验收。

【举办幼儿教师基本功展评活动】 举办幼儿教师基本功展评活动，通过“以赛带学”加强幼儿教师队伍建设。活动分为宣传动员、园所推荐、集中培训、县内比赛、市级比赛五个阶段，包括儿童故事讲述、儿童画创编、儿童歌曲边弹边唱、儿童舞表演或者创编、玩教具制作、集中教育活动、答辩七部分内容。法库县推荐的八名教师在市级比赛中获七个单项奖，法库县教育局被市教育局评为优秀组织单位。

【举行幼儿教师师德演讲比赛】 5月29日，在白鹤幼儿园举行幼儿教师师德演讲比赛，来自各幼儿园的20名教师参加比赛。参赛教师围绕“爱心、责任、奉献”主题抒发职业幸福感、责任感和归属感。共5名教师获一等奖，8名教师获二等奖，7名教师获三等奖。

【召开幼儿园环境创设现场会】 10月17日，法库县教师进修学校在慈恩寺中心幼儿园开展以“关爱幼儿，放飞梦想”为主题的幼儿园环境创设及区角活动现场会，全县各公办幼儿园园长及骨干教师40余人参加，慈恩寺中心幼儿园进行活动区、班级环境创设活动展示。

【民办幼儿园年检】 6月19日—26日，对2013年审批的一所民办幼儿园和20所小规模幼儿园进行年检，采取听、查、看、访、议等方式，从办园资质、办园条件、设施设备、卫生保健、师资等方面进行检查，对存在问题提出整改意见。10月，对上述幼儿园整改情况进行复检。

【召开学前教育联席会】 1月15日，县政府召开学前教育联席会议，县教育局、公安局、食药监局、卫生局、民政局、物价局、各乡镇主管领导和学前教育专干参加。会议进一步明确各部门推进学前教育发展的责任分工，成立民办幼儿园专项检查小组，对民办幼儿园进行检查，对办园条件差、办园行为不规范、未取得办园许可证的限期整改，对拒绝整改或情节严重的依法予以取缔。

【召开学前教育会议】 2月27日，召开学前教育工作会议，部署工作任务，签订幼儿园安全目标责任书。2014年，该县学前教育工作主要包括：实施三年学位扩增计划，扩大资源存量；开展幼儿园标准化建设，落实《3—6岁儿童学习与发展指南》，实施精致化管理，开展定级评估；提升师资队伍素质，提高办园质量；联席办公，加强监管，纠正防止“小学化”，提升学前教育儿童快乐指数。

【推进园长工作站项目】 2014年，法库县在沈阳市园长工作站评选活动中，获园长工作站入站幼儿园三年发展规划一等奖和园长工作站入站幼儿园半日活动二等奖、三等奖。

【开展民办幼儿教师培训】 7月，该县教师进修学校对民办连锁集团教师进行继续教育培训，共105名民办幼儿园教师参加，开设七项科目共计24学时，并将民办幼儿教师在职培训纳入中小学继续教育范畴，按照学时、学分、考勤进行综合考核，考核成绩记入个人继续教育学分证书。

义务教育

【概　况】　2014 年，法库县有小学 40 所，初中 3 所，特殊教育学校 1 所。小学在校生 18525 人，初中在校生 10231 人，特殊教育学生 74 人。小学教职工 2100 人，其中专任教师 1929 人；初中教职工 1062 人，其中专任教师 948 人。

【加强教学常规管理】　3 月 5 日，对中小学教学工作进行检查评估，规范教学秩序与教务管理，推动教学精细化管理，落实《教学精细化管理日志》。对中小学课程、课时计划落实情况进行检查，严格控制学生作息时间。加强对备课、课堂教学、作业布置与批改、课外活动与辅导、质量评价、教学研究的检查指导；推动现代化教学手段与学科整合，“班班通”利用率大幅提高；强化领导管理，深入开展校长进课堂月活动。落实《法库县学校内涵提升三年规划》，制定《加强东湖中学教学常规管理实施意见》等。

【推进课程改革】　3 月—4 月，分别对县东湖一中、东湖二中、东湖三中、实验小学、大孤家子小学、石桥小学、秀水河子小学课改情况进行调研指导，确立法库县初中和小学课堂教学改革典型模式和总体方向。全县中小学课改实验稳步推进，中学实验班级 39 个，占班级总数的 20.1%，小学实验班级总数 267 个，占班级总数的 43.13%，课改第二集团逐渐形成。

【开展理化中考实验考查】　5 月 5 日，对初中九年级理化实验教师、理化实验考查工作人员进行两场培训，提高 2014 年理化实验考查工作应对能力。全县三所初中，设三个考点，分三组进行考查，顺利完成理化实验考查工作。

【举办教育系统读书节】　5 月 8 日，法库县教系统第二届读书节在东湖二中开幕，东湖小学等 10 所学校被命名为“书香校园”；职业中专学前教育二年二班等 100 个班级被命名为“书香班级”；十间房小荒地村李玉胜等 1000 个家庭被命名为“书香家庭”；刘群涛等 10 名校长、赵海侠等 100 名教师、王一格等 1000 名学生被命名为“读书之星”。

【举办小学生征文大赛】　12 月 16 日，辽宁省教育宣教中心和法库县教育局共同举办小学生征文大赛活动，全县共有 314 名小学生获奖，其中一等奖 30 名，二等奖、三等奖 120 名，优秀奖 164 名；优秀指导教师 30 名，十家单位获优秀组织奖。

【科技教育】　2014 年，法库县东湖一中教师康立年的《特级锁芯》在全国科技创新大赛中获二等奖、依牛堡学校朱雪松的《学习姿势提醒仪》获省科技创新大赛一等奖，该县 22 项作品在市级科技创新大赛中获奖。东湖中学被命名为辽宁省科技教育实践基地。卧牛石小学校等六所学校在沈阳市七巧科技大赛上全部获奖。

高中教育

【概　况】 2014年，法库县有普通高中2所，在校学生4060人，教职工383人，其中专任教师334人。年内，法库高中和县第二高中分获沈阳市“入出口评价”奖励。

【法库县高级中学通过省示范高中复检】 10月16日，法库县高级中学顺利通过辽宁省示范高中复检验收，同时，积极推进县第二高中标准化建设，向市教育局争取书法教室配备及装修补助。

【法库高中开展秋季运动会】 9月20日—21日，法库高中召开秋季运动会，本次校运会分田径和趣味两大项，其中：田径11项，趣味4小项，1540名师生参加活动。

职业与成人教育

【职业教育】 4月，法库县召开职业学校招生工作会议，出台《职业中专招生工作奖励和处罚办法》。职业中专通过省、市社区教育科研课题中期验收。年内，法库县与沈阳广播电视大学初步达成联合举办陶瓷学院协议。

【终身教育】 2月，法库县教育局对部分成人教育中心校办公场所进行统一调配，20所成人学校设置独立办公室。4月，召开成人学校工作会议。5月，对20所成人学校工作纪律和学习培训等情况进行检查。6月，双台子乡成教代表辽宁省参加东北三省和内蒙古“三省一区”成人教育工作研讨会，并作典型发言，袁守华被评为“三省一区”成人教育工作先进个人。在2014年全民终身学习活动周期间，法库镇各社区、农村成校开展多种形式的培训活动，参与培训1500人次。

教育督导

【概　况】 2014年，按照“政府负总责保经费，教育部门科学规划把尺度，政府督导室检查指导促提升，乡镇政府和学校抓落实”工作机制和分步推进、全面达标的工作思路，全面推进教育强县建设。

【开展教育强县创建工作检查】 8月—10月，组织教育强县创建工作专项督导检查，对各校档案建设、校园文化建设、校园环境卫生、学校管理和专用教室使用等方面进行检查指导。10月13日，县政府向沈阳市政府提出教育强县市级验收申请，并经沈阳市政府向辽宁省政府申请辽宁省基础教育强县（市区）暨县域义务教育均衡发展省级评估验收。

【通过市创建教育强县验收】 11月3日—5

日，市政府教育督导组对法库县教育强县创建工作进行评估验收，评估组实地查看10所中小学校以及教师进修学校、素质教育实践基地、爱心学校和成人教育、民办教育、学前教育、职业教育、民族学校的办学条件，查阅档案资料，对法库县教育强县创建工作给予肯定，并认定该县通过沈阳市义务教育高水平均衡发展评估验收，法库县获沈阳市人民政府奖励500万元。

【通过省教育强县预检核审】 11月24日—27日，省政府教育督导团对法库县教育强县创建工作进行评估验收。督导团实地检查教师进修学校、素质教育基地、县第二高中、爱心学校、四家子蒙古族小学以及三所初中、七所小学、六所幼儿园发展情况，并认定法库县通过辽宁省基础教育强县预检审核，同意作为2014年创建辽宁省基础教育强县区暨县域义务教育均衡发展单位，要求该县启动义务教育均衡发展公众满意度调查，着手准备国家义务教育基本均衡县认定工作。

（周　航）

康平县

总 类

2014 年康平县教育局干部任职及分工

现任职务	姓名	任职时间	分管工作
局长	张晓伟	2014.04	负责县教育局全面工作
党委书记、副局长	郝洪涛	2007.04	负责党委、工会、纪检工作，分管幼教科、纠风办、记者站、仪器站、教育产业管理办公室
副局长	李　锋	2003.03	分管办公室、人事科、德育科、体卫艺科、保健所
副局长、高中校长	黄　光	2006.01	分管高中工作
副局级督学	李兴斌	2004.05	分管基础教育科、职成科
副局级督学	李继军	2004.05	分管教育督导办公室、安全科
副局级督学	曾庆海	2007.05	分管基建规划科
副局级督学	张玉彬	2004.05	分管基础教育科、职成科、招生办

【开展消防安全月活动】 4 月为消防安全教育活动月，组织各校以“学习消防安全知识，增强自我保护能力”为主题，集中开展五项宣传教育活动：组织一次专题消防知识讲座，召开一次消防主题教育班会，开展一次消防应急疏散演练，观看一次消防宣传教育片，开展一次消防隐患专项整治。

【开展经典诵读展演活动】 4 月 25 日，县中小学经典诵读展演活动在康平县第二中学举行。表演《少年中国说》《邹忌讽齐王纳谏》《观刈麦》《跪羊图》《三顾茅庐》《杜甫草堂》和《过零丁洋》七个节目，学生通过诵读表演的形式，重现历史经典故事，丰富德育教育内涵。选送《少年中国说》参加沈阳市第六届全民读书月展演活动。

【举办中小学演讲比赛】 5月28日，康平县中小学演讲（故事）比赛决赛在县第二中学举行。经过各赛区选拔，9所学校的12名学生进入决赛，学生通过说出梦想、演绎梦想故事，树立远大的理想，增强学生语言表达能力。县第二中学和县高中学生取得比赛前三名。

【组织书法绘画大赛】 5月，组织中小学生参加沈阳市中小学生艺术展演活动。在全县24所中小学校中，评选出90名中小学生现场进行书法绘画比赛，经过专家评审，30幅书画作品参加市级中小学生书画展。

【举办法制宣传月活动】 10月1日—30日，在全县中小学校组织开展预防未成年人犯罪警示教育暨中小学安全教育月活动。活动包括组织开展预防未成年人犯罪警示教育，召开主题教育班（队）会，开展反恐防暴应急逃生演练，举办安全知识竞赛。

【通过省基础教育审核性评估】 12月，康平县通过辽宁省基础教育审核性评估。2011年“双高普九”达标后，全县启动教育强县建设工作，建立健全科学规范、高效快捷的教育经费保障机制，为教育事业快速发展提供经费保障。经过三年努力，12月顺利通过省基础教育审核性评估。

【开展党的群众路线教育活动】 2014年，组织教育系统1241名党员，31个党支部全部参加党的群众路线教育实践活动。组织党员干部集中学习9次，共撰写学习心得体会50余篇。开展以“改进工作作风、提升素质形象、顺应群众期待，办好人民满意的教育”为主题的研讨和交流，共发言23人（次）。党委成员开展批评与自我批评，提出改进意见五条。

【标准化学校建设成效显著】 2014年，先后建设15所九年一贯制学校，撤并各类学校172所，全县教育布局调整工作顺利完成，实现“一乡一校”的目标。按照“硬件从实、软件从严、注重内涵、加强管理”的原则，加强学校基础建设、教学仪器装备、教师队伍建设、教育信息化建设，实现义务教育学校办学水平均衡发展。加快城乡中小学专用教室和教育信息化“三通两平台”建设，推进数字化校园建设。

【基础建设工作】 全年教育基建项目总投资8771万元，总建设面积34397平方米。项目包括：新建滨湖小学及东关小学教学楼；九所幼儿园的新建、改建和改造项目。

学前教育

【概　况】 2014年，全县有幼儿园（所）32所，其中，公办园21所（教育办园1所，学校附属园5所，农村乡镇中心幼儿园15所）；民办幼儿园（含小规模幼儿园）11所。有四星级幼儿园1所，三星级幼儿园4所，二星级幼儿园15所，一星级幼儿园5所。学前毛入园率76%。幼儿教职工总数448人，包括专任教师354人。

【开展教师岗位大练兵】 4月，组织幼儿园开展教师岗位大练兵活动。以舞蹈、弹唱、绘画、教育活动设计等基本功训练为内容，通过培训、比赛的方式，选拔教师参加市级基本功大赛并取得优异成绩。

【完成学位扩增计划】 改扩建幼儿园5所，改扩建面积8150平方米。审批小规模幼儿园4所。截至2014年底，共解决学位1296个。

【制定幼儿园保教质量考评方案】 2014年，制定《康平县学校目标管理考评方案》。该方案以导向性、发展性、多元性、可行性为制定原则，按照方案对幼儿园管理进行考评，保证幼儿园科学有序发展。

义务教育

【概　况】 2014年，康平县义务教育阶段学校22所，其中直属小学5所，初中1所，九年一贯制学校15所，特殊教育学校1所。小学阶段有390个教学班，毕业2800人，招生2476人，在校生15792人，小学入学率100%，毕业生合格率100%。初中阶段有236个教学班，毕业3064人，招生2813人，在校生8881人。初中入学率100%，毕业生合格率100%。义务教育巩固率84.1%。特殊教育学校在校生51人。教职工2822人，其中，专任教师2515人。全县小学教职工总数1605人。初级职称203人，中级职称1323人，高级职称30人。高中学历251人，专科学历1016人，本科学历297人，研究生学历1人。全县初中教职工总数1217人。初级职称230人，中级职称460，高级职称216人。高中学历2人，专科学历289人，本科学历641人，研究生学历1人。

【开展教学精英评选活动】 6月，组织开展康平县中小学教学精英评选活动。通过分级评选、逐级推荐、成果展示、综合评定，共评选出16名“教学精英”并进行表彰。受表彰教师在全县展示教学成果。

【出台青年教师业务提升计划】 9月10日，出台《康平县青年教师业务提升行动计划》。对近六年招聘的381名青年教师在业务能力、教科研能力、教学效果等方面提出三年提升目标，即“一年站稳讲台，三年胜任教学，五年走向优秀”，并依据此计划开展教学活动。

【考查学生书写能力】 9月10日，制订《康平县推进书法教学进课堂实施方案》，把书法教学纳入学校管理目标考评中。12月，对全县小学三年级的全体学生进行书写能力考查，统一印制书写内容，从坐姿、用笔、握笔、书写质量四方面进行测评打分。

【开展学校目标管理考评工作】 10月9日，县教育局出台《康平县学校目标管理考评方案（试行）》，成立考评工作领导小组，历时八天，对全县24所学校进行综合考评。依据考评成绩，形成报告，分析义务教育阶段学校取得的成绩和存在的问题。

【举行专任教师知识考试】 12月，组织全县1920名中小学教师参加专业知识考试。小学教师及格率99.9%、优秀率84.6%；初中教师及格率99.5%，优秀率59.8%；高中教师及格率99%，优秀率63.4%。

高中教育

【概　况】 2014年，康平县有普通高中2所，92个教学班，毕业1648人，招生1327人，在校生4319人。全县高中教职工总数365人。专任教师306人，行政人员41人，教辅人员8人，工勤人员10人。初级职称111人，中级职称110，高级职称85人。

【举办群众路线教育讲座】 5月21日，康平高中举办群众路线教育实践活动专题讲座。县委党校副校长曹红梅以《坚持群众观点，贯彻群众路线》为题作讲座，全体党员干部深刻领会党的群众路线教育实践活动的重大意义，明确努力的方向。

【开展特色项目建设工作】 2014年，康平县普通高中开展特色项目建设。两所普通高中在调查研究、系统思考和科学论证的基础上确定本校特色发展项目，康平县高级中学的特色发展项目为“人文与社会特色”，康平县第一中学的特色发展项目为“优势教育办学模式”。

【提升校园文化建设】 2014年，加强团组织自身建设和社团建设。康平高中在团员中开展“祖国在我心中”“迎国庆征文”“忠孝礼仪”班会等活动，定期开展社团活动，康平县高级中学假日戏剧社和康平县第一中学长风话剧社被评为沈阳市首批普通高中优秀学生社团。

职业与成人教育

【概　况】 2014年，康平县有1所职业教育中心。开设的专业有会计、学前教育、电气运行与控制、计算机应用、机械加工技术、焊接技术应用，与中国恒天集团沈阳中恒新材料有限公司进行校企联合办学，开设电气运行与控制、机电技术应用、高分子材料技术专业。康平县开展学习型城市建设系列活动，按照工作分工组织各成员单位立足本职、结合实际开展活动。推进社区教育工作，组织开展教育活动，推进社区教育健康发展。做好农村成人教育培训工作，依托职教中心和九年一贯制学校以及村级学习点逐步健全农村成人教育网络，抓好农村实用技术、劳动力转移和初高中毕业生就业等培训。

【开展社区教育培训】 康平县依托农村九年一贯制学校设立15个社区教育学院分院，为成人教育提供场地、设施、师资等方面的支持。在种植业、养殖业、林果业、水产业、农村实用农机技术、劳动就业技能等14个方面开展科技助农工作。举办种植、林果、养殖、农机等实用技术培训180场，培训1.8万人次。培养科技示范户200余户，建设科技示范基地32个，引进推广花生、玉米、畜禽及水产养殖等新品种95个，推广寒富苹果栽植、大扁杏栽植、机械化播种等新技术56项。

【制定职业教育校企合作办法】 依据《沈阳市职业教育校企合作促进办法》，结合实际，制定《康平县职业教育校企合作促进办法》。调整和优化专业设置，推行工学结合、案例教学、情景教学等交互式教学模式，开展专业教师进企业、企业技师进学校活动，增强学校的办学活力。

教育督导

【概　况】 2014年，康平县教育督导室加强督导制度建设，完善素质教育评价制度和教育质量监控制度，促进教育公平、均衡发展。年内，督导室专职督学5人，特邀督学4人，兼职督学3人。

【召开督学责任区工作会议】 4月8日，在素质教育学校召开康平县督学责任区工作会议。部署责任督学有关工作，听取各责任督学和学校责任区工作制度落实情况汇报，研究解决在工作中遇到的困难与问题，切实提高督导工作质量。

【开展创建教育强县工作】 5月8日，在郝官九年一贯制学校召开创建教育强县工作现场会，学校进行创强工作经验介绍，督导室对全县创强工作进行部署，对全县中小学校校长、主管创强工作的副校长和档案员进行档案资料建设的培训。5月12日，督导办和相关科室人员组成督导组，对全县28所学校进行创强专项督导检查，对发现的问题进行梳理、总结，并召开校长会，要求各校立即进行整改。

【修订学校目标管理考评细则】 9月，完成康平县学校目标管理考评细则修订工作。修订主要内容包括规划落实、办学效益、日常工作三方面，具体涉及规划方案的制定、教育教学设施的使用、责任督学的工作等细则。

【召开学校章程建设动员会】 11月6日，召开学校章程建设动员会，下发《康平县中小学校章程制定工作方案》。各校通过专题学习、培训辅导、研讨会等形式，组织学校领导干部和教师认真学习相关文件精神。

【接受省级教育强县评估】 12月8日—11日，辽宁省教育督导室一行八人对康平县创建辽宁省基础教育强县暨县域义务教育均衡发展工作进行审核评估。评估组了解到康平县投资5亿元，建设15所农村九年一贯制学校，实现“一乡一校”办学目标，异地新建康平高中，新建21所公办幼儿园，改扩建教师学校、素质教育学校。评估组建议康平县进一步加大教育投入，加强教师队伍建设。康平县最终通过辽宁省基础教育强县暨县域义务教育均衡发展评估验收。

（孙雪娇）

荣誉录

RONGYU LU

全国教育系统先进集体

沈阳市服装艺术学校

全国模范教师

肖友才　沈阳市装备制造工程学校
侯雪晨　东北育才学校
王　峰　沈阳市第六十中学
刘金生　沈阳市第六十九中学

全国教育系统先进工作者

曹淑君　沈阳市第七中学

全国优秀教师

田　成　沈阳市信息工程学校
马　萍　沈阳市旅游学校
张竞一　沈阳市第十一中学
高真东　沈阳市第二中学
邢红菊　辽中县杨士岗九年一贯制学校
王　超　康平县东升九年一贯制学校
何亚丽　法库县和平乡中心小学
郑晓成　新民市胡台学校

全国优秀教育工作者

郭红伟　大东区教育局幼儿园

全国中小学优秀德育工作者

曹淑君　沈阳市第七中学

全国中小学优秀班主任

王　峰　沈阳市第六十中学

2014 年沈阳市优秀教育工作者（21 人）

高玉梅　东北中山中学
高　珊　和平区南京街第一小学
曲　徽　沈河区文艺路第二小学
张铁军　沈阳市第二十二中学
雷　虹　皇姑区三台子第一小学
付　军　大东区教师进修学校
项　莉　浑南新区第三小学
李景和　于洪区东湖九年一贯制学校
马　兵　苏家屯区职业教育中心
李德发　沈阳矿务局中学
王绍峰　新民市大红旗学校
董清海　辽中县第一高级中学
许振利　法库县东湖第三初级中学
杨友权　康平县海洲九年一贯制学校
袁　斌　铁西区凌空幼儿园
胡显伟　沈阳市化工学校
万景华　东北育才学校
丁玉志　沈阳市第二中学
甘　清　沈阳市外国语学校
刘春丽　沈河区回族小学
柳建林　浑南区教育局

2014 年沈阳市优秀教师（170 人）

袁　静　沈阳市第二十中学
白玉霜　沈阳市第九十一中学
朱敏南　沈阳市第一三四中学
刘玉杰　沈阳市南昌初级中学
赵永军　沈阳铁路实验中学
王桥治　和平区教师进修学校
温　爽　和平区和平大街第一小学
王丹颖　和平区南京街第一小学
李维凤　和平区南京街第九小学
王丽荣　沈阳铁路第五小学
王　静　沈河区文艺路第二小学
张丽丽　沈河区朝阳街第一小学
李冬杰　沈河区朝阳街第一小学
侯冲宇　沈河区北一经街小学
王宏静　沈河区莲花街小学
郭俊英　沈河区泉园第二小学
李静芬　沈河区文化路小学
沈学超　沈阳市第七中学
张冬颖　沈阳市实验学校
李梓杨　沈阳市第八中学
闫友益　沈阳市第二十七中学
白　俊　沈阳市同泽高级中学女中部

刘梦国　沈阳市同泽高级中学
李　静　沈阳市实验学校
任海宁　沈河区教师进修学校
贾天军　沈阳市第四中学
孙玉才　沈阳市第四中学
王亚秋　沈阳市第三十一中学
李　杨　沈阳市第三十六中学
李丽培　沈阳市第一二七中学
姚　军　沈阳市第一七三中学
吴　涛　铁西区宁官实验学校
王　苗　铁西区太阳小学
张维维　铁西区应昌小学
周庆昕　铁西区兴工街第四小学
郝建丽　铁西区工人村第一小学
费君玲　铁西区四方台学校
李　秘　铁西区聋人学校
郭志光　沈阳市第十一中学
张竞一　沈阳市第十一中学
张秘军　沈阳市第二十一中学
关　宇　沈阳市第一二〇中学
于雪岩　沈阳市第四十三中学
王　红　沈阳市虹桥中学
李艳霞　沈阳市光明中学
赵　晶　皇姑区珠江街第五小学
吴彦玲　皇姑区珠江五校实验小学
张莉丽　皇姑区岐山路第一小学
信立春　皇姑区岐山路第二小学
刘　坤　皇姑区淮河街小学校
王　辉　皇姑区岐山二校
张杰松　沈阳市第一中学
杜　静　沈阳市第五中学
王延昭　沈阳市第二十八中学
李　伟　沈阳市第一〇七中学
陈　丹　沈阳市振东初级中学
韩翠艳　大东区杏坛小学
王红梅　大东区白塔小学
刘媛媛　大东区辽沈街第三小学
赵　至　大东区静美小学
矫宏英　沈阳市第五十一中学
杨春棠　东陵区教师进修学校
汤冬梅　沈阳市第六十三中学
丁　巍　浑南新区第三小学
党春红　棋盘山高坎中心小学
欧　钢　沈阳市第五十六中学
段立柱　沈阳市第一七〇中学
张凤辉　沈阳市第一七四中学
兰薇薇　于洪区包道小学
王巧玲　于洪区于台小学
刘云涛　于洪区造化镇造化中心小学
赵海芳　于洪区于洪新城第一小学
崔　健　沈阳市第三十中学
白雪峰　苏家屯区职业教育中心
胡俊春　沈阳市第一七六中学
王迎君　沈阳市第一七五中学
陈秀萍　沈阳市第四十六中学
刘金生　沈阳市第六十九中学
韩桂菊　苏家屯区牡丹街小学
李　娜　苏家屯区陈相九年一贯制学校
赵　军　沈阳市第八十三中学
朱景龙　沈阳市第一四六中学

臧树新　沈阳市新兴初级中学
陈志颖　沈阳沈阳市第一五二中学
李丽丽　沈阳师范大学沈北附属学校
罗丽霞　沈北新区新城街第一小学
李成姬　新民市教师进修学校
郭红梅　新民市东蛇山子学校
孙晶慧　新民市张家屯学校
王维军　新民市高级中学
黄东辉　新民市城区第一小学
郭笑梅　新民市实验小学
朱绍萍　新民市法哈牛学校
王伶俐　新民市三道岗子学校
周兆玉　新民市胡台学校
孙玉石　新民市第三初级中学
卓祥春　辽中县潘家堡九年一贯制学校
王亚君　辽中县城镇第二初级中学
常洪丽　辽中县老大房九年一贯制学校
杨立新　辽中县第二高级中学
宋立群　辽中县于家房九年一贯制学校
高　婵　辽中县老观坨九年一贯制学校
李秀芳　辽中县六间房九年一贯制学校
李红梅　辽中县第一小学
邢红菊　辽中县杨士岗九年一贯制学校
姜乃艳　法库县高级中学
周立华　法库县中小学素质教育实践基地
关　红　法库县东湖第一初级中学
闫　丽　法库县东湖第二初级中学
朱　波　法库县东湖第三初级中学
彭红梅　法库县石桥小学
闫志祥　法库县秀水河子镇中心小学
霍福吉　法库县卧牛石乡中心小学
杨承荣　康平县第一中学
付金玲　沙金九年一贯制学校
王淑杰　康平县高级中学
白敬杰　康平县东关九年一贯制学校
白春玲　山东屯九年一贯制学校
张红彦　康平县第二中学
赵　永　康平县郝官九年一贯制学校
刘淑萍　和平区南宁幼儿园
佟　晶　沈河区教育局第一幼儿园
王丽娜　大东区教育局幼儿园
赵俊平　苏家屯区实验幼儿园
付振清　沈北新区兴隆台中心幼儿园
邓绪玲　辽中镇第一小学幼儿园
孙　帅　康平县中心幼儿园
郭玲玲　法库县第二幼儿园
李　丹　沈阳市旅游学校艺佳幼儿园
张丽君　于洪区实验幼儿园
段　刚　沈阳市装备制造工程学校
徐维梅　沈阳市汽车工程学校
马玥桓　沈阳市信息工程学校
张　斌　沈阳市现代制造服务学校
张雪松　沈阳市外事服务学校
丛艳欣　沈阳市服装艺术学校
石　军　沈阳市旅游学校
李　广　沈阳市化工学校
李露玲　沈阳市艺术学校
赵安刚　沈阳市中医药学校
徐　丽　铁西区春晖学校
马术艳　皇姑区聋人学校

白英粉　沈阳市朝鲜族第二中学
林纪秋　和平区社区学院
张　俊　沈阳师范大学附属学校
王成宏　沈阳市翔宇中学
刘芯芯　沈阳市东方神画美术学校
毛　亮　沈阳学大教育培训学校
富　丽　和平区少年宫
杨小梅　沈阳大学
李伟权　沈阳大学
张　明　沈阳大学
吴敏范　沈阳医学院
辛　虹　沈阳职业技术学院
门　阅　沈阳广播电视大学
王艳清　东北育才学校
杜丽艳　东北育才学校
张艳超　东北育才学校
郭　莹　东北育才学校
刘　英　沈阳市第二中学
赵　阳　沈阳市第二中学
崔丽菲　沈阳市外国语学校
崔云龙　沈阳市朝鲜族第一中学
宁　炜　沈阳市教育研究院
曹艳艳　东北育才悲鸿美术学校
丛丽萍　辽宁省实验中学
康永辉　辽宁省实验中学
王洁英　辽宁省实验中学
卞恩艳　辽宁省实验中学分校
老士清　辽宁省实验学校

2014年沈阳市名教师（191人）

李宏彦　和平区教师进修学校
浦丕志　和平区中小学综合素质教育实践学校
杨俊波　沈阳市第二十三中学
韩　冰　沈阳市第二十三中学
郑　郁　和平区教师进修学校
陶桂珍　沈阳市第一二六中学
李晓娜　沈阳市敬业中学
王　勇　和平区教师进修学校
王　洋　沈阳铁路实验中学
金春旭　沈阳市朝鲜族第六中学
侯木歌　和平区南京街第一小学
于丽凡　和平区教师进修学校
齐　跃　和平区和平大街第一小学
张曼娜　和平区南京街第一小学
关晓雪　沈阳市第一二六中学
周　悦　沈阳市第二十三中学
关亚静　沈阳市第一二六中学
金　鹏　沈河区文化路小学

李　丹　沈河区文艺路第二小学
李　里　沈河区教师进修学校
关智艳　沈河区朝阳街第一小学
赵利宁　沈阳市实验学校
姜　绍　沈河区教师进修学校
陈新颖　沈阳市第七中学
王迎春　沈阳市第一六五中学
孙　晶　沈阳市第七中学
赵　颐　沈阳市第七中学
冯　凯　沈河区教师进修学校
赵　明　沈阳市第一六五中学
张　明　沈河区教师进修学校
徐　波　沈阳市第九中学
徐美娟　沈河区中小学校卫生保健所
陈运成　沈河区教师进修学校
孙　欣　沈阳市第二十六中学
杜　辉　沈阳市第一〇九中学
武立敏　沈阳市第五十中学
王　隽　沈阳市第五十中学
刘杰艳　沈阳市第九十二中学
魏霄青　沈阳市第九十六中学
陈桂新　沈阳市第一〇七中学
钱　颖　沈阳市第一一一中学
邵爱平　沈阳市博才初级中学
郎　冰　大东区杏坛小学
毕　静　大东区杏坛小学
常楠楠　大东区二〇五小学
佟　坚　大东区上园路第一小学
孙　礌　大东区辽沈街第一小学
崔　飒　大东区教师进修学校
王　秀　大东区教师进修学校
刘　洋　皇姑区三台子第五小学
隋秀梅　沈阳市第四十三中学
刘舒昱　皇姑区弘文小学
谭思姮　皇姑区岐山路第一小学
符艳萍　沈阳市第三十三中学
王英梅　皇姑区教师进修学校
白　梅　皇姑区教师进修学校
赵　宏　沈阳市虹桥初级中学
张　冬　沈阳市光明中学
李艳霞　沈阳市光明中学
邹泽云　沈阳市光明中学
董怡芳　铁西区勋望小学
张立哲　铁西区长滩学校
薛　榕　铁西区教师进修学校
朱　丹　铁西区教师进修学校
王景秋　铁西区重工街第二小学
刘丽影　铁西区启工街第一小学
闫　雪　沈阳市杏坛中学
王　朝　沈阳市杏坛中学
孙琳娜　沈阳市第一八〇中学
骆　雁　沈阳市第一五七中学
孙百志　沈阳市第一二七中学
潘立辉　沈阳市培英中学
王巧雁　沈阳市第四中学
吴玲玲　沈阳市第四中学
于　东　铁西区教师进修学校
刘　艺　于洪区于台小学
何冬玉　于洪区东平湖街第一小学
杨桂玲　于洪区北李官小学

安　阳　于洪区沙岭中心小学
张锁菊　于洪区八家子小学
吴　玲　于洪区教师进修学校
张　瑶　沈阳市第一七四中学
张　静　沈阳市第一七四中学
刘　策　于洪区教师进修学校
张　微　于洪区大兴九年一贯制学校
刘明华　苏家屯区朝鲜族小学
于秀娟　苏家屯区沈南第一小学
邓晓宇　苏家屯区城郊九年一贯制学校
李　娜　苏家屯区陈相九年一贯制学校
任庆锋　苏家屯区陈相九年一贯制学校
商秀梅　苏家屯区陈相九年一贯制学校
戴丽敏　沈阳市第四十六中学
李明岩　苏家屯区教师进修学校
刘玉芝　苏家屯区职业教育中心
许细阳　沈阳市第六十九中学
谷皎月　苏家屯区雪松路小学
佟宝生　沈阳市第八十三中学
鲁　彬　沈阳市电子技术学校
薛　焱　沈阳市第一五二中学
赵　耀　沈北新区财落九年一贯制学校
张晓舒　沈阳市第一一九中学
李明子　沈北新区朝鲜族学校
刘　娜　沈阳市第七十八中学
关　艳　沈阳市新兴初级中学
刘丽波　浑南区第一小学
张俊莉　浑南区浑河站中心小学
徐智远　浑南区第二小学
乔　畅　浑南区教师进修学校
顾长玲　浑南区第二初级中学
安俐静　浑南区教师进修学校
杨家峰　浑南区嘉华学校
林金宇　浑南区第一初级中学
刘　卫　辽中县教师进修学校
王海风　辽中县茨榆坨初级中学
刘伟菊　辽中县满都户九年一贯制学校
董彬彬　辽中县老大房九年一贯制学校
李　艳　辽中县第一小学
刘玉锁　辽中县茨榆坨小学
王松艳　辽中县肖寨门九年一贯制学校
马　英　辽中县茨榆坨小学
李红梅　法库县太阳升小学
孙　旺　法库县大孤家子小学
孙　勤　法库县教师进修学校
魏　勇　法库县教师进修学校
杨　雷　法库县东湖第二初级中学
贺文霞　法库县教师进修学校
李晓静　法库县东湖第一初级中学
王　凯　法库县第二高级中学
冯素华　法库县东湖第三初级中学
周　娜　新民市罗家房学校
李代清　新民市大民屯学校
王忠霞　新民市东蛇山子学校
信延广　新民市金五台子学校
刘　艳　新民市城区第四小学
李毅敏　新民市第三初级中学
张国友　新民市大红旗学校
赵艳春　新民市教师进修学校
关　琪　新民市兴隆堡学校

赵亚芬　康平县悦明小学
程立新　康平县高级中学
宋新宇　康平县第二中学
董凤君　康平县第二中学
陈会颖　康平镇九年一贯制学校
张晓明　康平县第二中学
陈　悦　沈阳市盲人学校
曲　艺　大东区培智学校
王　辉　沈阳市沈东初级中学
王　茜　沈阳市立人学校
龚　鹏　东北育才学校
李国民　东北育才学校
贾晓丹　东北育才学校
陆　远　东北育才学校
万玉萍　东北育才学校
程　华　东北育才学校
范　雪　沈阳市外国语学校
梁大中　沈阳市外国语学校
朴永哲　沈阳市教育研究院
韩　波　沈阳市教育研究院
赵　炬　沈阳市教育研究院
王　仲　辽宁省实验中学
郑锦月　辽宁省实验中学
金冬梅　辽宁省实验中学分校
宋旭彬　辽宁省实验中学分校
张艳华　辽宁省实验学校
汤红禹　辽宁省实验学校
闫曦雯　和平区南宁幼儿园
陈　辉　东北育才幼儿园
孙　彤　沈阳军区联勤部第二幼儿园
杨晓坤　皇姑区实验幼儿园
贾丽杰　沈河区教师进修学校
陈海英　沈阳军区空军直属幼儿园
胡　丹　沈阳市蓓蕾幼儿园
龙琳琳　铁西区教工幼儿园熊家岗分园
徐艳君　沈阳市装备制造工程学校
马清侠　沈阳市外事服务学校
王　宁　沈阳市旅游学校
于鸿彬　沈阳市现代制造服务学校
安玉明　沈阳市机电工业技工学校
牛华锋　沈阳市化工学校
王焕杰　沈阳市信息工程学校
许春英　沈阳市汽车工程学校
金　峰　沈阳大学
解　勇　沈阳大学
杨春峰　沈阳大学
张　红　沈阳大学
王英刚　沈阳大学
王效杰　沈阳医学院
孙英梅　沈阳医学院
宁慧英　沈阳职业技术学院
杜立红　沈阳职业技术学院
滕　宇　沈阳广播电视大学

沈阳市第二批特色普通高中实验学校

沈阳市同泽高级中学

沈阳市第八十三中学

沈阳市第二十八中学

沈阳市第五十六中学

沈阳市第二十四中学

（摘自 2014 年 9 月 1 日 沈教发〔2014〕66 号文件《沈阳市教育局关于认定第二批市特色普通高中实验学校的通知》）

沈阳市第三批特色普通高中实验学校

东北中山中学

沈阳市第十五中学

沈阳市第十七中学

沈阳市第三十中学

沈阳市第三十五中学

（摘自 2014 年 11 月 19 日 沈教发〔2014〕75 号文件《沈阳市教育局关于认定第三批市特色普通高中实验学校的通知》）

教育统计

JIAOYU TONGJI

2014 年沈阳市人口情况

	人口数	其中：女	出生人口
沈阳市（含开发区）	7308396	3686386	71926
和平区	645399	331592	6488
沈河区	716417	366759	6887
大东区	689576	349516	6716
皇姑区	817288	417478	8067
铁西区	907091	461054	10598
苏家屯区	428859	215907	3516
浑南区	324074	165403	4396
沈北新区	320370	161315	3042
于洪区	435333	219566	6030
辽中县	532900	262600	3711
康平县	352434	175250	3541
法库县	447952	218875	3649
新民市	690703	341071	5285

沈阳市各区县（市）基础教育校（园）数

单位：园、所

	合 计	幼儿园	小学	初 中			高 中				特殊教育学校
				合计	初级中学	九年一贯	合计	完全中学	高级中学	十二年一贯	
沈阳市	1767	1157	295	212	101	111	87	22	61	4	16
和平区	117	69	25	11	11	0	11	3	8	0	1
沈河区	161	105	30	16	13	3	8	0	8	0	2
大东区	130	76	29	13	10	3	10	2	8	0	2
皇姑区	142	86	27	13	10	3	14	5	9	0	2
铁西区	205	120	43	28	20	8	12	8	4	0	2
苏家屯区	113	73	14	20	8	12	5	1	3	1	1
东陵区	111	74	17	14	6	8	6	2	4	0	0
沈北新区	119	90	10	11	4	7	8	1	4	3	0
于洪区	173	118	36	16	7	9	2	0	2	0	1
辽中县	149	117	7	20	4	16	4	0	4	0	1
康平县	58	30	9	16	1	15	2	0	2	0	1
法库县	113	67	40	3	3	0	2	0	2	0	1
新民市	175	132	8	31	4	27	3	0	3	0	1

沈阳市各区县（市）基础教育学生数

单位：人

	合计			学前教育			小学			初中			高中			特殊教育			工读学校		
	毕业生数	招生数	在校生数	毕业生数	招生数	在校生数	毕业生数	招生数	在校生数	毕业生数	招生数	在校生数	毕业生数	招生数	在校生数	毕业生数	招生数	在校生数	毕业生数	招生数	在校生数
沈阳市	192337	200509	780364	46139	45072	152669	57922	62464	351110	52582	58240	169711	35483	34524	105526	203	164	1302	8	45	46
和平区	14786	19009	63376	2322	4600	10106	4119	5248	26643	4487	5048	14476	3845	4109	12085	13	4	66			
沈河区	16997	17416	71790	3106	3692	13709	5685	5349	32510	5065	5136	15842	3062	3172	9495	79	67	234			
大东区	14363	14963	60718	3224	3085	13625	4094	4958	26138	3616	3795	11237	3410	3117	9548	19	8	170			
皇姑区	22330	22699	90299	4025	2076	11339	6470	7838	41743	6018	7034	19469	5787	5735	17564	30	16	184			
铁西区	24538	26699	103241	6335	5605	20277	6736	8831	46261	6819	8006	23327	4628	4223	13192	20	34	184			
苏家屯区	10717	10538	46414	2030	1651	9201	3698	3557	21400	3156	3561	10366	1816	1765	5375	17	4	72			
东陵区	9857	11127	45166	2142	2233	9810	3221	3984	20739	2828	3269	9173	1666	1641	5444	0	0	0			
沈北新区	13861	12914	47182	4782	2541	7955	2982	3465	19006	2939	3598	10141	3158	3310	10080	0	0	0			
于洪区	10537	14566	50665	4066	6005	15568	3758	5397	25848	2050	2347	6668	663	817	2468	0	0	113			
辽中县	15325	11900	54863	3928	1775	11432	4654	3521	23053	4341	4461	13899	2392	2132	6382	10	11	97			
康平县	10256	9440	36070	2744	2824	7027	2800	2476	15792	3064	2813	8881	1648	1327	4319	0	0	51			
法库县	11831	12610	41272	3320	5030	8382	3652	2697	18525	3324	3494	10231	1520	1369	4060	15	20	74			
新民市	16931	16583	69262	4115	3955	14238	6053	5143	33452	4875	5678	16001	1888	1807	5514	0	0	57			

沈阳市各区县（市）基础教育招生数

单位：人

	总计	学前教育	小学				初中					高中				特殊教育	工读学校
			总计	其中：小学	其中：九年一贯制	其中：十二年一贯制	总计	其中：初中	其中：九年一贯制	其中：完中	其中：十二年一贯制	总计	其中：高中	其中：完中	其中：十二年一贯制		
沈阳市	200509	45072	62464	47529	14286	649	58240	36032	15666	5209	1333	34524	26003	6719	1802	164	45
和平区	19009	4600	5248	5248	0	0	5048	4393	0	655	0	4109	2727	1382	0	4	
沈河区	17416	3692	5349	4779	570	0	5136	4207	929	0	0	3172	3172	0	0	67	
大东区	14963	3085	4958	4662	296	0	3795	2736	412	647	0	3117	3063	54	0	8	
皇姑区	22699	2076	7838	7324	514	0	7034	4626	443	1965	0	5735	4092	1643	0	16	
铁西区	26699	5605	8831	7618	1213	0	8006	5276	1344	1386	0	4223	1554	2669	0	34	
苏家屯区	10538	1651	3557	2449	986	122	3561	1945	1364	108	144	1765	1565	49	151	4	
东陵区	11127	2233	3984	2663	1321	0	3269	1561	1478	230	0	1641	995	646	0	0	
沈北新区	12914	2541	3465	1760	1178	527	3598	1454	737	218	1189	3310	1383	276	1651	0	
于洪区	14566	6005	5397	4296	1101	0	2347	1376	971	0	0	817	817	0	0	0	
辽中县	11900	1775	3521	1998	1523	0	4461	2831	1630	0	0	2132	2132	0	0	11	
康平县	9440	2824	2476	766	1710	0	2813	742	2071	0	0	1327	1327	0	0	0	
法库县	12610	5030	2697	2697	0	0	3494	3494	0	0	0	1369	1369	0	0	20	
新民市	16583	3955	5143	1269	3874	0	5678	1391	4287	0	0	1807	1807	0	0	0	

沈阳市各区县（市）基础教育毕业生数

单位：人

	总计	学前教育	小学				初中					高中				特殊教育	工读学校
			总计	其中：小学	其中：九年一贯制	其中：十二年一贯制	总计	其中：初中	其中：九年一贯制	其中：完中	其中：十二年一贯制	总计	其中：高中	其中：完中	其中：十二年一贯制		
沈阳市	192337	46139	57922	42655	14765	502	52582	31838	14473	5167	1104	35483	27010	6547	1926	203	8
和平区	14786	2322	4119	4119	0	0	4487	3817	0	670	0	3845	2741	1104	0	13	
沈河区	16997	3106	5685	5029	656	0	5065	3942	1123	0	0	3062	3062	0	0	79	
大东区	14363	3224	4094	3786	308	0	3616	2738	397	481	0	3410	3257	153	0	19	
皇姑区	22330	4025	6470	5969	501	0	6018	3946	386	1686	0	5787	4081	1706	0	30	
铁西区	24538	6335	6736	5814	922	0	6819	4406	534	1879	0	4628	2104	2524	0	20	
苏家屯区	10717	2030	3698	2141	1393	164	3156	1655	1229	104	168	1816	1561	59	196	17	
东陵区	9857	2142	3221	1836	1385	0	2828	1285	1360	183	0	1666	914	752	0	0	
沈北新区	13861	4782	2982	1872	772	338	2939	1211	628	164	936	3158	1179	249	1730	0	
于洪区	10537	4066	3758	3233	525	0	2050	1233	817	0	0	663	663	0	0	0	
辽中县	15325	3928	4654	2680	1974	0	4341	2586	1755	0	0	2392	2392	0	0	10	
康平县	10256	2744	2800	876	1924	0	3064	622	2442	0	0	1648	1648	0	0	0	
法库县	11831	3320	3652	3652	0	0	3324	3324	0	0	0	1520	1520	0	0	15	
新民市	16931	4115	6053	1648	4405	0	4875	1073	3802	0	0	1888	1888	0	0	0	

沈阳市各区县（市）基础教育在校生数

单位：人

	总计	学前教育	小学				初中					高中				特殊教育	工读学校
			总计	其中：小学	其中：九年一贯制	其中：十二年一贯制	总计	其中：初中	其中：九年一贯制	其中：完中	其中：十二年一贯制	总计	其中：高中	其中：完中	其中：十二年一贯制		
沈阳市	780364	152669	351110	262005	85699	3406	169711	104942	45307	15647	3815	105526	79085	20620	5821	1302	46
和平区	63376	10106	26643	26643	0	0	14476	12630	0	1846	0	12085	8238	3847	0	66	
沈河区	71790	13709	32510	28669	3841	0	15842	12901	2941	0	0	9495	9495	0	0	234	
大东区	60718	13625	26138	24279	1859	0	11237	7794	1136	2307	0	9548	9173	375	0	170	
皇姑区	90299	11339	41743	38735	3008	0	19469	13194	1243	5032	0	17564	12535	5029	0	184	
铁西区	103241	20277	46261	39564	6697	0	23327	15279	3179	4869	0	13192	5008	8184	0	184	
苏家屯区	46414	9201	21400	13135	7509	756	10366	5610	3993	325	438	5375	4669	118	588	72	
浑南区	45166	9810	20739	12864	7875	0	9173	4280	4143	750	0	5444	3192	2252	0	0	
沈北新区	47182	7955	19006	10544	5812	2650	10141	4028	2218	518	3377	10080	4032	815	5233	0	
于洪区	50665	15568	25848	21711	4137	0	6668	3910	2758	0	0	2468	2468	0	0	113	
辽中县	54863	11432	23053	13105	9948	0	13899	8967	4932	0	0	6382	6382	0	0	97	
康平县	36070	7027	15792	4917	10875	0	8881	2252	6629	0	0	4319	4319	0	0	51	
法库县	41272	8382	18525	18525	0	0	10231	10231	0	0	0	4060	4060	0	0	74	
新民市	69262	14238	33452	9314	24138	0	16001	3866	12135	0	0	5514	5514	0	0	57	

沈阳市各区县（市）基础教育学校平均规模情况

单位：人

	幼儿园	小学	初中			高中			特殊教育学校				特殊教育
			合计	初级中学	九年一贯	合计	完全中学	高级中学		其中：高中	其中：完中	其中：十二年一贯制	
沈阳市	132	888	1205	1039	1180	1390	1649	1296	81	79085	20620	5821	1302
和平区	146	1066	1316	1148	0	1266	1898	1030	66	8238	3847	0	66
沈河区	131	956	1230	992	2261	1187	0	1187	117	9495	0	0	234
大东区	179	837	1007	779	998	1186	1341	1147	85	9173	375	0	170
皇姑区	132	1435	1729	1319	1417	1614	2012	1393	92	12535	5029	0	184
铁西区	169	920	1072	764	1235	1505	1632	1252	92	5008	8184	0	184
苏家屯区	126	938	894	701	959	1278	443	1556	72	4669	118	588	72
浑南区	133	757	1218	713	1502	1032	1501	798	0	3192	2252	0	0
沈北新区	88	1054	1450	1007	1147	1073	1333	1008	0	4032	815	5233	0
于洪区	132	603	675	559	766	1234	0	1234	113	2468	0	0	113
辽中县	98	1872	1192	2242	930	1596	0	1596	97	6382	0	0	97
康平县	234	546	1235	2252	1167	2160	0	2160	51	4319	0	0	51
法库县	125	463	3410	3410	0	2030	0	2030	74	4060	0	0	74
新民市	108	1164	1295	967	1343	1838	0	1838	57	5514	0	0	57

沈阳市各区县（市）基础教育教职工情况

单位：人

	合计		学前教育		小学		九年一贯制		初级中学		完全中学		高级中学	
	合计	其中：专任教师	合计	其中：专任教师	合计	其中：专任教师	合计	其中：专任教师	合计	其中：专任教师	合计	其中：专任教师	合计	其中：专任教师
沈阳市	74629	56354	20191	11054	18517	15483	13299	11165	11023	8742	2818	2392	8781	7518
和平区	7062	5193	1830	922	2020	1572	0	0	1446	1168	710	612	1056	919
沈河区	8165	5974	2255	1201	2335	1858	616	494	1641	1315	0	0	1318	1106
大东区	6243	4125	1886	1012	1735	1204	281	210	1171	746	150	136	1020	817
皇姑区	8338	6317	2302	1074	2372	2058	279	232	1338	1146	621	531	1426	1276
铁西区	8726	6326	2867	1517	2238	1841	712	621	1341	1030	947	772	621	545
苏家屯区	3763	3144	843	463	706	657	1189	1117	477	419	85	80	463	408
浑南区	4342	3169	1272	704	1034	845	1148	888	422	343	179	154	287	235
沈北新区	3936	3058	1261	759	929	817	709	636	435	338	126	107	476	401
于洪区	5250	3600	2641	1336	1276	1172	582	475	466	351	0	0	285	266
辽中县	4923	3711	851	519	756	635	2100	1624	735	554	0	0	481	379
康平县	3635	3159	448	354	490	451	2209	1945	123	103	0	0	365	306
法库县	4200	3640	655	429	2100	1929	0	0	1062	948	0	0	383	334
新民市	6046	4938	1080	764	526	444	3474	2923	366	281	0	0	600	526

沈阳市各区县（市）幼儿园教师队伍情况

单位：人

	教职工总数	专任教师数量	保健医	保育员	其他	专任教师的职称结构			专任教师的年龄结构			专任教师的学历结构			
						初级	中级	高级	29 岁以下	30–49 岁	50 岁以上	高中	专科	本科	研究生
沈阳市	20191	11054	409	3526	3858	751	941	25	6932	3766	356	1872	7148	1848	26
和平区	1830	922	46	309	473	91	89	7	677	214	31	64	589	267	1
沈河区	2255	1201	64	390	467	107	175	2	697	478	26	82	838	277	2
大东区	1886	1012	29	340	420	45	35	0	787	207	18	133	731	141	1
皇姑区	2302	1074	51	430	621	124	160	6	676	374	24	68	763	231	10
铁西区	2867	1517	54	568	563	68	60	2	1086	402	29	171	1109	219	4
苏家屯区	843	463	12	135	158	46	29	1	263	188	12	106	284	64	1
浑南区	1272	704	30	250	208	76	35	0	538	155	11	43	479	176	3
沈北新区	1261	759	22	220	172	2	39	0	439	293	27	267	369	100	1
于洪区	2641	1336	58	565	513	40	32	2	994	316	26	147	1015	154	0
辽中县	851	519	20	79	114	24	33	0	224	271	24	194	261	25	0
康平县	448	354	3	45	15	42	94	2	112	196	46	96	199	45	2
法库县	655	429	16	130	25	58	91	3	167	215	47	117	193	89	1
新民市	1080	764	4	65	109	28	69	0	272	457	35	384	318	60	0

沈阳市各区县（市）小学教师队伍情况

单位：人

	教职工总数	专任教师数量	行政人员	教辅人员	工勤人员	专任教师的职称结构			专任教师的年龄结构			专任教师的学历结构			
						初级	中级	高级	29 岁以下	30-49 岁	50 岁以上	高中	专科	本科	研究生
沈阳市	25119	22085	2167	680	186	2331	18421	364	2089	15932	4064	1417	9866	10568	214
和平区	2020	1572	285	146	17	69	1453	22	47	1452	73	25	426	1092	28
沈河区	2555	2078	292	157	28	146	1877	20	69	1908	101	29	777	1256	16
大东区	1820	1289	362	131	38	41	1229	5	32	1141	116	8	489	787	5
皇姑区	2518	2204	236	56	21	160	2010	22	54	1998	152	35	1027	1123	19
铁西区	2610	2213	297	86	14	45	2098	19	89	1849	275	18	907	1271	17
苏家屯区	1406	1357	40	5	4	130	1202	10	49	994	314	123	560	665	5
浑南区	1475	1286	146	22	21	341	827	23	316	768	202	51	451	728	53
沈北新区	1433	1321	99	10	3	64	1117	23	129	895	297	1	724	584	12
于洪区	1473	1369	93	10	1	243	885	35	360	852	157	55	396	878	40
辽中县	1791	1670	91	21	9	246	1223	25	221	1034	415	243	851	568	6
康平县	1605	1566	28	1	10	203	1323	30	109	881	576	251	1016	297	1
法库县	2100	1929	134	20	17	359	1408	109	307	918	704	317	995	609	6
新民市	2313	2231	64	15	3	284	1769	21	307	1242	682	261	1247	710	6

沈阳市各区县（市）初中教师队伍情况

单位：人

	教职工总数	专任教师数量	行政人员	教辅人员	工勤人员	专任教师的职称结构			专任教师的年龄结构			专任教师的学历结构			
						初级	中级	高级	29 岁以下	30–49 岁	50 岁以上	高中	专科	本科	研究生
沈阳市	18989	14574	2978	1049	387	1947	6790	4892	1469	11575	1530	60	1896	12236	377
和平区	1618	1340	172	74	32	99	589	639	46	1211	83	0	43	1277	20
沈河区	2037	1589	246	158	44	166	680	634	113	1347	129	0	96	1436	57
大东区	1476	980	240	212	44	123	392	354	133	794	53	0	42	882	56
皇姑区	1702	1463	172	38	29	224	645	554	101	1241	121	0	47	1369	47
铁西区	1919	1517	293	82	26	131	688	521	100	1283	134	9	158	1315	34
苏家屯区	1103	973	98	15	17	82	511	366	42	788	143	0	92	869	12
浑南区	1171	832	244	71	24	207	377	205	183	605	44	3	63	693	72
沈北新区	980	810	110	54	6	77	384	277	88	636	86	0	0	772	38
于洪区	851	629	204	5	13	81	308	227	36	546	47	1	63	551	14
辽中县	1800	1143	459	151	47	134	575	263	145	834	164	19	401	717	4
康平县	1217	933	227	13	44	230	460	216	149	660	124	2	289	641	1
法库县	1062	948	107	5	2	183	509	232	117	719	112	9	273	664	2
新民市	2053	1417	406	171	59	210	672	404	216	911	290	17	329	1050	20

沈阳市各区县（市）高中教师队伍情况

单位：人

县别	教职工总数	专任教师数量	行政人员	教辅人员	工勤人员	专任教师的职称结构			专任教师的年龄结构			专任教师的学历结构			
						初级	中级	高级	29 岁以下	30–49 岁	50 岁以上	高中	专科	本科	研究生
沈阳市	11026	9286	1104	346	290	1673	3803	3085	981	7666	1530	5	62	8422	797
和平区	1594	1359	144	44	47	134	514	663	100	1159	83	0	3	1238	118
沈河区	1318	1106	138	35	39	237	462	380	80	956	129	0	3	989	114
大东区	1061	844	125	61	31	140	349	248	128	664	53	0	11	724	109
皇姑区	1816	1576	107	69	64	252	696	570	136	1312	121	1	7	1437	131
铁西区	1330	1079	198	36	17	164	501	330	44	975	134	0	2	1016	61
苏家屯区	553	485	35	26	7	67	213	155	74	394	143	0	0	409	76
浑南区	424	347	61	6	10	60	94	69	123	207	44	0	5	297	45
沈北新区	816	679	96	24	17	163	242	165	79	548	86	1	0	613	65
于洪区	285	266	15	2	2	69	104	90	9	244	47	0	2	258	6
辽中县	481	379	51	31	20	25	137	106	79	258	164	0	14	340	25
康平县	365	306	41	8	10	111	110	85	27	260	124	1	5	290	10
法库县	383	334	31	1	17	132	103	98	72	240	112	2	8	309	15
新民市	600	526	62	3	9	119	278	126	30	449	290	0	2	502	22

沈阳市各区县（市）基础教育生职比情况

单位：人

	幼儿园	小学	初中	高中
沈阳市	7.6:1	14.0:1	8.9:1	9.6:1
和平区	5.5:1	13.2:1	8.9:1	7.6:1
沈河区	6.1:1	12.7:1	7.8:1	7.2:1
大东区	7.2:1	14.4:1	7.6:1	9.0:1
皇姑区	4.9:1	16.6:1	11.4:1	9.7:1
铁西区	7.1:1	17.7:1	12.2:1	9.9:1
苏家屯区	10.9:1	15.2:1	9.4:1	9.7:1
浑南区	7.7:1	14.1:1	7.8:1	12.8:1
沈北新区	6.3:1	13.3:1	10.3:1	12.4:1
于洪区	5.9:1	17.5:1	7.8:1	8.7:1
辽中县	13.4:1	12.9:1	7.7:1	13.3:1
康平县	15.7:1	9.8:1	7.3:1	11.8:1
法库县	12.8:1	8.8:1	9.6:1	10.6:1
新民市	13.2:1	14.5:1	7.8:1	9.2:1

沈阳市各区县（市）基础教育生师比情况

	幼儿园	小学	初中	高中
沈阳市	13.8:1	15.9:1	11.6:1	11.4:1
和平区	11.0:1	16.9:1	10.8:1	8.9:1
沈河区	11.4:1	15.6:1	10.0:1	8.6:1
大东区	13.5:1	20.3:1	11.5:1	11.3:1
皇姑区	10.6:1	18.9:1	13.3:1	11.1:1
铁西区	13.4:1	20.9:1	15.4:1	12.2:1
苏家屯区	19.9:1	15.8:1	10.7:1	11.1:1
浑南区	13.9:1	16.1:1	11.0:1	15.7:1
沈北新区	10.5:1	14.4:1	12.5:1	14.8:1
于洪区	11.7:1	18.9:1	10.6:1	9.3:1
辽中县	22.0:1	13.8:1	12.2:1	16.8:1
康平县	19.9:1	10.1:1	9.5:1	14.1:1
法库县	19.5:1	9.6:1	10.8:1	12.2:1
新民市	18.6:1	15.0:1	11.3:1	10.5:1

沈阳市各区县（市）基础教育校园网覆盖情况

单位：%

	小学	初中			高中			
		合计	初级中学	九年一贯	合计	完全中学	高级中学	十二年一贯
沈阳市	94.9	98.1	98.0	98.2	100.0	100.0	100.0	100.0
和平区	100.0	100.0	100.0	0.0	100.0	100.0	100.0	0.0
沈河区	100.0	100.0	100.0	100.0	100.0	0.0	100.0	0.0
大东区	100.0	100.0	100.0	100.0	100.0	100.0	100.0	0.0
皇姑区	100.0	100.0	100.0	100.0	100.0	100.0	100.0	0.0
铁西区	100.0	100.0	100.0	100.0	100.0	100.0	100.0	0.0
苏家屯区	92.9	90.0	75.0	100.0	100.0	100.0	100.0	100.0
浑南区	100.0	92.9	100.0	87.5	100.0	100.0	100.0	0.0
沈北新区	100.0	90.9	100.0	85.7	100.0	100.0	100.0	100.0
于洪区	97.2	100.0	100.0	100.0	100.0	0.0	100.0	0.0
辽中县	100.0	100.0	100.0	100.0	100.0	0.0	100.0	0.0
康平县	66.7	100.0	100.0	100.0	100.0	0.0	100.0	0.0
法库县	75.0	100.0	100.0	0.0	100.0	0.0	100.0	0.0
新民市	100.0	100.0	100.0	100.0	100.0	0.0	100.0	0.0

沈阳市各区县（市）基础教育计算机情况

单位：台

	合计	小学	初中			高中			
			合计	初级中学	九年一贯制	合计	完全中学	高级中学	十二年一贯
沈阳市	136844	50917	56084	27077	29007	29843	6766	21451	1626
和平区	15196	6384	3783	3783	0	5029	2209	2820	0
沈河区	19393	9138	6617	4727	1890	3638	0	3638	0
大东区	11860	5504	3095	2537	558	3261	154	3107	0
皇姑区	13537	4411	3475	2841	634	5651	1727	3924	0
铁西区	14141	5824	4809	3312	1497	3508	2120	1388	0
苏家屯区	9430	2724	5213	1618	3595	1493	198	1009	286
浑南区	7360	3035	3650	950	2700	675	165	510	0
沈北新区	7383	2226	2548	946	1602	2609	193	1076	1340
于洪区	7915	4661	2524	1016	1508	730	0	730	0
辽中县	10010	2042	6774	1668	5106	1194	0	1194	0
康平县	4912	777	3701	200	3501	434	0	434	0
法库县	6059	2684	2725	2725	0	650	0	650	0
新民市	9648	1507	7170	754	6416	971	0	971	0

沈阳市各区县（市）基础教育生机比情况

	小学	初 中	高 中
沈阳市	6.9:1	3.0:1	3.5:1
和平区	4.2:1	3.8:1	2.4:1
沈河区	3.6:1	2.4:1	2.6:1
大东区	4.7:1	3.6:1	2.9:1
皇姑区	9.5:1	5.6:1	3.1:1
铁西区	7.9:1	4.9:1	3.8:1
苏家屯区	7.9:1	2.0:1	3.6:1
浑南区	6.8:1	2.5:1	8.1:1
沈北新区	8.5:1	4.0:1	3.9:1
于洪区	5.5:1	2.6:1	3.4:1
辽中县	11.3:1	2.1:1	5.3:1
康平县	20.3:1	2.4:1	10.0:1
法库县	6.9:1	3.8:1	6.2:1
新民市	22.2:1	2.2:1	5.7:1

沈阳市各区县（市）基础教育数字资源情况

单位：GB

	合计	小学	初中			高中			
			合计	初级中学	九年一贯	合计	完全中学	高级中学	十二年一贯
沈阳市	258803.1	131034.4	82324.0	44163.0	38161.0	45444.7	10567.0	34407.7	470.0
和平区	17250.0	8745.0	4822.0	4822.0	0.0	3683.0	680.0	3003.0	0.0
沈河区	27948.0	15284.3	9890.0	9152.0	738.0	2773.7	0.0	2773.7	0.0
大东区	44619.0	20380.0	9894.0	8294.0	1600.0	14345.0	2145.0	12200.0	0.0
皇姑区	22680.0	10544.0	6265.0	1265.0	5000.0	5871.0	2230.0	3641.0	0.0
铁西区	26829.3	12716.3	5746.0	5269.0	477.0	8367.0	4882.0	3485.0	0.0
苏家屯区	22917.4	9299.4	12319.0	1981.0	10338.0	1299.0	600.0	339.0	360.0
浑南区	20101.0	13282.0	6412.0	2020.0	4392.0	407.0	30.0	377.0	0.0
沈北新区	3597.0	2004.0	1000.0	450.0	550.0	593.0	0.0	483.0	110.0
于洪区	26820.5	16613.5	8207.0	3890.0	4317.0	2000.0	0.0	2000.0	0.0
辽中县	10828.0	1546.0	7101.0	4030.0	3071.0	2181.0	0.0	2181.0	0.0
康平县	1238.0	60.0	378.0	20.0	358.0	800.0	0.0	800.0	0.0
法库县	22955.0	19230.0	2700.0	2700.0	0.0	1025.0	0.0	1025.0	0.0
新民市	11020.0	1330.0	7590.0	270.0	7320.0	2100.0	0.0	2100.0	0.0

沈阳市各区县（市）基础教育办学条件

	学校占地面积（平方米）	校舍建筑面积（平方米）					图书（册）	固定资产值（万元）	
		计	教学及辅助用房	行政办公用房	生活用房	其他用房		计	其中仪器设备总值
沈阳市	19573736	8018645	3772765	899104	2259150	1087626	22202891	827083.7	142854.6
和平区	1169160	767056	357612	84856	173471	151117	2253055	88828.8	18604.6
沈河区	1024097	763247	365121	94567	160741	142818	2895054	74293.7	22958.2
大东区	1001000	516454	247807	64603	92929	111115	1887640	27042.1	9729.7
皇姑区	1878814	941938	399976	95435	270982	175545	2315867	107062.4	11311.4
铁西区	1778890	743354	423208	88036	156250	75860	2967400	49330.1	20086.9
苏家屯区	1202097	358753	152887	39518	101845	64503	1450448	42464.5	8798.5
浑南区	1665387	546215	225403	46192	197994	76626	1312644	81465.6	8287.8
沈北新区	1315247	615468	258168	52448	249766	55086	1105892	92027.7	7296.6
于洪区	1742623	580210	284606	47862	154797	92945	1409398	33072.9	7799.1
辽中县	1721160	606078	252438	85714	205847	62079	1461136	57005.0	11986.0
康平县	1299767	385195	223090	40088	117197	4820	678165	40234.7	2297.3
法库县	1714498	572891	291829	72149	177957	30956	1095555	68594.5	4207.0
新民市	2060996	621786	290620	87636	199374	44156	1370637	65661.8	9491.6

中等职业学校机构数

	合计
中等职业学校	82
其中：调整后中等职业学校	10
中等技术学校	26
中等师范学校	1
成人中等专业学校	1
职业高中学校	44
其他机构（不计校数）	6
附设中职班	14

中等职业学校学生及教职工情况

单位：人

甲		编号	学生数									教职工数							聘请校外教师
			合计			其中：全日制			其中：非全日制			计	其中：专任教师						
			毕业生数	招生数	在校生数	毕业生数	招生数	在校生数	毕业生数	招生数	在校生数		计	正高级	副高级	中级	初级	未定职级	
甲		乙	1	2	3	4	5	6	7	8	9	10	11	12	13	14	15	16	17
总　计		1	27163	25681	81977	26677	24721	79188	486	960	2789	8079	5520	154	1844	2163	1082	277	2085
其中：女		2	13554	11864	39866	13376	11484	38846	178	380	1020	4778	3624	91	1220	1411	700	202	1030
按办学类型分	调整后中等职业学校	3	5673	6536	19009	5673	6536	19009				2028	1492	17	629	567	265	14	207
	普通中专学校	4	11643	9781	32313	11643	9781	32313				3400	2316	67	780	876	527	66	482
	成人中专学校	5										535	400	28	107	195	56	14	1137
	职业高中学校	6	6228	5532	19850	6228	5532	19850				2116	1312	42	328	525	234	183	259
	其他机构	7	861	1016	4253	375	56	1464	486	960	2789								
	附设中职班	8	2758	2816	6552	2758	2816	6552				*	*	*	*	*	*	*	*
按举办者分	1. 中央部门（机构）	9																	
	2. 地方	10	24437	22814	71089	23951	21854	68300	486	960	2789	6495	4623	121	1708	1923	826	45	1819
	教育部门	11	17355	16398	50799	17355	16398	50799				4586	3457	51	1335	1451	598	22	489
	其他部门	12	7067	6407	20234	6581	5447	17445	486	960	2789	1835	1125	59	356	459	228	23	1302
	地方企业	13	15	9	56	15	9	56				74	41	11	17	13			28
	3. 民办	14	2726	2867	10888	2726	2867	10888				1584	897	33	136	240	256	232	266

中等职业学校资产情况

	编号	占地面积（平方米）			图书（册）		计算机数(台)			教室（间）		固定资产总值（万元）		
		计	其中		计	其中：当年新增	计	其中：教学用计算机		计	其中：网络多媒体教室	计	其中：教学、实习仪器设备资产值	
			绿化用地面积	运动场地面积				计	其中：平板电脑				计	当年新增
甲	乙	1	2	3	4	5	6	7	8	9	10	11	12	13
学校产权	1	2579232	546065	587267	2272474	40694	24800	19370	407	2665	1045	180370.07	40826.58	5649.39
非学校产权	2	1894703	410260	298576	2641104	80320	8185	6044	94	1379	191	124126.87	12066.55	630.11
1. 独立使用	3	506956	96534	94245	188300	3000	1137	918	92	851	84	57111.2	2282.5	146
2. 共同使用	4	1387747	313726	204331	2452804	77320	7048	5126	2	528	107	67015.67	9784.05	484.11

高等教育学校（机构）数

	合计
1. 研究生培养机构	25
普通高校	19
科研机构	6
2. 普通高校	47
本科院校	28
其中：独立学院	5
专科院校	19
其中 : 高等职业学校	17
3. 成人高等学校	7
4. 民办的其他高等教育机构	25

高等教育学校（机构）学生数

单位：人

	编号	毕（结）业生数	授予学位数	招生数				在校生数	预计毕业生数
				计	其中：				
					应届毕业生	春季招生	预科生转入		
甲	乙	1	2	3	4	5	6	7	8
普通本科、专科生	1	96610	61237	113959	108112	333	125	399694	104667
专科	2	34811		36806	36199	38		107666	36088
本科	3	61799	61237	77153	71913	295	125	292028	68579
成人本科、专科生	4	37095	2064	31262				83388	41114
专科	5	21473		15050				42812	24242
本科	6	15622	2064	16212				40576	16872
网络本科、专科生	7	22578	666	36148		15985		91243	
专科	8	12242		17252		7488		42494	
本科	9	10336	666	18896		8497		48749	
研究生	10	13787	13660	14900	10341			42714	17257
硕士	11	12812	12801	13508	9690			35999	13466
博士	12	975	859	1392	651			6715	3791
在职人员攻读硕士学位	13		2034	2402				9927	
自考助学班	14								
普通预科生	15							107	
研究生课程进修班	16	798							
进修及培训	17	126038						40344	
留学生	18	1282	421	2087		543		4825	

高等教育学校（机构）教职工情况（总计）

单位：人

	编号	教职工数													
		合计	校本部教职工										科研机构人员	校办企业职工	其他附设机构人员
			计	专任教师						行政人员	教辅人员	工勤人员			
				计	正高级	副高级	中级	初级	未定职级						
甲	乙	1	2	3	4	5	6	7	8	9	10	11	12	13	14
总　计	1	43085	42054	27860	4091	8659	11186	3088	836	6957	3950	3287	173	356	502
其中：女	2	21331	20965	15233	1635	4554	6642	1883	519	3046	2148	538	43	70	253
普通高校	3	41521	40490	26806	4038	8347	10744	2892	785	6687	3778	3219	173	356	502
成人高校	4	1564	1564	1054	53	312	442	196	51	270	172	68			

高等教育学校（机构）资产情况

	编号	占地面积（平方米）			图书（万册）		计算机数（台）			教室（间）		固定资产总值（万元）				
		计	其中：绿化用地面积	其中：运动场地面积	计	其中：当年新增	计	其中：教学用计算机 计	其中：平板电脑	计	其中：网络多媒体教室	计	其中：教学、科研仪器设备资产值 计	当年新增	其中：信息化设备资产值 计	其中：软件
甲	乙	1	2	3	4	5	6	7	8	9	10	11	12	13	14	15
学校产权	1	28957298	8783318	2291698	3576.15	150.91	178328	131531	718	10802	4109	2700622.31	530318.18	63921.6	167446.88	25052.52
非学校产权中独立使用	2	3188320	641922	320648	156.9	10	8524	6500	396	1654	598	397845.63	30571.4	2801.5		
一、普通高校学校产权	3	28461031	8700857	2211194	3472.21	149.7	169768	125412	706	10282	3821	2652757.83	523806.18	63639.12	164120.59	24853.38
非学校产权中独立使用	4	1607381	294898	166559	8.9		401	266		997	241	337743.63	7350.4	371.5		
二、成人高校学校产权	5	496267	82461	80504	103.94	1.21	8560	6119	12	520	288	47864.48	6512	282.48	3326.29	199.14
非学校产权中独立使用	6	1580939	347024	154089	148	10	8123	6234	396	657	357	60102	23221	2430		

沈阳市教育普及水平主要指标

单位：%

	学前毛入园率	小学在校生年度保留率	初中在校生年度保留率	义务教育巩固率	小学毕业生升学率	初中毕业生升入普通高中比例	小学专任教师大专及以上学历占比	初中专任教师本科及以上学历占比	高中专任教师本科及以上学历占比
沈阳市	94.1	100.6	99.4	98.4	100.5	65.7	93.5	86.5	99.3
和平区	85.4	100.0	100.3	120.3	122.6	91.6	98.3	96.8	99.8
沈河区	98.2	99.7	99.8	125.7	90.3	62.6	98.6	94.0	99.7
大东区	95.1	100.6	99.5	108.2	92.7	86.2	99.4	95.7	98.7
皇姑区	74.8	100.2	99.2	122.0	108.7	95.3	98.4	96.8	99.5
铁西区	103.8	102.9	99.3	160.7	118.9	61.9	99.2	88.9	99.8
苏家屯区	105.3	99.9	99.6	96.9	96.3	55.9	90.6	90.5	100.0
浑南区	99.9	98.5	100.3	58.4	101.5	58.0	95.8	91.9	98.6
沈北新区	116.8	103.4	98.0	151.7	120.7	112.6	99.9	100.0	99.9
于洪区	124.8	105.5	100.4	50.8	62.5	39.9	96.0	89.8	99.2
辽中县	87.1	98.3	99.6	84.4	95.9	49.1	85.3	63.1	96.3
康平县	76.0	98.9	99.0	84.0	100.5	43.3	83.9	68.8	98.0
法库县	79.7	99.4	97.9	67.6	95.7	41.2	83.5	70.3	97.0
新民市	84.9	99.2	99.2	83.0	93.8	37.1	88.0	75.5	99.6

沈阳市教育相关指标

单位：%

学前三年毛入园率	94.1
学前二年毛入园率	101.4
学前一年毛入园率	115.0
小学学龄人口毛入学率	112.3
小学在校生年度保留率	100.6
初中学龄人口毛入学率	105.4
初中在校生年度保留率	99.4
初中毕业生升学率	114.5
高中阶段毛入学率	116.3
高等教育毛入学率	–
人均受教育年限	–

沈阳市各区县（市）基础教育数字资源情况

单位：%

	小学	初 中			高 中			
		合计	初级中学	九年一贯	合计	完全中学	高级中学	十二年一贯
沈阳市	94.9	98.1	98.0	98.2	100.0	100.0	100.0	100.0
和平区	100.0	100.0	100.0	0.0	100.0	100.0	100.0	0.0
沈河区	100.0	100.0	100.0	100.0	100.0	0.0	100.0	0.0
大东区	100.0	100.0	100.0	100.0	100.0	100.0	100.0	0.0
皇姑区	100.0	100.0	100.0	100.0	100.0	100.0	100.0	0.0
铁西区	100.0	100.0	100.0	100.0	100.0	100.0	100.0	0.0
苏家屯区	92.9	90.0	75.0	100.0	100.0	100.0	100.0	100.0
浑南区	v100.0	92.9	100.0	87.5	100.0	100.0	100.0	0.0
沈北新区	100.0	90.9	100.0	85.7	100.0	100.0	100.0	100.0
于洪区	97.2	100.0	100.0	100.0	100.0	0.0	100.0	0.0
辽中县	100.0	100.0	100.0	100.0	100.0	0.0	100.0	0.0
康平县	66.7	100.0	100.0	100.0	100.0	0.0	100.0	0.0
法库县	75.0	100.0	100.0	0.0	100.0	0.0	100.0	0.0
新民市	100.0	100.0	100.0	100.0	100.0	0.0	100.0	0.0